【第二十三辑】

民事程序法研究

中国民事诉讼法学研究会会刊

ON CIVIL PROCEDURE

中国民事诉讼法学研究会　编

执行主编　任　重

2021年12月

图书在版编目(CIP)数据

民事程序法研究.第二十三辑/中国民事诉讼法学研究会编.—厦门:厦门大学出版社,2021.12

ISBN 978-7-5615-8411-8

Ⅰ.①民… Ⅱ.①中… Ⅲ.①民事诉讼法—中国—文集 Ⅳ.①D925.104-53

中国版本图书馆 CIP 数据核字(2021)第 255100 号

出版人 郑文礼
责任编辑 甘世恒 郑晓曦

出版发行 厦门大学出版社
社址 厦门市软件园二期望海路 39 号
邮政编码 361008
总机 0592-2181111 0592-2181406(传真)
营销中心 0592-2184458 0592-2181365
网址 http://www.xmupress.com
邮箱 xmup@xmupress.com
印刷 厦门兴立通印刷设计有限公司

开本 787 mm×1 092 mm 1/16
印张 17.25
插页 2
字数 360 千字
版次 2021 年 12 月第 1 版
印次 2021 年 12 月第 1 次印刷
定价 88.00 元

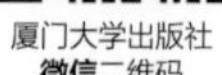
厦门大学出版社
微信二维码

厦门大学出版社
微博二维码

目 录

刊首语

理性的力量

■张卫平*

“以问题为导向”是现在人们在申请课题项目或撰写对策性文章时经常使用的一句话，以此说明自己的课题项目或文章是有实际意义的，有针对性的，是要解决问题的。课题项目和文章当然要有针对性，要解决问题。但需要注意的是，从问题出发，不是唯问题而问题。尤其是理论研究，需要探究问题的原因所在、解决问题的方法及该方法的理论依据是什么？作为法律问题，当然是追究解决特定法律问题的方法——法律依据以及法理所在。没有理论的支持，法律适用就可能只是自己的臆想而已。尽管自认为出自公平正义的直觉，但却不知是基于自身利益还是经验感知，这种感觉是靠不住的。

不久前，遇到一个民事诉讼的实践问题。原告以被告实施不正当竞争行为为由将其告上法庭。受理法院是原告所在地法院。原告的理由是对方不正当竞争行为系侵权行为，因此应当按照民事诉讼法关于侵权案件的规定确定地域管辖法院。被告对此提出管辖权异议，认为原告与被告之间存在合同关系，合同中明确约定，一旦发生纠纷，即由被告所在地法院管辖。因此，原告所在地法院对此案没有管辖权，应当予以移送。这里涉及的解释论问题是，按照民事诉讼法地域管辖的规定，管辖权有无的判断与案件性质有关，那么，对于管辖而言，案件的性质是按照原告的主张，还是按照实际情形呢？该案的原告认为应当按照原告的理解，被告则认为不能如此，应当按照实际情形，也就是法院的判断（被告当然不会主张按照自己的认识判断）。也就是说，如果法院认为不是不正当行为引起的侵权案件，而是合同案件，则案件就应当移送。

我们认为，在管辖（注意不是对原告请求的实体裁判）上，应当按照原告的请求及性质来确定管辖。问题是，法理依据是什么呢？有的主张法理是处分原则；有的主张是不告不理；有的主张是当事人主义。“不告不理”针对的是民事诉讼的启动问题，没有原告的起诉，民事诉讼不能启动。当事人主义的涵盖过于宽泛，针对性不强，抽象地看当然是成立的。最直接的答案应当是处分原则，不仅是民事诉讼程

---

* 张卫平，天津大学卓越教授。

序的启动，还包括法院审理裁判的对象，应当受到原告请求范围的限制，即原告享有可以要求审判、特定并限定审判对象的权能以及可以按照自己的意思不经判决终结诉讼的权能。在法理上，法院针对的是原告的诉求，以其诉讼请求为中心，最终作出是否成立的裁决。法院的事实判断和法律适用都是针对原告提出的主张——无论是事实主张还是法律主张。不同的实体请求，其实体上的依据也自然不同。既然是针对原告请求主张，当然管辖法院的判断根据就是原告的诉讼请求。至于原告的请求是否成立，必须经过诉讼审理程序才能确定。原告主张为不正当竞争侵权，法院需要审理和判断的是，依据有关不正当竞争的法律，该主张是否成立，不成立则以判决予以驳回便是，无须在案件管辖阶段确定原告的事实主张是否成立。如果是这样，即是将实体裁判前置于起诉立案阶段，也就阉割了诉讼审理程序。本案具有迷惑性的地方在于，所谓"真实"，对管辖的判定，不是从原告的诉求即主观出发，而是从"真实"出发。一旦打出追求"真实"的牌，诉讼的逻辑就被打乱了。当然，理性的判断不允许如此。

理论探讨就是理性的追问。有的人认为，只要看看法律的规定就可以了。此言差矣。一方面，法律规定往往是抽象概括的，也只有抽象概括才能广泛涵盖具体情形；另一方面，法律规定总有缺失，不可能将实践中的情形全部加以规定。在这种情况下，就需要理性地探究法律规范的目的、意图，以理论解释将抽象概括的法律规范与具体的情形联系起来。正确的理论必然是最接近法律规范目的的认识。理论研究就是人们对法律规范应有之意的理性探究。

理论有一个延续、承继、发展的过程。对我国民事诉讼理论的探究也离不开民事诉讼理论的发展。可以认为，我们现在所有的理论研究都是人们理论研究的延续和发展，而非从头开始。记得在读研究生期间，曾经读过古希腊百科全书式大学者亚里士多德的《形而上学》，倍受震憾，几千年前能阐发如此的哲理——观点与论证(遗憾的是，同时代中国也有圣人，但却是只有高深玄妙的结论、观点，却没有论证。不重视论证也是国人的一个传统)。现在读来，亚翁关于技术与经验的关系(进一步讲，应该是理论、技术与经验的关系)依然是基本正确和有意义的。之所以惊为天书，是因为完全没有接触过哲学，尤其是西方哲学史。要理解现在西方的所有学科几乎都无法避开亚里士多德的观点。

有的学者常常提出这样的问题，我们为什么一定要用别人的概念和理论来约束自己？我们为什么自己不能在实践中发明一套自己的概念和体系？这样的观点显然割裂了人类实践活动的共性，仅仅强调差异性。殊不知，只有站在巨人的肩膀上，才能站得更高，看得更远，才能有所发展。给知识打上民族和国家的标签，是一种很狭隘的观念。我们不可能自己从钻木取火开始，重新摸索热能转化原理；从风筝的飞行姿态开始，从头探究空气动力学原理。没有老一辈物理学家，如钱学森等人的归国，能有我国自主研发的原子弹、氢弹、远程火箭？基于人文科学的复杂性，我们未必一定要唯国外的理论是从。但既然是经过上百年，甚至上千年的承继发展，其理论一定有其存在的道理。我们可以在认识其理论的前提下，以此理论验证在我国情景之下的有效性。今天我国民事诉讼理论的研究也基本上是在从事这样的验证作业。

就民事诉讼领域而言,我国还有许多理论问题没有研究,没有来得及研究。一方面是实践不够,经验积累不足,另一方面,学习也还不够。一些国外五六十年前已经研究过的问题,于我们依然是空白,在许多细节方面也还未涉猎。仅仅是从现实问题出发,理论并不能对实践和制度建构提供指引和预测。现实本质只是过去,不是未来。春节档期到现在,电影《你好,李焕英》成为爆片,累计票房约54亿人民币。看过这部电影,我同意业界的评论,这部电影其实一般,比之《我不是药神》,各方面都有差距,通常情形下拿走5个亿应该就是天花板了。为何如此?人们认为还是天时地利人和。什么样的天时?就是特殊的疫情防控,人们在长期的封闭之后,需要开放式消费。如果人们能够对所谓"天时"作出深入的理性研究,相信成为爆款的就未必是《你好,李焕英》了。

由于制度约束还不够,理性的力量还不能在实践中充分显现。在今后制度实践逐渐刚性化、细化之后,理性也会逐渐成为决定的力量。在白热化的汽车市场竞争中,上汽五菱推出的宏光MINIEV马卡龙微型车似乎是在一夜之间成为爆款,全球销量力压特斯拉。其中一个很重要的原因,是五菱与世界权威色彩研究机构PANTONE UNIVERSE(彩通)的合作。这样的高端合作,使宏光MINIEV成了成人的时尚大玩具。在民事诉讼的实践博弈中,在实力大致相当的情形下,法律层面真正的高端较量就在理论。没有外界强力干预,总是占有理性或理论高度的一方是胜者。这就是理性的力量,也就是理论和逻辑的力量!

在司法实践中,可能存在着一些法官或其他实务者轻视理论的情形,觉得学者谈到理论时似乎有些呆傻或矫情。有意思的是,越是级别高的法院,这种意识越强(这也许是因为涉及经济利益越大的案件,法律之外的因素越多的原因)。为此,从事理论研究的学者也感到很受伤,毕竟是智慧女神雅典娜眷顾的群体。这虽然有规范不被重视的原因,但更重要的是,我们从事理论研究的人自身没有将理论弄清楚,说白了就是理论研究成果,还没有能够成为说服司法实务人员的理论通说。这是理论研究自身不足的问题,学者还没能充分证明自己就是理性的化身和代言人。俗语道,打铁还需自身硬。

法官和律师不是理论的主要生产者,而是理论的实践者,是运用理论、检验理论,将理论技术化之人。与此不同,学者的任务(说得高大上一些,就是使命)之一就是生产理论,生产"美与善"的理论,为人们的实践提供理性的力量和方向。虽然受体制和其他因素的影响,我们还不能将最好的人才留在学术研究领域,还无法提供优厚的物资条件以保障其学术研究,尤其是那些"无用的研究"(这些研究往往是最高端、最基础的研究),但我们依然应该投身于学术理论的研究之中,并让它变成我们生活不可分割的一部分,成为我们存在的原因和根据。摆脱学术的生产性,蜕变升华为创造性的活动,使其成为我们的一种独特的、优雅的生活方式。这是我们的追求。

难得说了如此多煽情的话,也不妨再多说一句:让学术理论研究陪伴我们,一起理性地、浪漫地、慢慢地变老!

2021年桃花初放的日子于北京

学理研究

“接近正义运动”与两大法系诉讼费用制度改革
——兼论域外诉讼费用制度改革对我国的启示

张 悦*

摘 要 20世纪70年代，意大利著名法学家卡佩莱蒂倡导并提出了“各国政府都有义务保护当事人的接受裁判权，应为当事人从实质上实现接受裁判权提供应有的保障及扫清障碍”的理论，在此理论的指导下，掀起了一场遍及世界许多国家的“接近正义”司法改革运动。“接近正义”司法改革的重要内容之一便是关于诉讼费用的改革。诉讼费用可以说是当事人利用司法接近正义的第一道门槛。如何降低这道门槛，正是我国在积极进行司法改革的大背景下亟需解决的问题之一。

关键词：诉讼费用　接近正义运动　司法改革　诉权

一、“接近正义运动”对两大法系诉讼费用制度的影响

20世纪70—90年代两大法系的各国都纷纷进行了以“接近正义”为主旨的声势浩大的民事司法改革运动，各国围绕着保障社会成员利用司法的权利，进行了持续的努力，深刻地影响了诉讼费用制度。迄今为止，接近正义运动经历了三个阶段的改革，被称作“三次浪潮”，诉讼费用制度的改革随之不断深化。

(一)“接近正义运动”的三次浪潮中的诉讼费用改革

接近正义运动的第一次浪潮始于20世纪70年代初期，经过创建和完善法律咨询以及法律援助制度等与诉讼制度密切相关的制度，以期为当事人提供接近司法的途径和保障。①

---

* 张悦，辽宁大学法学院讲师。

① 齐树洁、周一颜：《司法改革与接近正义——写在民事诉讼法修改之后》，载《黑龙江省政法管理干部学院学报》2013年第1期。

接近正义运动的第二次浪潮始于70年代中期，主要关注为消费者、残疾人、环境污染受害者等弱势群体的扩散性利益提供司法上的保护，第二次浪潮改变了传统的诉讼模式，出现了以公益诉讼、集团诉讼、反不正当竞争诉讼为代表的新型群体诉讼，这些诉讼具有相当的公益性，起诉者往往超越现有法律所设定的封闭性的利益保护框架提出新的利益主张，而且，原告往往不仅主张自己的利益，而且还尝试排除与原告处于同一立场的利益阶层的人们的扩散的、片段性利益的侵害。① 无论是集团诉讼、团体诉讼还是选定代表人诉讼，诉讼的开始和进行所产生的巨额费用常常令人畏缩。针对上述问题，两大法系的各国都积极地进行了诉讼费用改革的实践，如在诉讼费用救助规则上，德国规定团体诉讼费用负担方式更多地体现出公益性特点，法院可根据案件情况依职权采取灵活多样的费用负担方法，除了当事人分担之外，还包括建立诉讼基金在内的做法；美国则以费用激励律师代理群体诉讼。②

接近正义运动的第一次浪潮和第二次浪潮具有一个共同的特征，即试图通过减少乃至消除公民在寻求司法救济方面的障碍，在诉讼费用救助制度上创新了司法救助制度的多样化方式。③ 但是，由于司法的复杂性，单纯从司法体制内进行无成本司法或者低廉司法并不能完全解决诉讼成本高，民众难以利用司法接近正义的问题。④

于是，20世纪70年代后期又掀起了接近正义运动的第三次浪潮，强调以非诉讼纠纷解决机制来弥补传统诉讼程序在当事人接近正义方面的不足。这种不足主要体现为诉讼体制的刚性以及世界各国广泛存在的司法资源稀缺性造成的诉讼迟延与诉讼费用昂贵问题，在此意义上，纠纷解决机制的多元化与接近正义具有同一性质。⑤ 在诉讼成本很难降低的情况下，把有限的司法资源合理分配，构建诉讼外纠纷解决机制(ADR)，就成为实现接近正义的制度目标。

(二)"接近正义运动"下诉权理念变革与诉讼费用制度

1.宪政诉权理论：诉讼费用制度改革的正当性基础

传统诉权理论强调在程序意义和实体意义上区分民事诉权，代表学说有私法诉权说、公法诉权说以及二元说。二战以后，日本学者依据《日本国宪法》第32条"任何人在法院承受审讯的权益不得剥夺"的规则提出了宪法诉权说。该理论认为，宪法和法律赋予国民以自由权、人身权和财产权等权利，同时也相应地保障国民在这些权利受到侵害或发生争议时，平等而充分地寻求诉讼救济的途径，如果某

---

① 齐树洁：《诉权保障与当事人适格之扩张》，载《西南民族大学学报(人文社会科学版)》2006年第12期。

② 王福华：《费用推动程序》，载《法学家》2010年第6期。

③ 齐树洁：《诉权保障与当事人适格之扩张》，载《西南民族大学学报(人文社会科学版)》2006年第12期。

④ 齐树洁、周一颜：《司法改革与接近正义——写在民事诉讼法修改之后》，载《黑龙江省政法干部管理学院学报》2013年第1期。

⑤ 李德恩：《强制调解之法理与实践》，载《江西财经大学学报》2009年第4期。

一权利在受到侵犯之后,受害者根本无法诉诸司法裁判机构,也无法获得任何有效的司法救济,那么,该权利的存在将毫无意义。①

宪政诉权理论促进了传统诉权向现代诉权的转型。现代诉权理论认为,民事诉权应超越单纯的诉讼法意义而完成向宪法诉权的转型,传统的诉权概念也逐步被裁判请求权、诉诸司法权、程序保证请求权、接近正义权、接近司法权等现代话语所取代。② 由此,诉权的现代转型首先表现为许多国家确认承受司法裁判权是人民享有的一项由宪法保证的根本权益,诉权维护呈现宪法化的趋向。诉权宪政理论为通过立法变革诉讼费用救助制度、保障基本诉权提供了正当性基础。

2.解决纠纷的权利理念:诉讼费用救助制度改革的方向

接近正义运动的第一次和第二次浪潮取得了很大的成绩,推进了世界民事诉讼的发展,但是与意大利法学家卡佩莱蒂所倡导的"让民众接近正义"还有距离。在第三次接近正义浪潮中,各国改革者意识到正义与司法并不必然地联系在一起,需要重新理解和解释正义的内涵,于是有了解决纠纷的权利理念。该理念认为,权利必须有救济,但权利救济的方式是多元化的,权利救济与纠纷解决达成的正义结果,正义的内涵是使公民有机会获得具体而符合实际的正义,即纠纷解决的权利。③

解决纠纷的权利理念具体表现为多元纠纷解决机制的创设,1998 年美国国会通过了 ADR 法案,这部法律确立了 ADR 在联邦法院体系中的地位,是迄今有关 ADR 立法的最重要的成果。ADR 在美国被率先确立下来后,它的影响力开始逐步向世界范围内扩展,英国、澳大利亚、日本等国家纷纷吸收借鉴美国 ADR 实践经验,发展起了一套适合本国的 ADR 体系。④

传统观念认为,权利的救济只限于权利的可诉性或司法性,纠纷的解决途径仅限于法院的诉讼程序,忽略了其可协商性的特点和非诉讼纠纷的解决功能。⑤ 按照纠纷解决的权利保障,国家除对某些类型的权利侵害及救济加以强制干预或司法程序限定外,在一般的民事、行政纠纷中提倡采用多元化救济方式,使当事人拥有更多的选择机会和自主性。

这样的理念改变为诉讼费用制度改革提供了新的视角和方向,也重新定位了诉讼费用制度的功能和价值。多元纠纷解决机制使纠纷出现诉讼之外的权利救济途径,使制度设计通过诉讼费用的调整分流案件,为调节诉讼的功能提供了制度条件。

---

① 左卫民等:《诉讼权研究》,法律出版社 2003 年版,第 2~3 页。

② 齐树洁:《诉权的现代转型与民事上诉权之保障》,载《河南省政法管理干部学院学报》2005 年第 6 期。

③ 齐树洁、周一颜:《司法改革与接近正义——写在民事诉讼法修改之后》,载《黑龙江省政法干部管理学院学报》2013 年第 1 期。

④ 姜启波:《如何守住司法正义底线》,载《中国法学会审判理论研究会 2014 年年会暨全面深化司法改革促进司法公正理论研讨会论文集》,2014 年。

⑤ 范愉:《权利救济与多元化纠纷解决机制简议》,载《广西行政学院学报》2008 年第 1 期。

二、"接近正义运动"下两大法系司法救助模式

为保障当事人宪政意义上的诉权并为当事人诉权的行使扫清障碍,从而便于当事人接近司法,进而接近正义,以司法救助为核心的诉讼费用救助制度改革成为各国(地区)接近正义司法改革的重要内容。由于大陆法系和英美法系对于诉讼费用范围的理解不同,诉讼费用救助制度也相应地出现了两种模式。

(一)福利社会下的福利司法模式

福利司法模式的代表有德国、法国和日本等传统大陆法系国家。福利司法模式是建立在福利国家理念下的。按照福利国家的理念,在福利国家中,既然个人有获得法院审判及获得律师帮助的社会福利权利,那么对于那些没有资力支付诉讼费的人或群体,国家或社会应给予经济上的帮助,使诉讼成为可能。[①] 在这样的背景下,20 世纪 80 年代后,德、法、日相继出台了针对诉讼费用制度进行法律援助、引进法律建议援助等同诉讼费用救助制度相关的配套措施改革。

联邦德国在 1980 年 6 月 13 日修改的《诉讼费救助法》第一次明确立了"诉讼费救助"的概念,并对相关的法律进行了全面修订。法国 1998 年对法律救济概念进行了扩展,拓宽了诉讼费用救助的受益主体。《日本民事诉讼法》是对德国和法国法的继受。所以,从日本民事诉讼法中可以看到很多德国法和法国法的影子。在日本民事诉讼法的第一编第四章对诉讼救助制度专门做了规定。三国诉讼费用救助制度的共性在于均存在申请人是否达到"贫困"的判断标准,[②]如果达到此标准即可申请诉讼费的救助。除此之外,德国、日本对比实行"免费司法"的法国,还要求申请诉讼费用救助的人对其案件有胜诉的可能和希望,这一标准被认为实际上抬高了诉讼费用救助制度的利用门槛。[③] 值得注意的是日本与德法不同,并不存在诉讼费用的"减、免",其诉讼救助仅指允许确实缺乏资历的当事人"暂缓"预交审判费用到诉讼终结时的制度。[④] 申请缓交的费用中除了诉讼费用还可以申请缓交特定情况下的律师费用,接受救助的当事人胜诉时,法院和胜诉方律师可以直接向败诉方当事人主张诉讼费用和律师费用,败诉方不履行时,可申请强制执行如上费用。从上

---

① 王福华:《费用推动程序》,载《法学家》2010 年第 6 期。

② 联邦德国 1980 年修改的《诉讼费救助法》规定进一步细化、合理化了这种"贫困"要件,具体为:第一,对诉讼救助规定了一个客观标准,按收入额和财产额决定能否享受诉讼救助;第二,收入额在标准线以下的,一概给予全额救助;第三,收入额在标准线以上,而又未超过一定限度的,给予部分诉讼救助,即准许分期缴纳诉讼费用,但以 48 个月内付清为限;第四,在计算收入时,依照联邦社会救助法的规定,把诉讼救济与社会救助联系起来;第五,把受抚养的人数也列为考虑诉讼救助的因素。参见常怡主编:《比较民事诉讼法》,中国政法大学出版社 2002 年版,第496 页。

③ 邹国勇、甘雯:《德国民事诉讼费用救助制度及其新发展》,载《重庆工学院学报(社会科学版)》2009 年第 9 期。

④ 董学立:《物权法研究——以静态与动态的视角》,中国人民大学出版社 2007 年版,第 130 页。

述规定中可以看出美国法对于日本民事诉讼法的影响在20世纪90年代后逐渐加深。

日本与我国相同，没有采用强制律师代理制度，比较广泛地允许当事人本人进行诉讼活动。但是，随着诉讼活动的专业化、复杂化以及当事人能力间的差异化，时常会出现当事人本人实在缺乏从事必要的诉讼和辩论的能力，这会使以当事人之间的攻击防御为中心的诉讼无法展开，在这种情况下，法院有权作出禁止缺乏辩论能力的当事人进行陈述的裁判(《日本民事诉讼法》第155条)，并可以视具体情况强制为他指定律师(同条第2款)，由此发生的律师费用，且当事人符合诉讼救助条件的，此笔律师费用也在暂缓交纳的范围内。①

从诉讼费用救助的构成要件进行比较，德、法、日三国的申请主体都要求为公民，但是法国比德日申请主体的范围更大，这个公民概念为欧盟公民，且在特殊情况下，在法国设立机构总部且经费收入不足的非营利法人也可以成为申请主体；从财产与收入方面来看，都规定了较为具体的“贫困”标准；从案件本身来看德国和日本要求有胜诉可能，法国没有要求。

除上述制度外，还有最初产生于19世纪法国的“诉讼保险”制度以及《法国民法典》第2044条规定的协商解决纠纷机制，在1991年，法国法又对诉讼救助制度进行了改革，扩大了法律救助的范围，设立了相当复杂的政治与行政管理体制。②

日本诉讼救助的适用主体一般情况下为自然人，但作为民事诉讼当事人的法人或其他团体组织如果有发不起工资等情形的，也能够成为救助的对象。诉讼双方当事人的经济能力相差较大一般不能够成为申请诉讼救助的理由，但是对于诉讼周期长、双方攻击防御活动较为激烈的案件，依上述理由也可以申请诉讼救助。诉讼救助的另一个条件为“并非没有胜诉的可能”，一般被理解为只要从诉状上看原告的主张有道理就可以。③

日本除了福利社会下的福利诉讼救助制度还有民间的法律扶助制度。这一制度属于社会公益制度，由民间团体法律扶住协会负责运作，其经费来源于日本律师协会和政府财政的部分支持。通过法律扶助制度获得的诉讼费用帮助是需要偿还的，所以日本公民在使用该制度时较为慎重。

(二)廉价司法下的律师费用救助模式

英美法系中对于诉讼费用的理解采广义诉讼费用概念，即诉讼费用中除审判费用外还包含律师费用等其他成本费用。与大陆法系不同，英美法系诉讼费用中审判费用低廉，但是律师费用高昂。所以，英美等国的诉讼费用救助制度主要表现为对律师费用的救助。

英国是最早实行法律援助制度、法律援助最为完善、援助开支最高的国家之

① 陶建国：《日本民事诉讼费用救助制度之研究》，载《河北法学》2005年第3期。

② [法]让·文森、塞尔日·金沙尔：《法国民事诉讼法要义(下)》，罗结珍译，中国法制出版社2001年版，第1375～1376页。

③ 常怡主编：《比较民事诉讼法》，中国政法大学出版社2002年版，第499页。

一。接近正义的司法改革以来,英国的法律援助委员会和法律服务委员会作了许多规定,努力解决经济能力不同的当事人接近司法平等性的问题。英国的法律援助形式大致包括:提供咨询、法律协助和法律代理。民事法律援助的申请人须符合两项条件:一是基于合理的理由参与诉讼,法律规定的诉讼合理性仅从形式上予以考查;二是财产状况必须符合法律援助法律和规章的规定,以上两项条件由各级法院判断、执行。① 2000 年 4 月以后,英国律师费用援助由法律服务委员会负责,其性质与日本的法律扶助协会相同均为民间组织,其职责为保障依经济原则在社区范围内提供法律援助,在竞争基础上向律师事务所授予法律援助业务特许权,支付固定的法律服务费用。但是,值得关注的是英国对于给付金钱案件不再提供援助,理由是原告可以基于风险代理合同聘请律师。

美国采取的是司法低廉原则,但美国的律师费一直居高不下,因而美国法律援助的对象不是针对审理费用的,而是针对律师费的。美国法律援助的总体目标是使法律体系为穷人服务,其中包含两大目标:一个是使穷人能够进入司法体系,另一个是改变立法和司法以满足穷人的基本生存需求。在美国,保证当事人能够获得律师的帮助,主要通过以下两种方式:

第一,对贫困当事人的法律援助。美国法律援助制度建立得比较晚,直到 20 世纪 60 年代,才开始有了对没有经济来源的民事当事人提供实质性救助的法律援助制度,60 年代兴起的民权运动导致了法律援助机构的建立,其经费来源于国家财政;到 70 年代法律援助机构发展成为由政府支持的独立公司(法律服务公司),该公司除了取得国会的拨款、政府的资助以外,还接受经济机构的投资和律师的捐款。但是对当事人提供法律援助的条件极为严格,只有极度贫困的人才能获得法律援助。同时给予法律援助的案件的范围也极为有限。通常包括驱逐租户、债务人贫困以及解除婚姻等案件。②

第二,胜诉酬金制。美国的胜诉酬金制类似于我国实践中的律师风险代理制。在客观上能够使经济贫困、无力支付律师费的当事人获得律师的帮助,对于他们接近司法具有积极的推进作用。③

三、"接近正义运动"下诉讼费用调节功能的强化

民事纠纷的大量涌入与司法资源的紧张是各国普遍面临的难题,多元纠纷解决机制的创设与发展为各国解决上述难题提供了契机与方法。多元纠纷解决机制的意义就是能够使案件分流,满足当事人不同价值取向和不同层次的需求。为此,两大法系国家都纷纷设置了多样化的非诉纠纷解决程序。诉讼费用是当事人进入诉讼程序的第一道门槛,其对当事人对纠纷解决机制的选择有着重要的影响。通过调整诉讼费用制度与诉讼成本机制,引导当事人选择非诉程序解决纠纷,既能化

---

① 徐昕:《英国民事诉讼与民事司法改革》,中国政法大学出版社 2002 年版,第 417 页。

② 宫晓冰主编:《外国法律援助制度简介》,中国检察出版社 2003 年版,第 132～143 页。

③ 常怡主编:《比较民事诉讼法》,中国政法大学出版社 2002 年版,第 501 页。

解司法压力,又能使当事人树立不以诉讼为限的多元纠纷解决途径理念,培育和强化公民社会自治能力,促进每一种纠纷解决机制充分发挥各自的优势。诉讼费用的制度调节功能主要表现为以下两个方面:一是强化诉讼费用制度的刚性调节诉讼,通过诉讼费用的制裁功能防止滥诉、节约司法资源,形成诉讼费用正向引导和负向惩罚的制度平衡;二是在诉讼程序内引导当事人选择简化的民事程序,提升诉讼效率。

(一)强化诉讼费用制度刚性调节诉讼的功能

诉讼费制度是各类具体诉讼制度功能发挥和协调运转的导向器,诉讼费用的高低直接影响着诉讼的适用率。当事人的案件得到法院受理后,诉讼费制度就成为当事人面对的第一项具体制度,也成为影响当事人诉讼选择的重要因素。两大法系的各国对诉讼制度的具体设计和改革(如诉讼费用的构成、负担原则、缴纳标准等),其目的之一就是要充分发挥诉讼费调节诉讼的作用。

美国和法国在各自的司法改革进程中分别确立了“廉价司法主义”和“无偿司法主义”,看起来诉讼费的低廉和无偿使得这两个国家没有了进入诉讼的门槛。但是,高额的律师费用却使得这两个国家的当事人必须慎重起诉。在德国和日本,混合主义诉讼模式使得其审判成本较高,相应的,其诉讼费用中的审判费用设置得也较高,这就使当事人在选择诉讼时不得不考虑诉讼成本问题。

(二)通过诉讼费用负担的制裁功能防止滥诉

两大法系各国对于诉讼费用负担原则的选择是一致的,都选择“败诉方负担原则”。这一方面体现了对违法者的惩罚,重要的是可以起到使“原告方慎重起诉、被告方慎重应诉”的作用。例如,德国在其《民事诉讼法》第 67 条中规定了违反诚实信用原则发生的费用负担。对于因一方违反诚实信用原则未履行通知等义务,导致对方发生诉讼费用的,不论何方胜诉,该部分诉讼费用由违反此义务方负责。在《民事诉讼法》第 97 条中对上诉费用作了两项规定:其一是当事人提起无益的上诉时,上诉费用由该当事人负担;其二是一审败诉的当事人在上诉审中,因提出的新主张而胜诉,如此种主张在原审中即能提出者,上诉费用由胜诉当事人负担其全部或一部分。

日本法在败诉方负担原则之外,还做了以下例外的规定,以下费用不由败诉方负担:一是对于因胜诉方当事人从事了在伸张自己权利或进行防御时所做的并无必要的行为而产生的费用;二是因诉讼延迟而增加且应归责于胜诉方当事人的费用;三是因败诉方当事人在有必要伸张自己权利或进行防御时从事了一定行为而发生的费用,法院可以命令胜诉方当事人负担其中的一部分或全部。

在英国,法律赋予了法院作出诉讼费用命令的权利,这种命令能够更有效地激励当事人负责任地为诉讼行为,或者能对当事人不合理的行为产生更有效的威慑。[①]

---

① Lord Woof: Access to Justice-Final Report, 1996, Charles Plant (Editor-in Chief), *Blackstone's Civil Practice*, Blackstone Press Limited, 2001.

(三)程序内促进简化诉讼程序的选择

为解决诉讼迟延问题,许多国家采取了诸如民事诉讼程序改革,设立小额法院、近邻法院、消费者法院等专门法院等方面的举措。在英国,审判费用没有依诉讼标的金额比例收费的具体规定,特别在小额诉讼中,诉讼费用的比例可能高于诉讼请求的金额,有可能等于、甚至超过案件的争议金额。为了解决诸如小额诉讼的诉讼费用过高的问题,英国法规定了固定诉讼费用制度。①

四、对我国诉讼费用制度改革的启示

比较各代表性国家在接近正义司法改革中的诉讼费用制度改革实践,不难发现在对诉讼费用制度进行改革的过程中,各国对诉讼费用制度都十分重视且所追求的目标是一致的,即追求诉讼费用制度的"公平"和"效率",注重诉讼费用的诉权保障功能和调节功能。在分析考察了各代表性国家现行诉讼费用制度后,得出以下对我国诉讼费用制度发展的启示。

(一)将诉讼费用制度纳入提升国家治理能力的整体架构

影响当事人接近正义的普遍性因素有诉讼成本、解决争议所需的时间、司法制度发现事实真相和适用法律的正确程度。上述三个因素都与诉讼费用制度密切相关。纵观各国司法改革特别是民事诉讼改革进程,有关诉讼费用制度的改革都被放到了一个极其重要的地位。每一次重大的司法改革最后都能在对诉讼费用改革、修订中得以体现。反之,诉讼费用的改革和优化能够更有利地推进一国的司法改革进程,让民众更加接近司法、接近正义,对依法治国有着十分积极的意义。

例如,英国、美国等国家通过积极发展诉讼费用制度框架内的司法救助、法律援助制度,保护当事人能够平等地行使诉权;德国、日本通过对诉讼费用规则的精细化、合理化使得诉讼费用制度的正当性得以维护,进而维护了司法的公信力;美国、法国通过推行廉价司法政策促进了国民对司法的亲近与利用,从而达到了依法治国的目标。可以看出,上述国家都把诉讼费用制度的建设和改革放到了关乎国家治理、法制建设的高度去看待,从结果来看诉讼费用制度也对各国的法制建设与发展起到了推进作用。

在我国,党的十八届三中全会提出的全面深化改革的总目标,就是要完善和发展中国特色社会主义制度、推进国家治理体系和治理能力现代化。党的十八届四中全会的主题为依法治国。国家治理体系和治理能力是一个国家的制度和制度执行能力的集中体现,两者相辅相成。法律制度作为国家制度的重中之重,法制的现代化是推进国家治理体系和治理能力现代化的前提和基础。诉讼费用制度作为我国法律制度的重要组成部分,其设计的科学化、现代化是提升国家治理体系和国家治理能力现代化的需要。

因此,将诉讼费用制度纳入提升国家治理、依法治国的框架内,加大对诉讼费用制度的科学化、现代化建设与改革,使诉讼费用制度的发展与我国司法改革的发

---

① 徐昕:《英国民事诉讼费用制度》,载《司法改革论评》2002年第2期。

展同步,既是国际上普遍的做法,也是我国社会法治发展的内在需要。

(二)以司法独立保障诉讼费用改革的有效运行

当代全球化进程,在很大程度上意味着全球经济发展的关联化,意味着世界各国家与民族生产方式的趋同,因而决定着全球法律与司法重构的价值取向。我们知道,司法的过程实际上就是通过法律适用这一中间环节,把法律规范的抽象设定和普遍要求转化为社会成员的具体单个行为。司法的任务就在于把一般法律应用于特殊情况下的具体事实,从而使司法判决具有可预测性。而要达到这个目标,最重要且最基本的要求便是司法与行政的分离、司法独立的实现。

考察世界上主要国家和地区的司法独立与诉讼费用制度之间的关系,可以看出,司法独立制度机制与诉讼费用制度改革之间的关系大致表现在以下两个方面:

其一,司法独立制度机制保障诉讼费用制度改革。司法独立制度机制的建立首先就要摆脱司法机关对于行政机关的财政依赖,否则作为司法的一环的诉讼收费就会被动地沦为政府财政、法院财政的"提款机",导致政府对法院诉讼费的盘剥以及由此导致的法院"乱收费"现象的发生,进而导致当事人的诉讼成本增加、无力行使诉权问题的发生。诉讼收费是牵动司法资源、程序、组织的重大问题,只有在司法独立的制度机制下才能保障诉讼费用制度改革顺利进行,实现减轻当事人诉讼成本、让民众接近司法的目标。

其二,诉讼费用制度改革促进司法独立机制的完善。纵观各国诉讼费用制度的改革,如美国推行的廉价司法政策及律师费法律援助机制、英国的法院对诉讼费用负担的详细而复杂的评价制度、我国台湾地区近几次诉讼费用调整对案件受理费和再审费用的相应提高、日本大力推行的诉讼费用保险制度和特殊的诉讼费用担保制度等等,这一切对诉讼费用制度进行的改革措施背后,各国追求的都是通过调整诉讼费用制度达到平衡司法资源、完善程序和组织的目的。让诉讼费用制度回归制度创立的初衷,充分发挥其调整司法制度的作用,对促进司法独立机制的完善具有非常重要的意义。

(三)健全司法救助制度保障弱势群体的诉权

诉讼费用的收取从总体上体现了诉讼费用制度的防止滥用诉权、促进司法资源合理配置的功能,但其无法体现诉讼费用制度保障诉权、促进正义实现的功能。只有在陷入法律困境中却又无力支付诉讼费用的人能够公正、顺畅地接受法律救助接近利用司法维护自己权益时,诉讼费用制度保障诉权、促进正义实现的功能才能得以体现。

各国的诉讼费用制度改革无一例外都在以降低当事人的诉讼成本、保障当事人的诉权为最终目标。但是,在如何降低当事人的诉讼成本,诉讼费用占诉讼成本的比例以及案件受理费的收费标准等问题上各国的理解各不相同。从我们考察的大陆法系及英美法系的国家和地区来看,单纯地以降低诉讼收费来降低诉讼成本、保障弱势群体的诉权的做法,几近为零。美国奉行廉价的司法主义并不是由于其降低了诉讼费用,而是在其多年来形成的法律传统和国家、民主意识的环境中应运而生的。

如何使诉讼收费既能起到防止滥诉的作用又能使弱势群体都打得起官司，各国的解决方法是一致的——健全司法救助、法律援助制度。我国现行法规虽然规定了诉讼费用减、缓、免，但制度的设计缺乏可操作性，导致各地适用不统一，没有完全实现制度设计保障困难当事人打得起官司的初衷。借鉴外国经验，结合我国国情健全司法救助制度、制定法律援助法是我国诉讼费改革以至于司法改革的重要任务。

(四)充分发挥诉讼费用制度的诉讼调节功能

从总体来看，各国的诉讼费用制度所发挥的功能大致有三个：一是防止滥诉，调节诉讼门槛，对案件的调节功能；二是对不诚信的诉讼行为和违法行为的惩戒功能；三是对司法资源使用的补偿功能。

由于各国司法改革都在强调减轻当事人的诉讼负担，加大对司法的财政支持，所以诉讼费对司法资源的补偿功能在世界范围内呈现出不断弱化的趋势。诉讼费用由败诉方负担是各国(地区)通用的原则，体现了法律要求违法者承担违法成本的价值判断。但是，与败诉方要承担的争议金额的履行、违约金或赔偿金相比，诉讼费用的惩罚显得过于微不足道。因而，在诉讼费的三个功能中，调节功能最能体现诉讼费用制度的本质。

诉讼费用的调节功能体现在诉讼进行过程中的各个阶段：在立案阶段，过高的诉讼费会导致当事人诉权的实现受阻，反之，过低的诉讼费会使大量民事纠纷涌入诉讼程序中，占用大量的司法资源，给滥用诉权者提供便利条件；在调解阶段，合理、巧妙地规定诉讼费会促进调解的达成；在上诉阶段，对诉讼费金额的计算方法的合理规定，对促使上诉人息诉会起到积极的作用；在审判监督阶段，适当或者加收诉讼费可以起到阻止当事人缠诉、减少再审案件数量的效果；对一些特殊案件(如劳动争议、离婚、公益诉讼等)诉讼费数额的计算和分担进行特殊设计有利于保护弱势当事人，也是司法亲民的体现。

充分发挥诉讼费在诉讼各个阶段所起的调节作用，并随着社会生活和经济生活的进步发展不断对诉讼费制度作出调整，使其更好地发挥调节作用是各国(地区)的常用做法。我国现行《诉讼费用交纳办法》，在政府大力提倡建立和谐社会的背景下颁布实施，极好地体现了和谐诉讼的宗旨。但是，过低的诉讼收费导致案件数大增等问题的出现也不容忽视。如何充分利用诉讼费的调节功能，是我国诉讼费制度改革的重要内容。

(五)通过精细化收费规范保障诉讼费制度的程序正当性

对于诉讼当事人和法院而言，诉讼费制度的程序正当性最直观地表现为收费内容、收费程序的法定性及可预测性。比较各国(地区)的诉讼费收费规范，在大陆法系国家和地区中，日本、德国和我国台湾地区都对诉讼费制度进行了精细化立法，英美法系中的英国更是在民事诉讼规则之外制定了超过 8 万字的《有关诉讼费用的规则及诉讼指引》来规范诉讼收费。

日本有关诉讼费用的内容被规定在《民事诉讼法》第 4 章中，分 3 节共 26 条，除此之外，专门制定了民事诉讼费用等的法律，具体详细地列举了裁判费用以外的收费种类、各类特殊案件的收费标准以及其他各种收费事项。我国台湾地区的诉讼收费制度被规定在"民事诉讼法"第 3 章中,分为 5 节共 67 条,对诉讼标的价额的核定、诉讼费的计算和收取、诉讼费用的负担和担保以及诉讼救助都有详细的规定。德国的诉讼费制度被规定在《民事诉讼法》《法院费用法》中,对于多数人诉讼、部分胜诉等问题的诉讼费用负担问题以及法官对诉讼费用的自由裁量权限等都有详细的规定。

精细化诉讼费用收费规范能够使诉讼费制度的功能得到优化,有助于实现我国司法改革的目标和国家治理体系的现代化,便于诉讼费的科学化、标准化管理。另外,诉讼费收费规范的精细化在一定程度上能够防止法官在诉讼费用方面滥用自由裁量权,防止法官在办理案件时利用审判权寻租,让法官有法可依、依法收费。从当事人的角度考虑,精细化的收费规范有利于当事人对诉讼费用的预测,可预测的诉讼费用可以减少当事人对利用司法的顾虑及对法院和法官的不信任,能够鼓励其利用司法程序解决纠纷。

(六)利用律师费强化诉讼费用的调节功能

考察各国(地区)对于诉讼费用范围的界定和构成,可以发现各国(地区)最大的差异表现在对律师费用的界定上。在实行律师强制代理制度的国家(如英国、德国),律师费用一般被界定在诉讼费用当中。相反,在没有实行律师强制代理制度的国家(地区),律师费用一般不被认定为诉讼费,如日本和我国台湾地区。

一国的法治建设与民主建设越发达,其公民的维权意识越强,由于现代诉讼发展的复杂化与专业化,公民进行维权活动时对律师的依赖变得越来越强。无论是否实行了律师强制代理制度,各国(地区)的公民在进行诉讼活动时律师费所占诉讼成本的比例已经不容小觑。在英国和美国,律师费已经成为最大的诉讼成本支出。其诉讼费的调节功能,主要体现在律师费的调节功能上,甚至诉讼救助也主要为对律师费的救助。日本虽然未实行律师强制代理制度,但是近年来学界和实务界要求把律师费纳入诉讼费的呼声日益高涨,其原因可以主要归结为律师费的数额大,纳入诉讼费中可以加强诉讼费的调节功能,增加违法者的违法成本,促使原告慎重起诉。

从工具理性走向交往理性

——民事司法改革的逻辑转换

陈　巍*

摘　要　现代性以“工具理性—真理”为基本范式，传统法治秩序遵循这一基本范式并建立现代民事司法制度。随着社会的发展与价值的多元化，立足于工具理性的现代性面临后现代思潮的批判，工具理性一旦泛滥将导致人的异化，司法制度也面临正当性危机。随着主客两元范式逐渐被主体间性范式所取代，出现了“交往理性—合意”的新范式，交往理性继承并超越了工具理性，合意也取代真理成为人们追求的目标。受新范式的影响，各国司法改革纷纷强化诉讼调解以及协同型诉讼模式，淡化传统诉讼的对抗色彩，法官积极推进对话沟通并促使达成合意。

关键词：工具理性　交往理性　合意　诉讼调解

20世纪70年代，西方发达国家民事司法制度普遍遭遇危机，各国纷纷开启延续至今的民事司法改革。不难发现，司法危机的症状与改革举措皆有很大的相似性和趋同性。大陆法系、普通法系、中华法系的门户之隔逐渐被打破，互相借鉴学习成为常态。以司法调解为例，中国悠久的调解传统早已不是风景这边独好，而是已成为全球性的普遍现象，西方国家在调解的专业化、制度化方面似乎还略胜一筹，且不断向中国输出其调解理念与制度。这些现象背后，或许有一种共通的、本质性的思维和理念在推动各国不约而同地选择相似的改革路径，人类命运共同体的理念在世界范围内的司法改革潮流中得以彰显，本文力图梳理西方民事司法制度从形成到危机再到变革的演进历程，揭示当前各国司法改革相似与趋同背后隐含的理念与思维范式，以期为我国司法改革提供更深层次的理论支撑。

一、现代性与传统法治秩序

（一）现代性的“工具理性—真理”范式

西方传统哲学奉行主体与客体两元范式，客观主义、本质主义、基础主义是西方古典以及近代认识论中的基本观念和逻辑前提。理性是现代性的精神内核，人凭借其理性有能力去发现和认识客观世界，贯通主观与客观两域，把握与客观相符合的真理。笛卡尔作为西方唯理主义哲学的创始人，第一个在哲学上宣布了人的

---

* 陈巍，北京航空航天大学法学院副教授，法学博士。研究方向：民事诉讼法、司法制度、证据。

理性的独立，开创了近代西方哲学中的唯理主义思潮，确立了唯理论的这个原则：具有普遍必然性的知识只能来源于理性本身，而不能从感觉经验得到；只有理性所把握的知识才是真知识；理性也必然能够把握真理。笛卡尔的这些探讨，对西方近代哲学思辨和德国思辨哲学产生了巨大影响。① “从笛卡尔起，我们踏进了一种独立的哲学，这种哲学明白：它自己是独立地从理性而来的，自我意识是真理的主要环节。……个人主体因此成为世界的立足点和中心。”②

真理属于知识和认识范畴，但它和客观实体一样，具有永恒性、客观的、不以人的意志为转移的特征。人类对真理不吝赞美之词，真理是人类孜孜不倦的追求，也是帮助人们征服、改造客观世界的强大武器。真理是人类心灵的家园，它驱除了人类对残酷现实的绝望，点燃了人类追求美好未来的熊熊烈焰，给了人类在泥泞中跋涉前行、在汪洋中搏击风浪的勇气。人类探求真理（既有自然科学也有社会科学）、贯通主体与客观世界的理性，体现为一种达成外在目标的有效的方法、途径和技术，可以称为技术理性、工具理性、科学理性、方法理性。“（理性）指的是一种行为方式，是指在给定条件和约束的限度内适于达到给定目标的行为方式。”③“理性成了用于制造一切其他工具的工具一般，它目标专一，与可精确计算的物质生产活动一样。”④这种把握真理的工具理性渗透到了现代社会生活的方方面面，成为近代西方文明极为重要的科学精神。人们相信，通过工具理性，不仅能在数学、物理、化学、天文、生物等自然科学领域不断发现真理，实现“人对自然的统治”，而且能够控制社会生活中统治着人的异己力量，破除偏见、迷信和专制，从而克服一切外在束缚，使人真正成为自律、自主、独立的“主体”。在此意义上，“理性”取代了中世纪的“上帝”的神性，被确立为现代社会的价值规范基础，它不仅是哲学的思想原则，而且是体现在现代社会生活中人们的生活实践原则。⑤

（二）传统法治秩序与工具理性

经历启蒙思想的洗礼，理性主义在19世纪欧洲资产阶级革命时代占据了主导地位，人们坚信，凭借理性能够建立起正义的全新的社会秩序，高度理性的智者们运用缜密的理性思维，就可以清除一切旧势力的障碍。“人们乐观地认为，由无懈可击的新法和新体制势必消弭旧法和旧体制。”⑥哈耶克认为这种建构理性主义最

---

① 陈修斋主编：《欧洲哲学史上的经验主义和理性主义》，人民出版社1986年版，第289页。

② [德]黑格尔：《哲学史讲演录》（第4卷），贺麟、王太庆译，商务印书馆1996年版，第59页。

③ [美]赫伯特·西蒙：《现代决策理论的基石——有限理性说》，杨砾、徐立译，北京经济学院出版社1989年版，第45页。

④ [德]马克斯·霍克海默、西奥多·阿道尔诺：《启蒙辩证法》，渠敬东、曹卫东译，上海人民出版社2003年版，第96页、第92页、第27页。

⑤ 贺来：《“关系理性”与真实的“共同体”》，载《中国社会科学》2015年第6期。

⑥ [美]约翰·亨利·梅利曼：《大陆法系》，顾培东、禄正平译，法律出版社2004年版，第16页。

充分的表达就是由霍布斯阐发,并由卢梭集大成的社会契约论。[①] 社会契约论论证了作为客观存在的不以个人意志为转移的社会公共意志,西方自然法学派继而发掘了立足于公共意志的客观乃至永恒的正义法则,人们可以去认识并掌握这些客观存在的正义法则。人类法制文明早期关注法律的客观性,他们认为正当和法律独立于人的意志,其基础是存在于事物本性之中的和谐或相宜,具有普遍的效力。而这种观念始终是法学思想中的一股重要力量。[②] 人们通过立法或者对判例的科学系统的整理,可以将客观的正义法则适用于社会生活各个领域,形成层次分明、协调一致、内容明确、严谨周密的由多个部门法组成的完备法律体系,法律规范与政治、宗教、伦理道德等其他社会规范保持距离,自成一体并独立发展。现代社会的法律之所以是正义的,就是因为经过民主选举的立法者有能力去认识公共意志并形成法律规范,这种能力本质上就是一种把握客观正义的工具理性。

现实主义法学证明,法律从文本走向个案裁判的司法过程具有不确定性,而具备工具理性的司法程序则有效解决了这一难题。诉讼程序被视为一种发现真相和准确适用法律的科学方法,是工具理性的产物。"程序的其他功能虽然也具有一定的价值,但它们并不是法院存在的核心原因。我认为(相对)无可争议的是,民事司法的核心功能是通过产生符合当事人实体权利的结果来实施实体法。即使那些声称司法应当保障公共价值的人也认为,司法正是通过解释和适用实体法规范来阐明公共价值观念。"[③]西方关于司法程序工具性价值的观点比比皆是。"民事诉讼制度的目标明确,就是寻求真相,寻求真相是诉讼的核心。"[④]"民事诉讼的自由辩论原则旨在防止法院基于技术原因的错误裁判。美国联邦民事诉讼规则可以说'把查明真相作为终极的正义追求'。"[⑤]西方诉讼法典的制定和修改,就是把那些体现了科学理性色彩的做法上升为法律制度,然后平等适用于每一个诉讼案件。

司法裁判具有不可消除的主观性,个案的实体公正在有限的空间和时间内无法获得终极的实体性评判标准。一种合理的选择是将经过科学理性程序得到的实体结果视为唯一的正当结果。结果的正确性诉诸产生结果的过程的科学性,是工具理性的常见表现形式。"由于理性萎缩成了形式合理性,因此,内容合理性变成了结果有效性。而这种有效性又取决于人们解决问题所遵守的操作程序的合理性。"[⑥]对于西方法律程序的工具理性和科学色彩,韦伯指出,"特殊的法的形式主义会使法的机构像一台技术上合理的机器那样运作,它为有关法的利益者提供了

---

① [英]弗里德利希·冯·哈耶克:《法律、立法与自由》(第1卷),邓正来等译,中国大百科全书出版社2000年版,第5~6页。

② [美]罗斯科·庞德:《法理学》(第1卷),邓正来译,中国政法大学出版社2005年版,第28页。

③ Owen M. Fiss, The Supreme Court, 1978 Term—Foreword: The Forms of Justice, 93 *Harv. L. Rev.* 1, 1-2 (1979).

④ Carroll v. Jaques Admiralty Law Firm, 110 F.3d 290, 294 (5th Cir. 1997).

⑤ Mahler v. Drake, 43 F.R.D. 1, 3 & n.8 (D.S.C. 1967).

⑥ [德]哈贝马斯:《后形而上学思想》,曹卫东、付德根译,译林出版社2001年版,第34页。

相对而言最大的活动自由的回旋空间，特别是合理预计他的目的行为的法律后果和机会的最大的回旋空间”①。在西方，人们之所以尊重司法权威，深层次原因就是司法者的遴选以及司法程序的设计都是理性的产物，有能力最大限度地发现真相并实施实体法，是值得信赖的制度。

二、后现代思潮与司法危机

第一次工业革命后前所未有的物质文明进步使得人们对科学理性的力量深信不疑，未来似乎一片光明。但是，接连不断的资本主义经济危机以及两次世界大战的惨痛经历打破了人们的乐观，现代性的“工具理性—真理”思维范式遭遇批判，传统法治秩序也面临重重危机。

(一)后现代主义对现代性的批判

20 世纪一系列重大事件打破了社会平衡。在经济上，自由竞争资本主义让位于垄断和国家资本主义，夜警国家到福利国家的转变，深刻改变了国家、社会与公民的关系。社会变迁催生了思想界来势汹涌的后现代主义思潮②，现代性的“工具理性—真理”范式面临着深刻的批判。一方面，后现代主义颠覆了传统的真理观。完成这一批判的是语言学转向，通过揭示语言的不驯服性论证真理只是人为的、具有主观性的个人偏见而已，真理的客观性、确定性被反复攻击，解构主义哲学风靡一时。另一方面，后现代主义批判了工具理性的异化现象。科学技术已成为统治人类社会的精良工具，人们的目的性行为在现代管理之下已达到高度的合理化，人完全失去了自己的本性。③ 在真理和本质面前，人已经沦为工具和手段，丧失了人的主体地位。“随着现代科学技术的发展，不是人类幸福和进步的增长，而是对人性的压制和异化的增长。”④“在今日人们倒不是由于贫穷而痛苦。最令人痛苦的莫过于，他已成为一个大机器中的小齿轮，他的生活是空虚的，失去了它的意义。”⑤人与人之间变成工具性关系。一切自我之外的“他者”都是与“我”相对立并由“我”所规定的，人与人之间的关系成为一种互为对象性关系。这使得“主观理性”原则充满控制性和征服性的“暴力”，体现在对他人的关系上，就是必将把他人“作为客体和工具加以压迫”。个人不仅认为社会共同体只有工具性价值，也认为

---

① [德]马克斯·韦伯：《经济与社会》(下卷)，林荣远译，商务印书馆 1997 年版，第 140 页。

② 王治河：《后现代主义的建设性向度》，载《中国社会科学》1997 年第 1 期；王治河：《论后现代主义的三种形态》，载《国外社会科学》1995 年第 1 期；刘放桐：《后现代主义与西方哲学的现当代走向》，载《国外社会科学》1996 年第 3 期；冯俊：《从现代主义向后现代主义的哲学转向》，载《中国人民大学学报》1997 年第 5 期；欧阳谦：《后现代主义的哲学观》，载《哲学研究》1997 年第 1 期。

③ [德]哈贝马斯：《作为“意识形态”的技术与科学》，李黎、郭官义译，学林出版社 1995 年版，第 105 页。

④ 夏基松：《现代西方哲学教程》，上海人民出版社 1985 年版，第 377 页。

⑤ [美]弗罗姆：《逃避自由》，陈学明译，工人出版社 1987 年版，第 196 页。

他人只有工具性价值，由此必然导致社会生活共同体的分裂和“伦理总体性”的瓦解。①

后现代思潮毫无悬念地影响了法学理论，后现代法学揭示了法律自身蕴含的政治偏私与阶级利益，揭示其以公平、正义、公共意志的名义掩饰政治主观性、任意性内容的虚伪面目。② 与现实主义法学虽然怀疑法律的确定性但仍然相信存在客观正义不同，后现代主义的怀疑论更为彻底，它彻底否认了追求正义结果的可能性，法律只是某个强势阶层的意志，没有什么值得人们追求和信仰的客观正义。

(二)对实体法律正义的质疑

司法的危机首先体现在人们对司法“严格依法裁判”的质疑和失望。二战后，西方各国社会管理日趋复杂，个人权利出现了扩大和深化的趋势，为此立法机关开始了大规模的立法活动，尽力保持法律与社会的同步发展，行政机关也享有越来越广泛的立法权，法律条文的数量开始激增，“美国社会似乎是堕入一张法律之网中——比其他国家或这个国家的过去都更是这样”③。但是，法律大规模扩张并不能解决价值多元化难题。当今社会的显著特点是社会日益分化成复杂交错的阶层和利益群体，很难寻求普遍的共识，几乎不可能找到放之四海而普遍合理的正义规则。而法律恰恰是建立在社会共识与价值一元(或者主流)的基础上。当出现“公说公有理，婆说婆有理”的价值冲突时，法律很可能束手无策，如果硬要用一种价值观压服其他价值观，就会面临正当性诘问。法律的缺陷是不可避免的，正如有光的地方，就有阴影。④ 当人们的个性化需求越来越强烈时，法律千人一面的缺陷就越发暴露出来。韦伯指出，法律具有严格的职业性逻辑，这往往让当事人的期望落空。“如以法律的抽象命题来裁剪生活现实，一味强调遵循法律科学阐述的‘原理’和只有在法学家想象的天地里才有的‘公理’，这种失望也是不可避免的。”⑤

现代西方人本主义强调，每一个人都是独一无二的不可复制、不可替代的主体，都有独特的个人经历、内心体验和自由意志。⑥ 而法律规则习惯于抽象思维，剥夺了现实世界的丰富多彩，有意忽略细节，也阻塞了对个体特殊需求的关注。法官在司法裁判过程中并不需要考虑个体的超越法律规则之外的意愿，也不关注其潜在的利益诉求，法律的利益分配方式讲究千人一面，不考虑个人的特殊利益需求。社会生活本来是丰富多彩的，差异化程度很高，但僵硬和陈旧的法律规范经常无法妥善应对形形色色的纠纷，“若严格按照法律规范可能会导致一种荒唐的处理

---

① 贺来：《“关系理性”与真实的“共同体”》，载《中国社会科学》2015 年第 6 期。

② 后现代法学集中批判了传统法治对法律普遍性、中立性和确定性的理解，参见朱景文主编：《当代西方后现代法学》，法律出版社 2002 年版，第 291～300 页。

③ [美]L.M.弗里德曼：《美国法的未来》，载《法学译丛》1991 年第 6 期。

④ [美]博登海默：《法理学：法律哲学与法律方法》，邓正来译，中国政法大学出版社 1999 年版，第 405 页。

⑤ [德]马克斯·韦伯：《论经济与社会中的法律》，张乃根译，中国大百科全书出版社 1998 年版，第 308 页。

⑥ 丁冬红：《人之解读——现代西方人本哲学研究》，河北教育出版社 2001 年版，第 16 页。

结果,并引起植根于人们朴素的正义感中的不满乃至对正当性的否定。这些不满有时以尖锐的批判表达出来,有时则采取潜在的、消极回避的形式”①。例如,法律对侵权救济的力度表现为赔偿金额的大小。“中性与冷漠的金钱变成了所有价值的公分母,它彻底地掏空了事物的内核、个性、特殊的价值与不可比性。在奔流不息的金钱溪流中,所有的事物都以相等的重力飘荡。”②在侵权诉讼中,受害人或许最需要的是侵害人深深的忏悔和真诚的道歉,这才能真正抚平受害者的内心伤痛。很多当事人并不十分在乎经济赔偿的金额,更希望能抚平情感上的伤害,获得精神慰藉与解脱,能在未来生活中真正摆脱阴影,而这是诉讼难以实现的。“一个法院能使一个原告重新获得一方土地,但是它不能使他重新获得名誉;法院可以使一个被告归还一件稀有的动产,但是它不能迫使他恢复一个妻子已经疏远的爱情;法院能强制一个被告履行一项转让土地的契约,但是它不能强制他去恢复一个秘密被严重侵犯的人的精神安宁。”③法律通常只关注如何定性,应赔多少钱,即使承认精神层面的伤害,也要换算成数额不等的金钱。在经过激烈辩论后,侵害人被判决承担责任,这似乎是正义的胜利,可是,当侵害人扔出一笔钱后扬长而去,受害人恐怕并非沉浸在“正义莅临的喜悦”,而是愤怒甚至屈辱,但法律对此爱莫能助。

福利国家把个体的生存利益牢牢束缚在国家屏障下。国家日益呵护照顾个人,个人很容易对国家产生依赖,进而丧失了作为理性人的最为宝贵的自由和尊严。一旦有合适的机会,统治者可能利用这一依赖达到自己的专制统治目的。原本受法律制约、为民众服务的国家,如果像保姆呵护婴儿般地“服务”人民,无所不包,无所不管,政府很可能逾越法律的界限进入恣意专断的王国,产生危害个人自由的危险,个人的自由因为只能被国家赋予而被国家限定,本来自由相互协调的可能性大幅萎缩,可以说处在一个家父主义的国家内,为适当地规划社会福利的给付内容,国家必先预定某种标准化的行为、生活与价值模式,如此一来,所有异于此种模式的人都遭到了制度的歧视与拒绝。④

(三)司法能动及其正当性质疑

立法不可避免地存在滞后性且程序烦琐,新类型权利诉求出现后,如果得不到及时承认和满足,终究会转向司法救济。法院是社会这艘大型帆船的桅杆顶部的风向标,总能最早感知社会变迁的风吹草动。“所谓的新型纠纷未必都是‘新’的,其中的大部分不过是,本来就潜在的社会对立与社会矛盾经人们自觉化后显现出

---

① [日]棚濑孝雄:《纠纷的解决与审判制度》,王亚新等译,中国政法大学出版社 1994 年版,第 17 页。

② [德]西美尔:《时尚的哲学》,费勇等译,文化艺术出版社 2001 年版,第 190～191 页。

③ [美]罗斯科·庞德:《通过法律的社会控制——法律的任务》,沈宗灵译,商务印书馆 1984 年版,第 31 页。

④ 颜厥安:《幕垂鸮翔——法理学与政治思想论文集》,台湾元照出版公司 2005 年版,第 175～177 页。

来的纠纷而已。”[①]球踢给了法院，法院不能拒绝裁判，于是不得不通过创设新规则以妥当解决眼下的案件。通过个案司法裁判形成具有法律效力的判例，产生新的社会政策，这一现象被称为司法造法、司法能动主义、司法积极主义。但司法造法也难逃正当性的质疑。美国最高法院的裁判史，就是一部最高法院的法官们在保守主义、自由主义以及协调主义之间摇摆、坚持、斗争和妥协的历史。当人们回顾历史评价美国最高法院的那些影响时代的判决时，几乎不可能以“是非对错”的标签来盖棺定论。美国历史上那些声名赫赫的大法官们将有争议的价值观念引入公共政策，打破三权分立的政治格局，他们都“利用了自己的司法职务在法律上打上了他们个人想象力的印记”[②]。法官自由裁量权的扩张以及司法能动主义也引发了正当性质疑。批评者认为，“我坚信司法能动主义是一个不幸的现象，如果没有它美国将会变得更美好”[③]。如果说立法的正当性是基于立法者的民选代表身份，那么司法对实定法的修改，如何保证其正当性？特别是当法官超越实定法创制新的法律规则时，又如何证明自己比立法者更高明、更值得信赖呢？如何确保法院事实上的立法权不被滥用，变成某个法官自身偏好的产物？在没有最终权威判断的前提下，司法的权威和立法的权威发生冲突很难通过法律体系自身得到化解。

(四)对司法工具理性的质疑

除了实体法律本身的问题外，司法程序实现实体公正的能力也受到质疑。100多年前，罗斯科·庞德批评了对抗制诉讼的缺陷，认为美国的法律体系反映了一种“体育竞技理论”[④]。在西方，人们很早就认识到以“竞技理论”为特征的对抗性诉讼的缺陷。“这种程序过分依赖于当事者各自所拥有的资源。开庭审理的集中对决方式总是伴随着不意打击的危险。”[⑤]批评者们认为，在传统对抗制诉讼中的法官消极中立，当事人控制了诉讼进程，可能会想方设法歪曲事实真相，隐藏对其不利的事实和证据。对抗制诉讼也助长了律师争强好斗的本性，为辩论而辩论，为对抗而对抗，时常陷入对程序细节的争辩之中，而不肯在合适的时候让步。过度对抗因其对案件争点和程序问题的不必要的纠缠，使得程序既代价高昂又难以控制操纵。对抗制对律师有天然的依赖性，当事人由于经济地位的差异，可能会导致诉讼

---

① 陈刚、林剑锋:《论现代型诉讼对传统民事诉讼理论的冲击》，载《云南法学》2000年第4期。

② [美]理查德·A.波斯纳:《法理学问题》，苏力译，中国政法大学出版社2002年版，第228页。

③ [美]克里斯托弗·沃尔夫:《司法能动主义——自由的保障还是安全的威胁》，黄金荣译，中国政法大学出版社2004年版，前言第4页。

④ Roscoe Pound, The Causes of Popular Dissatisfaction with the Administration of Justice, 29 *A.B.A. Rep*. 395 (1906), reprinted in 35 F.R.D. 241, 273-91 (1964).

⑤ [日]谷口安平:《程序的正义与诉讼》，王亚新、刘荣军译，中国政法大学出版社1996年版，第29页。

的不公平。[①]“现代司法的实践运作是这样一种状况:雄辩而技术精湛的律师操控了诉讼程序的进程和各个具体环节,诉讼程序成为‘富裕的当事人’通过辩护律师而进行的‘智力游戏’”[②]。这种异化的诉讼实践现象在后现代话语中得到了解释。“如果没有金钱,就没有证据,没有对陈述的检验,没有真理。科学语言游戏将变成富人的游戏。最富有的人最有可能有理。财富、效能和真理之间出现了一个方程式。”[③]这种不平等在个人对抗富可敌国的跨国企业集团的现代型诉讼中表现得尤为明显。

对抗制的泛滥使得诉讼成为一种痛苦的经历。身处复杂的司法程序中,当事人发现已经无法把控自己的命运。程序权利被滥用,法庭成为斗兽场,沦为那些居心叵测、阴险好斗的“恶人”的天堂,沦为贪婪无德律师的乐土,他们喜欢把简单的问题复杂化,以折磨对手、给对手带来巨大的压力和痛苦为乐事,对抗越是激烈,越是有机会浑水摸鱼,这让那些渴望安宁、与人为善的人们对诉讼敬而远之,视为畏途。

司法中工具理性的膨胀出现了当事人的异化。在司法程序中,法官为发现客观真相以及准确适用法律这些外在目标,将目光始终聚焦在具有法律意义的问题上。只有那些对法律适用有意义的“要件事实”才会引起法官的注意,其他与法律无关的事实一概被忽视,无论这些事实在当事人心目中是否重要。“法院因而需要切除横向的其自认为无关的证据和法律理解问题的数量,亦需要割断纵向的其自认为多余的‘因果关联’。”[④]程序为追求实体公正,要求法官斩断情丝,保持冷静和中立,展示专业与权威、严肃与谨慎的形象,因而冷漠与高傲成为人们心目中法官的脸谱化印象。诉讼的固定框架和规则让诉讼参与者成了机器上的一个零部件,只能按照既定的程式运行。就像在患上职业病的“白衣天使”眼里,病人就是一具零部件受损需要修理的人肉躯壳,病患的哀号他们早就司空见惯,激发不起半点怜悯,甚至会心生厌恶。

20世纪中叶,西方民事司法普遍陷入信任危机,成本高昂和诉讼拖延成为各国司法普遍面临的难题,民众对司法的疏远、不满、不信任都在增加。[⑤] 日本高度专业的司法组织安排使法院获得了“精密司法”的美誉,但日本的司法制度逐渐脱离民众,表现出浓郁的行会主义和官僚主义的气息。[⑥] 我国台湾地区也有学者认

---

① [美]史蒂文·苏本:《民事诉讼的真谛——从历史·文化·实务的视角》,蔡彦敏、徐卉译,法律出版社2002年版,第31页。

② [美]哈泽德、塔鲁伊:《美国民事诉讼法导论》,张茂译,中国政法大学出版社1998年版,第103页。

③ [法]让-弗朗索瓦·利奥塔尔:《后现代状态——关于知识的报告》,车槿山译,生活·读书·新知三联书店1997年版,第94页。

④ 刘星:《契约司法:一种可能的基层审判制度塑造》,载《法学家》2016年第3期。

⑤ [英]阿德里安·A.S.朱克曼:《危机中的民事司法——民事诉讼程序的比较视角》,傅郁林等译,中国政法大学出版社2005年版,第1~3页。

⑥ 季卫东:《世纪之交日本司法改革的评述》,载《环球法律评论》2002年(春季号)。

为，司法因为忽略了民众对司法的参与，陷入了“法官越专业就越自以为是，民众越不懂就越不信任司法的困境，司法的专业性越高，社会的疏离感越强”①。

三、后现代的“交往理性—合意”新范式

（一）“交往理性—合意”范式

后现代思潮批判了现代性，如何在一种没有真理的真空中来确立意义？传统哲学主体客体两元范式被主体间性范式所取代，它强调的是多元主体的相互关系，是一种与主客两元关系关注点不同的新逻辑和新思路。② 按哈贝马斯的观点，传统哲学奉行主客两元范式，关注于人的工具理性以实现对自然以及社会的控制，这种狭窄理性的泛滥和畸形发展，就会造成所谓的现代性困境。困境既然源于主客两元范式以及对工具理性的过度推崇，就不可能在原有范式之内解决问题。传统哲学不能成为现代性的基础，有必要提出另一种形式的理性，另寻出路来重建现代性的哲学基础。于是，哈贝马斯提出以交往哲学来取代意识哲学，用“交往理性”作为现代性重构的理论基础。③ 交往实践理论是在综合当代哲学主体间性与交往理论的积极成果上的新理论框架。④ 很多当代思想家都转向了这一理论框架，如罗蒂把理性重新定位于一系列的道德性、宽容、尊敬别人的观点、乐于倾听、依赖说服，认为理性就是有教养。⑤ 伽达默尔特别强调“倾听”的重要性，通过倾听实现积极对话，而对话进程与结果超越了任何一方的主观意愿，因此具有了“客观”的色彩。⑥

哈贝马斯认为，只有基于交往理性的民主，才能在平等社会主体的沟通互动过程中实现公民的自我立法，才能超越自由主义和共和主义的局限，才能缓和主观权利与客观法的冲突，接通私人自主与公共自主的线路，从而实现个人人权与人民主权之间的良性互动。⑦ 哈贝马斯坚持，人的理性并没有消亡，理性的潜能并未被穷尽，现代性是一项未竟的工程(an unfinished project)。

经由交往理性实现的“合意”，成为“真理”的最佳替代品。对正义的理解不再局限于符合外在的特定标准，也并非客观不变，而是利益相关人的“承认”，“凡认为某事是正义者，同时也就表达了他的赞同倾向，凡断言某事是非正义者，同时也就

---

① 苏永钦：《漂移在两种司法理念间的司法改革》，载《环球法律评论》2002 年(春季号)。

② 郭湛：《论主体间性或交互主体性》，载《中国人民大学学报》2001 年第 3 期。

③ 吴开明：《现代性哲学基础的反思——哈贝马斯对意识哲学范式的拒斥》，载《厦门大学学报(哲学社会科学版)》2001 年第 3 期。

④ 任平：《交往的困境：模式演变及其趋向》，载《开放时代》1996 年第 5 期。

⑤ 张之沧：《“后现代主义”释义》，载《上海交通大学学报(社会科学版)》2000 年第 4 期。

⑥ [德]加达默尔：《真理与方法：哲学诠释学的基本特征》(上卷)，洪汉鼎译，上海译文出版社 2004 年版，第 472～473 页。

⑦ 高鸿钧：《通过民主和法治获得解放：读〈在事实与规范之间〉》，载《政法论坛》2007 年第 5 期。

表达了他的排斥态度"[①]。如果不同利益主体都能赞同某事,那么此事就是正义的。"所谓'公正',并没有一个唯一的标准,而是——中文这两个字就指出了这个词语的真谛——公众认为正确的东西。"[②]合意的内容并非事先预定的,结果如何取决于谈判者的意愿,而要判断合意的质量,只能追溯达成合意的过程,考察是否遵循了平等、对话、商谈等程序性标准。通过具备交往理性的程序达成合意进而实现正义,成为人们追求真理和正义的一种新思路。

这一新的思路也暗含在罗尔斯的正义论中。罗尔斯的正义观延续了社会契约的思路。"我一直试图做的就是要进一步概括洛克、卢梭和康德所代表的传统的社会契约理论,使之上升到一种更高的抽象水平。"[③]但罗尔斯对正义法则的论证与18世纪古典社会契约论存在重大差别。古典社会契约论把正义法则视为不因个人意志而转移的永恒实在,人们的任务是认识和发掘它们,而能够完成这一任务的恰恰就是人的理性,基于人的理性,个体的意志可以反映正义法则。罗尔斯则不然,他的正义法则并非先验存在,而是特定程序生成的产物。罗尔斯精心设计的形成正义原则的过程以及诸如"无知之幕"的各种程序性条件,表明正义的原则只能通过特定的程序获得;正义的原则以经由正义程序达成的"合意"形式表现出来,这符合其"纯粹的程序正义"的理论模型。罗尔斯与哈贝马斯的学说思想之评析与比较乃是一个复杂的政治哲学问题,但无论如何,"纯粹的程序正义"在不确定性危机加深的今天,日益成为一种被广泛适用的理论框架去回应正当性诘问。

(二)交往理性对工具理性的传承

后现代思想并没有彻底抛弃理性主义。人没有理性,就不可能去观察、思考和预测人类的过去、现在和未来;没有理性,所有的理论学说很可能都是胡言乱语。后现代思想并非割裂今日与昨日的脐带,相反,是在积极发掘理性的新内涵和新思路,用交往理性修正或升华了工具理性。交往理性是对源于柏拉图的实践理性的延续,它保持了对人的理性的尊重,同时也避免唯理主义的狂妄自大。新自由主义者哈耶克深刻意识到唯理主义的潜在威胁,他吸收休谟的思想,反对根据唯理主义思想人为地建构出一套体系严密、井井有条的社会秩序,认为人们没有能力建构出一套新的道德规则体系,也没有能力"充分认识到遵循众所周知的道德规则于某一特定情形中所具有的各种含义,并试图在这种充分认识的基础上去遵循这些规则"[④]。但即使是自发式的社会秩序,也依赖于个体的理性以及一定程度的公共理性,如果任由个人率性而为,人类将重归丛林社会,这是不可接受的。社会制度的形成不可避免地具有理性建构的特征。哈耶克自由主义哲学存在唯理主义与理性

① [德]奥特弗利德·赫费:《政治的正义性——法和国家的批判哲学之基础》,庞学铨、李张林译,上海译文出版社1999年版,第35页。

② 陈小文:《程序正义的哲学基础》,载《比较法研究》2003年第1期。

③ [美]约翰·罗尔斯:《正义论》,何怀宏、何包钢、唐申白译,中国社会科学出版社1988年版,第2页。

④ [英]哈耶克:《法律、立法与自由》(第3卷),邓正来译,中国大百科全书出版社2000年版,第74页。

主义之间的紧张或冲突的困境。[1] 交往理性则为缓和理性主义与唯理主义冲突找到了一条出路。交往理性允许规划和构建社会制度，但这种制度主要表现为交往协商的程序，并非直接设定实体利益分配规则，并不是直接告诉人们什么是正义的，什么是非正义的。实体利益可以因人而异、因时而异、因事而异地合理分配，尽可能直接满足个体的需求，这就避免了唯理主义的压制自由风险。

社会多元主体存在利益冲突，但并不表示多元主体在任何方面都没有契合之处。人们的价值观念是多方面、多层次的复合体，在某些问题上可能针锋相对，在某些问题上也可能不谋而合。在佩雷尔曼看来，在一个价值多元的世界中必然存在着无数不同的正义概念，新修辞学作为对话和辩论的技术，其功能在于澄清正义的争论，以发掘共同思想和必然存在的分歧。[2] 通过交往理性的程序促使双方沟通和对话，把问题讨论得更深入些，利益诉求表达得更明确些，理由依据阐述得更充分些，把纠纷立体化并揭示出问题的更多切面，努力发现双方皆能认同的切面。在当事人处于“不是你死就是我活”的极端且非理性状况下，先努力做好情绪安抚，使其恢复到理性平和状态，进而把那些在常人看来强词夺理、任性蛮横和不切实际的意见过滤出去，最终可能得到“重叠性共识”，这就是真理的最好替代品，是最好的正义。

在通过交往理性获得重叠性共识的过程中，既没有先验的正确结论，也没有必须服从的教条，平等对待各种观点。对立当事人之所以能形成合意也并非偶然或奇迹，双方心中或许原本就认同某种价值观，只是被负面情绪或欲望蒙蔽，通过交流对话程序拭去内心的蒙尘，把它们显现出来。从这个角度来说，这种被遮蔽的价值共识似乎是一种先验存在，是可以探求的“实在”和“基础”。合意本来是破除主客两元思维范式的利器，是本质和基础被推翻后的替代品，但兜兜转转一圈，似乎又回到了现代性两元思维范式。后现代主义的“破”是为了淘汰一些过时或者虚假的“价值共识”，后现代主义的“立”则清理出新的价值共识。按照这个思路，现代性的客观正义探求之旅并没有因后现代主义批判而宣告终结，反而是经风暴洗礼后，辨清了被扭曲异化的方向，疏通了被工具理性膨胀而堵塞的道路，走得更加顺畅欢快了。现代主义与后现代主义向世人宣告和解，公开血脉相连的承继关系，交往理性接力工具理性传承了“现代主义未竟的事业”。

后现代主义者对于客体、本质、真理的批判具有智识上的贡献。后现代主义与其说反对的是本质主义、基础主义、客观主义，毋宁说反对的是那些动辄以真理代言人自居的绝对主义者。“后现代思维积极维护事物的多样性和丰富性，坚决反对任何试图将自己的选择强加于别人，使异己的事物屈服于自己意志的霸权野心。它尊重并承认各种关于社会构想、生活方式以及文化形态的选择。它具有真正的

① 邓正来：《规则·秩序·无知》，生活·读书·新知三联书店 2004 年版，第 104～107 页。
② 沈宗灵：《佩雷尔曼的“新修辞学”法律思想》，载《法学研究》1983 年第 5 期。

批判精神，与盲从、满足现状是格格不入的。”①从某个角度来看，后现代主义的对手是笃信绝对真理观的唯理主义哲学，而与经验主义及其后的分析实证主义、功利主义以及实用主义等对绝对真理也保持警惕的哲学流派具有家族相似性。后现代思想家通常具有浓厚的人文主义情怀，他们反抗社会对人的精神规训和意志压迫，讽刺揭露那些假真理之名行专制之实的社会制度，讨伐现代社会法治对人性的压抑，为那些社会边缘弱势群体发声代言，他们进而探求更有效的、更能触摸到现代精神内核的新途径。阅读尼采、叔本华、福柯这些曾被视为异类的思想家的著作，我们不难感受到他们对人性解放的呼吁，对压抑人性的社会制度的深恶痛绝。与普通人相比，他们对社会中压抑人性的思想、文化和制度异常敏感，因此显得偏激甚至癫狂，但正所谓爱之愈切，责之愈深，没有对人性解放的理想世界的执迷，又哪来的对人性压抑的现实世界的批判和绝望呢？

现代与后现代的关系，如同大树的树根、树干和枝叶。那些作为现代性精神内核的工具理性，作为大树的根基，依然牢固。树干代表体现工具理性的重要制度，如正当程序、司法公开等等。而树枝和树叶好比交往理性，是社会秩序中最灵活的部分，可以随风飘摆，充分容纳个体差异和价值多元。树根和树干支撑着枝叶的生长与摇曳，后现代的种种思想和制度设计，协商、对话、聆听、谈判、沟通等等，可以尽情挥舞，形成枝繁叶茂的新型社会秩序。但无论多么激进的后现代学说流派，都不可能彻底推翻人权、平等、自由等宏大叙事，从这个意义上说，后现代是现代性精神探索之旅的一个驿站，是展现人类更高文明的新舞台，是飓风过后的家园重建。

（三）新范式对法治的影响

透过平等深入对话程序促成合意的交往实践理性观，迅速影响了包括法学在内的社会科学各领域。面对多元化的社会价值观冲突，一种解决办法是通过程序主义来摆脱在实质正义问题上无法达成的宗教的、哲学的、道德的共识的僵局，“随着社会多元化程度的提高，客观中立的合理性程序势必发挥越来越重要的作用，通过满足形式要件而达成实质性合意的程序性方法在政治学和法哲学的理论建构中也势必成为日益重要的分析框架”②。

在传统法治路径中，个人除了选举立法代表的民主权利之外，对于法律并没有多大的发言空间，发言权掌握在立法者、执法者和司法者手中，民众只是被动地接受法律。而交往理性不同，法律在每一个运行阶段都要容许个人的参与、盘问和谈论，这一过程体现在立法、执法和司法各个环节中。交往理性所包含的参与、对话、沟通和协商是自由的、开放的，每一种观点都无对错之分，可以自我主张、阐释和论证，对方也应当倾听这一阐述，在对话过程中最大限度地达成共识。在这一过程中，当事人有充分的选择空间。“程序的本质特点既不是形式性也不是实质性，而

---

① ［德］沃·威尔什：《我们后现代的现代》，章国锋译，载让-弗·利奥塔等：《后现代主义》，社会科学文献出版社1999年版，第48页。

② 季卫东：《法律程序的形式性与实质性：以对程序理论的批判和批判理论的程序化为线索》，载《北京大学学报（哲学社会科学版）》2006年第1期。

是过程性和交涉性。唯其如此，方能应付现代社会的变动节奏，根据需要作出不同的决定。”[①]程序的这种介于实体与形式之间的流动性，“一方面可以减少乃至消除形式法的功能麻痹的问题，另一方面也可以防止实质法的开放过度的弊端”[②]。

当今世界各国的司法改革，不同程度地以交往理性为指导思想去重塑司法的面貌。“罗尔斯所讨论的产生正义原则的程序并非真实的，只是一个观念，而哈贝马斯则认为程序所取得的结果的有效性(validity)——经道德论证和理性依据意义上的——源自在理性的交往讨论中对真理普遍的、协作的探求，这一程序起初也只是一个规定性观念，但在司法场景中成为一个真实的程序。”[③]在司法实践中，推动保障当事人协商对话和交流的程序主要有两种：一是制度化的调解，促进纠纷主体对话协商达成合意，这其中既有诉讼外各种调解组织的兴起，也有诉讼内的法官调解、法院附设调解、委托调解等；二是交往理性与法律商谈理论对诉讼程序的影响与塑造。这一影响的直接表现是协同主义诉讼模式的兴起[④]，淡化削弱传统诉讼的对抗色彩，通过各种新的制度规则鼓励促进诉讼各方对话协商。

四、新范式与民事司法改革趋势

(一)调解的兴起

调解是制度化的交往对话程序，具有直接的合意促成功能。诉讼以严格遵循实体法和程序法的方式塑造自己通往公正之路，而调解则强调“经由当事人自身的诚信参与，不受法律相关性和证据规则等限制来调整、处理涉及当事人整体的真实需求和利益，以及鼓励创新那些意在满足各个纠纷所有特定情况的新的救济方式”[⑤]。许多学者在研究司法正义问题时，不约而同地倒向了合意，只要法官的裁判能够得到普遍的认同，那么不论是拘泥于法律文义的合法性解释还是灵活处理的妥当性解释，都是值得肯定的。[⑥] 调解无须局限于法律规定，在法律和法律程序的保护之外运行，因此有可能发挥最大的作用。[⑦] 许多当事人先前完全没有想到的解决方案或许能灵光一闪，皆大欢喜地解决纠纷。在调解中，人当之无愧地成为

---

① 季卫东：《法律程序的意义》，中国法制出版社 2004 年版，第 32 页。

② 季卫东：《法律程序的意义》，中国法制出版社 2004 年版，第 34 页。

③ [德]克劳斯·F.勒尔：《程序正义：导论与纲要》，陈林林译，载郑永流主编：《法哲学与法社会学论丛(四)》，中国政法大学出版社 2001 年版，第 321 页。

④ 该词最早由德国学者 Bettermann 于 1972 年采用。之后，德国学者巴沙曼(Rudolf Wassemann)在其所著《社会的民事诉讼：在社会法治国家民事诉讼的理论与实践》一书中，对协同主义进行了诠释，作为一种进程，指出了民事诉讼法今后的发展方向。参见[德]赖因哈德·格雷格：《作为诉讼主义的合作》，载米夏埃尔·施蒂尔纳主编：《德国民事诉讼法学文萃》，赵秀举译，中国政法大学出版社 2005 年版，第 448 页。

⑤ [英]迈克尔·努尼：《法律调解之道》，杨利华、于丽英译，法律出版社 2006 年版，第 4 页。

⑥ 吴丙新：《在事实与规范之间：作为一种“合意”的法》，载《东岳论丛》2004 年第 6 期。

⑦ Leonard L. Riskin, Mediation and Lawyers, 43 *Ohio St. L.J.* 29, 34 (1982); Joshua D. Rosenberg, In Defense of Mediation, 33 *Ariz. L. Rev.* 467 (1991).

主体，被其他人关注、尊重和倾听，自己无须绝对服从什么，可以说出自己的心里话，决定自己的命运。人与规则的关系颠倒过来，不是规则控制人，而是人决定规则。

传统司法立足于工具理性，事实认定与法律适用属于法官心证裁量的范畴，是法官独自思考的封闭过程。当事人虽然可以发表意见积极影响法官的决策，但是法官通常不必向当事人坦露心迹。法官对实质正义的探求依赖于法官个体的能力和经验，忽视主体间的沟通交流和对话，容易导致认识的偏颇和视角的局限，若裁判者固执己见，只能与真理愈行愈远。交往理性正视个体的理性不及，要求各相关诉讼主体就事实和法律问题展开充分的讨论，互相理解以避免隔阂和误解，对话中积极寻求共识。共识是真理的最佳替代品，追求共识的交往程序也是对真理的探求，是发现真理的更好方法。诉讼认定事实与法律解释时的坦诚、公开、对话、争辩与聆听，何尝不是不断接近实质正义的捷径？在高质量的合意中，当事人的利益已经得到充分的满足，法律塑造的实质正义目标事实上已经达到，司法对实质正义的探求之旅至此功德圆满，当代司法的正当性危机也得以真正缓解。

当代调解理念并非否认法律的权威，而是对法律正义的深化。它意味着这样一种观念：法律存在的意义是为民众造福，法律不应是外界强加给人民的负担，而应是对民众自身意愿的尊重和满足。如果说裁判的正义归根到底源于全社会的合意，对于个人意志而言这种公共合意是一种经历了选举立法代表—立法—执法—司法等诸多环节的间接的正义，也可能是失真的、层层递减的正义。在个案中以合意面貌出现的规则，与裁判相比少了诸多中间环节，是对当事人意志的最为直接、彻底的满足，是更为彻底的正义。如果说民主与自治是现代社会正义的精髓，那么具体合意是公民充分表达意志以及自己决定自己事务的最高程度的实现，是直接触摸到了正义的源头。因此，现代调解制度是时代精神的产物。"就此而言，当时有些被扩大的调解的趋势是时代精神的典型表现形式，而这种时代精神的特征则是规范式思维遇到了危机、作为私法的核心内容的主观权利丧失了意义。"①

(二)协同主义诉讼机理

调解并非包治百病的灵丹妙药，合意也并非总能实现。考夫曼说道，即使是论辩或合意理论，如果认为能完全决定实体结果，实际上是自欺欺人。② 如同诉讼发现真相殊为不易一样，达成"合意"也并非易事。在司法实践中，冲动而固执、心智不成熟、居心险恶、自私贪婪、愚昧无知的当事人并非罕见，方法拙劣与缺乏耐心的裁判者也不在少数，这些都使得理想的合意并非总是能够实现的。

在诉讼中，调解合意可能无法达成，此时不得不通过诉讼程序作出司法裁判。

---

① [德]罗尔夫·施蒂尔纳、阿斯特里德·施塔德勒：《法官的积极角色——司法能动性的实体和程序》，载米夏埃尔·施蒂尔纳主编：《德国民事诉讼法学文萃》，赵秀举译，中国政法大学出版社2005年版，第415页。

② [德]阿图尔·考夫曼：《后现代法哲学——告别演讲》，米健译，法律出版社2000年版，第38～39页。

交往理性思想也在不断融入司法程序之中,强调当事人之间以及当事人与法官之间的交往对话,这势必形成事实上的合作关系。“法律对话参与者的利益当然是相互对立的。实现这些利益最终是彼此争辩的动因。虽然如此,进行对话也需要遵循对话规则,并且就此而言,要根据程序规则的具体形式进行某种‘合作’。”①有学者认为,曾经坚持对抗制和法官中立消极的英国已经快速转变为强调合作的新理念,1998 年英国的民事诉讼法进行重大改变,其第一部分将“法院与当事人必须共同合作以实现公正、公平和节约的诉讼目标”规定为最高原则。加强与当事人共同合作成为法官的首要任务。“如果不吸收更多的合作的观念,那么德国民事诉讼在国际上可能陷入孤立的境地。”②

司法程序设计的初衷从对抗走向合作,催生了协同主义诉讼观念,它在保持两方对立基本格局下,尽量使法院变成一个心平气和、商量说理的地方。在利益纷争面前,人很容易变得冲动和狭隘,对抗制在一定程度上激化了当事人的负面情绪。好的诉讼程序应当是极力控制和消除人的贪欲、怨气、屈辱、仇恨等消极情绪,没有多少纠纷是那种深仇大恨不共戴天之仇,因此没有必要在你死我活、尔虞我诈的氛围中解决纠纷。辩论主义将证据收集主张的责任分配给当事人,法院受当事人意志约束,并不是承认当事人为了胜诉就能违背良心故意作虚伪陈述的自由。如同商业社会交易的诚实信用原则一样,诉讼也要讲究诚信。“那种用诺言得到意外利益,有意给审理造成混乱,拖延诉讼的行为,应该说是违反诉讼比赛规则的行为。”③

传统司法立足于工具理性,对抗色彩较为浓厚,交往理性的引入意味着需要对某些传统诉讼原则、制度和规则予以修正。随着诚实信用原则的引入,当事人真实义务、书证开示范围的扩大、审前会议、诉讼契约等新理念和新制度层出不穷,法官与当事人的传统关系正在变化,古典辩论主义的三大命题的面貌不断发生变化。法官作为交往对话与合作的组织者、推动者与保障者,必然要发挥积极功能。对民事程序加强司法控制是各国的普遍倾向。实践证明,这一潮流是合理的。因为它提高了司法裁判的效率,保障诉讼迅速且井井有条地进行成为法官的职责。④ 无论是普通法系还是大陆法系国家都显示了一种法官对诉讼进程进行更有力的控制的趋势。要避免对抗制的缺陷,只能依赖能动的司法,通过法官强职权控制当事人对诉讼程序的滥用,这已经成为主导性的思想。美国的管理型法官现象已经站稳脚跟,英国和澳大利亚的实践也同样令人瞩目。通过各种新的制度赋予法官史无

---

① [德]彼得·戈特瓦尔特、雷根斯堡:《法官的裁判和理性的论证》,载米夏埃尔·施蒂尔纳主编:《德国民事诉讼法学文萃》,赵秀举译,中国政法大学出版社 2005 年版,第 482～483 页。

② [德]赖因哈德·格雷格:《作为诉讼主义的合作》,载米夏埃尔·施蒂尔纳主编:《德国民事诉讼法学文萃》,赵秀举译,中国政法大学出版社 2005 年版,第 449～450 页。

③ [日]兼子 、竹下守夫:《日本民事诉讼法》,白绿铉译,法律出版社 1995 年版,第 72～73 页。

④ [意]卡佩莱蒂:《当事人基本程序保障权与未来的民事诉讼》,徐昕译,法律出版社 2000 年版,第 52 页。

前例的权力，以控制诉讼的进程、进度和步调。① 司法管理主义有效率方面的考虑，但主要是从促进程序的对话角度赋予法官更强大的职权，传统司法中法官消极中立、"坐山观虎斗"的角色定位早已经过时。

在协同主义诉讼中，程序经过交往理性的塑造和洗礼，司法裁判的品质会更值得信赖，也更接近实质正义。司法程序预设的一种中心理念是，对程序规则的遵循是评价裁判结果公正性的唯一根据，"而只有兑现了对话论证精神的程序规则才是正义的程序规则"②。程序的交往理性成为裁判的正当性基础，人们也会因为程序的交往理性而更加信任司法。

五、结　语

当今世界格局正在发生急剧变化，对抗与撕裂日益加深，但中国始终坚持构建人类命运共同体的立场，寻求合作与共赢。这种理念与抉择无疑符合历史发展的潮流。我国民事司法改革既要坚持中国特色，形成契合中国国情与政治制度的制度体系，也要放眼全球，把握历史发展脉络，建立与发达国家相容相通的现代司法制度。

---

① [英]阿德里安·A.S.朱克曼：《危机中的司法/正义：民事程序的比较维度》，载阿德里安·A.S.朱克曼主编：《危机中的民事司法——民事诉讼程序的比较视角》，傅郁林等译，中国政法大学出版社 2005 年版，第 41～42 页。

② 韩德明：《司法后现代趋向探微》，载《江苏社会科学》2005 年第 3 期。

13—15 世纪法国北部里尔民事诉讼程序的变迁

[法]雷蒙德·莫尼耶(Raymond Monier)著* 巢志雄译**

一、13—14 世纪初的动产物权与债权诉讼程序

言词主义和极端形式主义的民事诉讼程序在法国北部里尔市沿用了相当漫长的时期。作为里尔市最重要的古典文献之一,自 1297 年开始编纂的《里尔习惯法汇编》(Livre Roisin)(以下简称《汇编》)详细记载了当地民事诉讼程序的传统仪式规范。根据《汇编》第 22 章的规定,当事人必须在固定的日期提起诉讼,法院也只能在这些日期审理案件和作出判决。《汇编》第 23 章至第 47 章详细描述了适用于城市自由民的民事诉讼程序的习惯法规范,尤其是关于动产物权和债权的诉讼程序。

里尔民事诉讼程序禁止原告使用暴力威胁或诡计诱骗手段将被告带上法庭,以便法官直接听取其诉讼请求和审理案件的做法。当事人首先应当履行合法的传唤程序,即由已宣誓的司法执达吏向被告送达起诉书。然后,再由执达吏向被告发出传唤,即通知其出庭参加庭审。开庭传唤是以作为封建主的伯爵的名义作出的,而非以自治市的名义,因为城市的法官都是由伯爵任命的,代表伯爵履行司法职能。执达吏对被告进行第一次开庭传唤时,他应当亲自去被告的家里,并且原告也应当随同前往。法官不参与该传唤程序。执达吏应当准确地通知被告本案各方当事人的姓名,诉讼标的额,以及开庭的时间和地点。

由当事人随同的执达吏应当将传唤的情况报告法官,并且向法官汇报各方当事人的姓名,诉讼标的额。如果执达吏曾经与被告进行了谈话,或者被告不在家,则执达吏也应当向法官详细说明。由于传唤被告和报告法官都是口头完成的,执达吏应提醒法官记下传唤经过,避免遗忘,以便保护原告的权利和领主的司法权。

《里尔习惯法汇编》详细记载了导致缺席审判的程序细节。

如果经合法传唤的当事人在指定的开庭时间没有到庭,且没有得到原告的谅解,那么负责传唤的执达吏应当由原告陪同亲自到法院向法官们回忆和讲述传唤的经过,请法官对不遵守传唤要求的行为处以罚金,并且让被告因其缺席而承担责任。

---

* 本文译自法国里尔大学法学院 Raymond Monicr 教授 1938 年出版的专著《13—15 世纪法国北部里尔民事诉讼程序的变迁》之正文。为节约篇幅,译文略去原著注释和附录。原著参见 Raymond Monier, *Histoire de la procédure civile à Lille du XIIIème siècle à la fin du XVème siècle*, Emile Raoust, 1938.

** 中山大学法学院副教授,巴黎第一大学访问研究员。

在这种情况下,法官们应当回忆执达吏曾经就该案的传唤过程所作的报告。如果传唤情况属实,则由执达吏向法官们宣誓,其确实亲自向被告传达了开庭通知。执达吏宣誓后,法官们就应当对被告作出处罚,罚金为 3 苏,向司法承揽人缴纳该罚金。

此时,执达吏应当进行第二次传唤,但第二次传唤将由一名法官随同,以便亲自见证传唤过程。

如果被传唤的被告第二次仍然不到庭,那么该案的诉讼程序将发生奇妙的转变,被告的诉讼身份将从“城市自由民”转变为“外地人”。换言之,本案诉讼程序将转为适用“涉外民事诉讼程序”。当被告在第二次传唤仍未到庭,且确认第二次传唤由法官随同见证,则执达吏应当以证人身份向法庭作证,证明已经向被告合法传唤。执达吏要求法官们作出裁定:授权同意执达吏在程序上可以将该被告作为“外地人”处理。

由法官、陪审员和部分里尔自由民在 1290 年作出的一项裁定中,作出了有利于缺席被告的新的程序期限。在该裁决中,法官们首先认定缺席的被告应当被视为“外地人”,以“外地人”身份享有相应的权利,然后载明将该裁定送至市政人员,而非司法执达吏,并要求该市政人员于两周后到庭参加庭审。在这种情况下,自由民因为其不服从法官的指令,而被视为其自愿放弃了所有作为本市自由民的权利。换言之,在本案中,被告被视为不属于本市自由民,无须顾及其自由民的个人特权,也不再遵循里尔民事诉讼程序的传统仪式。对于这种程序规定,Brun-Lavainne 教授认为是诉讼当事人自愿放弃了所有权利,也放弃了所有实现正义的机会。但是这一观点值得商榷。实际上,这种程序规定仅仅是里尔法官主动地、自愿地放弃了对本案本应享有的、无可争议的管辖权,而将该案的管辖权让渡给其他地方的司法机关。此外,《汇编》第 9 章第 8 条指出,法官在此情形下可以作出以下判决:该自由民不受里尔法律保护,按“外地人”处理。

根据原告之申请完成传唤程序后,案件进入正式审理,在指定日期开庭。双方当事人分别陈述诉讼请求和发表辩论意见。原则上,原告必须依循司法途径来解决纠纷,未经法官同意,当事人不得撤诉。如果法官同意撤诉,当事人也必须缴纳诉讼费 0.5 苏。如果当事人违反上述规定,将被判处向法官缴纳 60 苏罚金。

以上是第一次传唤到庭后的程序规定,如果被告是“外地人”或者因不到庭而被视为“外地人”,则法官需要查明被告的身份。查明被告身份是法官负责的事项,法官有权采取以下措施让被告在指定日期到庭:在被告未能提供充分担保的情况下,法官可以采取强制措施将“外地人”或被视为“外地人”的被告带上法庭。

被告可以向法庭提供一位保证人。当被告亲自出庭且提供保证人时,该保证人对法官不承担任何义务,但被告在后续庭审缺席时,保证人对本案债务承担责任。当被告不出庭,委托保证人处理本案所有诉讼事务时,保证人不但要对本案债务承担责任,还要对法官承担所有诉讼义务,即支付诉讼费用和可能出现的罚金。

如同法定诉讼时期的罗马法民事诉讼程序,特别是由裁判官负责的“法律审”程序,里尔民事诉讼第一次开庭的唯一内容是确定原告的诉讼请求和被告的基本态度，即被告承认原告的诉请，案件立即结案，或者被告否认原告的诉请，案件安排后案开庭。在第一次开庭时，除了出庭的当事人和执达吏外，只需要两位法官主持。更准确来说，可以是两位法官，也可以是一位法官和一位陪审员。第一次开庭的庭审程序是非常仪式化和极为形式主义的。

在第一次开庭时，原告并非自行陈述诉请，而是由执达吏转述。被告也通常由代理律师发表意见。如果被告的代理律师在发表意见时出现疏失，被告有权随后否认其代理人的观点，宣布其代理人未能准确表述被告的真实意思。在庭审厘清原告的诉讼请求和被告的姓名，尤其是确定原告没有搞错被告后，执达吏要求原告确认其转述的内容是否准确。得到原告的确认后，执达吏对被告的代理律师说："被告可以在征询其家属或者朋友的意见后发表答辩意见。"随后，被告代理律师当着法官的面询问被告，其是否有权代表被告发表答辩意见。被告向法庭表示委托代理律师发表答辩意见。代理律师根据被告的意思，承认或否认案涉债务。如果承认债务，原则上应当立即清偿债务。法官会制作裁定书，并经由执达吏完成债务的返还。如果否认债务或只承认一部分债务，则法官要求执达吏于两周后的中午之前将双方当事人传唤到庭。执达吏向双方当事人送达开庭传票。

如果当事人是女性，《汇编》第 30 章记载了此种情形下的言辞内容。如果原告是女性，则执达吏应当询问女性原告，是否需要该执达吏以诉讼代理人的身份向被告代理人陈述起诉意见。如果被告是女性，则被告代理人应当询问女性被告，是否委托他作为其诉讼代理人。

执达吏向双方当事人送达传票，传票上载明："双方当事人须于两周后的中午之前到庭。"如果当事人没有向法庭提供担保，则必须按期到庭，否则会面临 60 苏的罚金。自由民的原告可以向法庭提供市区的不动产作为充分的诉讼担保，而无须提供其他保证人。

如果诉讼当事人是"外地人"，则司法承揽人应当采取必要措施确保当事人能再次出庭，否则他将因其职务疏失而承担责任。如果该"外地人"没有向法庭提供担保，则司法承揽人须亲自实施监视居住，确保其再次到庭。开庭之日，司法承揽人应当将其带上法庭，以便案件继续审理。

《汇编》也记载了司法承揽人对本市自由民采取监视居住措施的情形，并且制定了详细的收费价目清单。只有不服从传唤，被视为"外地人"的本市自由民才能使用监视居住措施。这些自由民在正在进行中的诉讼中，且未提供不动产或保证人作为担保。

被告不可以在诉讼中采取完全消极的态度。如果被告针对原告的诉请始终保持沉默，法官可以要求执达吏通知被告必须发表答辩意见，否则可以处 60 苏罚金。假如被告保持沉默且被处罚，而主持庭审的法官不能单独作出最终判决时，庭审法官会给其他法官制作一份该次庭审情况的记录，交由执达吏转交其他法官，然后由其他法官根据执达吏的提请，作出本案判决。

虽然第一次开庭已经确定了本案的诉讼标的和第二次开庭的日期，但是当事人仍有可能提出合法的辩解理由在第二次开庭日期不到庭，并且不会被认为是"缺席”。这些合法的辩解理由有三种情形。

在里尔民事诉讼程序中,提出这种合法理由的当事人被称为“情有可原者”。这些理由必须由宣誓的执达吏代表当事人向法官们提出,至少是向一位法官或陪审员提出,且提出的时间不得晚于开庭日的前夜。

前两种情形的辩解理由是多种多样的。司法承揽人可要求提出辩解理由者缴纳3苏的费用,并且要求其宣誓提出的理由是真实合法的。但是,对方当事人此时也可以提出反对宣誓。在此情形下,司法承揽人不能收取当事人3苏的费用,而应当将此程序问题提交给法官们裁决。司法承揽人将双方当事人带上法庭,且当事人须面对上帝和封建领主来解决这一问题。一方当事人可以要求提出辩解理由的对方当事人进行宗教宣誓,即对着圣物(早期)或者圣经(晚期)发誓其辩解理由是真实合法的。

第三种情形的辩解理由只能是重病在床,并且必须由神父亲自见证并确认当事人的病情。神父应当在密封的信件中写明当事人病重,无法完成健康人的活动,也无法走路或者骑马前往法院开庭。该密封信件的合法性将由法官验证。

假如提出上述不出庭辩解理由的当事人在原定的开庭时间被发现在街上闲逛,司法承揽人可以将其带上法庭。该当事人若是被告,则原告直接胜诉。该当事人若是原告,则被告在本案中可暂时免予被诉,待该原告重新起诉后再进行答辩。

《汇编》指出当事人未能在规定的日期或者未以规定的方式提出辩解理由,将导致特定法律后果。未及时、合法地提出不出庭的辩解理由视同缺席,将导致诉讼程序的立即终结。

如果至开庭之日,只有一方当事人提出辩解理由,而双方当事人均未到庭时,则提出不到庭之辩解理由者可直接获得有利判决,无须再由诉讼代理人向法庭陈述法律意见。1423年,勃艮第的菲利普公爵评论道:“当事人无理由缺席足以令对方当事人胜诉或者免除答辩义务。”

至15世纪初,法国北方的民事诉讼程序只允许当事人提出前两种情形的不到庭辩解理由。根据1423年8月23日勃艮第菲利普公爵的民事诉讼程序改革,不到庭的辩解理由被彻底改革。不到庭的辩解应当由执达吏当庭提出,不允许以重病卧床为由提出《汇编》记载的第三种不到庭辩解。

当事人根据司法传统可以提出的不到庭理由大多数被禁止了,但当事人可以援引一种新的程序,让案件的审理程序暂时中止,即代理律师不在场。

在此前的民事诉讼程序中,只要当事人在开庭日结束之前到庭,就不能认为该当事人存在过错。这种一直等待当事人直至开庭日结束,然后才能宣告“缺席”的做法,现在被认为是往往有利于别有用心的恶意当事人。这些当事人故意将诉讼程序拖得很长,并衍生出许多披着合法外衣的诉讼欺诈伎俩。当诉讼程序开始时,如果一方当事人的诉讼代理人因疏失而没有到庭,在庭审日快结束时,对方当事人请求法院作出缺席判决。此时,该当事人到庭了。虽然此时到庭对于庭审而言为时已晚,但是程序上还是要求两周后重新开庭。为了纠正这种时常出现的程序滥用行为,勃艮第公爵于1455年规定:每年从复活节(4月)至圣雷米节(1月15日),

当事人于上午 9 点或者下午 3 点未到庭；从圣雷米节至复活节期间，当事人于上午 10 点或者下午 2 点未到庭，则法庭在等待一个小时后可以径行作出缺席判决。此种缺席判决极有利于到庭的当事人。

在法庭对案件进行实体审理时，诉讼程序由复杂的仪式和严格的形式组成。当事人、诉讼代理人、执达吏或司法承揽人、公爵代表和法官们都将进行仪式化的言辞表达。根据 Brunner 的记载，执达吏可以协助当事人，但是不得代替当事人。双方当事人必须亲自到庭，并且右手握住丝带。经过法庭许可，当事人的诉讼代理人可以参加宣判，但应当根据诉讼习惯履行恰当的诉讼行为。当事人应当确认本人的法庭陈述。

在庭审正式开始后，所有当事人未经公爵代表的同意，都不得擅自离开法庭直至庭审结束。否则，法官将对违反法庭纪律者处以 60 苏罚金，向封建领主缴纳。

原告应当由本人或其诉讼代理人向法庭陈述诉讼请求，并向法官、司法承揽人、对方当事人说明其诉因（请求权基础）和具体理由。原告的陈述必须严格使用习惯法上的特定用语，但是，在得到公爵代表（司法承揽人）许可的情况下，原告可以自由发言，而不会遭到处罚。有时，司法承揽人不同意原告这么做，并且会处以不超过 60 苏的罚金。换言之，原告此时必须严格遵守“法言法语”来表达诉请。

1351 年颁布的自治市通告简化了庭前的程序仪式。当原告已经向法院提起诉讼，双方当事人均到庭后，改由执达吏向法庭介绍原告和被告的身份。法官查明双方当事人均已到庭后，即可开始庭审。当事人不必再担心因为庭前使用的言辞不合法或者违反了法庭仪式而被处罚。

当原告的诉讼请求陈述完毕后，庭审仪式进入宣誓环节。双方当事人当庭宣誓各自的权利。然而，原告只须自行宣誓即可，无论其是男性还是女性；被告则必须另找两人陪同宣誓。当被告是女性时，庭审宣誓仪式就会变得有些古怪。女性被告不但需要找两位陪同宣誓人，还需要另找两位男性以便在法律上强化该女性被告的宣誓效力。

当事人宣誓后，法官会用裁决的方式进行声明：“只有当事人敢在上帝面前发誓的事情，我们才会听取。”在法官作出以上声明后，除非得到法庭的特别许可，当事人不得再提出新的主张要求法官听取，否则会招致 60 苏的罚金。当事人如果希望提出新的主张，必须经由代理人提出特别许可申请。代理人须保证该新主张是值得被听取的，并告知当事人后续的程序细节。

“被法庭听取”（Aler as sains）概念的含义在中世纪发生了明显的变化。在 14 世纪中期，“Aler as sains”是指“对着圣经和十字架发誓”，但在此之前，则是指“对着圣人圣物发誓”，以获得上帝和圣人的支持。这一术语源于拉丁语。正如 Paul Thomas 的对比分析，该术语与通俗语“面对着圣物发誓”存在紧密关联。

中世纪的法庭已然不摆放盛放宗教圣物的器具。因此，当事人虽被要求“对着圣人圣物发誓”，实际上并不是真的如此，更不是前往教堂宣誓。

为了遏制与日俱增的诉讼伎俩，《汇编》的编纂者记录了以下当事人必须在诉讼中向法庭作出的宣誓：“保证按照本市的法律和习惯进行诉讼，否则自愿承担不利的诉讼后果。”诉讼行为上的轻微错误或者不经意的疏忽都有可能直接导致胜诉或败诉的后果。当事人必须非常谨慎地严格按照诉讼形式实施诉讼行为,否则将因为程序上的“过错”,以“不虔诚”为由对其诉讼请求或答辩理由作出不利认定。被告及其陪同者的正确宣誓具有阻却原告通过仪式宣誓提出之诉请的诉讼效果。

无论谁在宣誓时移动了手势,或者在宣誓完成及仪式化的法言法语说完前犯下不严谨的轻微瑕疵,都可能直接导致败诉。对方当事人的诉讼代理人可及时指出该错误并予以攻击。

宣誓者应当将右手拇指折向掌心,保持手掌向下的姿势直至誓词宣读完毕。在此期间,宣誓者不得移动手势,否则可能被认定宣誓无效,导致不利的诉讼的后果。正是如此,考虑到女性的柔弱,习惯法上允许诉讼代理人协助女性当事人宣誓,握住当事人的手避免在宣誓时移动。

此外,病人、说话结巴的人和不会说里尔地区方言的人可以被豁免,他们在宣誓时的不符合形式要求的言语不会导致不利的诉讼后果。

如果当事人不懂法国北方的皮卡第语,他有权使用其最熟练的语言进行诉讼。在此情形下,当事人使用的语言往往是弗拉芒语。

陪同被告一起宣誓的人也被要求遵从完全相同的形式,任何诉讼形式上的微小瑕疵都可能导致原告直接胜诉。原告的诉讼代理人会时刻紧盯着被告和陪同宣誓人的言行,并从中谋求利益。

原告在法庭上宣誓,他有理由向被告主张本案的金钱之债或要求被告履行合同,他祈求得到上帝和圣人的帮助。

被告在法庭上宣誓,原告向其主张的金钱之债或要求履行合同是错误的。被告的陪同宣誓人也向上帝和圣人发誓,他们确信被告的宣誓是正确的。

但是,在13世纪末的里尔法庭上,如此严格形式主义的做法却不复存在了。这是一个非常值得探究的现象。1292年7月的一份判决显示,“根据本院的习惯”,当事人在宣誓时虽然移动了手势,但是马上又回到原位,这不会直接导致败诉后果。然而,在此之前的相同情况却由同一领地上的不同法官作出了相反的认定。在该案中,一方当事人在宣誓时移动了手势随后又回到原位,对方当事人立即主张胜诉。该案法官就此问题专门向里尔高等法院征求意见,随后作出了宣誓无效的判决。

关于诉讼程序的形式主义演变,城市地区使用的程序规范演变比周边乡村地区要缓慢一些。城市地区法院对形式主义诉讼程序的固守比农村更为严格。

以上这些古老的宣誓仪式规则一直延续到14世纪。由8位封建家臣和若干知名自由民,在1351年3月获得法国国王约翰二世的书面核准后,他们对民事诉讼程序进行了彻底的改革。这次改革的主要目标是让民事诉讼更契合时代潮流,特别是与其他地区的中央皇室司法机关的程序规范尽可能一致。

约翰二世发现里尔地区14世纪的民事诉讼程序仍然有许多不合时宜的习惯规范。他要求对这些古老的习惯规范进行改革,废除法庭宣誓中的过时仪式要求,并与巴黎最高法院和其他皇家法院的程序规范一致。

14世纪的民事诉讼程序改革目标，一方面是废止因微小的不符合形式要求的程序瑕疵导致严重诉讼后果的做法，另一方面是取消了要求陪同宣誓人的做法。1351年9月，里尔市颁布通告规定：不得对当事人的法庭宣誓行为进行金钱处罚，也不得因此直接导致败诉后果。此外，被告应当自行独立宣誓，不再要求陪同宣誓人。

在此次改革中，我们第一次发现由国王任命的、主管本地区司法的大法官代替领主法院法官制定相关程序规范，封建法院的诉讼代理人制度（L'amparlier）也被新型的律师制度（L'avocat）替代。

当双方律师代表原告陈述诉讼请求和发表答辩意见后，律师应当询问自己的当事人是否同意其发表的意见，并为法庭所听取。也就是说，当事人应当做一个肯定宣誓。随后，司法承揽人请领主法官对以上行为是否合法作出决定。领主法官作出确认决定后，大法官要求原告将手掌放在圣物上，即十字架和圣经上，面对十字架耶稣像和圣经，发誓其诉讼请求是恰当和有依据的。然后，大法官再请被告履行相同的仪式，发誓其辩论意见是正当合理的。

在这一时期，庭审宣誓还进行了另一项改革，引入了一种新的宣誓，即"诬告宣誓"。"诬告宣誓"的前身是决讼考验，即具有诉讼终结效果的神明裁判，总有一方当事人在神明裁判中获得胜利结果。"诬告宣誓"与决讼考验具有相同的本质，即通过宣誓终结诉讼，且无须对案件本身的证据进行评价和作出实体判决。国王约翰二世引导的这项改革赋予领主法官对"诬告宣誓"进行裁决的权力。双方当事人都向上帝发誓，如同诉讼中的对抗。

对于现代人而言，中世纪法庭宣誓的主要特征从未得到充分分析。现代人对法庭宣誓的认知仍然局限在以下两个方面：其一，在《汇编》中，作者对动产诉讼的记载以各种法庭宣誓的描述突然结束。这让现代人难以理解，似乎仅仅以宣誓就能对案件作出裁判，如同罗马-教会法民事诉讼程序。根据推测，此种裁判方式可适用于被告未作出有效答辩之情形，原告只须严格遵照宣誓仪式，完美地完成宣誓即可被法官确信其权利主张是正当的，而无须对本案证据进行分析和作出实体判决。或者相反，原告未提出有力证据，而被告当庭完成了宣誓，则法官可径行判决驳回原告的诉请。其二，法庭宣誓具有地区间的统一性。法国北部城市里尔与韦尔万的法庭宣誓仪式完全一致，在两座城市的公共契约中，关于法庭宣誓的条文具有直接关联性。

在1238年（以及更早的1228年），用地区方言书写的韦尔万公共契约中，第27条规定："在本地区的所有法院，当事人应当就其主张的权利在法官或陪审员的见证下，用手宣誓。……"韦尔万的宣誓仪式习惯完全仿照里尔，也承认原告的宣誓可直接作为一种证据形式，但会因被告及其两位陪同宣誓人的宣誓而被抵消证据价值。法国东北部的朗杜济拉维尔市，在其1243年的公共契约中，也几乎照搬了里尔的司法习惯。

法国北部利斯河畔艾尔市的古老民事诉讼程序与里尔几乎相同。1324年该市的Mahaut d'Artois公爵签署公共契约，废除了"特权证人证言"与当事人及陪同宣誓人"宣誓证据"并存的证据制度。Bertin 神父在《里尔法律史研究》杂志 1929 年第 2 期撰文还原了这一段历史。伊佩尔地区(今属比利时)甚至将法国北部城市通行的宣誓仪式沿用至14 世纪。

《汇编》编纂于 13 世纪末,其中第 23 章至第 47 章向后人完整展现了一套极端形式主义和古老陈旧的诉讼程序。这套诉讼程序可追溯至法国加洛林王朝时期,当事人及陪同宣誓人的宣誓是诉讼中唯一可行的言辞证据类型。但是实际上,从 13 世纪初开始,"特权证人证言"(市政官员或不动产所有人)已经越来越多地进入法庭。特别是从 1286 年《根特市通告》开始,宣誓证据的形式主义要求逐渐淡化,其在证据制度中的地位也逐渐下降为辅助证据。《汇编》编纂的主要是一套纯粹的 13 世纪及更早期的中世纪民事诉讼程序,并未向后人提及此后的程序改革,尤其是证据类型的新发展。这些程序改革措施主要是通过各司法辖区自行制定的法令来实现的。

二、新证据类型的出现

《汇编》第 59 章至第 71 章论述了原告向法庭提交起诉状或其他书面文件后的诉讼程序。权利人应当以特定言辞来启动诉讼程序,即"法官大人明鉴"。

原告当着法官的面朗读"法官大人明鉴"后,法官才会正式着手案件的审理工作。如果原告是自由民或者具有 1352 年 12 月国王敕令认定的身份,那么该原告有权委托一位送信人去法庭提起诉讼,并要求法院启动案件的审理程序。相反,如果原告是外地人,即便作为里尔自由民的被告承认了诉争债务,那么原告也应当亲自到庭接受被告履行债务,而不得委托他人。如果作为外地人的原告不遵守这一规定,法官应当拒绝审理该案并且撤销案件登记。换言之,如果债权人既非里尔自由民,又非里尔居民,就必须亲自前往法院办理立案手续。

原告到庭以债权人身份宣读"法官大人明鉴"后,执达吏须询问法官:"是否可以开庭?"法官答复:"是的,可以开庭。"随后,原告向执达吏要求以里尔市的诉讼程序习惯来审理本案,执达吏将该请求转述给法官。法官向原告了解案件的基本情况,例如本案债务是否得到清偿,如果答案是否定的,那么法官会要求执达吏采取保全措施保障原告的债权。执达吏询问法官:"用何种方式保全?"法官会根据案件情况指示执达吏拘捕债务人或者扣押其动产;如果债务人没有动产可供扣押,则向其不动产伸手。但是,《汇编》接下来的记载却显示,如果原告想保全债务人的不动产,原告应当再次回到法庭并获得法官的裁定,该裁定的内容是授权司法承揽人或执达吏保全债务人的不动产。司法承揽人或执达吏持此裁定前往执行保全债务人的不动产,并交由债权人占有。保全的财产范围以本案诉争债权为限。正因为如此,《汇编》将法官的这一裁定理解为一种实体判决作出前的执行保全依据。执达吏在本市范围内执行保全债务人的不动产时,应当出示保全裁定。

随后,债务人才有权实质性地参与诉讼,对案涉债务发表答辩意见,以便重新夺回被扣押的财产。根据 1352 年的国王敕令,在这一程序阶段,债权人必须亲自出庭参加诉讼,让被告对着原告的"送信人"答辩是不公平的。债权人必须本人到庭主张债权和进行法庭宣誓。

由市政司法长官见证封印的书面借据不再是绝对的、不受限制的权利依据。《汇编》第 60 章规定:债权人应当自债务期满的两年内,或者自债务人最后一次履行债务之日起的两年内,向法院提起诉讼。法院将对书面借据进行审查和确认。如果债权人没有在该诉讼时效期限内起诉,又无法证明诉讼时效中断的情形,则法院将不受理债权人的起诉。1289 年颁布的法院通告进一步缩短了这一诉讼时效:金钱之债须在书面借据被见证封印之日起一年内提请法院裁决,或者在一年内须请市政司法长官重新封印。

有履行期限的金钱之债必须在见证封印的一年有效期内起诉,或当事人在一年有效期满之前申请重新封印。债权人起诉时已经超过见证封印的有效期或者债务履行期限已经届满一年,法院就不再受理该案件。

如果债务人当庭全额履行了债务,债权人应当立即将债权凭证交付给债务人。如果债权人已遗失该凭证,则债务人有权要求债权人当庭对着圣物或者圣经宣誓。债权人宣誓债权已获清偿,债务人的履行义务已完毕。债务人还可以要求债权人以书面文件的方式证明债务已履行。

另外,如果债权人的债权已获全额清偿,但其仍然持债权凭证要求市政司法长官重新见证封印,则中世纪民事诉讼程序将其行为视为不正当地提起诉讼。

市政司法长官见证封印文书也是里尔自由民之间发生某些法律关系的要件。在某些法律行为中,当事人必须以这种书证作为必要条件。例如,夫妻之间的赠与(除非已经育有婚生子)、遗产分配、收养他人子女等。在以上情形中,如果原告未能向法庭提交市政司法长官的封印文书,法官和陪审员将记录"本案缺少见证封印文书",不受理原告的起诉。

在中世纪民事诉讼程序中,根据推测,证人证言是一种合法的证据形式。但是《汇编》对证人证言未置一词。在 1267 年 10 月 5 日的判决中,里尔法官认可证人证言可作为证据使用:"为了调查案件事实和真相,正直之人和善良之人都可以作为证人被法庭接纳,无论该证人是否为自由民。"因此,在中世纪的诉讼程序中,至少在刑事案件里,证人并不一定必须具有自由民身份。

从 1290 年开始,封建领主以其特权允许其领地上的法院工作人员或者法官既可以作为"官方证人"出庭,也可以作为"善良之人"出庭。这一做法完全独立于法律规定,仅可适用于不动产纠纷案件。如果对方当事人提出异议,认为不得同时使用"官方证人"和"善良之人"叠加计算证明力,则当事人须选定其一。但是,在遗产继承纠纷案件里,里尔法庭认为这两种证人可以同时使用,听由当事人的选择。

根据里尔法庭在多个案件里形成的司法习惯,曾经作为"证人"协助一方当事人参与诉讼的法院工作人员或者法官不得担任本案的审判人员。任何人都不得同时担任同一案件的证人与法官。

1235 年,里尔市公共契约对有滥用诉权记录的当事人的诉讼证据作出了特别规定。如果原告曾多次起诉未获得法院支持(即不当起诉),则该当事人只能在诉讼中提交由市政司法长官见证封印的证据,不得提交任何其他类型的证据。

三、早期诉讼程序的言词主义特征与书面主义诉讼程序的发展

在14世纪中期之前，法国北部里尔的民事诉讼程序是百分之百的言词主义诉讼程序。1343年，里尔法院的一份通告显示：民事诉讼中逐渐开始使用书面资料的做法，实际上是当事人和法律职业群体积极推动的结果。起初，在民事诉讼中运用书面资料还遭到了当地公共部门的反对。有些当事人试图在庭审中携带书面总结陈词，或用于证人出庭作证时按照当事人的想法陈述案件事实，或用于庭审结束后将证人证言形成文字总结提交给法庭，并写上证人的姓名。法官们认为，民事诉讼中运用这些书面资料是一种危险的尝试，并决定从今往后，当事人在法庭使用任何书面陈词都必须事先得到各方当事人的一致同意。在任何情况下，当事人向法庭提交证人证言的书面总结都必须得到各方当事人对书面总结内容的一致认可。

1368年9月22日和10月25日，查理五世制定的两项法令对当时的民事诉讼程序进行了重要改革，使书面的诉讼程序取代了早期的言词主义程序，这意味着法律职业群体的努力获得了成功。这两项重要的法令尘封已久，一直未得到现代人的重视。

法国国王在两份法令中指出了早期言词主义诉讼程序的主要缺陷。由于法官在审理案件时往往记不清或搞错了庭审的细节，当事人对司法愈加不信任。此外由于法官的任期是以每一年度为单位的，任期结束后就不再从事审判工作了，有些法官参与了案件事实的前期审理，但不久身故或离岗度假，这导致了已经当庭出示的证据和辩论意见在客观上难以留存证据。还有，如果案件提起了上诉，上诉法官几乎无法获知原审中使用过哪些诉讼资料，原审中发生过哪些事情。于是，在从此以后的民事诉讼中，所有在庭审中使用的诉讼资料都必须书面化。当事人应当向法庭提出书面的辩论意见、证人证言备忘录以及和解方案，法院以这些书面文件作为裁判依据。

1368年10月25日的国王敕令是对该次程序改革的具体落实。如同罗马法民事诉讼程序的晚期，非常诉讼程序取代程式诉讼，民事诉讼中迅速涌现出大量的书面资料，同时使诉讼费用大幅上涨。该敕令规定："当事人提交的书面资料越多，则当事人应缴纳更多的诉讼费用。"当然，法国国王在本次书面的民事诉讼程序改革中也得到了可观的经济收益。这次程序改革同时对诉讼费用的承担方式进行了调整，规定由败诉方承担诉讼费用，其应当向胜诉方返还垫付的诉讼费。在此之前的言词主义诉讼程序中，各方当事人最终都应当承担各自的诉讼费用，因为各方当事人都是引起诉讼的因素。从1368年开始，法官才在诉讼最终判决中要求败诉方向胜诉者赔偿合理的诉讼费用。

查理五世关于诉讼费用的改革似乎没有真正得到长期的落实。因为1396年勃艮第的Philippe le Hardi公爵颁布了新的诉讼费用法令。该法令称："里尔法官没有要求败诉方赔偿胜诉者诉讼费用的习惯，诉讼费用应当各自承担。"但是该法令又同时规定，所有的败诉方都必须向法官额外缴纳一些诉讼罚金，罚金数额由法

官依个案而定。该法令运用于所有坐落于里尔市的附属于勃艮第公爵的司法机关。

针对当事人虚构债权提起债务清偿之诉的现象，勃艮第公爵的法令还对这种滥用诉权行为制定了惩罚措施。如果原告对并无债权债务关系的被告提起诉讼，且该被告在案件审理过程中并未遭到明显的司法危险，那么原告就不需要向被告赔偿诉讼费用，也无须向领主缴纳罚金。但如果原告的起诉导致被告有被羁押的风险，比如被告未能提供充分的保证和担保，那么原告败诉时须全额赔偿被告的诉讼费用和相关损失，且需要向勃艮第公爵缴纳 60 苏的罚金。

此外，在早期的里尔民事诉讼程序中，里尔的非自由民和外地人起诉其他非自由民和外地人时，并不要求提供任何保证和担保。但是根据上述法令，外地人此后在里尔提起诉讼都必须提供保证和担保直到诉讼结束。如果该外地人败诉，则须赔偿对方当事人的诉讼费用，并且向勃艮第公爵缴纳 60 苏的罚金。

在 15 世纪，里尔公布了两项司法通告，充分显示了书面资料对民事诉讼程序的重要性。同时，当事人承担的诉讼费用也越来越惊人。里尔法院的书记员助理专职负责接收民事诉讼和形式诉讼当事人提交的各种书面资料，并且给这些书面资料做摘要。法院书记员主要负责登记立案工作，以及预审工作。

书记员还会制作一份书面文件，记录原告的诉讼理由和被告的答辩，以及他参与庭审调查过程中听到的证人证言，然后形成书面的“庭审笔录”。当事人须支付“庭审笔录”的制作费用。最后书记员还负责裁判文书的登记工作，包括中间判决和最终判决。

1441 年，由法官、司法管理人和书记员共同起草了一份司法通告，要求当事人向法庭提交所有在庭审中使用过的书面资料，不得有任何遗漏。这些书面资料必须用羊皮纸书写，包括对方当事人在庭审中提出的证据和相反证据。

在庭审调查中使用的所有书面资料都须提供给法庭，在后续对证人进行法庭调查时，法庭将以此作为验证的依据。

另外，“庭审笔录”的原件由法官保存。

最后，裁判文书的登记费用由市财政负责，包括裁判文书的誊写费用在内。

四、15 世纪民事诉讼程序的主要变革

(一)普通程序与速裁程序

14 世纪末和 15 世纪初，里尔民事诉讼程序的庭审有两种：普通程序庭审和速裁程序庭审。这种程序上的区分源自古老的司法习惯。勃艮第的 Philippe le Bon 公爵于 1423 年和 1455 年的两份法令中均体现了这一区分。第一个周一开始是普通程序庭审，第二个周一开始是速裁程序庭审。依次轮替，每两周一个循环。

普通程序用于审理“被告在庭前已经被羁押”的案件。在此类案件里，原告起诉后，司法承揽人即对被告采取羁押措施，并在庭审时将被告带上法庭。被告在庭审时可以对原告的诉讼请求表示赞同或反对。如果被告当庭对案涉债务予以否

认，法庭要求对方当事人于两周后到庭以普通程序审理案件。书记员宣布庭审开始后有一项当事人到庭的查明程序，由司法承担人主管的执达吏完成这项工作。1455 年勃艮第公爵法令认为当事人到庭的查明程序没有实际意义，予以取消。执达吏行使的这项程序权利被司法承揽人的书记员和法庭的书记员取代。前者负责记录当事人身份，后者负责案件登记。

由于普通程序庭审固定于两周后开始，如果两周后的星期一是假期，则庭审再次延后两周。这一规定一直延续至勃艮第公爵的改革——当事人在此种情况下，庭审日期顺延为假期后的第一个工作日或法院恢复工作之日。1423 年的公爵法令还对“被告在庭前已经被羁押”的案件的庭审日期作出了修改，即在第一次庭审后连续审理，取消了第二次庭审的等待期，节约当事人诉讼成本，尤其是防止被告的羁押时间过长。

即使是 1455 年的公爵改革法令，也没有取消在民事诉讼中可对被告采取羁押措施，作为本案债权实现之保障的做法。

速裁程序也称为“友善程序”。被告在听取原告的诉讼请求后，可以要求召开庭审。速裁程序的被告不会被采取羁押措施。庭审完全仿照正式的普通程序进行，中间有两周的等待期，双方当事人均需要本人亲自出庭，直到法庭辩论终结。

1423 年的公爵法令主要针对速裁案件和涉外案件的庭审程序化作出了改革，它允许法官在速裁程序庭审中用简便的方法对案件作出概要式审理，同时，庭审召开的时间也不再需要等待两周，而是法官可以自行指定。通常是第一次开庭的第三天，或者随后两周内的任何一天。

速裁程序不存在当事人被羁押的问题，被告经司法承揽人下属的执达吏传唤到庭即可开庭。速裁程序的庭审主要由双方当事人的诉讼代理人主导进行，而非司法承揽人的书记员。庭审也不讲究秩序，也没有必须依循的规制。

里尔民事诉讼程序对审理期限未作限制，甚至默许当事人不负责任地拖延诉讼至五六年。这种现象引发了公众的普遍不满，也促生了执达吏和司法工作人员的一系列疏失。

1455 年的公爵法令对普通程序庭审和速裁程序庭审的程序和规则进行了统一，即由法院的书记员在做完案件登记工作后，负责主持案件庭审流程，直至法庭辩论结束。当事人的诉讼代理人不再掌握庭审的主导权。

1423 年的公爵法令对普通程序和速裁程序的当事人出庭要求进行了统一。当事人经传票传唤须亲自到庭，直到案件的审前准备工作结束，进入庭审实质审理阶段。后续庭审审理和裁判程序，当事人可委托诉讼代理人办理，无须当事人亲自出庭，但应得到法庭签发的许可令。当然，当事人也可以自行参加后续的庭审，如同过去的庭审要求一样。

1423 年的公爵法令维持了自 1351 年民事程序改革后的当事人权利宣誓制度。当事人不仅在庭审已经确定双方的主张后进行权利宣誓，宣誓仪式依循过去的习惯，也可以由法官另行指定宣誓日期。如果当事人在指定的宣誓日期无法到庭，则当事人须承担改期宣誓的所有费用。

(二)因滥用诉权(提出过分请求)而败诉

根据传统的司法习惯,原告如果不能通过举证证明其诉讼请求的 2/3 得到法庭的支持,那么他就会遭到全案败诉的结果。这一司法传统导致司法过程中经常出现原告在法官即将作出判决时,大幅度减少诉请的现象,因为原告的诉讼请求提得过高,严重偏离本案债权。但是,原告在起诉时提出的过高诉请却对被告产生了实实在在的麻烦,对被告极不公平。被告被司法承揽人采取羁押措施时面对严重偏高的起诉金额,难以找到自由民对其提供相应金额的担保。在此情况下,被告只能被羁押。

在法官的要求下,1423 年的公爵法令决定纠正这种不公平的做法。从此之后,原告在诉讼中减少诉请的,应当承担被告在羁押期间的所有花费。如果原告诉请过高又未在诉讼中减少诉请且未能举证证明其诉请 2/3 能够得到法庭支持,那么原告全案败诉,并且须支付 60 苏罚金。罚金的一半归公爵和领主,另一半归自治市财政。

(三)减轻缺席庭审的法律责任

根据里尔市民事诉讼司法习惯,直到 1423 年,当事人缺席庭审将直接导致败诉的后果。法官将完全按照出庭当事人的总结陈词,作出胜诉判决或者豁免出庭被告责任之判决。

1423 年的公爵法令对缺席庭审的法律责任进行了根本性的改革。出庭的当事人不能仅仅因为对方缺席而获得绝对有利判决。即使当事人缺席,法官也应当对案件进行实质审理,查明本案诉讼请求是否有合法理由,并以此作出判决。

(四)证人出庭作证

根据 1459 年公爵法令的记载,双方当事人在法庭上确定案件的争议焦点(liticontestes)后,诉讼程序进入举证质证阶段。司法承揽人或其助理向法官发出聆讯证据的邀请。法官要求双方当事人就其主张提出证据。但是,当事人的举证期限和法庭聆讯证据的时间非常漫长。原告的举证期限以两周为一个单位,原告可以要求最多 3 个举证周期,即 6 周。在最长不超过 6 周的举证期限内,原告应当确定证人名单,并且将名单提交给法院进行登记。在接下来的两周,原告应当申请执达吏传唤原告证人出庭,在这次开庭时,双方当事人或其诉讼代理人出庭后,执达吏向法庭介绍已经登记的证人情况,向法庭宣读证人名单。证人出庭时,先进行宣誓。在 15 世纪,证人出庭作证时,不允许公众旁听,而是由两位法官或陪审员进行聆讯。如果法庭要求原告调查某个案件事实,原告应当聘请所谓的"调查员"查明相关情况,并且在两周内完成。

如果某些证人在开庭日未能出庭,则原告仍然可以连续获得 3 次继续申请证人出庭的机会,每次间隔两周。每次都应当按照司法习惯正式地传唤证人出庭。如果在后续 3 次传唤后该证人仍未出庭,则执达吏将第 4 次传唤证人,并采取强制措施,两周后将证人强制带上法庭作证,无论证人是否愿意。因此,对原告方所有证人的聆讯可能会耗时 16 周或 20 周才能完成。同样地,对被告证人的聆讯方式和时间与此相同,等待原告证人聆讯程序结束后才能再次展开。

当双方当事人的证人聆讯均已完成后，法庭在两周后对双方当事人的书证进行举证质证。这又导致诉讼程序拖得更久，民事诉讼程序变得无休止，且耗费巨大。每次开庭须遵循的冗长形式又导致审理工作的低效率，每天只能处理少量案件。

鉴于此，法官们于1459年要求Philippe Le Bon公爵采纳法官的意见，对民事诉讼程序作出修改。公爵发布法令，要求双方当事人的证人出庭聆讯应当在案件争议焦点确定及法官决定开始证人聆讯程序后的6周内完成。然而，这一期限在以下情形下可以获得延长：勃艮第公爵的许可令，对方当事人的同意，或法官许可。每次延长期限为两周，并且必须在法院进行登记。

此外，1459年改革允许法官在以下案件中采取概要式方法来审理和裁判：涉外商事案件、房屋租赁案件和简易案件。

最后，1459年改革对证人出庭和作证方式进行了修改。证人出庭时，不再当庭进行宣誓，而是庭后向司法承揽人或其助理或证据调查专员宣誓。证据调查委员会将以言词方式对证人证言进行初步审查。

根据长期以来的司法习惯，当证人缺席庭审时，法官允许连续传唤证人4次。第3次传唤的费用须由缺席的证人承担，第4次传唤采取强制措施，相关费用也是由该证人承担。但是，勃艮第公爵决定第2次传唤的费用即由该证人承担，除非该证人有不能出庭的正当理由；第3次即采取强制传唤，对其缺席行为处以60苏罚金，而公爵缴纳该罚金。聆讯证人时，每次都应通知对方当事人到庭，除非得到同意在其不到庭时也可以聆讯对方当事人的证人。

为期6周的聆讯证人程序结束后，双方当事人应当在下一次开庭时对本案证人证言发表质证意见。根据传统的司法习惯，民事诉讼程序继续进行直至法官作出最终判决。

制度探究

检察环境民事公益诉讼既判力范围研究

■杨雅妮[*]　刘　雨[**]

摘　要　在检察环境民事公益诉讼中,基于生态环境侵害的潜伏性、缓慢性、隐蔽性等特征,传统既判力理论的适用在节约司法资源、树立司法权威以及救济后发性损害等方面都存在困境。为有效维护环境公共利益,保护好人类的美好家园,应在充分考量维护"前诉"判决权威性、避免"重复诉讼"以及维护环境公共利益之间关系的基础上,合理确定检察环境民事公益诉讼的既判力范围,并通过建立预测型判决和部分请求诉讼制度,为检察环境民事公益诉讼提供保障。

关键词:检察环境民事公益诉讼　环境公共利益　既判力范围

检察环境民事公益诉讼是由检察机关提起的、以生态环境和资源保护为目的的民事公益诉讼。既判力,又称判决在实质上的确定力,是"确定判决在实体上对于当事人还有法院所具有的强制性的通用力"①。在检察环境民事公益诉讼中,既判力范围的大小不仅决定着当事人能否提起"后诉",而且对"后诉"法院的判决内容具有拘束作用,直接影响着生态环境侵害司法救济的广度与深度,值得深入研究。近年来,我国一些学者已经认识到民事公益诉讼的特殊性,对其既判力范围进行了初步探索。为了解学界的研究现状,笔者以"民事公益诉讼既判力"为主题在CNKI数据库进行了搜索,结果发现:从2003年5月到2020年7月,CNKI收录的相关文献总共只有40篇,其中还有一部分是专门研究消费民事公益诉讼既判力的。经过对已有研究的分析,笔者发现:一是专门研究检察环境民事公益诉讼既判

* 杨雅妮,兰州大学法学院教授。

** 刘雨,兰州大学法学院2019级硕士研究生。

① 江伟:《民事诉讼法专论》,中国人民大学出版社2005年版,第79页。

力的文献并不多见,CNKI收录文献最多的年份也未超过6篇(见图1),对该问题的研究尚未引起学界的充分关注。二是已有的研究理论水平较低,高水平论文的数量较少。如在CNKI收录的40篇文献中,仅硕士论文就有12篇,占全部收录文献的30%,不仅研究水平难以保证,而且研究内容也缺乏系统性和全面性。

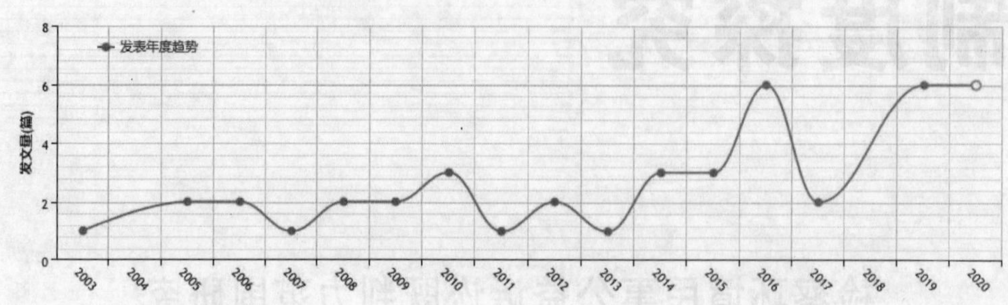

图1 2003年5月—2020年7月CNKI数据库文献收录情况

在这种情况下,要有效维护环境公共利益,就必须以既判力理论及其在我国的制度体现为基础,深入分析传统既判力理论在检察环境民事公益诉讼中的适用困境,并充分考虑检察环境民事公益诉讼的特殊性,合理确定其判决的既判力范围。需要特别注意的是,由于我国立法采取了"公益诉讼"与"私益诉讼"并行的模式①,因而本文在讨论检察环境民事公益诉讼判决既判力时,无论是"前诉",还是"后诉",都仅限于"公益诉讼",对于检察环境民事公益诉讼判决对"私益诉讼"的拘束力,将不做讨论。

一、问题的提出

学界普遍认为,既判力的效力范围主要包括:第一,主观范围,即"前诉"确定判决拘束的主体范围。传统既判力理论认为,既判力的主观范围原则上遵循相对性原则,仅限于提出请求的一方及其相对方,只有在例外情况下才可以扩张到当事人以外的人(非诉讼上的第三人)。但考虑到"终局性、强制性解决纠纷""避免矛盾裁判"以及"实现社会安定"等客观需要,在一些特殊类型的案件中,既判力主观范围的扩张已得到认可。第二,客观范围,即"前诉"确定判决拘束的客体范围。传统既判力理论认为,既判力的客观范围仅限于判决主文中的判断事项,判决理由部分的所有判断(包括事实认定的判断、先决性法律关系的判断等)都不产生既判力,即"既判力的客观范围=判决标的的范围=诉讼标的的范围=判决主文中的判断事项。"②第三,时间范围,即"前诉"确定判决产生既判力的时间界限,也称既判力的

① 根据《民诉解释》第284条的规定,人民法院受理民事公益诉讼案件后,因同一侵权行为遭受损害的受害人可以提起私益诉讼,"公益诉讼"的进行不会影响到实际受害者进行"私益诉讼"的权利。

② 林剑锋:《民事判决既判力客观范围研究》,厦门大学出版社2006年版,第9页。

标准时。传统既判力理论认为，既判力的标准时为“事实审法庭辩论终结时”，以此为界限，该时间点之前形成的法律关系状态已经成为法院审理和判决的对象，因而与之相应的实体权利主张应受到确定判决既判力的拘束，而该时间点之后的实体权利主张并未进入诉讼程序，也就不应受到既判力的约束。

依据传统既判力理论，在检察环境民事公益诉讼中，当“前诉”判决确定之后，检察机关与被告方均不得就判决所确定的法律关系另行起诉，也不得在其他诉讼中就同一法律关系提出与本案诉讼相矛盾的主张，同时，法院亦不得作出与该判决所确定的内容相矛盾的判断。但是，考虑到环境民事公益诉讼适格原告的多元性与生态环境侵害的特殊性，如果完全依据传统既判力理论去确定检察环境民事公益诉讼判决的既判力范围，将会存在以下困境：

(一)不利于节约司法资源

在我国，根据《民事诉讼法》《环境保护法》等立法的规定，环境民事公益诉讼的适格原告是多元的，“法律规定的机关和有关组织”以及检察机关都有权提起诉讼。虽然《民事诉讼法》第 55 条第 2 款对适格原告的诉权行使顺位做了安排，规定检察机关在提起诉讼之前应当履行诉前程序，但在实践中，仍可能会出现检察机关履行诉前程序时其他适格原告不提起诉讼，却在检察环境民事公益诉讼判决生效后又提起诉讼的现象。对此，如果依据传统既判力理论，检察环境民事公益诉讼判决的既判力主观范围只及于“前诉”中的检察机关和被告方，也就是说，其他适格原告可以不受“前诉”判决拘束而就同一生态环境侵害行为再次提起诉讼。显然，如果不加限制而一概允许其他适格原告提起“后诉”，就“可能发生其他适格主体就同一诉因重复起诉的现象，使法院将已审理判断的事项多次系属于诉讼”①，不利于节约司法资源。

(二)不利于树立司法权威

依据传统既判力理论，既判力的客观范围仅限于诉讼标的或者判决主文中的判断事项，判决理由部分的所有判断都不具有既判力。以此为据，在检察环境民事公益诉讼中，判决的既判力客观范围也应限于“前诉”诉讼标的或者判决主文中的判断事项，判决理由(包括事实认定的判断、先决性法律关系的判断等)中的判断都不具有既判力，“后诉”当事人也不会受到“前诉”判决理由中已认定事实的约束。也就是说，在“后诉”中，“前诉”中的判决理由仍可以再次成为双方当事人的争点。而一旦允许“后诉”法院将“前诉”判决理由作为争点进行再次审理，就有可能出现“后诉”中的判断与“前诉”判决理由不一致的现象，从而动摇“前诉”判决的根基，不利于树立司法权威。

(三)不利于救济后发性损害

所谓后发性损害，是指在“前诉”判决中没有被认定，而在“后诉”中由原告提出的损害。依据传统既判力理论，若当事人主张权利的基础事实相同，出现在标准时之前的法律事实，原则上都应受到“前诉”判决的拘束。也就是说，在“前诉”判决确

① 田凯：《人民检察院提起公益诉讼立法研究》，中国检察出版社 2017 年版，第 198 页。

定后，当事人不能再提出在标准时前本可以主张但未主张的事项。但在检察环境民事公益诉讼中，由于生态环境侵害具有潜伏性、缓慢性、隐蔽性等特征，污染物的积累和生态环境的破坏都是随着时间的流逝而不断变化的，对于尚未暴露出来的损害，检察机关不可能在既判力标准时前提出。此时，如果完全依据传统既判力理论，禁止"后诉"原告对既判力标准时前未被发现的损害或因环境污染造成的后遗症提起诉讼，则意味着"事实审言辞辩论终结前"未被发现的损害或因环境污染造成的后遗症，不能再通过民事公益诉讼获得救济。

二、现行规范对传统既判力理论的突破及其不足

(一)现行规范对传统既判力理论的突破

正是考虑到传统既判力理论在检察环境民事公益诉讼中的适用困境，现行规范已经对传统既判力理论进行了突破。当前，除最高人民法院《关于适用〈中华人民共和国民事诉讼法〉的解释》(以下简称《民诉解释》)第291条[①]对民事公益诉讼裁判效力做了原则性规定之外，《关于审理环境民事公益诉讼案件适用法律若干问题的解释》(以下简称《环境民事公益诉讼解释》)第26条[②]和第28条[③]还专门针对环境民事公益诉讼的裁判效力做了具体规定。

从相关条文来看，一方面，基于环境民事公益诉讼适格原告的多元性，现行规范已经突破了传统既判力理论中的相对性原则，将检察环境民事公益诉讼判决既判力的主观范围扩张到了没有参加诉讼程序的"第三人"——其他依法享有原告资格的机关和有关组织。根据《民诉解释》第291条的规定，除法律、司法解释另有规定的外，环境民事公益诉讼判决发生法律效力后，"其他依法具有原告资格的机关和有关组织"就同一侵权行为另行提起公益诉讼的，人民法院不予受理。之所以如此，是因为虽然"后诉"原告和"前诉"原告不同，但是两者具有相同的诉的利益，且基础事实和被告方均相同，因而"前诉"确定判决原则上对"后诉"具有拘束力。基于此，在检察环境民事公益诉讼中，"前诉"判决对"前诉"中的检察机关和被告方以及"其他依法具有原告资格的机关和有关组织"都有拘束力，在"前诉"判决生效以后，其他适格原告原则上不得再就被告的同一侵害行为提起环境民事公益诉讼。

另一方面，基于生态环境侵害的特殊性，为有效救济后发性损害，现行规范已

---

① 《民诉解释》第291条规定："公益诉讼案件的裁判发生法律效力后，其他依法具有原告资格的机关和有关组织就同一侵权行为另行提起公益诉讼的，人民法院裁定不予受理，但法律、司法解释另有规定的除外。"

② 《环境民事公益诉讼解释》第26条规定："负有环境保护监督管理职责的部门依法履行监管职责而使原告诉讼请求全部实现，原告申请撤诉的，人民法院应予准许。"

③ 《环境民事公益诉讼解释》第28条规定："环境民事公益诉讼案件的裁判生效后，有权提起诉讼的其他机关和社会组织就同一污染环境、破坏生态行为另行起诉，有下列情形之一的，人民法院应予受理：(一)前案原告的起诉被裁定驳回的；(二)前案原告申请撤诉被裁定准许的，但本解释第二十六条规定的情形除外。环境民事公益诉讼案件的裁判生效后，有证据证明存在前案审理时未发现的损害，有权提起诉讼的机关和社会组织另行起诉的，人民法院应予受理。"

经突破了传统既判力理论中的“标准时”界限。根据《环境民事公益诉讼解释》第28条第2款的规定，“环境民事公益诉讼案件的裁判生效后，有证据证明存在前案审理时未发现的损害，有权提起诉讼的机关和社会组织另行起诉的，人民法院应予受理”。基于此，在检察环境民事公益诉讼判决生效之后，对于“前案审理时未发现的损害”，“有权提起诉讼的机关和社会组织”可以另行提起环境民事公益诉讼。

(二)现行规范对传统既判力理论突破之不足

针对检察环境民事公益诉讼的既判力范围，虽然现行规范在传统既判力理论上有所突破，但是仍存在以下不足：

第一，对既判力主观范围的规定不利于实现检察环境民事公益诉讼的目的。根据现行规范，当检察环境民事公益诉讼判决生效后，“有权提起诉讼的其他机关和社会组织”原则上不能再就同一污染环境、破坏生态行为提起“后诉”。这种做法虽在一定程度上有利于实现“避免矛盾裁判”“节约司法资源”以及“减少被告讼累”等目的，但在司法实践中，就同样的事实，检察机关提供的证据未必比“特定的社会团体收集得更齐全，更有力，特别是由于时间、空间等的变化，证据的收集也会不同”[①]。现行规范不区分检察机关胜诉还是败诉而一概禁止其他机关和社会组织提起“后诉”的做法，既不利于对被告方违法行为的制裁，也不利于有效维护环境公共利益。

第二，对既判力客观范围的规定不利于维护司法裁判的稳定性。依据传统既判力理论，既判力不及于判决理由中的判断仍是各国确定既判力客观范围时所遵循的基本准则。以此为据，“前诉”判决理由中的判断仍可作为“后诉”争点被当事人提出，而一旦该判断在“后诉”中被推翻，会直接影响到“前诉”判决的稳定性。为了解决该问题，早在《德国民事诉讼法》制定之初，以萨维尼为代表的学者便寻求将民事诉讼既判力范围扩张至判决理由部分，认为在“判决理由中，就先决性法律关系所作出的判断结论，也应该赋予其以既判力”。[②] 但该主张并未得到理论界的普遍认可。在检察环境民事公益诉讼中，现行规范并未对判决理由的效力作出具体的规定，如果继续遵循传统既判力理论中“既判力不及于判决理由”的做法，显然不利于维护司法裁判的稳定性。

第三，对既判力时间范围的规定不符合生态环境侵害的特殊性。现行规范并未针对检察环境民事公益诉讼判决既判力的基准时作出专门规定，依据传统既判力理论，如果检察机关在“标准时”前应提出主张而未提出，即丧失了提出这一主张的权利，这也被称为既判力的“失权效”[③]。在检察环境民事公益诉讼中，由于污染环境、破坏生态等行为所造成的损害具有潜伏性、缓慢性和隐蔽性，再加上科技水

① 王宏卫：《论民诉法修改中检察机关提起环境公益诉讼的主体适格》，载中国民事诉讼法学研究会编：《民事程序法研究》(第8辑)，厦门大学出版社2012年版，第179页。

② 骆永家：《既判力之研究》，三民书局1999年版，第66页。

③ 失权效，又称排除效，是指当事人在“标准时”前应提出主张而未提出时，即丧失了提出该主张的权利。

平的局限，使得检察机关在提起诉讼时往往难以发现"后发性损害"。此时，如果严格遵守既判力的"标准时"，则意味着当事人在"前诉"标准时前应当提出的证据资料、攻防手段、请求或者主张，无论当事人知道还是不知道、是善意还是恶意、是故意还是过失，不论因何种理由没有提出，在"后诉"中都丧失了另行提出的权利，不符合生态环境侵害的特殊性。

除以上所述外，不区分"前案审理时未发现的损害"是否属于检察机关"可预测"范围以及"前诉"诉讼请求是否特定而一概允许提起"后诉"的做法，也不利于维护司法裁判的权威性。这是因为，根据现行的规范，只要"有证据证明存在前案审理时未发现的损害"，"有权提起诉讼的机关和社会组织"就可以提起"后诉"，也就是说，"后诉"的提起并不受该损害是否"不可预测"以及"前诉"诉讼请求是否特定的影响。这种做法虽在一定程度上有利于维护环境公共利益，但却损害了"前诉"判决的权威性。

三、确定检察环境民事公益诉讼判决既判力范围应秉持的理念

在检察环境民事公益诉讼中，受诉讼目的、诉讼对象、检察机关特殊身份、诉前程序等方面的制约，判决的既判力范围应当与传统私益诉讼中有所不同。近年来，已经有学者认识到民事公益诉讼既判力的特殊性，并认为，如果"不在立法中明确公益诉讼判决既判力可以作出某种扩张，公益诉讼就会失去其制度优势而沦为有公益之名无公益之实空壳制度"①。但是，对于如何确定检察环境民事公益诉讼判决的既判力范围，学界则存在不同的认识，主要形成了以下两种观点。

（一）"区别对待说"

"区别对待说"的主张者认为，对于检察环境民事公益诉讼判决的既判力，应区分检察机关胜诉与败诉两种不同情况区别对待。如果检察机关胜诉，环境公共利益已经得到有效维护，此时，其他适格原告应受"前诉"判决既判力拘束，既不得就判决所确定的法律关系另行起诉，也不得在其他诉讼中就同一法律关系提出与本案诉讼相矛盾的主张，法院亦不得作出与该判决所确定的内容相矛盾的判断。如果检察机关败诉，意味着环境公共利益没有得到有效维护，此时，如果其他适格原告"有新的证据提供的，人民法院就不应以该判决的既判力来进行对抗，而应重新审理，以确保对于公民权益的维护及社会公益的维护"②。

其实，江伟教授早就指出："公益诉讼判决仅具有单向的既判力，即公益原告胜诉的，判决有既判力；否则，不具有既判力。"③在检察环境民事公益诉讼中，如果不区分检察机关胜诉还是败诉，一概承认"前诉"判决对"后诉"的拘束力，"不仅不会

① 许清清、文勇：《我国公益诉讼的困境与出路——以36例公益诉讼案件为分析样本》，载漆多俊主编：《经济法论丛》，武汉大学出版社2012年版，第370页。

② 王宏卫：《论民诉法修改中检察机关提起环境公益诉讼的主体适格》，载中国民事诉讼法学研究会编：《民事程序法研究》（第8辑），厦门大学出版社2012年版，第179页。

③ 江伟主编：《民事诉讼法》，中国人民大学出版社2013年第6版，第163页。

有助于公益之保护，而且甚至可能导致对受害人的权利的再侵害，以及对公益损失的再扩大”①。更重要的是，当检察机关败诉时，将“前诉”判决的既判力范围扩张至其他适格原告，也缺乏正当性依据。这是因为，其他适格原告并未参与“前诉”审理，其程序参与权也未得到应有保障，如果让其承受“前诉”判决的拘束，既不符合传统既判力理论，也违背了程序正义的基本要求。

(二)“统一对待说”

“统一对待说”的主张者认为，不论检察机关胜诉还是败诉，“前诉”判决都具有既判力，“没有参加诉讼的实际权利主体无论在何种情形下都应受到法院对公益诉讼所作判决既判力的约束”②。理由在于：

第一，“统一对待”符合我国立法的规定。根据现行规范，检察环境民事公益诉讼的形成以其他适格原告不提起诉讼为前提，如果在检察机关履行诉前程序时，其他适格原告提起了诉讼，检察机关就不会亲自提起，检察环境民事公益诉讼也就不可能发生。因此，既然检察机关在起诉之前已经征求过其他适格原告的意见，就意味着其他适格原告的知情权已经得到了保障，此时，虽然其他适格原告并未实际参加诉讼，但正是由于立法已经“向其开设参加诉讼之渠道”③，既判力主观范围的扩张获得了正当性基础④，当然也就不存在当检察机关败诉时再由其提起“后诉”的必要。

第二，“统一对待”符合“禁反言”原则的要求。在检察环境民事公益诉讼中，其他适格原告虽未亲自参加“前诉”，但检察机关在提起诉讼前已经履行过诉前程序，既然其在诉前程序中已经明确表示“不愿”或“不能”提起诉讼，就应当受到“禁反言”原则的拘束，不论检察机关胜诉还是败诉，都不能再提起“后诉”。

第三，“统一对待”有域外经验的支持。例如，在巴西，“具体的民事公益诉讼纠纷仅有一次寻求司法救济的机会。胜诉利益及于所有成员，并排除其他适格主体再行诉讼资格。败诉则产生群体权利消灭的法律效力，即排除另行诉争，对所有适格主体均产生再行起诉的禁止效力”⑤。

以上观点均有一定的道理。笔者认为，在检察环境民事公益诉讼中，“整个诉讼的产生是基于对社会公共利益的危害，其诉讼最终的效果必须有利于对社会公共利益的维护，公益诉讼所需要的是诉讼的结果应当对社会具有普适性”⑥。因此，在确定判决的既判力范围时，应以传统既判力理论为基础，综合考虑诉讼目的

---

① 王宏卫：《论民诉法修改中检察机关提起环境公益诉讼的主体适格》，载中国民事诉讼法学研究会编：《民事程序法研究(第8辑)》，厦门大学出版社2012年版，第179页。

② 邓辉辉：《民事诉讼既判力理论研究》，中国政法大学出版社2014年版，第253页。

③ [日]新堂幸司：《新民事诉讼法》，林剑锋译，法律出版社2008年版，第213页。

④ 对于既判力主观范围扩张的情形，参见[日]新堂幸司：《新民事诉讼法》，林剑锋译，法律出版社2008年版，第213~214页。

⑤ 田凯：《人民检察院提起公益诉讼立法研究》，中国检察出版社2017年版，第202页。

⑥ 许清清、文勇：《我国公益诉讼的困境与出路——以36例公益诉讼案件为分析样本》，载漆多俊主编：《经济法论丛》，武汉大学出版社2012年版，第353页。

的特殊性、适格原告的多元性、诉讼请求的多样性等特点，秉持“区别对待说”理念，采取“原则性+例外”[①]的方式合理确定既判力的效力范围。

四、检察环境民事公益诉讼判决既判力范围的确定

在检察环境民事公益诉讼中，为有效维护环境公共利益，应在充分考量维护“前诉”判决权威性、避免“重复诉讼”与维护环境公共利益之间关系的基础上，合理确定判决的既判力范围。

(一)主观范围

在确定检察环境民事公益诉讼判决既判力的主观范围时，应突破传统既判力理论中的相对性原则，并以“区别对待说”为依据，重点把握以下三点：

第一，只有在检察机关“胜诉”的情况下，“前诉”确定判决的效力才及于“后诉”。此时，由于环境公共利益已得到有效维护，“前诉”中的检察机关、被告方以及其他未进入诉讼程序的适格原告，都应受到“前诉”确定判决的拘束，不能再提起“后诉”。

第二，当检察机关因“证据不足”而败诉时，如果其他适格原告有“新的证据”可能推翻“前诉”判决，可不受“前诉”确定判决既判力的拘束。针对既判力主观范围的扩张，日本诉讼法学者新堂幸司指出，“如果试图将既判力扩张至作为第三人的利害关系人”，就应当考量“受既判力扩张的第三人之立场，是否可以由当事人代言，进而判断其是否获得了程序保障”[②]。在检察环境民事公益诉讼中，当检察机关因“证据不足”而败诉时，其显然无法代言其他适格原告之立场，此时，为保障其他适格原告的“接受裁判权”，如果其有“新的证据”可能推翻“前诉”判决，应有权就同一法律关系再次提起诉讼。

第三，当检察机关胜诉时，应将“前诉”判决的既判力扩张到其他具有同类型违法行为的主体。[③] 也就是说，除被告以外的其他具有同类型违法行为的主体也应受到“前诉”确定判决的拘束。这是因为，如果不将“前诉”判决的既判力扩张到其他具有同类型违法行为的主体，“公益诉讼的裁判就很难起到规范、防止同类侵害主体侵权行为的效果，也很难起到政策性、导向性的作用，从而难以真正发挥公益诉讼的作用”[④]。

综上所述，应在立法中明确规定：“如果人民检察院提起环境民事公益诉讼后胜诉，‘法律规定的机关和有关组织’等适格原告不得再就同一生态环境侵害另行起诉，但有证据证明存在前诉审理时未发现的、不可预测的损害的除外。如果人民检察院败诉或部分败诉，‘法律规定的机关和有关组织’等有新的证据推翻前诉判

---

① “原则性”是对传统既判力理论的遵守，“例外”则体现为对既判力效力范围的扩张。

② [日]新堂幸司：《新民事诉讼法》，林剑锋译，法律出版社2008年版，第479页。

③ 值得注意的是，如果要将既判力的主观范围扩张到其他具有同类型违法行为的主体，必须以充分的程序保障为前提，即其他具有同类型违法行为的主体利益已经得到合理表达，否则，将会构成对其合法诉权的剥夺。

④ 王守安主编：《中国检察》(第23卷)，中国检察出版社2014年版，第124页。

决,应允许其针对同一生态环境侵害提起诉讼。"

(二)客观范围

当前,大陆法系国家和地区已经充分认识到传统既判力理论未赋予判决理由既判力所带来的负面影响,并审慎地赋予了判决理由中的判断一定的拘束力。在这种情况下,应借鉴大陆法系国家和地区的做法,赋予检察环境民事公益诉讼判决理由部分的判断以"争点效力",即:只要"前诉"判决理由中的各争点经过了双方当事人的充分辩论,法院也对这些争点进行了实质审理并作出了判断,"就不应当允许后诉的当事人在诉讼中再行争议"①,"后诉"当事人有权直接引用"前诉"中的判决理由来主张自己的权利。这样不仅有利于提高诉讼的效率,而且有利于维护司法裁判的稳定性与权威性。

(三)时间范围

在检察环境民事公益诉讼中,由于生态环境侵害具有隐蔽性、潜伏性、动态性等特点,为有效维护环境公共利益,应对既判力的时间范围作出特殊规定。主要体现在两个方面:

一是对于检察机关"不能预测的基于后遗症的损害","前诉"确定判决不具有既判力,检察机关及其他适格原告可以在"后诉"中主张。这种做法在大陆法系国家和地区已经得到认同,如日本学者认为,"这种事由尽管存在于前诉的基准时前,但在大体上无法期待其提出"时,应当允许当事人提出,"如若不然,恐怕在程序保障上会产生问题"。② 以此为据,在环境污染案件中,由于工厂的违法排污行为,造成村民耕地生态破坏、对村民饮水水源造成了污染,而由于该污染物质在体内具有较长的潜伏期,在"前诉"中,检察机关并未预料到这种污染对不特定主体身体健康所造成的损害,因而没有主张损害赔偿,但在多年之后,附近村民陆续发现身体健康因当时排污遭受损害,在此种情形下,应不受"前诉"判决既判力的拘束,允许包括检察机关在内的所有适格原告针对"后发性损害"再次提起诉讼。需要注意的是,在司法实践中,对于"不可预测性"的认定要符合一定的标准,不能仅以检察机关的主观理由而对"不可预测性"作出认定,"后诉"法院应当在充分考虑"不可预测性"存在的合理性与客观性之后,赋予"后诉"不受既判力遮断的效力。

二是如果检察机关已经预测到损害的发生,只是"所主张的请求不能被特定时","前诉"确定判决具有既判力,检察机关及其他适格原告不能再提起"后诉"主张后发性损害赔偿。这种观点也已得到学界的普遍认同,如有学者早就指出,"如果在前诉中所主张的请求不能被特定时,前诉的判决对后发的损害请求就有了拘束力"③。该做法符合"终局性、强制性解决纠纷"的诉讼理念,有利于提高诉讼的效率。

---

① 张卫平:《民事诉讼:关键词展开》,中国人民大学出版社 2005 年版,第 315 页。

② [日]新堂幸司:《新民事诉讼法》,林剑锋译,法律出版社 2008 年版,第 479 页。

③ 张卫平:《民事诉讼:关键词展开》,中国人民大学出版社 2005 年版,第 318 页。

五、余论

除以上所述外，要合理确定检察环境民事公益诉讼判决的既判力范围，还需要建立相关配套制度。一是预测型判决制度。预测型判决，又称反复给付判决，"是指法院基于对当事人之间未来一段时间内法律关系状态的预测，而判令败诉方在未来一段时间内向对方持续为给付义务判决"①。在检察环境民事公益诉讼中，建立预测型判决的意义在于，对于生态环境的损害不仅具有潜伏性、隐藏性、不确定性等特点，而且所造成的侵害后果通常难以一次性得到修复。实践中，在提起诉讼的标准时间点上，检察机关往往很难对生态环境侵害作出恰当、适合的判断。在这种情况下，建立预测性判决制度，通过对既判力时间范围的扩张，能够使该判决着眼于对未来关系的预测。更重要的是，在建立预测性判决制度后，"前诉"确定判决就不仅仅对标准时之前当事人之间所存在的权利状态作出判断，更将标准时点之后、未来的一个时间段内的权利状态纳入了判断范围，进而将判决指向未来，既能真正起到定纷止争的作用，又有利于维护环境公共利益。二是部分请求诉讼制度。部分请求诉讼是指当事人基于处分权，仅就其债权的一部分而非整体向法院提起的诉讼。部分请求诉讼的产生，主要有两个方面的原因：一是原告所掌握的证据资料比较有限，向法院主张全部债权胜算不大；二是如果原告向法院主张全部债权，会使其预缴过高的诉讼费用或者面临较大的败诉风险。在日本，部分请求诉讼的提出，必须满足以下三个条件：一是原告有正当理由②提起部分请求诉讼；二是原告在前诉中明确告知法官和对方当事人自己提出的是部分请求；三是前诉取得了胜诉。③ 在检察环境民事公益诉讼中，虽然检察机关不需要预缴诉讼费用，但是由于生态环境侵害的特殊性，不仅检察机关难以确定全部生态环境损害赔偿额，而且被告方缺乏全部履行能力的现象也比较常见。基于此，在检察环境民事公益诉讼中，应建立部分请求诉讼制度，当检察机关根据当前的生态环境损害鉴定报告确定损害赔偿数额时，可向法院和对方当事人明确表示自己提出的是部分请求，对于将来新发现的损害，应允许检察机关再次提起诉讼。这在我国司法实践中已得到认可，如在"同仁市人民检察院诉贵州玉屏湘盛化工有限公司土壤污染责任纠纷案"④中，遵义市中级人民法院就在其判决书中明确指出，公益诉讼人有权根据现阶段取得的证据提出部分请求。类似案件的审理和裁判，为建立我国部分请求诉讼制度提供了经验支持。

---

① 王娣、王德新：《论既判力的时间范围》，载《时代法学》2008 年第 4 期。

② 一般认为，"正当理由"主要包括：原告的全部损失在前诉中无法确定、双方的试验性诉讼契约、被告缺乏全部履行能力等。

③ 蒲菊花：《部分请求理论的理性分析》，载《现代法学》2005 年第 1 期。

④ 具体案情参见遵义市中级人民法院(2016)黔 03 民初 520 号民事判决书。

环境公益诉讼案件证明责任分配研究*

张　亮　张霄霄**

摘　要　对环境侵权公益诉讼面临的证明难题，立法主要采纳了将因果关系倒置的方式来解决，这一风险分配方式并没有为司法实践所普遍接受，法院只能认定原告的证据不能证明事实，或是直接忽视因果关系的证明，这些情形显然有违证明责任能够合理分配证明风险的初衷。对环境损害这一证明难题，首先是要从实体法上细化此类侵权种类，取消一些侵权的主观要件，并仍然将侵权请求权基础事实与抗辩事实作为分配的基本原则，对因果关系这一难以证明的要件事实，应综合运用减轻提供证据责任的相关理论，包括证据收集手段的加强、表见证明的运用等方式来解决，最后，对侵权公益案件，需要考虑公益损害的侵犯、国家规定的违反等特殊要件事实的分配。

关键词：证明责任倒置　提供证据责任的减轻　表见证明　公共利益损害

环境公益诉讼是2012年民事诉讼法修改所确认的一种诉讼类型，其将“污染环境、侵害众多消费者合法权益等损害社会公共利益的行为”纳入公益诉讼之中。之后2017年修改的民事诉讼法将“污染环境等行为”扩大为“破坏生态环境和资源保护的行为”，该规定和《刑法分则》第六章第六节的“破坏环境资源保护罪”实质内容一致，其包含了对环境的污染以及对资源的损害，①其实质是一种行为，其包含了民事侵权的存在，也包括物权妨害行为，该规定也规定检察机关可以代表公益介入破坏生态环境和资源保护的案件之中，使其和检察机关办理的环境犯罪案件结合起来，因此，环境公益诉讼中刑事附带民事诉讼也是成立的。无论是一般民事诉讼还是附带民事诉讼，都要面对一个核心问题，即对这些侵权行为的要件事实该如何分配证明责任？对此，《侵权责任法》第66条对其因果关系作了专门规定，即污染者或是对不承担责任或减轻责任的情形承担证明责任，或是对行为与损害之间不存在因果关系承担证明责任。这种略带技术性和政策性考虑的处理方式能否解决当事人之间的证明困境是值得思考的。同时，对损害赔偿数额这一要件事实的证明也是一个难题，现有法律并没有为其设定较为妥当的处理方法。因此，本文希

---

*　本文系2019年度最高人民检察院检察理论研究课题（课题编号：GJ2019D41）最终成果。

**　张亮，男，河北经贸大学法学院讲师，法学博士；张霄霄，长江师范学院政治与历史学院讲师，法学博士。

①　南景毓：《生态环境损害：从科学概念到法律概念》，载《河北法学》2018年第11期。

望通过对域外证明责任制度的考察,为我国环境侵权证明责任分配确立一个较为合适的证明责任制度,能够使得双方当事人真正投入相关要件事实的证明,而非仅由法院依据规则原则加以裁判。

一、环境公益诉讼案件证明责任分配的现状及问题

法律解释者本身对于因果关系分配缺乏一致立场,《侵权责任法》明确的是将因果关系这一责任倒置分配给予了侵权方,实践中法院一般表述为,侵权人未举证证明排污行为和损害结果不存在因果关系,①根据上述规定,可将这种侵权关系的要件事实分配用表格表述(见表1)。

表1　环境侵权因果关系要件事实分配表

请求权基础事实		抗辩的要件事实	
被侵权人	排污行为	侵权人	不承担责任或减轻责任的事实
	损害结果		不存在因果关系(责任倒置)

到了《最高人民法院关于审理环境侵权责任纠纷案件适用法律若干问题的解释》(以下简称《环境案件若干解释》)的第6条,它又要求被侵权人提供污染物与损害结果具有关联性的证据材料,即要求其对因果关系承担举证责任,且解释者还认为人民法院对该举证责任要求非常低,只要求达到具有关联性的程度,②该规定虽然降低了该要件事实证明标准的要求,但是又一次将其证明责任分配给了被侵权人,或是有学者将其表述为"关联性举证异化为因果关系举证"③,被侵权人同时又要对排污行为和损害事实承担证明责任。上述表述能否成立需要实践验证,笔者通过"北大法宝"对《侵权责任法》第66条的法条关联,搜寻了部分典型案例和公报案例,发现上述法条的适用存在以下规律与问题:

第一,因为有上述司法解释的存在,人民法院一般要求由被侵权人先行提供证据证明因果关系存在的可能性,④即现已经要求被侵权人对因果关系承担证明责任,这一要求明显和同一要件事实不能将其正面和反面分别分配给原、被告双方的原理不符合。有案件中分院针对同一要件事实分别给原告与被告都分配了证明责任,且有误用相关概念的嫌疑,在2015年最高人民法院发布的《环境侵权典型案例4》中,法院认为被侵权人要对污染行为与损害结果之间具有关联性负担举证证明

① 参见湖北法院环境资源审判十大典型案例(2018年)之一:郭某红与武汉市新洲天兴棉业有限公司大气污染责任纠纷案。

② 参见2015年6月1日的最高人民法院研究室负责人就《最高人民法院关于审理环境侵权责任纠纷案件适用法律若干问题的解释》答记者问。

③ 徐贵勇:《大气污染侵权案件司法实务疑难法律问题研究——证据关联性和因果关系的归位》,载《法律适用》2018年第9期。

④ 《陈汝国与泰州市天源化工有限公司水污染责任纠纷案》,载《最高人民法院公报》2016年第3期。

责任,且认为这种规定对细化被侵权人和污染者之间的举证责任分配,平衡双方利益具有典型意义,体现了审判实践在推进法律规则的形成。① 且有的案件要求被侵害者提供勘验笔录与检测报告,并进而认为其完成此类事实的举证证明责任。②(见表 2)

表 2 环境侵权请求权基础事实与抗辩的要件事实分配表

请求权基础事实		抗辩的要件事实	
被侵权人	排污行为	侵权人	不承担责任或减轻责任的事实
	损害结果		
	污染行为与损害结果之间具有关联性的举证证明责任		不存在因果关系(证明责任倒置)

第二,部分法院坚持《侵权责任法》规定的要求,要求侵权人对不存在因果关系承担举证责任,当其不能成立时,判决其承担举证不能的法律后果。③ 但其适用时却产生两种例外。一是法院最终未适用证明责任规范作为裁判依据,而是运用推定来认定事实,其表述为“侵权人举证不能时,推定因果关系成立,进而认定环境污染责任成立”④。该裁判的理念仍然认为被侵权人损害赔偿请求权的成立非得因果关系这一要件事实必须在证明的角度成立,这和证明责任分配规范分配风险和负担的初衷不相吻合,且此种情形也没有事实推定适用的余地,违背了证明责任中法律规范不适用的基本原理。二是为了减轻因果关系举证的困难,还有法院将证明妨害制度运用于因果关系举证之中,认为被侵权人存在妨碍举证的行为,就应当承担因果关系的举证责任。进而根据鉴定意见和其他证据认定因果关系存在。⑤(见表 3)

表 3 环境侵权被侵权人存在妨碍举证的行为时因果关系的举证责任分配表

被侵权人	排污行为	侵权人	不承担责任或减轻责任的事实
	损害结果		
	因果关系(因不存在未证明而推定为成立或因证明妨碍行为重新负担证明责任)		不存在因果关系

---

① 参见 2015 年最高人民法院发布的环境侵权典型案例之四:曲忠全诉山东富海实业股份有限公司大气污染责任纠纷案。

② 参见 2015 年最高人民法院发布环境侵权典型案例之四:曲忠全诉山东富海实业股份有限公司大气污染责任纠纷案。

③ 参见湖北法院环境资源审判十大典型案例(2018 年)之二,胡某芸与徐某某、中国国际贸易促进委员会、湖北省鹤峰县委员会噪声污染责任纠纷案。

④ 参见湖北法院服务保障三大攻坚战领域十大典型案例(2018 年)之九:范某某等 26 人与张某华水污染责任纠纷案。

⑤ 参见吴冬青因鲴鱼苗种死亡诉盐城市丰杯精细化工有限公司等水污染损害赔偿纠纷。

第三，此类案件为无过错责任，换言之，即便污染者对其损害结果承担的是无过错责任，即便其排放的污染物达标，造成损害的，仍不能免除其民事责任，其将达标作为抗辩主张不能成立。[①] 有的案件法院仍然将过错或故意作为不承担责任或减轻责任的要件事实，即侵权者未能提供证据证明被侵害者对涉案电梯噪声超标存在过错或故意。[②] （见表 4）

表 4　环境侵权被侵权人存在故意或过错时举证责任分配表

请求权基础事实		抗辩的要件事实	
被侵权人	排污行为	侵权人	不承担责任或减轻责任的事实（被侵权人存在过错或故意）
	损害结果		不存在因果关系（责任倒置）

最后，对于环境侵权涉及的公益诉讼案件，立法也并没有对其在证明责任分配上面做特殊安排。2014 年 12 月通过的《最高人民法院关于审理环境民事公益诉讼案件适用法律若干问题的解释》（以下简称《环境公益案件解释》）相关规定中，法律确立了证明妨碍、法院职权收集证据和专家辅助人来加强该案件的事实认定，并在最后确定公益案件的事实认定可以在私益诉讼中作为免证事实，但又要求被告仍然对其私益应当承担举证责任的事实加以举证证明，即被告认为不存在因果关系的，还是要再次举证证明。

因此，公益诉讼证明问题还是要落脚到一般环境侵权案件。该案件现有证明责任分配方式有可能带来案件审判的不公，且对此类案件损害赔偿分配产生一定的影响。因此，对此类案件证明责任分配应该作怎样的调整，有必要对域外经验加以参考，并结合我国公益诉讼案件的特点。

二、环境侵权证明责任分配的法理及错误运用原因分析

证明责任分配是法院在诉讼中按照一定规范和标准，将事实真伪不明时所要承担的不利后果在双方当事人之间划分。[③] 其不仅和实体法的相关规定紧密相关，也取决于诉讼制度对其的特殊安排，且要防止相关制度的混淆运用。

（一）证明责任分配与实体法规定之契合

虽然证明责任主要是由程序法规定的，我国实体法和《民事证据规定》中对某些案件的证明责任分配又作了特殊规定。这一点和证明责任分配发展的历史也是

① 参见最高人民法院公布的九起环境资源审判典型案例之二：聂胜等 149 户辛庄村村民与平顶山天安煤业股份有限公司五矿等水污染责任纠纷案。

② 参见最高人民法院发布的环境侵权典型案例之六：袁科威诉广州嘉富房地产发展有限公司噪声污染责任纠纷案。

③ 张卫平：《民事诉讼法》，法律出版社 2019 年第 5 版，第 250 页。

吻合的。

作为证明责任分配的主流理论学说，其主要是依据实体法律构成要件的事实来对证明责任加以分配的，分为因果关系说、通常发生事实说和特别要件说等。其中罗森贝克的规范说即是建立在对存粹实体法规结构的分析之上的，从法律规范相互之间的逻辑关系寻找分配原则。该思想也影响了德国实体法，其《民法典》的一些规定即直接对证明责任加以规定，比如《德国民法典》第 362 条即规定借贷请求权因履行而消灭。我国实体法也有专门对证明责任规范加以规定的，比如就环境侵权诉讼的证明责任问题。《侵权责任法》专门对其责任的倒置以及责任的减轻予以了规定，且实体法上是否将"违法性"加以规定也影响证明责任的分配。因此，证明责任分配必须基于实体法关于构成要件的规定，且对一些特殊侵权纠纷，要对实体法进行充分的体系解释，典型的比如关于动物侵害责任的证明责任分配曾引起学者不同的认识与争论。[①] 对于环境侵权证明责任分配的重构，也应该紧密联系其相关实体法的现行规定和相关修改，而不能擅自增加或减少相关要件。

(二)举证责任、证明责任、提供证据责任与举证证明责任之区分

在我国民事诉讼实务中，早期一般运用的是"举证责任"这一概念，其来源于日本学者松冈义正对其的定义，将其确定为当事人为避免败诉之结果，而有证明特定事实之必要。[②] 此概念的实质为行为意义上的责任，一般又将其成为"提供证据责任"，新中国成立后以苏联证据法理论为蓝本建立的"举证责任"也是在这个意义上运用此概念，并体现在 1991 年的民事诉讼法中。到了 20 世纪 90 年代我国对证明责任研究的深入，学界才将结果意义上的举证责任引入证据领域，"证明责任"这一概念成为学界的主流用语，而"举证责任"仍然被实务界作为行为意义，也作为结果意义的概念。因此，可以说当下的证据法埋论中，举证责任和证明责任是同一个意思，是作为与提供证据内容相异的一种形态。[③] 而《最高人民法院关于适用〈中华人民共和国民事诉讼法〉的解释》(以下简称《民事诉讼法解释》)第 90 条使用的"举证证明责任"概念则是通过两款规定把行为意义与结果意义的举证责任统一起来，又或者是把"提供证据责任"与"证明责任或举证责任"的概念加以统称。但其仍然不能改变两种责任的重大区分，以及证明责任的本质在于结果责任。[④] 上述概念的区分只是在我国民事司法实践中有一定的意义，张卫平教授即认为，客观举证责任是和诉讼构造没有关系的，它是法官在不能查明争议事实时，由谁来承担不利后果的问题，在所有国家的诉讼中都存在这个问题。而就主观责任问题，国外重点在谁必须提出证据，而不仅仅是国内的没有主体指向的"提出证据"这一行为的描述，且其和辩论主义诉讼构造紧密相关。从法律规定上我国《民事诉讼法》的规定是行

---

① 袁中华：《规范说之本质缺陷及其克服——以〈侵权责任法〉第 79 条为线索》，载《法学研究》2014 年第 6 期，与吴泽勇：《规范说与〈侵权责任法〉第 79 条的适用——与袁中华博士商榷》，载《法学研究》2016 年第 5 期。

② [日]松冈义正：《民事证据论》，张知本译，中国政法大学出版社 2004 年版，第 30 页。

③ 占善刚、刘显鹏：《证据法论》，武汉大学出版社 2015 年第 3 版，第 181 页。

④ 李浩：《民事诉讼法》，法律出版社 2016 年第 3 版，第 173 页。

为上的举证责任,但《最高人民法院关于民事诉讼证据的若干规定》(以下简称《民事证据规定》)和《民事诉讼法解释》只是明确确立了结果意义上的证明责任。①

(三)证明责任分配与证明妨害、事实推定和证明责任倒置关系梳理

在对证明责任分配确定之后,不得在诉讼进行过程中随意加以变更,这种稳定的分配才能在最后事实不能查明时,起到分配风险的功能,也能够防止当事人因为证明责任的随意变更带来对诉讼的不满。

但按照实体法分配的要件事实必然会存在一些难以证明的情形,比如关于主观过错、欺诈的证明,又比如环境侵权中因果关系的证明。对这些难以证明的事实,法律规定从技术的角度提供了一些解决办法,且将其放置于证明责任分配之前或之后。这其中,首先和证明责任分配紧密相关的即证明责任的倒置,它是将一般民事法律关系分配要件事实的方法加以特殊调整,将本应由一方当事人承担的要件事实预先分配给另一方当事人承担,其实质也是一种证明责任分配的方式。剩余的证明妨害制度则是证明责任理论的补充制度,其为了使得当事人之间的诉讼地位平等,通过制裁妨害证据提出一方当事人的方式,来减轻对该事实承担证明责任当事人的证明负担,可视为减轻证明负担的一种方式。而事实推定则是从证明角度阐述对案件事实的认知过程,它是以已经知道的一些事实为前提,通过经验法则来推知未知事实存在与否,从证明角度看它属于间接证明的一种。作为推定对象的未知事实既可能是间接事实,也可能是案件主要事实。因此,事实推定一般和证明责任是没有较为直接的关系的,只是当事人负担证明责任的主要事实有时候可以通过推定的方式得以证明,如果是通过法律推定的方式,则起到减低证明负担的作用。就证明妨害和事实推定的运用而言,我国有学者将其概括为"证明负担减轻"或"举证责任减轻",认为这是一种介于证明责任分配和证明责任转移之间的一种证明法则,且认为其归属于"主观具体证明责任"下的展开运用。② 本文认为运用一种理论将相关理论加以统一的出发点是不错的,但其独立性确实是难以证明的,因为缺乏共同的特征,还是应当将其作为单独的理论,作好详细区分。

三、破解环境侵权案件证明责任分配难题的基本原则

环境侵权案件面临证明这一难题,并不是简单依据证明责任分配便能解决的,虽然证明责任分配是较为重要的一个方面,它应当是一个系统工程,而不仅仅是只从某一个方面就能加以解决的,而是包含了四个方面的问题需要解答:

(一)实体法应确立不同的侵权类型来应对不同的环境损害行为

环境侵权是一种特殊侵权,从实体法层面也就为其确定了免责和减轻责任事由。从证明责任理论发展过程来看,客观证明责任因为其考量的主要因素还是实体法的价值取向,对具体诉讼过程中的其他因素无暇顾及。因此,解决环境侵权的证明责任问题,还是要考虑实体法是如何规定的。

---

① 张卫平:《民事证据法》,法律出版社 2017 年版,第 283～284 页。

② 孙晨曦:《民事证明负担减轻研究》,西南政法大学 2018 级博士论文。

侵权作为一种环境保护手段是一项国际惯例，并且其能否发挥更大作用的辩论仍在进行，但从其发展过程来看，确立不同类型的侵权类型是发展的必然方向。以英国为例其就分为三种形式。在传统的将侵权作为环境处理途径的立法之中，比如在妨害土地的诉讼之中，过错是必然要求，到了公共妨害行为，其是指影响广泛的行为，比如在英国的“总检察长诉 PYA 采石场”的案例中，被告采石场的爆破造成了噪声和震动，这种案件实行严格责任。并且，当私人妨害和公共妨害之间有很强的重叠时，学者认为也应当适用比较严格形式的责任。虽然在污染的案件中，侵害和妨害已经发挥了最重要的作用，因为大多数已知的污染形式都会对邻近财产造成妨害。在土地侵权之外，请求过失侵权也是英国司法中的一种惯例，因为被告证明过错的困难，在其“绍斯波特公司诉埃索石油公司”的案例中，当事人要求以过失侵权请求赔偿。上诉法院对此采用了“推定被告存在过失侵权”原则的裁决，而在“塔腾诉 AD 沃尔特有限公司”的案例中，高等法院确立了原告是被告滥用杀虫剂的可预见受害者，以及被告违反了谨慎义务，最后认定其成立过失侵权。学者总结到当损失与侵扰土地利益毫无关系时，过失侵权就成为唯一可以起诉的原因。当然，建立过失侵权的责任要比建立妨害责任更困难。[①] 我国立法对环境侵权以“环境污染损害”“环境污染危害”等词语来表述，其实质是指污染者因为一定的行为污染或破坏了环境、资源，进而造成他人财产权、人身权和环境权等权利受到损害，依法应当承担民事责任的一种侵权行为。除了这个笼统的规定，并没有对其加以细化的规定。环境公益侵权则特指损害了一定区域不特定多数人利益的行为，其在构成要件上应该和一般侵权存在区别。除此之外，根据物权法上的排除危害请求权，学者认为环境公益诉讼还存在危害性环境公益诉讼，其主要是只对危害件要件分配证明责任并加以证明。[②] 因此，解决其证明责任问题首先应考虑其在实体法上的安排。

(二)不同的起诉主体适用相同证明责任分配规则

在一种确定类型的环境侵权之下，环境侵权诉讼起诉的主体一般是被侵权人，环境民事诉讼的起诉主体则既可能是国家机关、社会组织，也可能是检察机关。这些不同的起诉主体显然具有不同的举证能力，这是否即推论其应有不同的证明责任分配规则。

现有研究关注了不同主体在起诉环境侵权案件时会存在程序上的不同，对证明责任分配问题是否需要运用“倒置制度”也有争论，理由在于检察机关的举证能力较强，是和行政机关差不多的，因此就不应当适用“倒置制度”，可以遵循原本的“谁主张，谁举证”制度，且其还强调了行政机关对事实掌握更加有力。即行政机关

① [英]马克·韦尔德：《环境损害的民事责任——欧洲和美国法律与政策比较》，张一心、吴婧译，商务印书馆 2017 年版，第 69 页、第 77～80 页。

② 郭颂彬，刘显鹏：《危害型环境公益诉讼证明责任分配探析》，载《大连海事大学学报(社会科学版)》2017 年第 6 期。

也更应该适用此制度。[①] 笔者认为这种分析具有片面性，现有法律和司法解释并没有对不同起诉主体确立不同的证明责任分配规则，即使在刑事附带民事公益诉讼之中，检察机关作为刑事犯罪的起诉者，要承担对当事人刑事犯罪的举证责任，其在环境污染案件之中，就是对污染环境行为加以证明，包含对刑事犯罪客体——国家或社会公共利益受到侵害加以证明，也就相应地对因果关系进行了一定程度的证明。但刑事犯罪证明的事实始终是和民事证明有一定区别的，刑事犯罪证明的事实适用于民事证明要经过一定程序的转化，且未涉及刑事案件的案外人的权利也应得到保障，因此，这种认定需要经过一定程序和实体要求，即该事实需是认定有罪判决的要件事实，和民事案件具有关联性，且对于刑事案件的案外人，只要其参加了民事诉讼，就应当给予其提供反驳证据的机会，且对这些证据的采纳应参照民事证明标准。[②] 但刑事判决认定事实对民事审判的预决力并不难改变民事领域的证明责任分配规则。不同起诉主体提起民事诉讼还是应当遵循法律确定的证明责任分配规则，先前判决事实认定的预决力还是属于民事证明领域的问题。当然，对于环境公益诉讼，要考虑它和一般赔偿诉讼有区别，当它代表国家利益提起诉讼时，其目的主要是维护或救济生态环境，包括提起预防性的危害性环境公益诉讼。

(三)以提供证据责任来解决事实证明过程中的难题

在对证明责任概念加以区分时，笔者强调了主观和客观证明责任的区分，主观证明责任我国学者通常称其为提供证据的责任，区分于实体法预置的客观证明责任，是指一套不同于客观证明责任的理论学说。德国学者普维庭根据“抽象”和“具体”对证明责任的区分可将主观证明责任又分出主观抽象证明责任和主观具体证明责任，其抽象是诉讼开始前，决定由谁来证明什么，其具体则是指诉讼程序进行中，确定此时必须由谁来举出特定的证明。[③] 其中，主观具体证明责任和辩论主义要求相结合，就和证明妨碍、事实推定、阐明义务等理论发生紧密联系，环境侵权应考虑将其作为解决证明难题的主要路径。

从罗森贝克以来的学者都认为诉讼证明中的证明责任与具体证明行为或证明评价是可以清晰划分的两个独立领域。后者包含一定因素，这些因素是具体诉讼过程中灵活处理并能够影响诉讼事实判断结果的，其强调了过程中的当事人责任。[④] 我国过去的司法实践反而是较为强调和重视这一主观的提供证据的责任的，即行为责任仍是法院裁判的主要逻辑，由目前的审判实务观察，法官在依据证明责任裁判时，多在判决理由中表明“尚难认为以某个当事人所提供的证据已经能够证明某事实为真实”[⑤]，甚至实践中在当事人已经证明案件事实的情形下仍然认

① 石晓波、梅傲寒：《检察机关提起刑事附带民事公益诉讼制度的检视与完善》，载《政法论丛》2019 年第 6 期。

② 纪格非：《论刑事判决在民事诉讼中的预决力》，载《当代法学》2015 年第 5 期。

③ 普维庭：《现代证明责任问题》，吴越译，法律出版社 2000 年版，第 14 页。

④ 胡学军：《具体举证责任论》，法律出版社 2015 年版，第 13 页。

⑤ 黄国昌：《民事诉讼理论之新开展》，北京大学出版社 2008 年版，第 135～136 页。

为其未完成案件事实的证明。并且,我国司法实践中提到的证明责任转移的实质也是举证责任的转移。从立法层面,提供证据责任也是有相关法律规定为依据的,比如《德国民事诉讼法》第 445 条第 1 款规定:“一方当事人对于应当由他证明的事项,不能通过其他证据方法得到完全证明的,或者未提出其他证据方法时,可以申请就应证明的事实询问对方当事人。”即只有负担提供证据责任的当事人才有权申请询问对方当事人,以履行其提供证据责任的行为。《日本民事诉讼法》第 149 条第 4 款关于阐明权促使当事人举证的规定,也是从立法层面承认行为责任的重要意义。因此,行为证明责任在诉讼过程中仍是不可或缺的,我国《关于民事经济审判方式改革问题的若干规定》对其运用过程进行了详细的规定。在环境侵权领域,相对于涉及一般案件的《环境案件若干解释》,《环境公益案件解释》已经有意在提供证据责任方面作出了初步规定,因此重要的是如何对这些制度合理运用以解决仅仅运用客观证明责任的不足。

四、环境侵权公益诉讼案件证明责任分配的重构

环境侵权证明责任分配,过往学者已经较多关注其因果关系事实的分配及证明问题,有学者认为环境侵权责任倒置本身是不科学的,且遭到了消极抵制,认为应当将从因果关系的证明上来解决此问题,并配套相关制度。[①] 笔者也认为环境侵权诉讼证明的难题不能仅仅依据证明责任分配制度加以解决,而是要遵循该类案件作为侵权案件的基本要求,并考虑该类侵权实体上作为公益诉讼的特殊性,然后确定证明责任分配制度,同时要考虑一些与其相配套的安排。

(一)严格责任适用范围及责任减轻和免责等抗辩事由的安排

环境侵权是依据过错责任还是严格责任并没有唯一的答案,我国侵权法虽然确定环境污染是严格责任,但这种一刀切的方式显然有待商榷,更重要的是严格责任的适用范围问题,例如应当根据造成损害活动的性质,还是由损害本身的性质来确定是否启动严格责任。

比如《德国民法典》第 823 条规定了一般人事伤害的过错责任,但是在实践的案例中其也会对过错采取举证责任倒置,即在其 1985 年的“融铁炉”案件之中,在由于被告过量超标排放而造成的损害的情形下,基于环境保护的重要性,法官就假设排放是由失职造成的,要求被告必须证明其没有过错才能免于赔偿责任,这只是一个特例。欧盟的大多数成员在建立以侵权为基础的环境责任制度时,一个重要的特征就是在大多数情况下实行严格责任,也包括德国。因为侵权实质上是一种事后损失分配机制,严格责任相对于过错责任将更多的损害成本分配给了污染者来承担,其也和污染者付费原则相符合。同时,过高的注意义务标准和严格责任也没有实质区别。但欧洲国家之间严格责任适用还是存在一些区别的,首先,相关立法涵盖的活动范围不同。德国和丹麦的严格责任仅限于那些对环境威胁最大的活动,瑞典和芬兰严格责任并不局限于特定的危险活动,决定的因素是损害的类型,

---

① 胡学军:《环境侵权中的因果关系及其证明问题评析》,载《中国法学》2013 年第 5 期。

在瑞典司法中,即使损害较少的纠纷也适用该责任。其次,可适用的抗辩范围也不同,德国仅有有限的原因可以排除责任,主要排除原因是不可抗力,瑞典和芬兰根本没有任何抗辩可以适用,西班牙的立法草案则较为宽松,包括不可抗力、紧急避险及第三方的恶意行为引起的损害。[①] 我国立法规定原则上环境侵权都适用严格责任,即其涵盖所有的环境污染行为,但在环境噪声污染方面则是采纳了过错责任原则。这种规定的思路在于,从纠纷角度来确定责任,不同污染源就适用不同的归责原则,居民之间的污染主要以物权法的相邻关系加以调整,以过错责任为主要依据,企业污染则运用严格责任。[②] 这种区分个人和企业的责任法模式是值得商榷的,因为无论是个人还是企业实施环境侵权行为都可能是具有危险性较大的行为,还是应当依据行为性质来加以确定归责原则,且严格责任应为主要方式,过错只能是例外。我国立法也没有区分环境污染侵害的公益、私益及侵害利益的大小来区分严格责任适用范围。在严格责任的抗辩事由方面,我国立法明确由各自单行实体法规定,且明确第三人行为不能作为抗辩事由,公益诉讼方面没有再专门对此加以规定,因为我国在此方面规定本身已经较为严格,本文认为没有必要去作特殊的考虑。另外,对涉及排除妨害或危害的物权请求权的环境公益诉讼,法院应按照《物权法》的相关规范来分配其证明责任。

(二)运用提供证据责任理论解决因果关系证明过程的难题

就环境侵权中因果关系证明责任的分配,现有规定其实质就是关于提供证据责任的分配,即受害者仍应提交污染行为和损害之间可能存在因果关系的初步证据,然后又由侵权者对不存在因果关系加以证明,这就是一种典型的责任的“转移”。因此,就环境侵权因果关系而言,应当取消现有的关于客观证明责任倒置的规定。德国的《环境责任法案》第1条即规定受害者应当对设施和环境影响之间的因果关系加以证明,这样才能要求设施的经营者承担损害赔偿责任。我国学者胡学军也认为,不能以因果关系倒置来解决环境侵权成立的问题,而是将其定性为相当因果关系,使其证明成为可能,然后仍然由受害人对其加以证明。[③] 本文认为将因果关系倒置这种简单处理的方式并不符合当下的司法实践,法院在适用时也会有意回避,或者成为法院不愿意查明案件事实的一种规避方式。只有根据证明责任和提供证据责任的二元模式,将因果关系问题划入后者理论之中,才能促使起诉者以最大的努力去收集相关证据,并对该事实加以证明。实践中对因果关系的证明较为依赖司法鉴定,同时,检察机关作为提起公益诉讼的主体也已经被赋予了自行加以鉴定的权利。因此,从证据收集的角度该方面已经得到了加强,今后应当改进的方向是对因果关系证明标准的减轻加以完善,因此对倒置问题应当加以纠正。

(三)环境侵权公益诉讼的特殊要件事实探讨

环境公益诉讼是否应当有自己特殊的构成要件,根据前面的论述其前提是要

---

① [英]马克·韦尔德:《环境损害的民事责任——欧洲和美国法律与政策比较》,张一心、吴婧译,商务印书馆2017年版,第259~269页。

② 王胜明主编:《中华人民共和国侵权责任法释义》,法律出版社2010年版,第326页。

③ 胡学军:《环境侵权中的因果关系及其证明问题评析》,载《中国法学》2013年第5期。

在实体法层面将环境侵权划分为不同的类型，对此《民法典侵权责任编》也有初步的尝试，其对纯粹生态损害采用了过错责任，增加了“违反国家规定”这一违法性要件，对能够带来人身、财产损害的衍生性生态损害行为则沿用严格责任，并没有对公益诉讼单列要件。《环境公益案件解释》第 8 条第 2 款规定，起诉者对损害公共利益提出初步证明材料，该规定只是给该类案件增加了侵害公共利益的要件。

上述两个方面的要件事实是否有必要单独规定值得探讨。首先是关于侵害公共利益的要件，其主要是要证明公益诉讼侵犯了不特定多数人的利益，该要件从证明上有一定的难度，但其在区分公益诉讼和私益诉讼、团体诉讼、侵犯国家利益的诉讼方面有着重要的作用，因此还是有必要的。因为不同的利益区分，适用的实体法是不同的，侵害公共利益的，要依据《环境保护法》第 58 条寻求司法救济。① 对于违法性要件，对其是否应当引入本身就存在两种观点。国际上分为德国和法国两种模式，德国将违法性要件单列，法国则将其与过错要件合并。我国有学者提出对环境公益诉讼，因为是公法上的责任，应当增加“违法性”作为构成要件。② 也有学者认为对造成人身财产损害的衍生性生态损害行为，本身立法就确立的是无过错责任原则，增加“违法性”要件其实质相对于在严格责任的前提下增加了主观的违法要件，有点难以理解。③ 本文认为对违法性要件在环境民事公益诉讼的一些案件中也是必要的，比如以笔者曾处理的经营户没有资质自行销售美瞳等商品侵犯消费者利益的案件中，该经营户的销售行为即违反了国家的规定，对该违法性的证明也可以通过行政机关提供的证据加以证明。因此，环境民事公益诉讼虽然是以严格责任为基础的，但因为其代表国家起诉的权威性和谦抑性，还是应当增加“损害公共利益”的要件，以及在一些处于违反国家经济秩序的案件中增加“违反国家规定”的要件。

(四)运用其他相关理论解决其证明过程的难题

在前面的论述中已经提到，从证明责任理论发展过程来看，客观证明责任因为其考量的主要因素还是实体法的价值取向，对具体诉讼过程中的其他因素无暇顾及。从罗森贝克以来的学者都认为诉讼证明中的证明责任与具体证明行为或证明评价是可以清晰划分的两个独立领域。就环境侵权案件而言，具体证明行为或证明评价是大有可为的。

对环境公益诉讼可能涉及难以证明的事实，有学者认为环境侵权应全面运用证明负担减轻制度解决其证明难题，而不是从证明责任分配方面着手。④《环境公益案件解释》第 13 条也初步地将证明妨害制度在环境公益诉讼中全面运用加以了规定，其是从总体上解决证明难题的一个概括方式，但今后的适用应该是谨慎的，

---

① 何燕、李爱年：《生态环境损害担责之民事责任认定》，载《河北法学》2019 年第 1 期。

② 张新宝、汪榆森：《污染环境与破坏生态侵权责任的再法典化思考》，载《比较法研究》2016 年第 5 期。

③ 王秀卫：《论生态环境损害侵权责任的立法进路——〈民法典侵权责任编(草案)〉(二次审议稿)第七章存在的问题及解决》，载《中国海商法研究》2019 年第 2 期。

④ 孙晨曦：《民事证明负担减轻研究》，西南政法大学 2018 级博士论文。

因为其如果简单地适用则会造成原被、告之间武器不平等。本文认为应用证明责任减轻制度是必要的,但对环境侵权带来的损害,从实体法角度出发的对证明责任分配制度的考量也是有其价值的,重要的是在证明责任分配之外确立证明责任减轻等相关理论的适用范围。比如,就因果关系而言,解决它的问题就不是分配问题,除了证明标准的适度降低,还应该根据不同的污染行为,根据法院不断的实践积累,进一步将其从事实推定确立为一种法律推定或者表见证明制度,从而解决其证明难题。对环境公益损害赔偿额的问题,也不是证明责任分配的问题,因为其从原理上应当由起诉者加以证明,《环境公益案件解释》第 23 条专门对损害赔偿额的事实确立了多重认定角度,以及法院认定的自由裁量权。除此之外,《环境公益案件解释》第 30 条还规定了公益诉讼裁判认定的事实对私益诉讼的影响,却没有对私益诉讼认定事实会对公益诉讼影响加以规定。就民事环境侵权的公益诉讼与私益诉讼而言,两者的优先性之中私益诉讼本来是优于公益诉讼的,因为其代表当事人对自己权利的重视和保护,也能够从整个法治层面推进对社会公共利益的保护。并且,私益诉讼就诉讼请求的角度而言,其证明难度也是较为具体和困难的,因为公益诉讼有时候只主要提出停止妨害。因此,一些情形下私益诉讼也是优先于公益诉讼的,规定私益诉讼认定的事实在公益诉讼的免证效力是必要和可行的,两种诉讼认定的事实都代表人民法院的权威和过程的严谨,没有孰优孰劣的道理。

结　语

环境侵权民事公益诉讼是属于环境侵权诉讼的一种特殊类型,其代表了从国家层面也要依靠侵权作为主要的解决环境损害难题的态度和科学思路,是国家法治进程所必需的。和一般侵权诉讼一样,该类公益诉讼也要面临证明责任分配不清导致证明对象不清楚、证明过程不顺畅或者混乱的难题,因此,应首先根据一般环境侵权的原理,要求环境公益诉讼证明责任分配以严格责任为主要归责原则,同时增加“损害公共利益”的要件和“违反国家规定”的要件,对其因果关系应当不再倒置,而是从减轻其证明责任的角度出发来解决其证明难题,最后,证明责任的科学分配有必要依赖提供证据责任相关理论在证明过程中的辅助作用,其包括对证明妨害、表见证明的运用,也包括对损害赔偿额的合理认定。只有如此,环境侵权民事公益诉讼证明责任分配问题才算是从立法与司法层面得到妥当的解决。

民事法律上推定效果二元论及其确定方法

刘英明*

摘　要　民事法律上推定的效果这一研究主题既具有法学理论价值,也具有司法实践价值。关于中国民事法律上推定的效果究竟是什么,我国相关司法解释规定的含义模糊不清;国内民事诉讼法学界的主流学说——转移客观证明责任效果学说,难以合理解释立法和司法解释中多样化的推定规则。本文主张借鉴美国证据法的先进经验,构建我国民事法律上的推定效果二元论。这一理论主张我国部分民事法律上推定转移客观证明责任(也转移证据提供责任),部分民事法律上推定仅转移证据提供责任(不转移客观证明责任)。至于如何确定具体民事法律上推定的效果,本文提出了简单易行的"四步检测法"。

关键词:法律上推定　推定效果　客观证明责任　证据提供责任

法律上推定是横跨民事实体法和民事程序法的法律概念,在民事法中具有非常重要的独特地位。对民事法律上推定可以从多个角度进行分析,比方说就环境侵权因果关系推定、夫妻共同债务推定等个别民事法律上推定探讨其立法是否合理,也可以就民事法律上推定整体探讨其共性规律。本文旨在在整体上探讨民事法律上推定的效果,即探讨民事法律上推定是否转移证明责任、转移何种证明责任。

民事法律上推定的效果这一研究主题既具有法学理论价值,也具有司法实践价值。在法学理论上,我国民事诉讼法学界主流理论认为,民事法律上推定一律转移客观证明责任,这与大陆法系国家主流学说保持一致,但与英美法系国家主流学说迥异。在英美法系国家,主流学说认为,法律上推定分为两大类:一大类是转移说服责任(且转移证据提供责任),类似于大陆法系国家的转移客观证明责任;另一大类是仅仅转移证据提供责任,不转移说服责任。研究我国民事法律上推定的效果,可以检测我国民事诉讼法学理论继受大陆法系国家民事诉讼法原本理论的完整程度,同时可以探索英美法系证据法学核心概念与思想对我国民事诉讼法学的影响程度。在司法实践中,实务界对我国民事法律上推定的效果一直在进行多样化的探索。之所以出现这些多样化的探索,是因为单一的转移客观证明责任学说已经远远不能满足司法实务的需要。司法实务界多年来的探索和积累,也到了反

* 刘英明,男,上海政法学院副教授,法学博士,主要研究方向为:民事诉讼法、证据法和法律谈判等。

思总结的时候了。司法实务界也亟须理论界将已有实践探索进行反思总结并返回,从而使司法实务界可以在更高水平上进行司法实践。

一、我国民事法律上推定效果主流学说及其缺陷

(一)法律上推定之效果界定

在我国民事法上,法律上推定有狭义和广义之分。狭义的(法律上)推定仅包括推论推定,是指规定一旦某一(组)基础事实被证明法官必须或可以假定待证事实或事项存在、但允许异议方反驳该被假定事实或事项的法律规则。广义的(法律上)推定是指规定一旦某一(组)条件达到或者无须任何条件法官必须或可以假定某一待证事实或事项存在、但允许异议方反驳该被假定事实或事项的法律规定。

广义推定与狭义推定的区别不在于对象而在于条件。在条件上,广义推定不仅包括狭义推定(亦即以基础事实为条件的推论推定),还包括无基础条件的直接推定和以低度证明为条件的低度证明推定。推论推定是指法律规定应当从某一已知事实的存在作出与之相关的未知事实存在(或不存在)的假定。直接推定是指法律不依赖于任何基础事实便直接假定某一法律要件事实存在。低度证明推定,是指法律规定一旦一方当事人证明某一待证事实或事项至较低盖然程度法官就必须或可以假定该待证事实或事项存在、但允许对方当事人反驳该待证事实或事项存在的推定。①

法律上推定效果问题在推定相对人提出针对推定事实不存在的证据时才会出现。如果推定相对人根本不提交证据或者仅对推定的基础事实进行反证,根本不会触及法律上推定的效果问题。以我国《著作权法》第11条第4款②规定的作者推定为例。如果原告能证明他在某作品上有署名,法院即应依法推定其为作者。如果被告对这个问题没有提出任何证据或者仅表明该作品上没有署原告的姓名并且没能成功反驳这一点,则法院将认定原告确实是作者。到此为止,根本没有涉及作者推定规则的效力问题。但是,倘若在法院依法推定原告为作者之后,被告提供了原告不是作者的证据,比方说提供了有关——原告根本没有参与该作品的创作、仅为被告的创作提供了记录工作——的证据,此时则会涉及推定效果问题。在上述案例中,在诉讼结束时,如果原告没有提供其他证据,被告还是原告有权获得胜诉?

推定的效果问题与推定的反证程度问题是一个问题的两面。推定的效果问题是从推定主张者的角度讲的,推定的反证程度问题是从推定相对方反驳推定事实不存在的角度讲的,两者是等价的。我们说某一推定规则效力强,就意味着推定相对方推翻该推定事实的难度就相对大;我们说某一推定规则的效力弱,就意味着推定相对方推翻该推定事实的难度就相对小。这里的“强弱”“大小”是一个大概的感

① 中国民事法律上推定的分类,详细参见刘英明:《中国民事推定制度研究》,法律出版社2014年版,第34~63页。

② 《著作权法》第11条第4款规定,如无相反证明,在作品上署名的公民、法人或者其他组织为作者。

觉,远不精确。为了比较精确地表达推定效力的大小程度或推定向对方反驳推定事实的难易程度,诉讼法学界往往借助于客观证明责任或证据提供责任来表示,这样一来,推定的效果问题就转化为其是否转移证明责任、转移何种证明责任的问题。

(二)我国民事法律上推定效果的立法与主流学说

规定我国民事法律上推定效果的基本条文是《最高人民法院关于适用〈中华人民共和国民事诉讼法〉的解释》(2014 年)第 93 条。该条第 1 款规定:"下列事实,当事人无须举证证明:(一)自然规律以及定理、定律;(二)众所周知的事实;(三)根据法律规定推定的事实;(四)根据已知的事实和日常生活经验法则推定出的另一事实;(五)已为人民法院发生法律效力的裁判所确认的事实;(六)已为仲裁机构生效裁决所确认的事实;(七)已为有效公证文书所证明的事实。"该条第 2 款规定:"前款第二项至第四项规定的事实,当事人有相反证据足以反驳的除外;第五项至第七项规定的事实,当事人有相反证据足以推翻的除外。"但是,对于该条第 2 款前半段规定的"当事人有相反证据足以反驳的除外"该如何理解?特别是与同款后半段规定的"当事人有相反证据足以推翻的除外"有何种区别,迄今为止没有看到专门的学说和代表性判例对此进行阐释。

中国民事诉讼法学界通行观点认为,民事法律上推定(这里指狭义推定,亦即推论推定,包括法律上事实推定和法律上权利推定)一律强制性转移客观证明责任。[①] 所谓转移客观证明责任,是指一旦基础事实被证明,法律将不存在推定事实的证明责任转移于对方当事人;推定相对人如果希望推翻该推定事实,必须提供证据证明推定事实不存在。此时推定相对人针对推定事实不存在这一事实所负担的是本证而非反证。换言之,该推定相对人必须提供充分的证据(概率在 70%以上)证明推定事实不存在;仅仅提供一些证据,使推定事实处于真伪不明状态(概率在 45%~55%)是不足以完成其证明责任的。

中国民事诉讼法界关于民事法律上推定效果的观点都源于日德两国。日德两国民事诉讼法学界的通行观点都认为法律上推定转移客观证明责任。日本著名民事诉讼法学家新堂幸司认为,"法律上推定之规定,一方面赋予主张其效果的当事人选择证明主题的权利,与此同时,对对方当事人课以反对事实之证明责任的负担(属于证明责任转换的一例)"[②]。德国著名民事诉讼法学家罗森贝克等认为,"事实推定(这里指法律上事实推定)不是证据规则,而是一种证明负担规范,证明其对立面也不是反证,而是本证"[③]。有学者进一步补充道,证明法律上事实推定的对立面是反面证明。反面证明属于本证,其应使法官确信法律推定的要件事实不存

---

① 谭兵、李浩主编:《民事诉讼法学》,法律出版社 2009 年版,第 208 页。

② [日]新堂幸司:《新民事诉讼法》,林剑锋译,法律出版社 2008 年版,第 401~402 页。

③ [德]罗森贝克、施瓦布、戈特瓦尔德:《德国民事诉讼法(下)》(第 16 版),李大雪译,中国法制出版社 2007 年版,第 833 页。

在,对此法官必须达到完全确信,单纯撼动他的确信还不够。[①] 在一定意义上,反面证明是“矫正”后的本证或第二次本证,即将原本由原告对某要件事实存在承担的客观证明责任(连同证据提供责任)取消掉,转由被告对某要件事实不存在承担客观证明责任(连同证据提供责任)。

(三)中国民事推定效果通行学说之缺陷

上述中国民事诉讼法学界关于民事推定的通行观点能比较合理地解释我国民事法上的全部直接推定规则和部分强制性推定规则,但是无法合理解释全部许可性推定规则和另外一部分强制性推定规则。许可性推定是指法律规定在一方当事人证明某一个(组)基础事实时,法官可以而不是必须假定该待证事实或事项存在,并允许异议方反驳被假定事实或事项的法律规则,简而言之,法院可以而不是必须适用的推定。强制性推定与许可性推定相对,是指法律规定在一方当事人证明某一个(组)基础事实时,法官必须假定该待证事实或事项存在,并允许异议方反驳被假定事实或事项的法律规则,简而言之,法院必须适用的推定。

首先,通行学说无法合理解释许可性推定规则。许可性推定规则的典型例证是《反垄断法》第 19 条。该条第 1 款规定:“有下列情形之一的,可以推定经营者具有市场支配地位:(一)一个经营者在相关市场的市场份额达到二分之一的;(二)两个经营者在相关市场的市场份额合计达到三分之二的;(三)三个经营者在相关市场的市场份额合计达到四分之三的。”第 2 款规定:“有前款第二项、第三项规定的情形,其中有的经营者市场份额不足十分之一的,不应当推定该经营者具有市场支配地位。”第 3 款规定:“被推定具有市场支配地位的经营者,有证据证明不具有市场支配地位的,不应当认定其具有市场支配地位。”本条规定是一个许可性推定规则。前提事实是:存在本条第 1 款规定的三种情形之一。推定事实是:经营者具有市场支配地位。在反垄断诉讼中,一旦原告利害关系人证明了第 1 款规定的种种情形之一存在,则法院就可以适用本推定规则,推定被告经营者具有市场支配地位;法院也可以不适用本推定规则,不推定被告经营者具有市场支配地位,特别是存在第 2 款规定的情形下。有疑问的是,《反垄断法》第 19 条第 1 款究竟转移的是证据提供责任,还是客观证明责任?或者通俗点说,一旦法院适用了推定规则,被告经营者究竟应当承担反驳责任还是反面证明责任?笔者主张,“可以推定”这一表述本身就表明,这一推定规则背后隐藏的经验规则的盖然性程度不是很高,因而该推定规则所转移的证明责任应该是提供证据责任,而非客观证明责任。即,只要被告经营者提供了一些反驳证据,该推定的效力就会消失,然后原告利害关系人需要重新提供本证证明被告经营者具有市场支配地位。

其次,通行学说也无法合理解释部分强制性推定规则。我国绝大多数强制性推定规则可以用转移客观证明责任来合理解释,但也有少量强制性推定规则无法用转移客观证明责任来合理解释。例如,《最高人民法院关于审理民间借贷案件适

---

① 周翠:《〈侵权责任法〉体系下的证明责任倒置与减轻规范——与德国法的比较》,载《中外法学》2010 年第 5 期。

用法律若干问题的规定》(2015 年)第 17 条,该条规定:"原告仅依据金融机构的转账凭证提起民间借贷诉讼,被告抗辩转账系偿还双方之前借款或其他债务,被告应当对其主张提供证据证明。被告提供相应证据证明其主张后,原告仍应就借贷关系的成立承担举证证明责任。"本条隐藏着一个法律上推定规则,即依据金融机构的转账凭证推定借贷关系成立。但是本条后句明确表明本推定规则并不转移客观证明责任,因为本条后句明确写道:"原告仍应就借贷关系的成立承担举证证明责任。"那这一推定规则转移的是什么证明责任?只能且应该是"仅转移证据提供责任"。再如:《最高人民法院关于审理期货纠纷案件若干问题的规定》(2003 年)第 18 条规定:"期货公司与客户签订的期货经纪合同对下达交易指令的方式未作约定或者约定不明确的,期货公司不能证明其所进行的交易是依据客户交易指令进行的,对该交易造成客户的损失,期货公司应当承担赔偿责任,客户予以追认的除外。"第 59 条第 2 款规定:"有证据证明该保证金账户中有超出期货公司、客户权益资金的部分,期货交易所、期货公司在人民法院指定的合理期限内不能提出相反证据的,人民法院可以依法冻结、划拨该账户中属于期货交易所、期货公司的自有资金。"同一部司法解释,有的推定条文对反证程度的表述是"不能证明",有的推定条文对反证程度的表述是"不能提出相反证据",这说明司法解释制定者有意区分两个条文的反证程度,亦即有意区分两个推定条文的效果。根据矛盾律,通行学说只能合理解释上引一个强制性推定规则,而无法同时合理解释上引两个强制性推定规则。

笔者认为,中国民事诉讼法学界关于民事推定的通行观点与相应立法之所以存在严重的缺陷,原因是中国民事法律上推定理论继受的是大陆法系国家理论,但是中国民事法律上推定规则的创设早已不再局限于借鉴大陆法系国家的民事推定规则,而是有相当数量的民事推定规则取材于英美法。典型的例证是中国民事法上的许可性推定规则和初步证据规则,这两类规则特别显著地体现了英美推定规则的特色,为大陆法系国家传统民事推定规则所无。接下来我们先看美国证据法上的推定效果理论。

二、美国证据法上推定效果理论简介

关于推定的效果,美国证据法学界曾有两大基本学说,分别由赛耶、摩尔根创立。赛耶认为,推定仅仅反映了一个司法上的认定,即当初步事实存在时,同样的决定性事实也经常存在;一旦初步事实得到确认,决定性事实也可以被证明,除非实际存在相反的证据。就推定相对人应当提交多大分量的相反证据才能抵消推定的效果,赛耶认为,尽管司法实践中存在着排除合理怀疑、优势证据等证明标准可资利用,但并不需要就此作出特别的规定,更无须达到那么高的证明程度。从推理的一般情况来看,相反的证据只要使人感到与推定事实相对立的观点是"合理可能的”(rationally probable),推定的效果就不应存在了。[①] 简而言之,赛耶主张推定仅转移证据提供责任。根据赛耶所提出的理论,一旦对方当事人提出了相反的证据,推定的效果很容易归入消灭。由于这种极易消逝的程序效果,赛耶的理论被后人称为“爆泡理论”。

摩尔根认为推定不仅仅是一种证明上的便利,它往往还体现了多方面的诉讼价值。因此,不应该将推定仅仅看作一种转移证据提供责任的机制,而应增强它的效力,即一旦基础事实得以确立,不仅要求对方当事人承担关于推定事实不存在的证据提供责任,还应要求他就此承担说服责任。如果案件审理终结时,他不能提供充分证据促使陪审团确信推定事实的不存在,他将就此问题承担不利的诉讼后果。简而言之,摩尔根主张推定既转移证据提供责任又转移说服责任。

关于上述两大推定效果的区别,可以用美国普遍存在的邮件送达推定予以解说。[②] 该推定规定:如果寄信人证明已经将邮件交付邮局,并在邮件上载明退回的地址,而未见到该邮件被退回,依法律规定推定收件人已经收到该邮件。在某诉讼中,如果原告(寄信人)证明了该推定前提事实,如果被告(收件人)(Ⅰ)主张该邮件没有交付邮局但没有提交任何证据或者提交了一些薄弱的证据,法官应向陪审团说明:如果陪审团认为原告主张已交付邮局的事实存在时,陪审团就应认定该邮件已经送达被告收受。这是被告仅就基础事实——投寄邮件之事提出的攻击,未就——推定事实——推定收受邮件之事提出攻击时,法官所应当进行的处理。(Ⅱ)如果被告攻击推定事实,并以自己为证人陈述事实上未收到邮件,而原告没有其他证据补充时,法官应当如何处理?(ⅰ)按照上述赛耶的意见,推定相对方仅负担提出反证的证据提供责任,不负担证明与推定事实相反的事实的说服责任。在本案中,推定相对人已经提出了攻击推定事实的相反证据(自己作为证人的陈述),因此原推定事实当然消失。原推定事实消失后,剩下的基础事实并不会因为曾经作为推定之用而增强效力,此时,原告提出的旨在证明——已将邮件交付邮局、未见退回(基础事实)——的证据与被告自己关于“未收到邮件”证据陈述,处于对等平衡的地位。法官如果认为反证成立,就无须向陪审团说明推定的规定;如果被告申请指示判决,法官可以准许。(ⅱ)按照上述摩尔根的意见,推定相对方须负担证明与推定事实相反的事实的说服责任。在本案中,尽管推定相对人已经提出了攻击推定事实的相反证据(自己作为证人的陈述),但是原推定事实并不当然消失。此时,法官应向陪审团说明:如果陪审团相信基础事实——原告已将邮件交付邮局、未见退回,就应推定该邮件已送达被告收受,除非被告以充分的证据说服陪审团相信其未收到该邮件。

除了上述赛耶和摩尔根提出的两大经典学说外,美国证据法学界还有另外三种学说,即波伦教授的“效力区分说”、艾伦教授的“取消推定说”、布荣教授的“个别

---

① James B. Thayer, A Preliminary Treatise On Evidence, *The Common Law*, 1898, p.336. 转引自秦策:《美国证据法上推定的学说与规则的发展》,载《法学家》2004 年第 4 期。

② 周叔厚:《证据法论》,台湾三民书局 1995 年第 3 版,第 276~279 页。

对待说"等。[①] 目前美国证据法学界的主流观点认为:不同的推定有不同的效果,有的转移客观证明责任,有的仅转移证据提供责任。决定其效果的决定性因素是政策理由。试图为所有推定规则规定一个统一的效果规则是徒劳的。[②]

在美国制定法上,《统一证据规则》(1953 年版本)和《联邦证据规则》草案相关条款采纳的是摩尔根理论,但是最终通过的文本相关条款采纳的是赛耶理论。[③] 取代《统一证据规则》(1953 年版本)的《统一证据规则》(1974 年版本)采纳了摩尔根理论。大多数州的证据法典采纳了《联邦证据规则》的做法,即采纳了赛耶理论。少数州[④]采纳了《统一证据规则》(1974 年版本),即采纳了摩尔根理论。个别州,如加利福尼亚州的《加州证据法典》相关条文兼采赛耶理论和摩尔根理论。

其中,《加州证据法典》的做法特别值得介绍。《加州证据法典》第 603 条和第 604 条依次规定了转移证据提供责任的推定的定义和效果。第 603 条规定,转移证据提供责任的推定的确立不是为了实施公共政策,而是为了促进将要运用该推定的特定诉讼裁决的作出。第 604 条规定,转移证据提供责任推定的效果是要求:除非并且直到有证明该事实不存在的证据引入,否则事实审理者应该作出被推定事实存在的假定;一旦相反证据被引入,事实审理者必须依据证据认定该推定事实存在或不存在、不再考虑该推定。本条的规定不应被解释为阻止事实审理者作出任何可能适当的推论。《加州证据法典》第 605 条和第 606 条依次规定了转移说服责任的推定的定义和效果。第 605 条规定,转移说服责任的推定的确立不是为了促进将要运用该推定的特定诉讼裁决的作出,而是为了实施公共政策,比方说保护父母子女关系、婚姻有效、财产所有权的稳定以及将自己或其财产委托给他人经营的安全方面的政策。第 606 条规定,转移说服责任推定的效果是让推定向对方承担推定事实不存在的说服责任。随后《加州证据法典》还运用两节分别列举了 16 个转移证据提供责任的推定和 11 个影响说服责任的推定。

三、我国民事法律上推定效果二元论及其确定方法

学术研究的目的在于解释客观现象进而指导相关实践。为了最大限度地解释中国民事推定规则,笔者主张中国民事法律上推定理论应与时俱进,尽快借鉴美国证据法上推定效果二元论,将中国民事法律上推定的效果也根据情况区分为两大类,一大类是转移客观证明责任,另一大类是转移证据提供责任。转移客观证明责

---

① 秦策:《美国证据法上推定的学说与规则的发展》,载《法学家》2004 年第 4 期。

② [美]约翰·W.斯特龙主编:《麦考密克论证据》(第 5 版),汤维建等译,中国政法大学出版社 2004 年版,第 672 页。

③ [美]John Henry Wigmore, *Evidence in trials at common law*(volume9), revised by James H. Chadbourn, Little, Brown and company, 1981, pp.340-341。立法中辩论的相关资料详见该书的第 325～341 页。

④ 主要有堪萨斯、新泽西、犹他、弗吉尼亚。参见[美]John Henry Wigmore, *Evidence in trials at common law*(volume9), revised by James H. Chadbourn, Little, Brown and company, 1981, p.352。

任推定的效果是让推定相对方承担推定事实不存在的客观证明责任;转移证据提供责任推定的效果是——除非并且直到有证明该事实不存在的证据引入,否则事实审理者应该作出被推定事实存在的假定;一旦相反证据被引入,事实审理者必须依据证据认定该推定事实存在或不存在,不再考虑该推定。

推定效果二元论已经明确,剩下的疑难问题是:依据什么标准或程序识别出某个具体民事法律上推定的效果?就笔者所检索的136个广义上推定规则而言,笔者主张运用如下"四步检测法"依次进行。

第一步,分析推定规则的结构。民事法律上推定规则从结构上可以明确区分为两大类,即直接推定和有条件推定(可以进一步区分为低度证明推定和推论推定)。如果某一推定规则在结构上属于直接推定,则其效果是转移客观证明责任。因为直接推定都是强制性的且都转移客观证明责任。如果某一推定规则在结构上属于有条件推定,则接着步入第二步。

第二步,分析其强制性或许可性。有条件推定按照其是否是强制性规则可以分为两大类,即许可性推定和强制性推定。如果某一有条件推定规则属于许可性推定,则其至多转移证据提供责任。因为许可性推定只有比较薄弱的推定效力,可能转移证据提供责任,也可能根本不转移证据提供责任,仅相当于普通的间接证据,根本不可能转移客观证明责任。如果某一有条件推定规则属于强制性推定规则,则接着步入第三步。

第三步,分析有条件强制性推定规则的反证程度表述。如果有条件推定的反证表述里采用了"能够证明……(这里指反面事实)的外""如无相反证明""有相反证明的除外""对方当事人对……(这里指反面事实)承担举证证明责任"这四种强调反面证明的表述,基于推定效力与反证程度的等价性,可以反推其为转移客观证明责任的推定。如果有条件推定的反证表述里采用了"除非有充分证据证明……""有证据证明……的""如无相反证据"等强调相反证据的,或者有条件推定表述里直接用"推定""初步证据"等标志词却没有明确反证程度要求的,则接着进入第四步。

第四步,利用推定规则背后的政策理由来确定该有条件强制性推定规则的效果。在此,可以参照上述美国《加州证据法典》的做法,将确立目的为实施公共政策的有条件强制性推定规则的效果解释为转移客观证明责任、将确立目的仅为促进将要运用该推定的特定诉讼裁决作出的有条件强制性推定规则的效果解释为仅转移证据提供责任。至于推定规则的确立目的,主要根据立法资料、实务运作以及比较法资料等予以确定。

为了检验上述"四步检测法"是否可行,试举以下七个推定规则为例。

规则一,《侵权责任法》第88条规定:"堆放物倒塌造成他人损害,堆放人不能证明自己没有过错的,应当承担侵权责任。"

民法学界公认该条文中包含一个过错直接推定规则——堆放物倒塌造成他人损害,直接推定堆放人有过错。运用"四步检测法"的第一步,即可确定该推定规则的效果是转移客观证明责任。

规则二,《关于中国公民申请承认外国法院离婚判决程序问题的规定》第 11 条规定:"居住在我国境内的外国法院离婚判决的被告为申请人,提交第八条、第十条所要求的证明文件和公证、认证有困难的,如能提交外国法院的应诉通知或出庭传票的,可推定外国法院离婚判决书为真实和已经生效。"

根据"可推定"这一表述可以确定本推定规则属于许可性推定。运用"四步检测法",行至第二步,即可确定该推定规则至多转移证据提供责任。

规则三,《著作权法》第 11 条第 4 款规定:"如无相反证明,在作品上署名的公民、法人或者其他组织为作者。"

本条所确定的作者推定规则是强制性推论推定规则。运用"四步检测法"行至第三步,根据"如无相反证明"这一反证程度表述,可以确定该作者推定规则的效果是转移客观证明责任。这一效果在相关立法解释书里得到验证。相关立法解释书写道:"在实际生活中,通常以署名来认定作者,即在作品上署名的公民、法人或者其他组织就是作者,这是识别作者较为简便的方法。当然,如有确凿证据足以证明作品的署名人并非作者的除外。这个举证责任一般要由主张著作权的人承担。"[①]

规则四,《专利法实施细则》第 4 条第 3 款规定:"国务院专利行政部门邮寄的各种文件,自文件发出之日起满 15 日,推定为当事人收到文件之日。"

本款确立了有关当事人收到专利文件日期的强制性推论推定规则。运用"四步检测法"的前三步都无法确定该推定规则的效果,只能运用第四步。笔者没能找到立法资料,不能根据立法目的来确定其效果。但是,鉴于美国《加州证据法典》第 641 条[②]规定了类似的推定规则并将其明确规定为转移证据提供责任的推定,笔者认为本推定规则的效果也应为仅转移证据提供责任。

规则五,《侵权责任法》第 58 条规定:"患者有损害,因下列情形之一的,推定医疗机构有过错:(一)违反法律、行政法规、规章以及其他有关诊疗规范的规定;(二)隐匿或者拒绝提供与纠纷有关的病历资料;(三)伪造、篡改或者销毁病历资料。"

关于如何理解本条"推定"的类型与效果,国内民法学界存在诸多分歧。有学者认为,本条属于不允许被告以反证予以推翻的推定而与通常所谓允许被告予以反证的"过错推定"不同。本条规定的"过错推定"不是真正的推定,实际上是立法者预先作出的"直接认定"而非"假定",其法律效力等同于另一个技术性概念"视为"。所谓"视为",是法律的直接认定,不允许被告推翻此项认定。人民法院一经审理查明,案件存在《侵权责任法》第 58 条规定的 3 种法定情形之一的,即应认定被告医疗机构有过错,并驳回被告医疗机构关于不存在过错的主张(或抗辩)。[③]有学者认为,本条规定在三种情况下推定医疗机构存在过错。按照推定过错的法理,一般都允许当事人以反证推翻。但由于上述三种情况都是法律规定和日常生

① 参见"北大法宝"该条立法解释部分。

② 《加州证据法典》第 641 条,在通常交邮期收到的信件:正确写明地址和投邮的信件被推定为已在通常的交邮期内收到。

③ 梁慧星:《〈中华人民共和国侵权责任法〉的理解与适用》,载《法商研究》2010 年第 6 期。

活经验的客观事实的描述，只要事实存在，医疗机构就被推定有过错，除非医疗机构提出证据抗辩上述事实不成立，否则都将被确定为具有过错。① 有学者认为，按照一般的法律上推定和事实上推定的理论，本条是一种法律上的推定，即根据法律的规定，当基础事实存在时，必须假定推定事实存在；同时允许推定不利方对推定事实进行反驳。不过，他还指出，本条第1项规定的情形，究竟是推定，还是直接认定，值得讨论。说得更明白一些，这个问题就是：违反医疗法律规范，是需要依靠经验法则加以推定过错的存在，还是可以直接认定过错的存在。② 也有学者认为，这里的推定既然属于法律推定，应当允许医疗机构提起反面证明予以反驳。③

概而言之，上述四种解释观点存在显著差异，第一种解释将本条规定的三种情形都理解为不可反驳的推定；第二种解释将本条规定的三种情形都理解为可以反驳的推定，但对推定效果或反证强度未予明示；第三种解释主张将本条规定的第一种情形理解为"直接认定"，第二、第三种情形理解为可以反驳的推定(也未明确推定效果)；第四种解释认为其为可反驳推定，并且明确指出其为转移客观证明责任的推定。

笔者大体同意上述第四种观点。本条确立了医疗损害赔偿中的过错强制性推论推定规则。运用"四步检测法"的前三步都无法确定该推定规则的效果。众所周知，在医疗侵权诉讼中，鉴于医院和患者在资金、知识等资源上的差距，医院举证较易、患者举证艰难，因此立法目的在于提升受害人的攻击防御能力、有效预防医院及其医务人员实施证明妨碍行为。简而言之，本条的目的在于实施公共政策，根据第四步，该推定规则的效果是转移客观证明责任。

规则六，《海商法》第77条规定："除依照本法第七十五条的规定作出保留外，承运人或者代其签发提单的人签发的提单，是承运人已经按照提单所载状况收到货物或者货物已经装船的初步证据；承运人向善意受让提单的包括收货人在内的第三人提出的与提单所载状况不同的证据，不予承认。"

本推定规则采用了"初步证据"的表述。其推定效果只能借助于"四步检测法"的第四步，借助于立法目的来解决。相关立法解释书写道："提单的证据效力是指提单对承运人收到货物的状况或者已装船事实的证明力。包括初步证据效力和绝对证据效力。前者是指除承运人作出保留外，提单是承运人已经按照提单所载状况收到货物或者货物已经装船的初步证据。既然仅是初步证据则允许反证，即可以提出其他充分的证据来推翻提单就货物的表面状况或已装船事实的记载。……"根据上述立法解释，显然本推定规则的效力是转移客观证明责任。

---

① 王利明、周友军、高圣平：《中国侵权责任法教程》，人民法院出版社2010年版，第603页；刘智慧主编：《中国侵权责任法释解与适用》，人民法院出版社2010年版，第190～191页。

② 王成：《医疗侵权行为法律规制的实证分析——兼评〈侵权责任法〉第七章》，载《中国法学》2010年第5期。

③ 周翠：《〈侵权责任法〉体系下的证明责任倒置与减轻规范——与德国法的比较》，载《中外法学》2010年第5期。

笔者提出了民事法律上推定效果二元论及其确定方法，但要想让这一理论及其方法真正在国内切实实行，还需要对我国当前通行的证明责任概念、证明标准制度进行改造调整，还需要对我国民事法律上推定的反证程度作进一步明确，还需要对我国民事法律上推定标志词进行科学的规范。但限于篇幅，本文对这些配套制度不进行深入分析，留待后续系列专门论文进行探讨。

文书提出命令制度的运用

■冉　博*

摘　要　文书提出命令制度作为一种强制型文书收集程序，可以平衡当事人的举证关系，促进争点整理和事实认定。2015年《最高人民法院关于适用〈中华人民共和国民事诉讼法〉的解释》（以下简称《民事诉讼法解释》）确立了文书提出命令，2019年《最高人民法院关于民事诉讼证据若干规定》（以下简称《民事证据若干规定》）对其予以补充和细化，我国的文书提出命令制度日益完善。不过，文书提出命令在司法适用中出现了若干问题，反映出我国文书提出命令制度的构建存在不足。因此，有必要在司法适用的过程中审视文书提出命令制度，结合本土司法实践和制度环境予以反思，并有针对性地完善文书提出命令制度，扩展当事人收集证据的能力，更好地应对现代型诉讼中证据偏在的现实问题。

关键词：证据偏在　文书提出命令　文书提出义务　司法适用　证明责任

引　言

在当事人主义诉讼模式下，事实的查明主要依赖于当事人自己举证。通常而言，当事人只能向法院提交自身控制的证据，但是随着现代型诉讼的增多，证据分布失衡的"证据偏在"现象越来越明显，比如在劳动争议和消费者诉讼等案件中，重要文书一般都在对方当事人或第三人手中，导致当事人无法举证或举证困难，使得诉讼无法进行。① 需要注意的是证据偏在指的是唯一的证据由不承担举证责任的被申请人所持有的情况，不包括申请人本来持有该书证但不慎丢失等情形。比如漯河市隆源肉类加工有限公司民间借贷纠纷一案，再审开庭之前申请人申请文书提出命令，责令对方当事人提交借款合同书原件。法院认为该书证并非法律规定的仅由对方当事人持有而包括申请人在内的合同其他各方均不持有的证据，因此并未支持其申请。②

证据偏在有诸多危害，一是破坏武器平等，对抗与判定的民事诉讼体制要求双

---

* 冉博，东南大学法学院博士研究生、东南大学最高人民检察院民事检察研究基地特约研究员。

① [日]中村英郎：《新民事诉讼法讲义》，陈刚、林剑锋、郭美松译，法律出版社2001年版，第211页。

② 黄荣花诉张晓静加工合同案，河南省漯河市中级人民法院（2020）豫11民终1032号民事判决书。

方当事人平等对抗,但是证据偏在导致承担证明责任一方无法提交证据。二是不利于查明事实,因为持有证据一方不会主动提交不利于自己的证据,第三人碍于成本也不愿参与其中。而事实的查明对于裁判正当性而言意义重大。文书提出命令制度就是为了应对证据偏在现象而设置的。

对当事人而言,文书提出命令有助于缓解举证困难,实现武器对等和当事人实质上的平等,为证据的收集提供程序保障;对法院而言,文书提出命令可以减轻法院依职权调取证据的负担,并且促使案情信息尽量反映到诉讼中去,保证法院准确认定案件事实并作出公正的裁判;对民事诉讼本身而言,文书提出命令有助于减少当事人私人取证,避免侵害他人合法权益行为的现象。① 文书提出命令指的是一方当事人向法院提出申请,请求法院向另一方当事人或者第三人发出命令,希望法院命令其提出文书,以查明案件事实。尽管文书提出命令制度在各国的运作程序不同,但却是英美法系国家和大陆法系国家所普遍采用的制度。② 我国的文书提出命令制度参考了大陆法系国家和地区的做法,以法院的强制力保障当事人取得书证。③ 目前我国关于文书提出命令制度的规定虽有不足但也日益完善,2001 年的《关于民事诉讼证据的若干规定》第 75 条规定证据持有人承担证据提出义务;2015 的《民事诉讼法解释》第 112 条正式确立了文书提出命令制度,简单规定了程序性的限定条件、操作程序和责任后果;2019 年发布的《民事证据若干规定》第 45 条、第 46 条、第 47 条分别规定了文书提出命令的申请条件、审查处理和客体范围,对该制度予以细化。

囿于文书提出命令制度应用于我国司法实践中的时间不长,还处于摸索发展的阶段,因此从 2015 年确立文书提出命令制度以来,适用文书提出命令的案件数量并不多。案件类型主要集中于合同纠纷,其中借贷合同纠纷和劳务合同纠纷比较多,文书提出命令制度案件适用范围不限于证据偏在的现代型诉讼,还包括传统诉讼案件,可见证据收集问题是司法实践中重要且普遍的问题。从审判程序来看,当事人多在一审程序中申请文书提出命令,不过一审法院支持该申请的比例较低或者干脆选择忽视,因此在二审中上诉人多以一审法院未处理或未同意文书提出命令为由提出诉讼请求,希望二审法院予以回复或者作出不同于一审的裁定。此外,有的当事人在一审或二审中应申请而未申请的案件,当事人会在二审或再审中申请文书提出命令,只要满足申请条件即可。

由于我国关于文书提出命令的法律规定相对比较简单,而且司法工作人员、当事人与律师对此并不熟悉,因此文书提出命令在司法适用中出现一些问题。申请

① 曹建军:《论书证收集程序的现实困境与模式选择》,载《证据科学》2019 年第 5 期。

② 《美国联邦民事诉讼法规则》第 34 条规定文书提出命令制度,参见白绿铉、卞建林译:《美国联邦民事诉讼规则·证据规则》,中国法制出版社 2000 年版。法国《民事诉讼法》第 138 条、第 142 条规定了文书提出命令,参见白绿铉:《日本新民事诉讼法》,中国法制出版社 2000 年版,第 14 页。

③ 宋春雨:《新民事诉讼法司法解释中若干证据问题的理解》,载《人民司法》2015 年第 13 期。

人在文书提出命令申请中,存在的问题包括:文书的特定化存在难度、难以证明被申请人持有该文书、被申请人部分引用的文书能否要求其提交全部内容、举证期限届满后口头辩论终结前是否可以申请、诉讼时效届满后可否申请等。被申请人的文书提出义务存在的问题包括:文书提出义务是否有例外情形、被申请人有正当理由时可不提出文书中的正当理由如何理解、被申请人能否提交复印件、被申请人是否包括第三人等。法院在审理的过程中存在的问题包括:法院不处理文书提出申请是否程序违法、法院如何认定文书控制的问题、第三人不提交文书如何制裁等。此外,在司法实践中还存在文书提出命令与申请法院调查取证、文书提出义务与证明责任的制度竞合问题。因此,本文立足于司法实践审视和反思我国的文书提出命令,并在此基础上提出相应的完善建议。

一、文书提出命令的主体和客体

落实争点和证据整理程序,关键在于充分保障当事人收集证据的权利。文书提出命令作为一种扩充和完善收集证据的手段,对于当事人而言非常重要。文书提出命令牵涉多方利益主体,其中文书提出命令的主体包括申请人和被申请人。文书提出命令的客体影响到当事人行使证据收集权利的范围,因此有必要明确规定。

(一)文书提出命令的主体范围

《民事诉讼法解释》第 112 条及《民事证据若干规定》第 45 条明确规定文书提出命令的主体包括申请人和被申请人,申请人指的是承担举证责任的当事人,被申请人指的是文书持有人,包括原告、被告、有独立请求第三人、无独立请求第三人中的被告型第三人。与大陆法系文书提出命令不同的是被申请人不包括与诉讼无关的第三人。[①] 当第三人持有证据时,目前固然可以依据妨害民事诉讼行为的相关理论予以解决,但实践已经证明可操作性不强。[②] 而且,过窄的主体范围不能更好地保障当事人收集证据的权利,影响法院的正确裁判,不利于案件的完结、纠纷的解决。比如谷小溪与孙涛、襄阳航工制造有限公司民间借贷纠纷一案,上诉人一审期间申请文书提出命令,责令航工公司提交财会账目材料。但是航工公司股东仝磊搬走航工公司财务室电脑和财务资料,因此该文书由案外人仝磊持有。二审法院认为案外人与被申请人是单独的法律主体,被申请人不持有该文书因此无法提交,[③]结果是申请人无法举证而承担了不利后果。可见,仅从被申请人不包括第三人的角度而言,可以发现申请人的利益无法得到切实的保护。考虑到证据在第三人手里的情形比比皆是,对于查明案件事实而言要求第三人提交证据具有重要意

① 《德国民事诉讼法》第 429 条、《日本民事诉讼法》第 219 条、我国台湾地区"民事诉讼法"第 342 条都规定第三人可以成为被申请人。

② 吴如巧、郭成、谢锦添:《论中国文书提出命令制度适用范围的扩展——以第三人文书提出义务为视角》,载《重庆大学学报(社会科学版)》2017 年第 1 期。

③ 谷小溪诉孙涛、襄阳航工制造有限公司民间借贷案,湖北省襄阳市中级人民法院(2019)鄂 06 民终 4277 号民事判决书。

义,因此需要对此予以完善。

文书提出命令制度支持当事人向法院申请文书提出命令的正当性之处在于克服证据偏在对公平和公正的不利影响。文书提出命令制度责令被申请人向法院提交文书的正当性来源于协同主义诉讼模式、协作式证据收集模式、诉讼协力义务的共同要求。首先,协同主义替代辩论主义的观点认为,民事诉讼应将更多的焦点及于法院与当事人三方间的协同关系。[①] 虽然双方当事人属于对抗的关系,证据可以作为双方对抗的武器,但是之所以让双方对抗,是因为每个人都是个人事务最好的代理者,都会尽全力维护各自的利益,因此在对抗的过程中更容易发现真实,但是社会的变迁、案件的纷繁复杂、现代型诉讼的猛增,都对案件事实的发现产生了影响,在此背景下协同合作更有助于发现真实。而且,第三人介入民事诉讼案件中的情形越来越多,因此协同主义诉讼模式必须得到重视,引发关注,应尽快将诉讼外第三人纳入协同主义诉讼模式理论的主体范围,只有如此才可以实现与时俱进。[②] 其次,为了弥补当事人诉讼能力差距,协作式证据收集模式强调诉讼中的各方主体在证据收集的过程中互相协作,承担文书提出义务。[③] 因此,只要掌握证据,无论是当事人还是第三人都承担提交证据的义务。正常情况下,掌握证据的第三人在没有维护自己的利益的前提下,是不会主动提交证据的,但是文书提出命令制度赋予申请人主动权,以维护自己的合法权益。最后,诉讼协力义务是指当事人阐明其主张时,其他人均有义务给予协助。[④] 强调不承担举证责任一方当事人和第三人承担证据收集与提出的义务,主要是为了实现实质正义。之所以称之为"诉讼协力义务",因为民事诉讼是国家行使公权力的行为,体现出一定的强制性。

总而言之,传统的辩论主义强调双方当事人诉讼地位的对立性,[⑤]但是文书提出命令制度恰恰是对"合作性"的强调,对"对立性"的相对弱化。但是这种突破只是在特殊情况下适用,辩论主义依旧是重要的原则贯穿程序法始终。更为重要的是,这种突破不仅包括当事人,还包括第三人,实践中第三人掌握证据(与待证事实有利害关系)的案例比比皆是,命令第三人提出证据并不会对第三人造成明显的伤害,但是会对案件的审理与当事人利害关系造成很大的影响,甚至决定性的影响。

(二)文书提出命令的客体范围

《民事诉讼法解释》第 112 条明确的是"文书提出义务",对象范围限于书证。之所以限定为书证,一方面是因为书证对于争点和证据整理具有特别重要的作用,而且书证一般易于复制和保存,提交书证不会对持有人造成很大的困扰。另一方

---

① 唐力:《辩论主义的嬗变与协同主义的兴起》,载《现代法学》2005 年第 6 期。

② 吴如巧:《论协同主义民事诉讼模式下的证据收集》,载《海南大学学报(人文社会科学版)》2012 年第 2 期。

③ 吴如巧:《试论我国民事诉讼证据收集制度的模式选择》,载《河北法学》2011 年第 5 期。

④ [德]米夏埃尔·施蒂尔纳:《德国民事诉讼法学文萃》,赵秀举译,中国政法大学出版社 2005 年版,第 340~358 页。

⑤ 杨锦炎:《武器平等原则在民事证据法的展开》,中国政法大学出版社 2013 年版,第 44 页。

面是审查书证的方式比较简单,法官通过审查文书制作的真实性即可作出认定。相对而言,物证虽然也很重要,但是提交可能存在困难,而且物证不是通过证据内容证明事实,因而无法推定物证的内容为真。因此,文书提出命令不适用于物证。2019年的《民事证据若干规定》扩大了文书提出命令的适用范围,增加了电子数据和视听资料,[①]因为电子数据和视听资料与书证一样也是通过内容证明事实的。

《民事证据若干规定》第47条规定文书提出命令的客体范围包括引用文书、利益文书、权利文书、账簿和记账原始凭证以及其他情形,日本文书提出命令的客体范围差不多也是这几种。[②] 引用文书指的是当事人在诉讼中主动引用过的文书,也就表明其愿意公开该书证,因此责令其提交该书证不会造成不良影响。但是,如果当事人仅引用书证的一部分,申请人是否可以要求其提交未引用的内容?《最高人民法院新民事诉讼证据规定理解与适用》表明当事人有义务提出完整的书证,因为书证的审查必须考虑书证的完整性。[③] 张卫平教授认为当事人没有引用的部分应当除外。[④] 在日本民事诉讼法中,法院若认为文书的一部分持有人没有提出义务的,可以针对该部分文书之外的内容作出文书提出命令。[⑤] 笔者认为书证包含的内容不限于一个事实,正因为可以拆分,所以被申请人才有可能引用书证的一部分证明自己的主张,因此事实的证明无须提交完整的书证。而真实和完整的陈述义务应该是对待证事实进行真实和完整的陈述,而不是将完整的文书内容陈述出来。因此,笔者认为申请人可以申请文书持有人提交部分书证。

为负有举证责任的对方当事人之利益制作的书证就是利益文书,比如遗嘱、还款承诺等。但是在司法实践中如何界定利益文书存在争议,文书持有人一般会以该文书并非利益文书为由抗辩。界定利益文书一方面审查该文书是否能够证明申请人的地位和权利,另一方面制作该文书的目标就是为了明确申请人的利益,所以应当结合申请人的主张综合判断。权利文书指的是当事人依据法律规定有权查阅或获取的书证,其中的"法律规定"指的是实体法的规定和基于实体法上的请求权。比如患者依法申请法院责令医疗机构提交由其保管的病历等文书。[⑥] 账簿和记账

① 《民事证据若干规定》第99条第2款规定关于书证的规定适用于视听资料、电子数据;存储于电子计算机等电子介质的视听资料,适用电子数据的规定。

② 《日本民事诉讼法》第220条从第1款到第3款规定的文书包括引用文书、权利文书、利益文书或法律关系文书,这三种文书是持有人不能拒绝提出文书的情形。

③ 最高人民法院民事审判第一庭编著:《最高人民法院新民事诉讼证据规定理解与适用》,人民法院出版社2019年版,第452页。《民事证据若干规定》第63条规定当事人应当就案件事实作真实、完整的陈述。这是我国首次在正式法律文件中对真实、完整陈述义务作出明确的规定。

④ 张卫平:《当事人文书提出义务的制度建构》,载《法学家》2017年第3期。

⑤ [日]新堂幸司:《新民事诉讼法》,林剑锋译,法律出版社2008年版,第422页。

⑥ 《最高人民法院关于审理医疗损害责任纠纷案件适用法律若干问题的解释》第6条规定患者依法向人民法院申请医疗机构提交由其保管的与纠纷有关的病历资料等,医疗机构未在人民法院指定期限内提交的,人民法院可以依照《侵权责任法》第58条第2项的规定推定医疗机构有过错,但是因不可抗力等客观原因无法提交的除外。

原始凭证可以准确反映交易情况，因此具有较强的证明作用，台湾地区“民事诉讼法”第 344 条规定文书提出义务的范畴包括商业账簿。

二、文书提出命令申请与文书提出义务

文书提出命令的主体包括申请人和被申请人，因此在文书提出命令制度运行过程中，主要呈现的是申请人文书提出命令申请活动和被申请人履行文书提出义务之间既合作又对抗的关系。

(一)申请人的文书提出命令申请

一般情况下，证据的收集工作由当事人自行完成，文书提出命令的定位是证据收集的补充手段，因此当事人申请文书提出命令必须满足一定的条件，也就是说文书提出命令制度的适用是有门槛的，如此才能在案件事实查明、维护实质公平与保护文书持有人的利益之间维持平衡。

1.申请书需要载明的内容

申请人指的是承担证明责任的一方当事人，申请人申请法院责令书证持有人提交书证，必须提交书面的申请书，申请书回答了“为什么文书持有人要提交证据”以及“提交什么证据”等问题。《民事证据若干规定》第 45 条第 1 款规定了申请的具体条件。[①]

首先，作为提出对象的书证应当特定化，以防止文书持有人负担过重。申请书应当载明所申请提交的书证名称或者内容，“名称”容易确定，但是“内容”的确定可能存在困难，尤其是当申请人未参与书证制作时，由此造成事实上申请不能、申请被驳回的情形并不少见。虽然《民事诉讼法》和《民事诉讼法解释》没有规定，但是《最高人民法院新民事诉讼证据规定理解与适用》中解释说申请人只要对书证的描述能够达到明确的程度即可视为完成特定化文书的责任。对此我们可以借鉴大陆法系的做法，日本的《民事诉讼法》专门设置了特定文书的程序，即如果申请人明确文书的表示和文书的趣旨存在显著困难，则只要申请达到使持有人可识别的程度就可以。[②] 不过，申请人应书面申请法院要求书证持有人对文书的表示和文书的趣旨予以明确。这种申请没有强制性，即使文书持有人不回应也无法制裁。[③] 台湾地区借鉴了日本的相关规定，增设了文书持有人的文书特定协助义务。为贯彻当事人诉讼资料使用平等原则，及便于发现真实并整理争点，以达到审理集中化的目标，明确文书提出命令申请人在特定文书确有困难时，法院应衡量实际情形，认为适当者则命令文书持有人提供必要的协助。[④] 也就是说，命令文书持有人在超

---

① 《民事证据若干规定》第 45 条第 1 款规定申请书应当载明所申请提交的书证名称或者内容，需要以该书证证明的事实及事实的重要性、对方当事人控制该书证的根据以及应当提交该书证的理由。对方当事人否认控制书证的，人民法院应当根据法律规定、习惯等因素，结合案件的事实、证据，对于书证是否在对方当事人控制之下的事实作出综合判断。

② 《日本民事诉讼法》第 222 条。

③ [日]新堂幸司：《新民事诉讼法》，林剑锋译，法律出版社 2008 年版，第 420 页。

④ 许世宦：《文书特定协助义务》，载《月旦法学杂志》2002 年第 83 期。

越申请人合理期待的范围内负担特定协助义务，不过，法院需要审慎判断申请人特定文书是否具有显著困难，防止过分加重文书持有人的负担。①

其次，要证事实及事实的重要性，即要证事实对于查明案件事实、法院作出裁判有实质性的影响。而且，该书证对待证事实也很重要，具有相当程度的证明力，否则法院可以拒绝当事人的申请，比如在四川蜀牛房地产开发有限责任公司与平安银行股份有限公司成都分行等借款合同纠纷一案中，蜀牛公司申请责令平安银行提交相关书证的目的是要证明平安银行在审贷过程中与天银公司恶意串通，但是，该书证对于待证事实的证明不具有重要意义，因此法院不予准许。② 之所以要求文书提出命令具备必要性，是因为本应由举证人提出的证据，通过法院的文书提出命令就将举证责任转移给他人，有可能导致举证人一味依赖文书提出命令，这对文书持有人有失公平。③

再次，书证处于被申请人的控制之下，这是申请文书提出命令的前提条件。

最后，具有书证提出的原因，因此文书持有人应当予以提交。书证提出的原因包括实体法上的理由和程序法上的理由。实体法上的理由指的是申请人可以依据实体请求权或阅览请求权要求被申请人提交书证。比如根据《公司法》第 33 条关于股东知情权的规定，④股东可以要求公司提交相应的文书，再比如委托人可以要求受托人提交保管的文书。《德国民事诉讼法》第 422 条规定公法上的请求权不是书证提出的原因，⑤笔者认同这种观点，因为当事人可以根据公法上的请求要求对方出示，无须再通过申请文书提出命令。程序法上的理由主要是《民事证据若干规定》第 47 条的规定，而《民事诉讼法解释》并未进一步明确规定书证提出的理由。

2.文书提出命令的申请期限

首先，需要分析的是“举证期限届满前”是否为强制性的规定。《民事诉讼法解释》第 112 条规定承担申请人可以在举证期限届满前申请人民法院责令被申请人提交。申请期限是举证期限届满前，但是申请人是否必须遵循该期限的要求，司法实践中认为申请期限不具有强制性。比如，在安吉辉宏担保有限公司、安吉递铺永芳竹木艺品厂追偿权纠纷一案中，被申请人上诉提出申请人未在举证期限内申请

① 吴伟华：《文书提出命令制度司法适用研究——以 2015 年〈关于适用中华人民共和国民事诉讼法解释〉和台湾地区立法为中心》，载《河北学刊》2015 年第 6 期。

② 四川省蜀牛房地产开发有限责任公司诉平安银行股份有限公司、成都分行金融借款合同案，最高人民法院（2017）最高法民申 1400 号民事裁定书。

③ ［日］三木浩一：《文书提出命令申请与审理程序——以日本民事诉讼为视角》，张慧敏译，载谢进杰主编：《中山大学法律评论》第 11 卷第 1 辑，广西师范大学出版社 2013 年版，第 278 页。

④ 《公司法》第 33 条规定股东有权查阅、复制公司章程、股东会会议记录、董事会会议决议、监事会会议决议和财务会计报告。股东可以要求查阅公司会计账簿。

⑤ 《德国民事诉讼法》第 422 条规定基于公法上的请求权将不会产生民事诉讼中的文书提出义务。比如根据国家行政机关信息公开的相关规定，任何人都可以直接向国家行政机关索要符合信息公开条件的有关文书，无须通过申请文书提出命令的方式。

文书提出命令,已丧失启动文书提出命令程序的权利。二审法院认为《民事诉讼法解释》第112条规定的"可以在举证期限届满前申请"中的"可以"不具有强制性,申请人未在举证期限届满前申请不影响文书提出命令的申请,辉宏公司有义务提交合同原件作为鉴定样本。① 有学者认为偏在型证据具有隐蔽性,因此有可能在举证期限届满后才发现证据偏在的情形,因此严格限定当事人于举证期限届满前申请未免过于严苛。②

举证期限是限制当事人诉讼行为的制度,如果当事人没有在举证期限内举证则视为放弃举证权利,举证期限届满后提出的证据失去证据效力。但是举证失权的效力并不是绝对的,如果在举证期限届满后提交的是新证据,则只要在辩论终结前提出即可。③ 而且《民事诉讼法解释》第102条④在《民事诉讼法》第65条⑤的基础上对举证失权作出了更为宽松的规定,只有在因故意或重大过失逾期提出证据的法院才不予采纳,而且因故意或重大过失逾期提出证据只要与案件基本事实有关,法院也应当采纳。因此,笔者认为"举证期限届满前"并非文书提出命令强制性的申请期限。

其次,需要分析的是当事人在举证期限届满后,口头辩论终结前是否可以提出文书提出命令的申请。笔者认为是可以的,因为文书提出命令的对象一般而言都是"新证据",值得注意的是引用文书不是新证据,而且在文书持有人引用之后当事人已经得知该书证存在,如果没有在举证期限内提出可以归为因故意或重大过失的情形。因此当事人可以在举证期限届满后,口头辩论终结前提出申请,除了与案件基本事实无关的引用文书外。从比较研究的角度看,大陆法系的国家和地区一般采取证据的适时提出主义原则,当事人应当在口头辩论终结前的适当时期提出证据申请,⑥以此保证当事人可以提出证据抗辩。如果证据申请错过时机,则法院依据自由裁量权决定是否舍弃。我国虽然没有确立证据的适时提出原则,但是在口头辩论终结前提交证据可以保证证据抗辩这一点是值

---

① 安吉辉宏担保有限公司诉安吉递铺永芳竹木艺品厂追偿权纠纷案,湖州市中级人民法院(2018)浙05民终383号民事判决书。

② 程书峰:《文书提出命令制度研究与本土借鉴》,载《社会科学家》2018年第5期。

③ 张卫平:《民事诉讼法》,中国人民大学出版社2015年第3版,第189页。

④ 《民事诉讼法解释》第102条规定当事人因故意或者重大过失逾期提供的证据,人民法院不予采纳。但该证据与案件基本事实有关的,人民法院应当采纳,并依照《民事诉讼法》第65条、第115条第1款的规定予以训诫、罚款。当事人非因故意或者重大过失逾期提供的证据,人民法院应当采纳,并对当事人予以训诫。当事人一方要求另一方赔偿因逾期提供证据致使其增加的交通、住宿、就餐、误工、证人出庭作证等必要费用的,人民法院可予支持。

⑤ 《民事诉讼法》第65条规定当事人对自己提出的主张应当及时提供证据。人民法院根据当事人的主张和案件审理情况,确定当事人应当提供的证据及其期限。当事人在该期限内提供证据确有困难的,可以向人民法院申请延长期限,人民法院根据当事人的申请适当延长。当事人逾期提供证据的,人民法院应当责令其说明理由;拒不说明理由或者理由不成立的,人民法院根据不同情形可以不予采纳该证据,或者采纳该证据但予以训诫、罚款。

⑥ 李晓丽:《法院证据调查制度研究》,中国政法大学出版社2014年版,第97页。

得借鉴的。

再次，申请人只能在诉讼中申请文书提出命令，不能在诉前申请。因为只有通过起诉形成特定案件由特定法院审判的诉讼系属状态后，当事人与法院之间才形成具体的诉讼法律关系，当事人才能向法院申请文书提出命令，法院才能配合当事人完成这一取证工作。而且，申请人也不能在审查阶段申请文书提出命令。在审查阶段，法院的立案庭或告诉申诉庭应对起诉条件和起诉手续两个方面进行审查进而决定受理或者不予受理，文书提出命令不能在本阶段申请。同理，再审申请的审查范围仅限于法定事由是否成立，而且要求的解明度和证明度不必等同于本案审理，因此不允许当事人穷尽一切证明手段，防止审查程序拖沓冗长。① 申请人在再审审查阶段申请文书提出命令的，法院不应采纳。与此类似的是《民事诉讼法解释》第 399 条②对委托鉴定和勘验等申请的规定。比如，在四川蜀牛房地产开发有限责任公司与平安银行股份有限公司成都分行等借款合同纠纷一案中，蜀牛公司在再审审查阶段申请文书提出命令，申请法院责令平安银行提交全套申贷资料。最高人民法院认为蜀牛公司不能在再审审查阶段提出程序性的申请，而且《民事诉讼法解释》第 112 条是证明妨害的规则，适用于诉讼中的妨害行为。③ 因此，当事人申请文书提出命令的期限是法院审查工作结束后到口头辩论终结前。

最后，司法实践中还出现了诉讼时效届满后起诉，当事人是否可以申请文书提出命令的问题，比如，李孝平与西藏那曲比如县夏曲镇人民政府合同纠纷一案，被申请人承认持有涉案加油站经营利润财务资料，申请人于是申请关于预期利益损失评估的鉴定，但是法院认为诉讼时效已过，申请人已丧失了本案实体胜诉权，因此已不存在进行评估鉴定的实际意义，所以法院并未支持。④ 诉讼时效指的是权利人在法定期间内不行使权利，诉讼时效届满后义务人可以提出不履行义务的抗辩，⑤也就是说超过诉讼时效后法院便不再保护权利人，不再强制要求义务人履行义务。诉讼时效届满后，权利人的权利本身和请求权并未消灭，而且在义务人自愿履行的情况下，权利人也可以获得实体胜诉权。法院不能主动适用诉讼时效，⑥所以关键在于义务人是否主张抗辩。综上可知在义务人未主张抗辩时，当事人可以申请文书提出命令，但如果义务人主张了抗辩，权利人失去了实体胜诉权，文书提

① 王亚新、陈杭平、刘君博：《中国民事诉讼法重点讲义》，高等教育出版社 2017 年版，第 291 页。

② 《民事诉讼法解释》第 399 条规定审查再审申请期间，再审申请人申请人民法院委托鉴定、勘验的，人民法院不予准许。

③ 四川省蜀牛房地产开发有限责任公司诉平安银行股份有限公司成都分行金融借款合同案，最高人民法院(2017)最高法民申 1400 号民事裁定书。

④ 李孝平诉西藏那曲比如县夏曲镇人民政府合同纠纷案，西藏自治区高级人民法院(2018)藏民终 79 号民事判决书。

⑤ 《民法典》第 192 条规定诉讼时效期间届满的，义务人可以提出不履行义务的抗辩。

⑥ 《民法典》第 193 条规定人民法院不得主动适用诉讼时效的规定。

出命令对于裁判结果而言已经没有意义，因此，当事人不能再申请文书提出命令。因此，笔者不认同该案的处理，笔者认为诉讼时效期间届满与否并不影响文书提出命令的申请，而且诉讼时效届满并不代表丧失实体胜诉权，关键在于义务人的态度。

(二)被申请人的文书提出义务

1.文书提出义务限定主义

文书提出义务限定主义是与文书提出义务一般化相对的概念。为了尽可能收集更多的诉讼资料，德日等国和台湾地区的民事诉讼法都增加了文书提出义务一般化的条款。① 文书提出义务一般化指的是将文书持有人提出文书的义务扩大到如同任何人都有出庭作证义务一般，只要文书与案件有关联，文书持有人便负有在法院发出文书提出命令后递交文书的义务。② 但是文书提出义务一般化并不意味着所有的文书都应当提交，而是有限制的，比如虽然《日本民事诉讼法》第220条第4款规定5种例外情形，除此之外的文书都应当提出，但是日本的文书提出义务是有条件限制的，③实际上文书提出义务一般化只适用于私文书。④ 再比如台湾地区"民事诉讼法"的第340条第1款第5项明确了文书提出义务的范围是与本案诉讼有关的事项所制定的文书。因为文书提出义务不能仅从理论角度出发，还应考虑到实用可能性的问题，因此文书提出义务的范围不能没有限制，势必要加以适当规范，才能兼顾举证人和文书持有人的利益，而这也符合证明责任的逻辑思考。⑤

我国的《民事诉讼法解释》并未对文书提出义务作出实质性的限制，书证提出义务属于绝对的一般义务。但《民事证据若干规定》第47条的规定却表明我国的书证提出义务并未遵循严格的限定主义，也没有坚持一般化的立场，而是通过规定"其他情形"作为兜底条款，由法院酌情适用。需要注意的是，德日和台湾地区的书证提出义务一般化与大陆法系特有的制度和社会背景、当事人主义诉讼体制与诉讼模式密切相关。但是我国处于从职权主义诉讼体制向当事人主义诉讼体制转化的过程中，采取书证提出义务一般化可能妨碍诉讼审理的集中化，使得诉讼沦为相互纠举相对人违反文书义务的证明。⑥ 所以，文书提出义务的限定主义更符合我

---

① 日本和台湾地区实现书证提出义务一般化，采取的立法技术是扩大文书提出义务的范围。德国通过扩张解释实体法请求权的方式扩大范围。

② 白绿铉:《日本新民事诉讼法》，中国法制出版社2000年版，第16页。

③ 日本在扩大文书提出范围的同时，规定了文书持有人不能拒绝提交的文书，参见《日本民事诉讼法》第220条第4款。

④ 私文书是与公文书对立的概念，公文书是由公共机构或者被看作具有公信力的人在职务权限内或者在其被分配的业务领域内依规定的形式记录的书面意思表示。所有其他的文书都是私文书。[德]汉斯-约阿希姆·穆:《德国民事诉讼法基础教程》，周翠译，中国政法大学出版社2005年版，第261页。

⑤ 姜世明:《文书提出义务及事案解明义务之竞合与限制》，载《月旦法学杂志》2010年第185期。

⑥ 姜世明:《民事诉讼法注释书(四)》，台湾地区新学林出版股份有限公司2013年版，第414页。

国的现实情况，而且可以避免申请人过分依赖文书提出命令的申请，而不再积极主动地收集证据，走上职权主义的老路。[①] 将书证提出义务限定在特定范围的限定主义，是平衡文书持有人的利益保护与发现事实之间冲突的一种方式。

2.拒绝提交文书的正当理由

文书提出义务限定主义不仅要求提出文书的范围明确且有限，而且要求规定文书提出义务的例外情形。也就是说，应当明确文书持有人可拒绝提交的文书类型，比如属于公务员职务上秘密的文书等，若提交可能会危害公共利益的文书；自己使用的文书，若提交可能会侵害个人隐私或名誉的文书；刑事案件中的文书以及刑事案件中被司法机关扣押或没收的文书，一方面可能涉及个人隐私，另一方面可能影响侦查和审判活动的开展；法律不要求公开的国家行政机关等主体用于内部管理的文书。

《民事证据若干规定》第 48 条规定了书证持有人无正当理由拒不提交的后果，[②]这是立法在平衡申请人取证的利益与保护相关秘密之间进行利益衡量的结果。也就是说，如果书证持有人有正当理由就无须提交证据，但是却没有明确规定“正当理由”的具体内容。不过，《民事诉讼法解释》第 112 条规定了对方当事人无正当理由拒不提交的法律后果，拒绝提交的正当理由一般理解为如果提交则会使当事人或相关人遭受重大不利益，而且应当具体案件具体判断。[③] 可见，持有人的书证提出义务是一种一般性的义务，只有具备正当理由时才可以拒绝提出。正如前文所述，《日本民事诉讼法》规定了文书提出的一般义务，除了《民事诉讼法》第 220 条第 4 款的除外情形，文书持有人必须提交书证。但是我国的文书提出义务制度不应坚持一般化，而是采取限定主义，明确文书持有人提出于己不利的文书只是例外情形。笔者认为涉及国家利益、社会公共利益、商业秘密、个人隐私的文书应作为文书提出义务的例外情形，文书持有人无须提交。因此，书证涉及秘密与隐私属于正当理由之一，当事人可以拒绝提交该书证。

此外，正当理由也包括因不可抗力等客观原因无法提交书证的情形。在司法实践中文书持有人常常以文书已经被损毁或者不存在为由提出抗辩，此时法官需要对文书是否存在作出判断。文书由被申请人持有的主张由申请人承担证明责任，则文书不存在或者灭失的主张、不可抗力存在的事实应由被申请人提出证据予以证明，无法证明时应承担拒不履行文书提出义务的法律后果。

三、司法实践中法院的审查与裁决

法院的审查主要针对文书提出命令申请书是否符合《民事证据若干规定》第

---

① 张卫平：《当事人文书提出义务的制度建构》，载《法学家》2017 年第 3 期。

② 《民事证据若干规定》第 48 条规定控制书证的当事人无正当理由拒不提交书证的，人民法院可以认定对方当事人所主张的书证内容为真实。

③ 沈德咏主编：《最高人民法院民事诉讼法司法解释理解与适用（上）》，人民法院出版社 2015 年版，第 372 页。

45 条的申请条件以及是否包括除外情形，即被申请人有正当理由可以不提交相应证据的情形。针对申请人的文书提出命令申请书，法院必须作出相应的裁定，责令文书持有人提交文书或通知申请人理由不成立，文书持有人违反文书提出义务的应当接受制裁。

(一)法院的审查程序

1.文书提出申请书的审查

法院的审查包括形式审查和实质审查，形式审查指的是文书提出命令申请书必须是书面的，这是当事人主义诉讼模式的要求，体现了当事人对于诉讼进程的推动。在司法实践中，有的法院以文书提出命令不符合证据的法定形式为由驳回当事人的申请，比如富平县科发陶瓷有限公司与汤启强工伤保险待遇纠纷一案，法院驳回被告提交的文书提出命令、不予采信当事人书面陈述，因为文书提出命令不符合证据的法定形式，而且该书面意见与本案待证事实缺乏足够的关联性。[①] 笔者认为当事人的文书提出命令申请书无须具备证据的法定形式，但是其申请法院责令持有人提交的书证必须具备证据的真实性、合法性、关联性。

实质审查主要是判断被申请人是否有文书提出义务，具体包括书证是否明确、书证的内容对待证事实的重要性、待证事实对裁判结果的重要性、被申请人是否有效持有该书证。在司法实践中关于如何判断被申请人是否控制该书证存在困难，而且被申请人多会主张自己并不控制该文书，因此有必要着重论述。被申请人对书证的控制不仅包括直接控制还包括间接控制，只要书证处于被申请人的控制范围之中即可。《民事证据若干规定》第 45 条第 2 款[②]规定法院应当综合考虑法律规定、交易习惯、案件事实和证据予以判定。

此外，“书证是否处于被申请人控制之下”可以结合文书提出命令的申请范围具体判断。

具体而言，引用文书本身就表明被申请人持有该文书，因此才能主动引用并且愿意公开。利益文书是为申请人的利益而制作的，比如投保人和保险公司为保险受益人的利益而订立的保险合同，保险受益人作为利益主体当然能够要求投保人和保险公司提交该保险合同，而且投保人和保险公司作为合同当事人当然持有该文书。被申请人之所以必须提交权利文书，是因为权利文书一定是由被申请人持有和控制的，而且申请人享有要求对方提交的实体法权利。比如门诊病历等医疗类文书必然由院方控制，公司章程、股东会会议记录、董事会会议决议等文书也必然由公司保管。控制账簿、记账原始凭证的情况比较直接，也比较好理解，不再赘述。值得注意的是，文书提出命令的对象是引用文书和利益文书时，申请人无须举

---

① 富平县科发陶瓷有限公司诉汤启强工伤保险待遇纠纷案，陕西省富平县人民法院(2017)陕 0528 民初 2379 号民事判决书。

② 《民事证据若干规定》第 45 条第 2 款规定对方当事人否认控制书证的，人民法院应当根据法律规定、习惯等因素，结合案件的事实、证据，对于书证是否在对方当事人控制之下的事实作出综合判断。

证证明被申请持有该文书。但是如果文书提出命令的对象是权利文书、账簿和记账原始凭证时,申请人必须举证证明被申请人持有该文书。目前立法并未对此予以规定,有待进一步完善。

值得注意的是,当事人提交文书时应当提供原件或者与原件相符的复印件,但是在司法实践中难免会有当事人提交复印件的情形,有的法院认为这不符合文书提出命令的适用情形,比如孙永全与周世进、董其佳劳务合同纠纷一案,二审法院认为原审被告提交的是证据复印件,不符合文书提出命令的适用条件。因此认为一审法院对此适用《民事诉讼法解释》第112条的做法属于法律适用错误,并对此予以纠正。① 原件作为原始证据更接近真实,证明力和可靠性比复印件大,因此优先提供原件是证据提交的原则,但是在特殊情况下提交原件确有困难②,或者当事人可能需要自己保存原件,因此法院可以允许当事人提供经法院核对无异的复印件③。因此,当事人提供复印件并不必然导致证据不被采信、文书提出命令无法适用的结果,重要的是当事人是否具备无法提供原件的特殊情况,以及该复印件是否可以核对无异。如果文书提出命令的申请人提交的是复印件且无法核对时,则导致当事人的文书提出命令不符合条件,如果被申请人提交的是复印件且无法核对,则会被视为不遵守文书提出义务。

2.非公开审理程序

文书持有人是否应当提交证据的判断是由法院经审查后作出的,为保护秘密与隐私,法院应当不公开审理。日本民事诉讼法针对被申请人能够拒绝提交的前四种文书④特意设置了 in camera 程序(非公开审理程序)⑤,法院认为有必要判断被申请提出命令的文书是否属于上述四种文书时,可以要求文书持有人提出该文书,仅由法院阅览,其余任何人不得要求开示该文书。⑥ 不过,非公开审理程序需要遵循补充性原则,只有在依靠申请人和被申请人提出的主张和进行立证活动无法对是否具有除外事由作出判断时才能启动该程序。⑦

遗憾的是,我国现在并无相应的非公开审理程序,而是规定书证涉及应当保密

---

① 周世进诉孙永全劳务合同纠纷案,西藏自治区那曲市中级人民法院(2018)藏24民终87号民事判决书。

② 《民诉法司法解释》第111条规定了提交书证原件确有困难的五种情形。

③ 《民事证据若干规定》第11条规定当事人向人民法院提供证据,应当提供原件或者原物。如需自己保存证据原件、原物或者提供原件、原物确有困难的,可以提供经人民法院核对无异的复制件或者复制品。

④ 《日本民事诉讼法》第220条第4款1至4所规定的文书,即基于亲属关系、监护关系、职业关系、职务行为等持有的涉及秘密或个人隐私的文书,不包括第五种涉及刑事案件诉讼的文书或者保护少年案件之记录及其所收录的文书。

⑤ 《日本民事诉讼法》第223条第6项。

⑥ [日]新堂幸司:《新民事诉讼法》,林剑锋译,法律出版社2008年版,第420页。

⑦ [日]三木浩一:《文书提出命令申请与审理程序——以日本民事诉讼为视角》,张慧敏译,载谢进杰主编:《中山大学法律评论》第11卷第1辑,广西师范大学出版社2013年版,第286页。

的情形的，提交后不得公开质证。[①] 也就是说涉及国家秘密、商业秘密、个人隐私的书证必须提交，涉及商业秘密的可以公开审理也可以不公开审理，涉及国家秘密和个人隐私的不公开审理，但是都不得公开质证。这样规定虽然避免了因拒绝提交文书而使得具体诉讼在发现真实与裁判公正方面遭受负面效果，但却导致因公开该秘密而使得秘密保持者可能遭受不利益。因此，有必要从两个方面予以调整，一是明确正当理由的具体情形，二是明确规定非公开审理程序，便于法院审查并决定文书持有人是否提交文书。因为法院在审理文书提出义务时，除了要审查申请书的要件是否符合要求外，还需判断文书提出义务是否存在免除情形，而文书非公开确认是不可回避的问题，有必要对此予以完善。此外，还需要解决如下问题，比如法院在非公开审理时是否可以听取专业性意见、[②]如何保证相关人员不在诉讼目的之外使用文书记载的内容、法院如何放弃从审理该文书时获得的心证等。

（二）法院的裁定与通知

《民事证据若干规定》第 46 条规定申请理由成立的，法院裁定被申请人提交书证，理由不成立的通知申请人。但是在司法实践中，法院不处理申请人文书提出命令申请的情况很多。比如在谷小溪与孙涛、襄阳航工制造有限公司民间借贷纠纷一案中，上诉人称一审法院并未责令航工公司提供书证的行为违法。二审法院认为航工公司并不持有该书证，因此申请文书提出命令的条件不满足。而一审法院未处理申请人所提交的《文书提出命令申请》不属于程序违法的情形，于是驳回上诉人的请求。[③] 再比如在刘小燕等十人因与深圳市泰牛健康管理有限公司劳动争议纠纷案中，上诉人主张一审法院针对文书提出命令申请，既没有责令申请人提出书证也没有作出任何回复，认为一审法院程序适用错误，然而二审法院并未对此诉讼请求予以处理。[④] 这两个案件中一审法院均未处理文书提出命令的申请，违反了《民事证据若干规定》第 46 条的规定。

可是为什么会出现法院忽视或不处理文书提出命令申请的现象？一方面，是因为文书提出命令 2015 年才通过司法解释的方式确立，制度比较新，法官和当事人需要时间积累经验。另一方面，是因为目前法律规范不健全不够细致，导致司法适用相对较为混乱。法院不处理文书提出命令的申请的行为属于程序违法，法院裁定是否发出文书提出命令的行为属于法院对诉讼中阶段性程序问题的处理。程序事项裁决权是法院的职权，是职责和权力的同一，因此法院必须行使权力。即使

---

① 《民事诉讼法解释》第 47 条第 2 款规定前款所列书证，涉及国家秘密、商业秘密、当事人或第三人的隐私，或者存在法律规定应当保密的情形的，提交后不得公开质证。

② 《民事证据若干规定》第 46 条第 1 款规定法院对当事人提交书证的申请进行审查时，应当听取对方当事人的意见，必要时可以要求双方当事人提供证据、进行辩论。但是并没有规定是否可以听取专业人士的意见。

③ 谷小溪诉孙涛、襄阳航工制造有限公司民间借贷纠纷案，湖北省襄阳市中级人民法院(2019)鄂 06 民终 4277 号民事判决书。

④ 刘小燕等十人诉深圳市泰牛健康管理有限公司劳动争议纠纷案，广东省深圳市中级人民法院(2020)粤 03 民终 4555—4564 号民事判决书。

法院认为申请理由不成立的,也应当以书面或口头的方式通知当事人,否则文书提出命令制度会名存实亡,当事人对此会失去应有的信任。总而言之,当事人提交书证的申请理由成立的,法院应当作出裁定,裁定一经送达便发生效力;理由不成立的,应当以口头或书面的方式通知当事人。法院对此作出的裁定没有自我羁束力,法院对申请予以审查后作出的裁定关系到申请人和被申请人的利益,申请人和被申请人对裁定不服可在裁定作出后提出异议或复议,申请人请求撤销驳回请求的裁定,被申请人请求撤销许可提出的裁定。

(三)违反文书提出义务的制裁

《民事诉讼法解释》第112条规定对方当事人无正当理由拒不提交的,认定申请人所主张的书证内容为真实。《民事诉讼法解释》第113条规定书证持有人毁损书证的,法院可以对其处罚、拘留。《民事诉讼若干证据规定》第48条在《民诉法司法解释》的基础上规定了不遵守文书提出命令的法律后果,包括消极妨碍的后果和积极妨碍的后果。消极妨碍的法律后果指的是被申请人无正当理由拒不提交的,法院可以认定申请人所主张的书证内容为真。积极妨碍的法律后果是指被申请人通过作为或不作为的方式阻碍举证者进行证明,比如销毁、藏匿、篡改等行为。证明妨害是不正义的行为,是违反诚实信用原则的行为,因此对证明妨害行为实施者课以相应的制裁后果。一方面,法院依据《民事诉讼法》第111条的规定予以罚款、拘留,构成犯罪的依法追究刑事责任。另一方面,《民事证据若干规定》第48条第2款增加了证据法上的后果,即认定申请人主张的该书证证明的事实为真,这也是要求文书提出命令申请书要求特定化对象书证的原因之一。遗憾的是如果申请人未参与文书制作,则根本不可能知道书证的内容,很难落实该法律后果,因此这一问题有必要深入研究予以明确。

需要注意的一点是,法律后果是轻重有别的,推定书证证明的事实为真的法律后果相较于推定书证为真而言明显加重,是因为被申请人故意毁坏证据的行为更为恶劣,构成证明妨碍。但是这两种法律效果均不等同于拟制申请人的诉讼请求成立。比如在继承权纠纷中,申请人主张其享有继承权并申请法院责令被申请人提交遗嘱,如果被申请人无正当理由拒不提交,则推定该遗嘱为真,但不等于申请人的主张和诉讼请求为真;如果被申请人故意毁损遗嘱,则推定申请人主张的遗嘱证明其享有继承权的事实为真;但是要认可申请人的诉讼请求,还需要考虑其他因素,假如申请人杀害了被继承人则不享有继承权。

在司法实践中,大部分法院遵循相关法律规定予以判案,比如彭勃与辛丽颖、沈阳经济技术开发区市政建设工程有限公司建设工程合同纠纷中,工资表由被申请人持有,但其在接到法院通知后无正当理由不到庭也未提交该工资表,因此法院认定申请人主张的书证内容为真实。[①] 但是也有法院在适用法律时存在问题,比如在宿德良与德州祥志食品有限公司、闫俊芳、刘祥志买卖合同纠纷中,法院责令

① 彭勃诉辛丽颖、沈阳经济技术开发区市政建设工程有限公司建设工程合同纠纷案,辽宁省沈阳市沈河区人民法院(2016)辽0103民初2841号民事判决书。

被申请人提交账簿但却无正当理由拒不提供，则认定该账簿单页的真实性，并采信申请人就此提出的主张。① 被申请人消极妨碍的后果应该是法院认定书证的内容为真，但是法院不仅认定书证为真，还进一步认定申请人的主张为真，错误适用了积极妨碍的法律后果。

此外，本文认为第三人持有相关文书时，法院可以依申请责令第三人提交相关书证，因此第三人违反书证提出义务时也应当承担相应的法律后果。但是无法让第三人承担证据法上的法律后果，因此只能责令其承担《民事诉讼法》第 111 条规定的法律后果。第三人对此不服，可以提起即时抗告。

四、制度竞合的应对与适用

通过实证分析可知，文书提出命令与申请法院调查取证、文书提出义务与证明责任、文书提出义务与证明责任倒置之间存在制度竞合的关系，为了更好地实现文书提出命令的制度价值，有必要对此一一梳理。

(一)文书提出命令与申请法院调查取证

当事人自行收集证据是证据收集的常态，不过如果当事人知道存在某个重要的证据，又因为客观方面的制约很难自行收集，则可以书面申请法院调查收集该证据。② 在司法实践中，文书提出命令与申请法院调查取证作为当事人向法院求助收集证据的两种方式，当事人的申请都必须在举证期限届满前提出，③而且当事人可以申请法院调取对方当事人控制的证据，当事人也可以就对方当事人控制的书证向法院申请文书提出命令，因此二者在适用上存在竞合。山西大众移动电视有限公司、太原新通广告有限公司合同纠纷案，申请人向法院递交了《调查取证申请书》《文书提出命令申请书》，请求法院依法调取被申请人所持有的广告业务合同及电子显示器安装合同。④ 可见该申请人想收集被申请人持有的广告业务合同及电子显示器安装合同，于是一并向法院申请文书提出命令申请书和调查申请书。

但是，二者也存在区别。首先，在适用范围方面。申请法院调取的证据一般指的是制度上不允许私人取得、法院却可以收集的信息，比如必须依据职权或国家司

---

① 宿德良诉德州祥志食品有限公司、闫俊芳、刘祥志买卖合同纠纷案，山东省平原县人民法院(2019)鲁 1426 民初 1805 号民事判决书。

② 《民事诉讼法》第 64 条第 2 款规定法院应当调查收集当事人及诉讼代理人因客观原因无法自行收集的证据，《民事证据若干规定》第 2 条第 2 款规定因客观原因不能自行收集的证据，当事人可申请法院调查收集。

③ 当事人向法院申请文书提出命令与申请法院收集证据都是证据收集的手段，同时都有申请时限的要求。《民事证据若干规定》第 20 条规定当事人申请法院调查收集证据的，应当在举证期限届满前提交书面申请，与当事人提交证据的举证期限一致。

④ 山西大众移动电视有限公司诉太原新通广告有限公司合同纠纷案，山西省太原市中级人民法院(2018)晋 01 民终 1128 号民事判决书。

法权才可以收集的证据，涉及国家秘密、商业秘密、个人隐私的证据。[①] 其中需要动用国家司法权才能收集的证据指的是需要通过证据保全等手段获取的证据，或者是控制在对方当事人手里的直接证据和主要证据。[②] 此外，还包括向银行获取他人的账户存款信息也属于上述情形，因为当事人不能从银行获取对方的账户存款信息，但法院有查询银行账户的权限。当事人经过努力确实无法收集到的证据也可以申请法院收集。但是文书提出命令针对的是对方当事人和第三人持有的引用文书、利益文书、权利文书、账簿和记账原始凭证。可见申请调查取证的范围更广。

其次，申请条件不一样。请求法院调查取证的申请书必须载明被调查人的姓名或单位名称、住所地等基本情况，而文书提出命令申请书无须载明这些信息，因为我国的文书提出命令针对的是对方当事人。还需载明需要法院调取证据的原因，因为要明确当事人是基于何种客观原因而无法自行收集。而文书提出命令申请书则需要记载待证事实的重要性、对方当事人控制该书证的根据以及应当提交该书证的理由。

最后，效力和法律效果不同，文书提出命令的效力更强，因为法院调查取证没有必然的法律后果，但是被申请人若不履行文书提出义务，则会承受相应的法律后果。不过，文书提出命令与申请法院调查取证可以选择适用，当事人应结合不同的案件选择不同的取证方式。

(二)文书提出义务与证明责任

由于文书提出义务与证明责任都要求当事人提出证据，如果不提交则承担不利后果，因此二者易被混淆适用。如前文所述，要求不承担举证责任但垄断性占有事实和证据的对方当事人提出文书符合公平的要求，如果对方当事人不提交则违反了诚实信用原则，使得法律后果的适用具备了正当化的根据，而且也体现了诚实信用原则对于自由心证主义的限定。可见文书提出义务与证明责任是可以相互分离的，不承担证明责任的一方也肩负证据提出义务，违反这种义务需要承担相应的法律后果。[③] 可以说，二者存在本质上的区别，如果用分配证明责任的方式应对本应适用文书提出义务的情形，可能会导致裁判说理上的矛盾和当事人程序保障的弱化。[④] 因此有必要予以区分。

---

① 《民事诉讼法解释》第 94 条规定《民事诉讼法》第 64 条第 2 款规定的当事人及其诉讼代理人因客观原因不能自行收集的证据包括：(1)证据由国家有关部门保存，当事人及其诉讼代理人无权查阅调取的；(2)涉及国家秘密、商业秘密或者个人隐私的；(3)当事人及其诉讼代理人因客观原因不能自行收集的其他证据。当事人及其诉讼代理人因客观原因不能自行收集的证据，可以在举证期限届满前书面申请人民法院调查收集。

② 最高人民法院民事审判第一庭编著：《最高人民法院新民事诉讼证据规定理解与适用》，人民法院出版社 2019 年版，第 89 页。

③ [日]新堂幸司：《新民事诉讼法》，林剑锋译，法律出版社 2008 年版，第 424 页。

④ 袁中华：《文书提出义务的实践与反思——以劳动争议为视角》，载《当代法学》2015 年第 2 期。

第一,文书提出义务与证明责任的性质不同。文书提出义务作为一种诉讼法上的义务,具有强制性和制裁性,因为义务的本质在于人们要对义务无条件地遵守,违反了义务就等于违法,是应当被禁止的。而证明责任本质上并不是义务,如果说证明责任是一种义务,则意味着每一方当事人都有胜诉的义务,这是不现实的。而且,当事人进行举证是为了自己的利益,没有任何强制的性质。证明责任具有两层含义,因此判断证明责任的性质需要分而论之,一是主观的证明责任,指的是哪一方当事人应当对具体的要件事实举证。不履行主观证明责任可能引起的后果就是败诉,主观证明责任本质上是一种责任,而责任仅仅是对当事人的一种要求。责任与义务的区别在于当事人违反责任并不等于违法,但违反义务等于违法。① 因此,文书提出义务与主观证明责任存在区别。

证明责任的第二层含义是客观的证明责任,指的是如果诉讼中的一项事实主张最终不能被证明时,或者说法官对事实主张存在与否始终不清楚时,由何方负担不利后果的问题。但是客观证明责任并不是当事人的责任,也与"责任"这一概念无关,因为客观证明责任是一种法定的风险分配方式,用于保证法官克服真伪不明时裁判义务的实现,只针对法院,与当事人的活动无关。② 因此,文书提出义务与客观的证明责任也存在区别。

第二,不遵守文书提出义务和不举证的法律后果不同。无制裁则无义务,因此违反文书提出义务的后果就是制裁,而不遵守证明责任的不利后果不能超出具体诉讼程序的目的,部分或全部败诉的风险是当事人从一开始就自愿接受的。③ 对于负有证明责任的当事人而言,不举证的行为不会带来比想方设法对有争议的主张提出证据但却没有效果的尝试更坏的不利后果。④

第三,文书提出义务和证明责任的目的不同。文书提出义务是为了解决现代型诉讼的证据偏在问题,避免举证人承担不正当的不利益,促进案件事实的查明和法院裁判的公正。而证明责任强调的是当事人不仅要提交证据而且要加以证明,从而推动诉讼进程、避免诉讼拖延。⑤

此外,证明责任倒置的情形多数为证据偏在的现代型案件,而且司法实践中存在混淆的情形,比如在江苏泓建集团有限公司、枣庄市盛苑房地产开发有限公司建设工程施工合同纠纷中,法院认为泓建公司无证据证明盛苑公司控制该审计报告,因此适用《民事诉讼法解释》第 112 条之规定由被申请人承担举证责任倒置后果的

---

① Lent,ZZP,67.350f.转引自[德]汉斯·普维庭:《现代证明责任问题》,吴越译,法律出版社 2000 年版,第 47 页。

② [德]汉斯·普维庭:《现代证明责任问题》,吴越译,法律出版社 2000 年版,第 46～53 页。

③ [德]汉斯·普维庭:《现代证明责任问题》,吴越译,法律出版社 2000 年版,第 49 页。

④ [德]莱奥·罗森贝克:《证明责任论——以德国民法典和民事诉讼法典为基础撰写》,庄敬华译,中国法制出版社 20001 年第 4 版,第 60 页。

⑤ 参加袁中华:《文书提出义务的实践与反思——以劳动争议为视角》,载《当代法学》2015 年第 2 期。

理由不成立。[①] 因此，文书提出义务与证明责任倒置的关系也有必要梳理。首先，二者的目的是不同的。一般而言，证明责任分配坚持的原则是规范说理论，证明责任倒置是为了弥补法律无法将所有的具体情形全部加以考虑的不足，于是在某些特殊的案件中将原本由一方当事人承担的证明责任倒置为另外一方。其次，证明责任转移的方式不同。证明责任倒置只是将某些事实的证明予以倒置，而非将所有的证明责任倒置。而文书提出义务的作用是责令文书持有人提交与待证事实相关的文书，责令不承担证明责任的一方承担证明责任，不按照法律要件事实予以区分。最后，国外判例中存在证明妨害时可以适用证明责任倒置的情形，由于证明妨碍行为导致承担证明责任的一方无法证明相关事实，于是不得不承担不利后果，为了维护诉讼公平才将证明责任倒置。而在我国，不遵守文书提出义务适用证明妨害法理，行为的法律后果包括相应的处罚措施和证据法上的后果。[②]

结 语

文书提出命令作为一种对司法实践非常重要的制度，立足于司法实践检验文书提出命令制度才可以切实地发现真正的问题。通过实证研究，可以发现文书提出命令在司法运用中存在的问题主要包括：主体不涵盖第三人导致证据收集范围较窄，无法落实制度目的；文书提出命令的申请期限规定不清晰；法院不处理当事人的申请构成程序违法；没有明确规定文书持有人正当理由下可以拒绝提交证据的情形；非公开审理程序的缺失有可能导致秘密和隐私泄露；司法人员与当事人对文书提出命令与申请法院调查取证、证明责任、证明责任倒置的适用存在混淆等。本文结合本土司法环境和立法规定，同时采用比较研究的方法借鉴大陆法系的文书提出命令制度，有针对性地对上述问题予以分析并提出了相关建议。但是，囿于文书提出命令制度在我国发展时间较短，而且司法实践中的案例相对较少，文章的研究局限于这些案例难免受其所限不够全面。文书提出命令制度牵涉多方利益主体，因此文书提出命令制度的构建与完善，需要权衡各方主体的利益，应以实体正义为根本兼顾各方程序保障与利益均衡，同时在司法运用中发展和完善文书提出命令制度，如此才能实现文书提出命令制度在我国的本土化构建。

---

① 江苏泓建集团有限公司诉枣庄市盛苑房地产开发有限公司建设工程施工合同纠纷案，最高人民法院(2017)最高法民申2462号民事裁定书。

② 《民事诉讼法解释》第113条规定书证持有人毁损书证的，法院可以对其处罚、拘留。《民事若干证据规定》第48条规定被申请人通过毁灭书证等手段实现其妨碍申请人使用该书证的目的，一方面，法院依据《民事诉讼法》第111条的规定予以罚款、拘留，构成犯罪的依法追究刑事责任；另一方面，《民事若干证据规定》第48条第2款增加了证据法上的后果，即认定申请人主张的该书证证明的事实为真，这也是要求文书提出命令申请书要求特定化对象书证的原因之一。

实务探微

论英烈权益保护公益诉讼的惩罚性赔偿*

■赵信会　袁　鑫**

摘　要　英烈权益保护领域民事公益诉讼的设立,其目的在于修复近亲属及社会公众受到伤害的民族情感与民族记忆,同时教育引导社会公众尊重英雄烈士,维护民族荣誉并且规范自身行为。通过司法实践的观察发现单纯以赔礼道歉的方式使被告承担民事责任不能达到公益诉讼的目的。引入惩罚性赔偿制度,更好地促进被告人认识错误,加强维护社会公共利益与警示教育效果。这一制度尚且面临现实困境与问题,但是应当在司法实践中积极应对并作出有益尝试。

关键词:英烈保护　民事公益诉讼　惩罚性赔偿

一、问题的提出

2017 年 3 月 15 日通过的《民法总则》第 185 条中,①要求对英雄烈士等的人格权益产生侵害并损害社会公共利益的行为人承担民事责任。该法条的出现标志着在实体法层面正式将英雄烈士等的人格权益纳入社会公共利益的范畴并加以保护。依据《民法总则》的规定,在 2018 年 4 月 27 日通过的《中华人民共和国英雄烈士保护法》(下简称《英烈保护法》)第 25 条第 2 款中正式赋予了检察机关对侵害英

* 本文系山东省社会科学规划研究项目重点课题"法律审式的民事上诉制度研究"(18BFXJ03)的中间研究成果,同时为 2020 年山东省检察院专题调研和理论研究重点课题"检察机关证据调查核实权研究"(SD2020B04)所支持。

** 赵信会,山东财经大学三级教授、法学院院长、法学博士;袁鑫,山东财经大学法学院法律硕士,研究方向为民事诉讼法学。

① 这一规定也在 2020 年 5 月 28 日通过的《中华人民共和国民法典》(下简称《民法典》)第 185 条中继续保留。

雄烈士权益行为提起公益诉讼的权利。[①] 至此，关于英雄烈士权益保护领域民事公益诉讼的法律规定基本得以设定。但是，通过对于英雄烈士权益保护相关规范性法律文件立法目的的思考以及司法实践的观察发现，在英雄烈士权益保护的民事公益诉讼中引入惩罚性赔偿制度成为一个值得商榷的问题。

(一)基于立法目的的思考

分析《民法总则》第 185 条的立法原意，其目的在于通过对侵害英雄烈士人格权益的行为追究民事责任，不仅修复近亲属对于亲人的情感更是将英雄烈士所包含的公共利益纳入法律保护的范畴。这种公共利益不同于环境权益、国有资产、市场竞争等所包含的具体权益形式，而是基于英雄烈士奋斗献身的事迹和精神所承载的民族共同记忆以及社会主义核心价值观念，是一种抽象的社会公共利益形式。对于英雄烈士人格权益的侵害，是对广大人民群众民族情感以及价值观念的伤害。这种侵害同其他侵害社会公共利益的行为一样能够造成较为严重的后果与不良的社会影响，并且因为部分英雄烈士没有近亲属或者近亲属不愿提起诉讼，侵害结果难以用物质形式量化而不易被追究。因此就现实层面来看，英雄烈士的权益以及人民群众受伤的民族情感亟须法律提供保护。

《英烈保护法》第 25 条第 2 款的规定正式将侵害英雄烈士权益并损害社会公共利益的行为纳入公益诉讼的范围中。这一规定充分考虑到对无近亲属的英雄烈士权益保护以及在近亲属出于各种原因不愿提起诉讼的情况下对公民情感的保护以及社会正义的弘扬。这一规定的立法目的充分尊重英雄烈士所承载的社会公共利益价值属性，力图发挥法律对公民行为的指引与教育作用。通过设立公益诉讼的方式，由检察机关作为代表对侵权行为人追究民事责任，既符合社会主义法治的公平精神，又能够满足广大人民群众普遍的正义观和朴素的民族情感与价值观念。

(二)对于司法实践的观察

根据中国裁判文书网的数据显示，关于英雄烈士的公益诉讼案件裁判文书共 27 篇，[②]其中民事公益诉讼 21 篇，行政公益诉讼 6 篇。其中 7 起关于四川凉山火灾救火牺牲的消防员烈士，6 起关于见义勇为或者在工作岗位执行任务过程中牺牲的消防员与公安干警等，6 起与经营性活动有关，1 起在烈士陵园拍摄不恰当照片并上传互联网。

从总体数量来看，关于英雄烈士权益保护领域的民事公益诉讼案件规模并不大，但是基于对现有司法实践的观察，仍然可以总结出该类案件的主要特点。

1.侵权行为类型多样

在英雄烈士权益保护的民事公益诉讼中，存在着不同类型的侵权行为。最常见的是通过社交媒体等网络媒介在新闻、论坛等场所发表不当言论而对英雄烈士

---

① 《英烈保护法》第 25 条第 2 款规定，英雄烈士没有近亲属或者近亲属不提起诉讼的，检察机关依法对侵害英雄烈士的姓名、肖像、名誉、荣誉，损害社会公共利益的行为向人民法院提起诉讼。

② 统计截至 2020 年 8 月 3 日，数据来自中国裁判文书网 http://wenshu.court.gov.cn/。

的名誉、荣誉等权益造成侵害。[①] 此外还有行为人在烈士陵园等场所作出不当行为并将视频或照片上传至社交媒体。[②] 除却此类单纯以言语行为等侵害方式之外，还有行为人在侵害英雄烈士权益的同时进行盈利性经营活动，如销售人民币图样的冥币，在电商平台销售侮辱英雄烈士形象的贴画等。[③] 这些对英雄烈士权益产生侵害的行为中，既有盈利性经营行为，也有通过言语或者行为侮辱诋毁英雄烈士形象，集中体现在对英雄烈士名誉、荣誉、肖像等权益的侵害。

2.侵权行为多通过网络发生

当侵害英雄烈士权益的行为同时侵害到社会公共利益时，这种行为往往多依托网络得以施行。造成这种现象的原因一方面是因为发生在线下的言论与行为因为环境或者受众的密闭性，难以被不特定的多数人知晓从而在客观上并未对社会公共利益造成侵害。这种行为虽然亦是对英雄烈士权益的侵害，但因其"隐蔽性"而较难得到追究。另一方面是因为相关审查的严格程序限制，在书籍、杂志、报纸等公开出版物难以发表侮辱、诋毁英雄烈士形象的言论。与此同时，网络活动中的昵称、个人资料等对个人形象造成了一定程度的伪装，在发表言论时减少了许多心理与外界约束。有的行为人基于错误认识或者文化水平的限制作出了不当的言行，有的行为人则是认为失去规则的约束进而将心理的阴暗与负面情绪肆意释放。这种大范围的基于网络对英雄烈士权益造成侵害的现象，一方面暴露了网络监管与执法的重重困难，另一方面也是由于网络侵权行为的违法成本过于廉价，人们对于网络侵权行为的违法性认识不足。

3.责任承担形式单一

通过对当前英雄烈士权益保护的民事公益诉讼判决书的统计，发现检察机关提出诉讼请求以及法院作出判决的时候都无一例外地选择要求当事人在省级或者国家级公开发行的报刊上赔礼道歉。从某种角度上考虑，对英雄烈士近亲属以及社会公众造成的情感上的伤害以当事人精神和心灵上的忏悔与歉意来表达自然是一种很好的告慰。但是从现实情况来看，当事人赔礼道歉是否真正出于内心的歉疚难以判断，从而在很大程度上难以真正对社会公众的情感造成修复。同时单纯以赔礼道歉的形式追究当事人的民事责任会在一定程度上降低违法成本，难以发挥法律的教育引导作用。

---

① 参见曾永华名誉权纠纷一审民事判决书(2019)粤20民初104号等6起对四川凉山大火牺牲的消防员烈士名誉权侵害的民事公益诉讼判决书

② 参见李青翰、吴定涛荣誉权纠纷一审民事判决书(2019)浙01民初1126号。

③ 分别参见管大中肖像权纠纷一审民事判决书(2019)皖1502民初1759号，等4起销售人民币图样冥币的肖像权纠纷案；瞿二宝名誉权纠纷一审民事判决书(2019)浙0192民初9763号，在淘宝平台销售发布侮辱和诋毁"黄继光"的贴画的肖像权纠纷案；大兴安岭朔成叫车有限公司侵害烈士肖像权公益诉讼一案民事判决书(2019)黑27民初2号，使用雷锋烈士肖像进行有偿经营活动，侵害英烈肖像的肖像权纠纷案。

二、惩罚性赔偿制度何以必要

自从1994年开始施行的《消费者权益保护法》将惩罚性赔偿制度确立以来，与损害赔偿等一起作为民事责任的承担方式在保护公民权益与追究民事违法行为法律责任等方面发挥了积极作用。除却消费者权益保护领域，在知识产权保护、缺陷产品侵权、生态环境保护等领域也得以适用。结合前述的英雄烈士权益保护的立法目的与司法实践，从惩罚性赔偿制度的功能来看，无论是赔偿功能、惩罚功能以及教育功能在英雄烈士权益保护民事公益诉讼领域都具有较强的适应性。引入惩罚性赔偿制度的必要性可以从英雄烈士及其近亲属、侵权人以及社会公共利益三个角度加以分析。

（一）基于英雄烈士及其近亲属的立场

《民法典》第179条第2款实际上将惩罚性赔偿作为一种承担民事责任的补充方式进行了设定，并且为具体规定留出了空间。从英雄烈士及其近亲属的角度来看，在该类公益诉讼中设立惩罚性赔偿制度具有如下优势。

首先，设立惩罚性赔偿能够更好地修复近亲属受伤的情感。英雄烈士近亲属作为受害者，来自对方当事人的赔礼道歉，能否真的像制度设计的初衷那样通过当事人内心忏悔的公开表达来排遣受害人内心的愤怒等消极情绪从而修复受到伤害的情感？根据司法实践的反映以及生活经验的观察，单纯的赔礼道歉并不能实现这样的效果。情感上的伤害并非不能通过情感表达的方式予以抚慰，但是当情感表达不够真挚甚至敷衍苍白时，这样的赔礼道歉非但不能抚慰当事人受伤的情感，反而会带来“违法者仍然逍遥法外”的感受从而造成二次伤害。惩罚性赔偿制度的引入，一方面，能够使权益受到侵害的一方当事人认为对方当事人“付出了代价”，符合人民群众朴素的正义观念，在赔礼道歉并不真诚的情况下仍然能够感受到来自国家公权力的救济与保护，能够更好地抚慰受伤的情感；另一方面，引入类似公法中的惩罚制度可以使法院在公益诉讼的判决过程中作出保障当事人权益的实质性裁决。

其次，惩罚性赔偿能够用于英雄烈士保护领域。惩罚性赔偿制度不同于损害赔偿制度，所得款项并不能够交付到英雄烈士及其近亲属手中，但是这笔款项可以用于英雄烈士保护的相关领域如烈士陵园的维护、英雄烈士事迹宣讲等活动。从英雄烈士及其近亲属的角度来看，惩罚性赔偿金的正当使用既能够将对方当事人内心的歉疚与心意真正落实到英雄烈士保护的具体活动中，又符合英雄烈士担当奉献的崇高品质。

在英雄烈士权益保护领域的民事公益诉讼中，除却不当行为对社会公共利益的损害，英雄烈士近亲属是情感受到伤害最严重的人群。在司法裁判的过程中既要考虑到公益诉讼对公共利益的维护，同时也应当优先尊重近亲属的心理诉求，考量如何抚慰他们的情感损伤。引入惩罚性赔偿制度，能够使得受到侵害一方的当事人内心因为敷衍的赔礼道歉被压制的愤怒与悲伤获得一个合理的方式得以表达。从心理学的角度来说，无从宣泄的悲愤等负面情绪不能得到合理引导可能会引发受害人心理状态的消极变化或者造成新的创伤。就英雄烈士近亲属而言，如果公益诉讼的判决并不能够让他们充分地感受到对方当事人的歉疚悔恨或者付出的代价，可能会对这一公益诉讼制度持有消极的态度，甚至认为国家与社会对于英雄烈士所带来的民族记忆与民族情感的财富并不足够重视。作为距离英雄烈士的精神财富最亲近的人群，他们这种消极心态的产生，不利于弘扬英雄烈士的精神品质。简而言之，如果公益诉讼的判决不能够优先抚慰英雄烈士近亲属的情感伤害，谈论有效的维护社会公共利益也显得操之过急，这也与我们的立法目的相背离。

(二)基于侵权人的角度

有学者人认为不能无视负罪感、良心在法律，尤其是在侵权法中的重要性。①笔者认为，如果仅仅寄希望于侵权人良知的忏悔来达到教育的目的，特别是这种忏悔处在“真伪难辨”的状态时，这种期望是不能够被设立的。当我们关注侵害英雄烈士权益的案件事实时，侵权人作为一个智能正常具有完全行为能力的公民所发表的那种过激的言论，甚至是在明知可能面临惩罚时仍然咄咄逼人的言辞，②使得社会大众与英雄烈士近亲属难以真正相信刊发的一纸歉文，更愿意认为这是侵权人出于被迫而作出的新的欺骗。在英雄烈士权益保护民事公益诉讼中引入惩罚性赔偿制度，基于侵权人的角度也具有合理性。

首先，赔礼道歉的民事责任承担形式不能完全发挥作用。赔礼道歉作为目前司法实践中判决侵害英雄烈士权益一方当事人承担民事责任的唯一方式，所面临的问题一方面是司法机关并没有其他有效的选择，另一方面是对于赔礼道歉是否真正让侵权一方当事人产生忏悔发挥法律的教育作用存在争议。引入惩罚性赔偿制度可以让司法机关在审理案件时根据案件的具体情况决定采取不同的民事责任承担形式，例如对于一些进行经营活动的侵权人可以根据其获利情况来确定惩罚性赔偿的具体数额。对于并非发自内心的忏悔过错真诚致歉的侵权人，惩罚性赔偿制度的引入可以通过财产罚的方式让其充分认识到不当行为的违法性，并通过这种带有国家强制力色彩的方式达到教育侵权人的目的。惩罚性赔偿作为赔礼道歉之外的承担民事责任的补充方式，与英雄烈士权益保护相关规范性文件教育侵权人，抚慰受伤情感，维护社会公共利益的立法目的相一致，与赔礼道歉一起共同发挥民事公益诉讼的作用。

其次，是在私法领域对于行政处罚或刑事处罚的重要补充。在对于英雄烈士权益保护领域民事公益诉讼的司法实践观察的过程中，笔者发现有些侵权行为比如在社交媒体散播不当言论也构成了寻衅滋事罪，③受到了刑事处罚或者行政处

---

① 黄忠:《认真对待“赔礼道歉”》，载《法律科学(西北政法大学学报)》2008年第5期。

② 参见曾云名誉权纠纷一审民事判决书(2018)苏08民公初1号“2018年5月14日，被告曾云对谢勇烈士救火牺牲一事在微信群中公然发表“‘不死是狗熊，死了就是英雄’等侮辱性言论”。

③ 参见黄玺奕寻衅滋事罪一审刑事附带民事判决书(2019)闽0721刑初127号:“判处被告人黄玺奕犯寻衅滋事罪，判处有期徒刑七个月，并且在国家级媒体上书面公开赔礼道歉、消除影响。”

罚,但是更多的情况是侵权人的行为尚未触犯刑罚,检察机关不能提起公诉。[①] 正是这种法律规定的留白给了侵权人"我的行为够不上犯罪"的错误认识,使侵权人在作出不当行为时缺乏畏惧,不能正确评价自身行为,然而在英烈权益保护民事公益诉讼中,面临最多的也正是这种程度的不当行为。对于私法领域的侵权纠纷,行政手段或者刑事手段很难进行有效的干预,因此便有必要在私法领域借用公法上的惩罚制度设立惩罚性赔偿对行政处罚与刑事处罚手段提供补充,使得私法判决更好地发挥教育引导的法律作用。

最后,侵权方式的不同需要设立不同的民事责任承担形式。如前所述,存在不同侵害英雄烈士权益的行为类型,在设立惩罚性赔偿制度时有两种分类方式可以提供参考。第一种是根据侵权人的主观恶意程度进行分类,对于主观恶意强,对社会公共利益侵害严重的行为,适用惩罚性赔偿的有关规定,其目的在于发挥惩罚性赔偿制度的惩罚与教育功能,促进侵权人认识错误悔过改正。这种分类方式的问题在于如何区分不当行为的恶意程度。第二种是根据侵权人行为是否属于营利性行为进行分类,对于通过侵害英雄烈士权益从事经营活动的行为,应当在赔礼道歉之外适用惩罚性赔偿的有关规定。例如在销售诋毁丑化英雄烈士形象的商品,[②]在经营活动中侵害英雄烈士肖像权益的行为等。[③] 这种分类方式的优点在于易于操作但是就目前司法实践的观察来看,进行营利性行为的案件数量不大。对于侵权人来说,在明知自己的不当行为侵害英雄烈士权益的情况下仍然执意违反法律,在拘留或者逮捕之后以文化程度低、不知晓法律规定进行辩驳,可以视为主观恶意较为严重,司法机关在审理时可以适用惩罚性赔偿。此外,对于利用英雄烈士肖像,诋毁丑化英雄烈士形象从事经营活动的侵权人,法院在审理过程中应当根据其具体经营活动内容以及盈利数额适用惩罚性赔偿。

总的来看,对于不同的侵权人惩罚性赔偿制度可以发挥不同的作用。对于情节轻微态度诚恳的侵权人,仍然应当适用赔礼道歉的方式。同时通过设立惩罚性赔偿作为民事责任承担的补充形式,对于赔礼道歉不足以承担所负民事责任的侵权人适用惩罚性赔偿,以实现赔礼道歉所不能完成的惩罚教育的功能。

(三)基于社会公共利益的立场

公益诉讼最主要的目的就是维护社会公共利益,因此站在社会公共利益角度需要考虑的是如何修复公众受伤的民族记忆与情感以及如何教育引导公民规范自己的行为尊敬英雄烈士。这也与设立惩罚性赔偿的目的相一致。

首先,通过设立惩罚性赔偿更全面地修复公众民族情感的损伤。在面对行为恶劣以及认错态度不端正的侵权人时,单纯的赔礼道歉并不能使社会公众的情绪

---

① 参见刘俊良名誉权纠纷一审民事判决书(2019)鲁13民初512号,"兰陵县人民检察院认为刘俊良寻衅滋事行为情节显著轻微,不构成犯罪,决定不批准逮捕"。

② 参见瞿三宝名誉权纠纷一审民事判决书(2019)浙0192民初9763号。

③ 参见大兴安岭朔成叫车有限公司侵害烈士肖像权公益诉讼一案民事判决书(2019)黑27民初2号。

得到平息。司法审判不应当受到公众情绪的不当干预，但是抚慰公众受伤的情感正是英雄烈士权益保护民事公益诉讼的重要目的之一。设立惩罚性赔偿制度与社会公众的正义观念相一致，也与我国的传统法律文化相契合。公众对于现阶段司法判决中要求侵权人在公开发行的媒体上赔礼道歉存在不同的观点：有的侵权人情节轻微并且在没有被公安机关讯问时就积极删除不当言论消除影响，采用赔礼道歉的方式承担民事责任可以达到很好的教育效果；有的侵权人明知其行为侵害英雄烈士的正当权益或者在其他公民批评制止时仍然变本加厉，面临审判时才被迫赔礼道歉，在这种情况下与赔礼道歉的本来目的相背离。惩罚性赔偿制度的引入可以很好地解决这些问题，司法机关在实践中可以根据案件的具体情况拥有更丰富的民事责任承担方式进行选择。对于社会公众而言也可以从惩罚性赔偿中感受到国家公权力对于侵害英雄烈士权益行为绝不姑息纵容的态度，获得司法安全感同时感受到司法正义，从而使受伤的民族情感更好地得到抚慰。

其次，通过设立惩罚性赔偿更好地发挥法律教育引导的作用。如前文所述，惩罚性赔偿的引入不仅有利于侵权人更好地认识错误悔过改正，更重要的是让公众得到警示，更好地指引自己的行为。在英雄烈士权益保护领域开展民事公益诉讼的目的也在于通过公益诉讼的方式加强法律宣传与警示教育，教育公众引以为戒规范自身行为，引导公众尊重英雄烈士，共同维护民族记忆弘扬民族精神。这一目的的实现需要公益诉讼案件判决发挥实效，典型案例发挥积极的宣传作用。目前单纯的赔礼道歉的判决一方面让公众觉得过于单薄，另一方面也给公众在潜意识里留下违法成本过低的麻木感受。惩罚性赔偿的设立让公众从侵权人所承担的民事责任中引以为戒，更加尊重法律与司法，也发挥出了公益诉讼的正确作用。

公共利益的维护是公益诉讼制度的核心目的，在制度设计的过程中应当从社会公众的角度充分考虑，通过选择正确有效的民事责任承担方式使社会公众受伤的民族情感得以修复，并且通过公益诉讼让公众得到教育引以为戒，规范自身的行为，这也是在社会公众的层面更好地维护社会公共利益。

三、设立惩罚性赔偿制度的现实困境

前文从侵权人受害人以及社会公共利益的角度对引入惩罚性赔偿制度的必要性进行了论述。虽然引入这一制度有其独特的优势，有利于实现公益诉讼的目的，但是当前在英雄烈士权益保护民事公益诉讼中引入惩罚性赔偿制度还具有一定的现实困难。

(一)具体法律规定缺位

在英雄烈士权益保护民事公益诉讼中引入惩罚性赔偿制度面临的最大的问题就是尚且缺之具体的法律规定。《民法典》在第 179 条第 2 款规定“法律规定惩罚性赔偿的，依照其规定”，这一规定将惩罚性赔偿作为承担民事责任的补充方式写入法律。该条第 3 款规定承担民事责任的方式可以合并使用。除此之外，在《民法典》第 1185 条、第 1207 条以及第 1232 条分别对侵害知识产权、缺陷产品侵权和破坏生态环境的行为请求惩罚性赔偿提供了法律依据；在《消费者权益法》第 55 条也对请求惩罚性赔偿进行了规定。据此来看,引入惩罚性赔偿制度缺乏相关法律规定具体体现在以下方面。

首先,在《民法典》中缺乏总纲性的法律规定。《民法典》第 179 条第 2 款为设立惩罚性赔偿制度提供了法律依据并且为具体规定留出了空间。对于侵害英雄烈士权益请求惩罚性赔偿欠缺与第 1185 条、第 1207 条以及第 1232 条类似的规定,能够对侵害英雄烈士权益请求惩罚性赔偿设立具体的请求权基础。例如根据《民法典》第 1185 条的规定,各部门各地出台了许多配套的规范性法律文件共同完善了对侵害知识产权行为请求惩罚性赔偿的相关规范。对于侵害英雄烈士权益行为请求惩罚性赔偿,缺少这样的法律规定使得在制定其他规范性法律文件时缺乏上位法的法律依据。

其次,缺乏具体规范性法律文件的法律规定。对于消费者权益保护等领域的惩罚性赔偿制度存在着相当数量的规范性法律文件,既有部门法律也有行政法规地方性法规等。[①] 这些规范性文件的存在既能够为司法机关在审理案件时提供具体的指引,也能为民事主体在进行民事活动时规范自己的行为。对于英雄烈士权益保护领域,欠缺这样的规范性法律文件提供具体的法律规定,将《民法典》关于惩罚性赔偿的立法精神加以落实。

(二)赔偿数额难以确定

当试图在英雄烈士权益保护民事公益诉讼中引入惩罚性赔偿制度时,不可忽视的核心问题在于赔偿数额应当如何确定,由谁确定。

首先,惩罚性赔偿数额应当如何确定。通过对当前侵害英雄烈士权益的民事公益诉讼案件进行梳理,可以发现在不同类型公益诉讼案件中对英雄烈士权益的侵害方式不同,可以按照是否从事营利性活动对相关案件进行分类。对于例如管大中等肖像权纠纷案以及瞿三宝名誉权纠纷案此类通过侵害英雄烈士姓名、肖像、名誉、荣誉等权益从事经营性活动的案件,在司法审判中可以根据其经营活动的具体获利数额确定惩罚性赔偿金额。但是对于曹小垒名誉权纠纷案,李青翰、吴定涛荣誉权纠纷案此类因为在互联网媒体上的不当行为与言论对英雄烈士权益产生侵害的案件,想要确立惩罚性赔偿金额就存在一定的困难。一方面,此类行为并不以获得经济利益为目的,不涉及经营活动;另一方面,是否可以根据其行为侵害社会公共利益的程度确立惩罚性赔偿,两者之间的量化关系该如何确定成为新的问题。

其次,惩罚性赔偿数额应当由谁确定。在英雄烈士权益保护领域引入惩罚性赔偿制度,应当由谁来确定赔偿数额?是由具体的某一层级的规范性法律文件加以明确,还是在司法审判中由审判机关根据案件的具体事实进行确认?其一,如果由法律或者行政法规等全国性的规范性法律文件进行明确,那么设置单一的标准往往很难适应各地的具体情况,设置较为灵活的规定,又容易削弱规范的指导作

① 例如最高人民法院《2020 年人民法院司法改革工作要点》、河北省人民代表大会常务委员会《关于加强检察公益诉讼工作的决定》、最高人民法院《关于依法妥善审理涉新冠肺炎疫情民事案件若干问题的指导意见(一)》都涉及对于请求惩罚性赔偿的具体要求。

用。其二,如果由地方法规进行明确,各地可以根据经济社会发展的具体情况设置规范,但同时又缺乏上位法和上级机关的指导,使得惩罚性赔偿制度欠缺整体性。其三,如果由审判机关在审理过程中根据案件具体情况直接进行确定,这一方式的优势在于能够根据侵害行为对社会公共利益的侵害程度与侵权人的主观恶意以及经营活动的所获利润等具体情况确定恰当的惩罚性赔偿金额,最大限度地实现个案正义。但这种方式缺乏法律依据,仅仅根据《民法典》以及《英烈保护法》等法律的概括性规定作出判决时容易引发争议。此外,这种方式对于审判人员的业务能力提出了很高的要求,在现实司法实践中很难达到预期的效果。

如果解决不了应当对什么类型的侵害行为科以惩罚性赔偿、如何确定惩罚性赔偿数额、由什么样的方式确定惩罚性赔偿数额的问题,在英雄烈士权益保护民事公益诉讼中引入惩罚性赔偿制度的想法无异于空中楼阁。

(三)请求权主体不明确

关于英雄烈士权益保护民事公益诉讼中惩罚性赔偿请求权主体问题的讨论,其先决问题是是否具有惩罚性赔偿请求权,其次才是请求权主体应当为谁。

首先,是否具有惩罚性赔偿请求权。如前所述,在现行的规范性法律文件体系中尚未制定在此类公益诉讼案件中设立惩罚性赔偿的具体规定,因此从严格意义上讲目前还不存在这种惩罚性赔偿请求权。前文已经对在此类公益诉讼中引入惩罚性赔偿制度的必要性加以论述,也有学者认为侵害英雄烈士权益的行为对社会公共利益所造成的民族情感与记忆上的伤害,不同于物质损失与一般而言的精神损害,对于这种损害显然具有要求赔偿的正当性与必要性。对于这种挑战社会价值与民族精神的行为,应当设置经济惩罚的相关内容。①

其次,由谁作为惩罚性赔偿请求权主体。这一问题的关键是缺乏具体的法律规定明确究竟谁可以作为此类公益诉讼中惩罚性赔偿的请求权主体。一线办案人员认为检察机关可以作为惩罚性赔偿的提起主体。② 有学者认为对于这种符合惩罚性赔偿性质的赔偿损失的请求,可以由检察机关作为主体提起。③

笔者认为,通过制定具体法律规范确立英雄烈士权益保护民事公益诉讼中惩罚性赔偿制度的同时应当明确请求权主体,例如《民法典》中关于知识产权保护、环境保护等领域对惩罚性赔偿的相关规定。

(四)赔偿所得如何处理

在如何处理惩罚性赔偿所得方面,英雄烈士权益保护领域与消费者权益保护与知识产权保护等领域的惩罚性赔偿不同。后者侵权案件中惩罚性赔偿往往可以交付给被侵权人,但前者作为公益诉讼处理惩罚性赔偿所得时面临新的问题。这种惩罚性赔偿是基于侵权人不当行为对于社会公共利益的侵害而提起的,因此赔

---

① 邵世星:《五方面把握英烈保护公益诉讼法律适用》,载《检察日报》2018 年 5 月 23 日。

② 李洋、邵贤、朱堂军:《保护英烈名誉的民事公益诉讼理论与实践——以全国首例向互联网法院提起的保护英烈名誉民事公益诉讼案为视角》,载《中国检察官》2020 年第 2 期。

③ 邵世星:《五方面把握英烈保护公益诉讼法律适用》,载《检察日报》2018 年 5 月 23 日。

偿对象是公众这一范围不够明确的群体。此类公益诉讼中的惩罚性赔偿亦不同于精神损害赔偿,无法交付给英雄烈士近亲属,而且还存在对无近亲属英雄烈士权益侵害的案件。因此在此类公益诉讼案件中的惩罚性赔偿所得无法交付给具体的民事主体。

在无法交付给具体个人的情况下,如何处理使用这种惩罚性赔偿所得变成了新的问题。有学者认为可以由行政机关设立专门账户通过检察机关加以监督,或者成立相关基金会统一使用。[①] 笔者认为对于惩罚性赔偿所得使用的问题一方面要明确由谁使用,另一方面要明确如何使用,后文将对此进行论述。

(五)惩罚性赔偿的角色定位未明确

在梳理英雄烈士权益保护民事公益诉讼的司法判决的过程中,笔者发现存在不同的案件类型。有的行为已经涉及了刑事犯罪,例如在黄玺奕侮辱烈士案中,[②]被告行为已经触犯寻衅滋事罪,公诉机关提起刑事附带民事公益诉讼。有的行为在被提起公益诉讼的同时也受到了行政处罚,例如在管大中肖像权纠纷案中,[③]被告人因为销售人民币图样的冥币,在侵害英雄烈士肖像权益的同时违反了《人民银行法》和《人民币管理条例》,被处以没收冥币与违法所得并处罚款的行政处罚。如果在英雄烈士权益保护民事公益诉讼中引入惩罚性赔偿制度,那么该如何定位它的适用范围,厘清与行政处罚及刑事处罚的界限也是需要回应的问题之一。

其一,惩罚性赔偿与行政处罚及刑事处罚之间的关系。引入惩罚性赔偿制度的目的正是针对行政处罚与刑事处罚所不能规制的不当行为,这也体现了惩罚性赔偿与行政处罚及刑事处罚在目的上的一致性与形式上的互补性。这种互补性体现在:首先,以私法手段填补刑法等在此类案件中对于满足人民群众惩罚需求上的法律规定和审理过程中的空白。其次,以公法上惩罚制度克服私法在保护权利或预防不法行为上的局限性。[④]

其二,惩罚性赔偿的适用范围。引入惩罚性赔偿制度必然需要确立其适用范围,特别是面对行政处罚与刑事处罚可以发挥作用的时候,如何确定惩罚性赔偿的适用范围。笔者认为,当侵权人可以被追究行政处罚与刑事处罚时,在一定程度上也达到了教育惩戒侵权人的效果,在民事责任的承担方式上可以考虑以赔礼道歉的形式在精神层面进行进一步的教育。通过多种方式共同达到修复公众受损情感,教育引导公民规范自身行为的法律目的。当侵权人行为尚不足以受到行政处罚与刑事处罚时,若基于实际案情发现单纯的赔礼道歉不能达到保护英雄烈士权益等法律目的,应当对侵权人科以惩罚性赔偿,通过经济惩罚敦促侵权人认识错误同时也对社会公众起到警示教育作用。

---

① 邵世星:《五方面把握英烈保护公益诉讼法律适用》,载《检察日报》2018 年 5 月 23 日。

② 参见黄玺奕寻衅滋事罪一审刑事判决书(2019)闽 0721 刑初 127 号,判处被告人黄玺奕犯寻衅滋事罪,判处有期徒刑 7 个月并于判决生效之日起 10 日内在国家级媒体上书面公开赔礼道歉、消除影响。

③ 参见管大中肖像权纠纷一审民事判决书(2019)皖 1502 民初 1759 号。

④ 朱广新:《惩罚性赔偿制度的演进与适用》,载《中国社会科学》2014 年第 3 期。

总的来看,惩罚性赔偿制度的引入可以填补法律规定的空白,对于侵害英雄烈士权益并损害公共利益的行为提供更全面有效的规制手段。这一制度发挥作用的主要范围是针对不能受到行政处罚与刑事处罚的侵害行为,此类行为看似情节轻微,但对于英烈权益保护的民事公益诉讼而言正是最难以根治的痼疾所在。

四、惩罚性赔偿制度何以建构

在对英雄烈士权益保护民事公益诉讼中引入惩罚性赔偿制度的必要性与现实困境进行梳理之后,该如何构建这一制度才能符合立法目的并且充分发挥民事公益诉讼的作用成为最关键的一步。笔者从以下几个角度对在此类公益诉讼中构建惩罚性赔偿制度提出建议。

(一)补充法律规范

面对现行法律规范对于英雄烈士权益保护民事公益诉讼的具体规定的空白,应当通过增添制定一些必要的法律规范和规范性法律文件来为惩罚性赔偿制度在此类公益诉讼中的适用提供指导。

首先,在《英烈保护法》第 26 条增设关于惩罚性赔偿的条款。笔者认为,在《民法典》中设置类似第 1185 条、第 1207 条以及第 1232 条的条款是最好的方式,但考虑到《民法典》刚刚通过并不适宜进行修改,因此在《英烈保护法》中增设此类条款较为合适。具体建议在《英烈保护法》第 26 条补充"……依法承担民事责任;情节严重的,检察机关有权请求惩罚性赔偿"①。增设这样的规定,既符合《民法典》第 179 条第 2 款的要求,又能够为其他规范性法律文件提供上位法支持。

其次,建立完整的规范性法律文件体系。检察机关在请求惩罚性赔偿时,除了依照上位法赋予的请求权以外,还需要参照其他规范性法律文件关于惩罚性赔偿数额、使用等方面的具体规定。这就要求根据《民法典》与《英烈保护法》的立法精神,制定其他规范性法律文件,例如民政部门制定关于惩罚性赔偿所得使用与监管的部门规章,地方政府根据各地实际情况制定相关地方性法规或政府规章,最高人民法院与最高人民检察院也可以根据司法实践过程中出现的问题发布司法解释指导司法机关在审判过程中准确适用惩罚性赔偿。

通过建立完整的规范体系,使惩罚性赔偿制度在英雄烈士权益保护适用过程中都能做到有法可依。各层级规范性法律文件提供全面规定的同时能够给司法机关留出自由裁量的空间。公民及其他组织也可以通过具体的法律规定来规范自身的行为。

(二)明确请求权主体

在英雄烈士权益保护民事公益诉讼中引入惩罚性赔偿制度,如何确立惩罚性赔偿请求权主体也是应当考虑的重要问题。笔者认为,不同于知识产权保护或消

---

① 《英烈保护法》第 26 条规定:"以侮辱、诽谤或者其他方式侵害英雄烈士的姓名、肖像、名誉、荣誉,损害社会公共利益的,依法承担民事责任;构成违反治安管理行为的,由公安机关依法给予治安管理处罚;构成犯罪的,依法追究刑事责任。"

费者权益保护等其他基于私益诉讼的惩罚性赔偿制度,侵害英雄烈士权益的行为损害的是社会公共利益。与私益诉讼相比,此类公益诉讼中惩罚性赔偿请求无法由具体的个人提起。因此,检察机关作为国家公权力机关与公共利益的代表,可以代替社会公众成为惩罚性赔偿的请求权主体。只有明确了检察机关请求权主体的地位,才能在公益诉讼过程中提起惩罚性赔偿的请求。

1.检察机关作为请求权主体具有法律依据

根据《英烈保护法》第 25 条第 2 款之规定,在英雄烈士无近亲属或近亲属明确不提起诉讼时,检察机关可以向人民法院提起公益诉讼。该条第 3 款规定,负责英雄烈士保护工作或其他相关部门在履职过程中发现侵害英雄烈士权益与社会公共利益之行为可以向检察机关报告并由检察机关提起诉讼。该两款法律规定,赋予了检察机关对侵害英雄烈士权益行为提起公益诉讼的法律地位,同时也表明在该民事公益诉讼中,无论是英雄烈士的近亲属抑或是英雄烈士保护工作的行政部门都不具备诉讼主体地位,自然也无权在诉讼过程中提起惩罚性赔偿的诉讼请求。因此,检察机关作为民事公益诉讼中的诉讼主体,基于法律规定天然的具备惩罚性赔偿请求权的主体地位,由其提出惩罚性赔偿诉讼请求也符合法律规定与诉讼习惯。

2.检察机关作为请求权主体的独特优势

抛开基于既有法律的分析,与其他英雄烈士权益保护相关的主体相比较,检察机关作为惩罚性赔偿请求权主体具有独特优势。

首先,公民个人维权成本较高,维权积极性较低。从侵害英雄烈士权益的行为来看,这些侵权行为多发生于社交网络,分散度较高并且收集固定证据难度较大,往往使得英雄烈士近亲属怠于维权。例如在对于在互联网上污蔑诋毁四川凉山大火中牺牲的消防员烈士名誉荣誉的相关公益诉讼中,侵权行为多是来自网络跟帖评论中的不当言论,如果由英雄烈士近亲属逐个进行证据收集提起诉讼难度很大。也有一些英雄烈士近亲属生活水平较低负担诉讼成本压力较大或者法律知识欠缺最终放弃维权。在现实生活中还存在英雄烈士近亲属因为过于悲痛而无暇提起诉讼的情形,例如在曾云名誉权纠纷一案中谢勇烈士的近亲属表示,因沉寂在悲痛之中不起诉,并支持检察机关起诉。还应当注意到特别是革命时期的英雄烈士可能已经没有近亲属在世,对于这些人的权益往往缺乏具体民事主体进行维护。此外,在公益诉讼中对于侵害英雄烈士权益的行为要求惩罚性赔偿与近亲属对侵害行为提起私益诉讼要求精神损害赔偿不同,其受偿主体应当是社会公众并非具体近亲属个人,因此由近亲属作为请求权主体并不适合。

其次,相关公益组织提起公益诉讼具有困难。目前尚且缺乏专门从事英雄烈士权益保护的公益组织,运营模式也不像环境保护等公益组织一样成熟,由其提起公益诉讼具有现实困难。英雄烈士权益保护领域的民事公益诉讼与消费者权益保护、环境保护等领域的民事公益诉讼不同之处在于,以赔礼道歉而非经济处罚作为判决,引入惩罚性赔偿后其金额大多数情况下也不会过高,不会出现其他领域的公益诉讼中公益组织在大额赔偿金使用过程中获得利益的情况。从现实意义来讲这些都影响公益组织的诉讼积极性。

最后，行政部门提起惩罚性赔偿存在问题。其一，从法律规定来看，根据《英烈保护法》第 25 条第 3 款的规定，行政部门认为需要提起诉讼的应当向检察机关报告，由检察机关提起诉讼。其二，行政部门可以在履行职责过程中对侵权人处以行政处罚。例如，在管大中肖像权纠纷一案中，金安区监管局对管大中作出没收违法所得与冥币并处罚款的行政处罚。在此情况下再由行政机关提起惩罚性赔偿使得行政机关权力过于集中进而产生监管问题。其三，行政部门不具备提起惩罚性赔偿的能力。对侵犯英雄烈士权益的行为追究惩罚性赔偿，面临许多实践难题如赔偿金额的确定等，行政部门并不具备这样的专业能力解决此类问题。

综合来看，设立检察机关作为惩罚性赔偿请求权主体，是对现有法律规定的积极适应，同时检察机关作为公权力机关，承担着维护社会公共利益的职责。其优势在于：一方面，在面对侵权行为与侵权人分散度较高的侵权案件时与公民个人相比能够集中力量克服诉讼中的困难，在对无近亲属英雄烈士权益保护中具备诉讼主体的正当性；另一方面，与行政机关相比，检察机关在提起惩罚性赔偿时处理相关法律问题业务能力更强，也可以避免行政机关在履职过程中可能出现的权力寻租等监管难题。检察机关作为惩罚性赔偿的请求权主体，能够最大限度地减少这一制度在司法实践试用过程中可能出现的问题。

（三）明确赔偿金额如何确定

惩罚性赔偿金额的确定是实践中最难解决的问题。惩罚性赔偿金的数额直接反映了其威慑水平。① 只有确定合适的赔偿金额，才能充分发挥惩罚性赔偿制度的作用，过高的赔偿金额由于超出当事人的承受范围而造成执行困难，过低的赔偿金额又无法达到惩罚当事人的目的。笔者认为，对于这一问题可以跳出传统的以损害金额为标准的思维模式根据公益诉讼的目的结合具体案件情况灵活确定惩罚性赔偿金额。

按照一般的思维习惯，区分侵权人是否以侵害行为为手段从事营利性活动是确定惩罚性赔偿金额的重要方式。对于从事经营活动的以实际获利数额为依据。行为人采取污蔑、丑化英雄烈士形象或者侵犯姓名、肖像权益的手段从事营利性活动的，可以依据具体获利数额来确定惩罚性赔偿金额。例如，在杭州互联网法院审理的侵害黄继光烈士名誉权案中，被告在电商平台销售侮辱和诋毁“黄继光”的贴画。今后在此类案件中司法机关可以根据具体销售额决定处以一定倍数的惩罚性赔偿。对于非营利的侵害行为通过其他标准确定金额。在绝大多数的侵害英雄烈士权益的民事公益诉讼案件中，被告人多因为不当言论与行为而被提起诉讼，这也使确定惩罚性赔偿金额变得困难。笔者认为，在审理过程中，应当根据行为人的主观恶意，违法情节以及悔过态度等具体表现决定是否适用惩罚性赔偿，在确定具体金额时还可以采取灵活的衡量标准例如被告的月收入水平等。灵活的标准可以真

---

① 周骁然：《论环境民事公益诉讼中惩罚性赔偿制度的构建》，载《中南大学学报（社会科学版）》2018 年第 2 期。

正依据案件与被告人真实情况避免畸轻畸重又能达到惩罚目的。

如上所述,惩罚性损害赔偿是极具弹性的制度。正因为如此,也有学者担心在能够充分发挥其制裁加害人机能、抑制违法行为机能的同时,司法机关过大的裁量余地有可能导致权力的滥用。① 因此,在面对需要法官实行自由裁量权的情况时,应当确立自由裁量权客观化的标准。

第一,明确影响裁量的因素。与损害赔偿不同,在惩罚性赔偿金额的确定中,比起受害方的因素更重视加害方的因素。② 在英雄烈士权益保护民事公益诉讼中,这些因素主要概括为侵权人主观动机,侵害结果,悔过态度以及个人经济能力等。在实践过程中,这些标准的具体确认还要根据案件事实。例如在曾云名誉权纠纷一案中,被告在微信群中公然发表"别说拘留、坐牢都不怕"等侮辱性言论。基于此类案件事实,可以判断侵权人主观恶意与对公共利益侵害结果较为严重,在未构成刑事犯罪的情况下,应当以惩罚性赔偿与赔礼道歉的方式共同承担民事责任。又例如在李青翰、吴定涛荣誉权纠纷一案中,被告在知晓其穿着德国军服在烈士陵园拍的照片上传到QQ空间后被传播、扩散到微博后立即删除了照片并且积极配合司法机关调查。基于此类案件事实,可以判断侵权人并无侵害英雄烈士人格权益的主观恶意,并且对于产生的侵害后果积极采取弥补措施。对于此类侵权人,司法机关认为赔礼道歉能够达到教育警示的目的,可以不追究惩罚性赔偿。

第二,不设立最高与最低标准。惩罚性赔偿制度在我国肇始于消费者权益保护领域,基于商品价格的法定倍数而确定赔偿金额。这一思路并不适用于人格权益保护领域,因为在名誉或自由被侵害时实质财产损害很难证明。③ 那么是否可以对此类惩罚性赔偿设立最高或最低标准来辅助司法机关进行自由裁量呢?笔者认为目前不应当设立最高或最低标准。其一,在此类公益诉讼中,侵权人对社会公共利益的侵害程度难以用金钱量化,也无从谈论设立全国统一的适用所有个案的最高或者最低标准。其二,面对侵权人各自不同的经济状况,无论设立最高还是最低标准在具体个案适用中往往失去了其本身的意义。对于经济状况不同的侵权人,最低与最高的标准也在相互转化。侵权人认为最高标准无关痛痒或者对于最低标准也远远超过其承当能力,都会导致惩罚性赔偿失去其制度目的,无法约束惩罚违法行为同时对社会公众产生警示作用。其三,在引入惩罚性赔偿制度的初期,应当尊重法官自由裁量权的行使,同时注重对司法实践的观察确定是否需要设立最高或者最低标准作为指导。

第三,借鉴其他领域惩罚性赔偿的"法定倍数"经验。虽然目前不建议对惩罚性赔偿设立最高或者最低标准,但是既有的法定倍数的方式确立惩罚性赔偿金额

① [日]田中英夫、竹内昭夫:《私人在法实现中的作用》,李薇译,法律出版社2006年版,第139页。

② [日]田中英夫、竹内昭夫:《私人在法实现中的作用》,李薇译,法律出版社2006年版,第135页。

③ [德]马格努斯:《侵权法的统一损害与损害赔偿》,谢鸿飞译,法律出版社2009年版,第91页。

的经验值得借鉴。例如在案件审理过程中可以根据被告月收入水平的几倍或者百分之多少确定惩罚性赔偿金额。这种倍率系数的方式可以在没有具体损害数额作为基准的情况下，根据侵权人具体经济状况制定一个惩罚赔偿标准，达到“知痛痒，有疗效”的作用。

笔者认为，确定惩罚性赔偿金额不能忽略英雄烈士权益保护民事公益诉讼的制度目的。在此类公益诉讼中，侵权行为有其自身的特点，往往在裁判时给司法机关“杀鸡用牛刀”的不适感，对于此类行为处罚更应当认真对待以体现“勿以恶小而为之”的惩罚与教育目的。赋予法官以充分的自由裁量权，并且通过明确惩罚性赔偿金额的确定标准对法官裁判进行辅助与规制，使这一制度成为精准的手术刀，真正实现惩罚侵权人、抚慰民族情感、警示教育社会公众的目的。

(四)明确赔偿金的归属与使用

惩罚性赔偿金的归属与使用是落实这一制度的最后一环，关系着能否使惩罚性赔偿金发挥最大效用。笔者认为，对于这一问题可以借鉴消费者权益保护与生态环境公益诉讼中的相关经验，结合英雄烈士权益保护民事公益诉讼的自身特点寻找问题的答案。

1.惩罚性赔偿金的归属

与损害赔偿不同，惩罚性赔偿在数额上不以受害人损害范围为界限，受偿对象也并不指向具体个人，而是广义上的社会公众即不特定的多数人。因此，在惩罚性赔偿金的归属问题上需要作出明确。

在消费者权益保护公益诉讼中，惩罚性赔偿金的归属问题也有多重看法，主要集中体现在收归国有还是归广大受害消费者所有。① 支持收归国有的部分观点认为应当交由国库、地方财政、有关行政部门或者审理法院进行管理与使用。支持归广大受害消费者的部分观点认为应当交由消费者协会进行统一管理与使用。

对于英雄烈士权益保护民事公益诉讼而言，惩罚性赔偿的赔付对象应当是社会公众，这是不言而喻的。此类公益诉讼正是在英雄烈士近亲属放弃诉讼的前提下由检察机关提起的，因此惩罚性赔偿不应当归英雄烈士及其近亲属所有，这与英雄烈士近亲属在私益诉讼中提起的损害赔偿与精神损害赔偿并不相同。既然赔付对象是社会公众，那么交由社会组织似乎是一个不错的选择。但是我国目前并没有消费者协会这样在英雄烈士保护领域具有一定公信力的全国性社会组织，并不具备管理使用惩罚性赔偿金的能力。此外，社会公众对于这类社会组织运营过程中的监管问题也存在一定程度的担忧。综合来看，惩罚性赔偿金交由国家统一管理是当前最好的选择。第一，惩罚性赔偿交由国家统一管理符合社会公众的预期。相较于社会组织，国家机关具有更高的公信力，在监管规范方面也更加成熟。第二，惩罚性赔偿需要交由专门行政机关进行管理使用。英雄烈士权益保护具有专业性，简单地将赔偿金上缴国库并不能确保真正发挥赔偿金的效能。由国家集中

---

① 颜卉:《消费公益诉讼惩罚赔偿金归属研究》，载《兰州大学学报(社会科学版)》2020年第3期。

调配于民政部门,可以发挥其专业能力,真正将惩罚性赔偿金应用到英雄烈士保护领域。这一点也借鉴了消费者协会这种专门的社会组织在专门领域发挥作用的特点,同时集中了行政部门规范管理制度严格的优势。

2.惩罚性赔偿金的使用

如前所述,在英雄烈士权益保护民事公益诉讼中所判处的惩罚性赔偿金交由民政部门统一管理,对于如何使用这笔赔偿金也需要统一意见。笔者认为,结合保护英雄烈士权益与修复社会公共利益的诉讼目的,惩罚性赔偿所得应当主要使用在保护维护英雄烈士纪念馆、陵园等设施,英雄烈士爱国主义教育,奖励维护英雄烈士形象行为等方面。

首先,将惩罚性赔偿所得用于英雄烈士纪念馆、陵园等设施的维护中。除却一些知名的英雄烈士纪念场馆,还存在许多小规模的英雄烈士陵园等设施在日常维护中存在缺乏经费的现象。此外,可以将这些资金用于新的革命旧址建设保护中,一座维护良好的纪念场馆,可以在一个地区提升社会公众对英雄烈士的情感。其次,将惩罚性赔偿所得用于慰问英雄人物。公益诉讼的目的之一是抚慰英雄烈士相关人群受损的内心情感,民政部门将赔偿金用于慰问在世的老红军等英雄人物也是对这一目的的实现。这不仅是尊重关爱在世的英雄前辈,也是对奉献生命先烈的追思与纪念。再次,将惩罚性赔偿所得用于教育宣传活动。可以收集制作英雄烈士权益保护民事公益诉讼的典型案例进行宣传,教育公民尊重英雄烈士并规范自身行为。最后,将惩罚性赔偿所得用于奖励激励。在消费者权益保护领域,惩罚性赔偿的重要功能之一是激励公民积极维护自身权利。在英雄烈士保护领域,同样可以借鉴这一功能,对于积极维护英雄烈士形象,用自身行动践行英雄烈士精神的行为可以给予奖励。

笔者认为,从体量上来看此类公益诉讼中的惩罚性赔偿金额不如其他领域中那么巨大,上述建议的使用范围也有国家专门的资金支持,但是这体现了国家尊重保护英雄烈士权益的态度与决心,在这类公益诉讼中充分发挥法的社会作用,让人民群众切实感受到通过这类公益诉讼真正达到了惩罚教育侵权人,警示社会公众的目的。用好惩罚性赔偿金,使惩罚性赔偿不止于惩罚,而是用于英雄烈士权益保护与社会主义核心价值观的弘扬,这也正与英雄烈士的精神品质相一致。

五、余论

在英雄烈士权益保护领域设立民事公益诉讼制度,其目的是维护英雄烈士权益,更重要的是通过公益诉讼对侵害行为的惩罚达到修复民族情感、倡导尊重英雄烈士、树立社会主义核心价值观、引导人们规范自身行为的目的。自《英烈保护法》实施以来,根据对司法实践的观察,确实在一定程度上达到了立法目的,但是对于赔礼道歉作为承担民事责任的方式,在很多情形下很难促使被告悔过认错,从而也很难起到修复民族情感以及教育引导公民的作用。尝试引入惩罚性赔偿制度与赔礼道歉共同作为承担民事责任的方式,符合社会公众的正义观念,能够起到惩罚与教育的作用。

在英雄烈士权益保护民事公益诉讼中引入惩罚性赔偿制度在实际操作中面临着数额难以确定这一现实问题，但是不应当因为这种困难的存在而否定引入这一制度的正当性与必要性。此外，对于惩罚性赔偿的执行方式也需要进一步的讨论，如分期支付，借鉴劳务抵债的方式改由侵权人参与英雄烈士保护的志愿服务活动等。通过完善立法规定与更多司法实践经验的总结，可以真正让这一制度有效运行，使得此类公益诉讼真正发挥作用。这也是对民事公益诉讼范围扩展的有益尝试，更是体现国家对英雄烈士权益保护、对民族记忆与情感以及社会主义核心价值观的重视，为公民尊重英雄烈士，共同守护民族记忆，践行民族精神作出榜样。

驳回起诉的合理性分析:以论离婚诉讼中的“不予受理”抑或“驳回起诉”为例*

■李静一　张　勤**

摘　要　根据现在通说观点,驳回起诉是在案件不符合起诉条件的情况下,对已经受理的案件予以退出诉讼程序的制度。驳回起诉的合法性来自《民事诉讼法》关于裁定形式的规定,关于驳回起诉的合理性,笔者认为是来自1984年的《最高人民法院关于贯彻执行〈民事诉讼法(试行)〉若干问题的意见》第36条的规定。但是,后来的《民诉法解释》均没有延续该条款,这就使当下的驳回起诉的合理性存在疑问。另外,在离婚诉讼中,根据笔者的走访调研、案例数据统计,在《民事诉讼法》第124条第7项和《民诉法解释》第208条第3款适用的情况下,法院极高程度地使用“驳回起诉”,鲜少使用“不予受理”。通过对离婚诉讼中大量适用驳回起诉的探讨和总结,笔者认为关于驳回起诉的合理性,可能不在于未满足起诉条件,而是在于不满足诉讼要件。因此,关于驳回起诉的概念界定和适用范围,有可能需要对现有通说进行改变。

关键词:驳回起诉　不予受理　离婚诉讼　起诉条件　诉讼要件

一、驳回起诉与不予受理的差异所在

(一)不予受理是拒绝案件进入诉讼程序的裁定形式

1.受理是案件进入司法审判程序的必经阶段

受理作为判断案件能否进入审判程序的诉讼阶段,是法院行使审判权的形式,保护对象是当事人的诉权,因此,受理的法理基础从表现形式上看是法院的主管范围,但保护对象是民事纠纷的可诉性。此外,受理是案件进入司法审判程序的必经阶段。案件一经立案被法院受理后将产生一系列法律后果:案件系属于特定法院,

---

* 论文曾提交中国法学院民事诉讼法学研究会2018年年会暨家事审判与非讼程序研究会,并在年会上进行小组发言,非常感谢同组点评专家的专业评论,为文章的后期修改提供了宝贵建议。2019年,笔者阅读了任重副教授的论文《改革开放40年:民事审判程序的变迁》,文中部分观点对本文的修改给予了很大启发。2020年,笔者回想当时年会上专家提出的立案登记制与本文关系的问题,想到了驳回起诉究竟是依据起诉条件还是诉讼条件进行判断的理论问题。另外,南开大学法学院张丽霞副教授为文章的后期修改提供了宝贵的修改意见,一并表示感谢。

** 李静一,天津财经大学法学院副教授;张勤,天津财经大学法学院教授。

受诉法院取得了对该案件的审判权；禁止重复起诉和受理；管辖权恒定；诉讼请求的特定化；当事人的诉讼地位确定；审限开始计算等等。① 不予受理发生在当事人起诉后、法院立案前，不会产生上述法律后果。其结果是案件停在了立案阶段而没有进入庭审程序。因此，如果只有当事人起诉，但是人民法院不予受理，案件就无法进入审判程序。

2.关于受理条件的立法变迁

"受理条件"一词，出现于1982年《中华人民共和国民事诉讼法（试行）》（以下简称《民事诉讼法（试行）》），该法第85条规定，人民法院接到起诉状或者口头起诉，经审查，符合本法规定的受理条件的，应当在7日内立案；不符合本法规定的受理条件的，应当在7日内通知原告不予受理，并说明理由。然后，1991年、2007年、2012年、2017年的《中华人民共和国民事诉讼法》（以下简称《民事诉讼法》）均没有再出现"受理条件"这个词。1991年《民事诉讼法》第112条规定："人民法院收到起诉状或者口头起诉，经审查，认为符合起诉条件的，应当在七日内立案，并通知当事人；认为不符合起诉条件的，应当在七日内裁定不予受理；原告对裁定不服的，可以提起上诉。"自此，起诉条件就是法院判断是否受理的条件。

与《民事诉讼法》的规定不同，1984年的《最高人民法院关于贯彻执行〈民事诉讼法（试行）〉若干问题的意见》（以下简称《84意见》）、1992年的《最高人民法院关于适用〈中华人民共和国民事诉讼法〉若干问题的意见》（以下简称《92意见》）都继续沿用了"受理条件"的表述。直到2015年的《最高人民法院关于适用〈中华人民共和国民事诉讼法〉的解释》（以下简称《民诉法解释》），其中第248条第1款的规定采用了使用起诉条件界定受理条件的立法表述，与《民事诉讼法》第123条的规定保持一致。

3.法院对不符合起诉条件的案件可以作出不予受理的裁定

根据《民事诉讼法》第123条的规定，②不予受理是指法院审查当事人的起诉，认为不符合起诉条件的情况下，所作出的裁定行为。可以看出，不予受理的前提是案件不符合起诉条件，根据《民事诉讼法》第119条的规定，不符合起诉条件的情形有：原告不适格、被告不明确、没有具体的诉讼请求和事实理由、不属于法院受理的民事诉讼、不属于受诉法院管辖。另外，不属于法院受理的民事诉讼的情形，在《民事诉讼法》第124条中以消极的起诉条件的形式予以规定，法院作出不予受理的裁定。此外，不属于受诉法院管辖，既可以由法院作出不予受理的裁定，也可以在法院受理后，当事人依据《民事诉讼法》第127条的规定提出管辖权异议，或是受诉法院依据《民事诉讼法》第36条的规定裁定移送管辖。当事人不适格的情形，法院在

① 李浩：《民事诉讼法》，法律出版社2016年第3版，第203～204页。

② 《民事诉讼法》第123条规定："人民法院应当保障当事人依照法律规定享有的起诉权利。对符合本法第一百一十九条的起诉，必须受理。符合起诉条件的，应当在七日内立案，并通知当事人；不符合起诉条件的，应当在七日内作出裁定书，不予受理；原告对裁定不服的，可以提起上诉。"

受理前发现的,作出不予受理的裁定,法院在受理后发现的,作出驳回起诉的裁定。

(二)驳回起诉是将案件退出诉讼程序的裁定形式

1.驳回起诉的出现是否默认了立案庭受理案件的错误并予以纠正

驳回起诉发生在法院受理后,如果案件不符合起诉条件,法院有权作出驳回起诉的裁定。与作出不予受理裁定的主体是立案庭不同,作出驳回起诉裁定的主体是审判庭(见图1)。关于驳回起诉,司法实务界在20世纪90年代前后,多从驳回起诉与驳回诉讼请求的角度予以比较分析①,罕见从驳回起诉与不予受理的角度予以比较。

但是,不符合起诉条件的案件本来都属于不予受理的范畴,为什么仍要给予驳回起诉的另行规定呢?也就是说,本来无法进入法院审判程序、法院应予以不予受理的案件,为什么法院会予以受理,而且案件不仅受理了,还由立案庭交给了审判案件的法官,然后由合议庭或者独任法官作出驳回起诉的裁定呢?一个本不该进入诉讼程序的案件,就这么堂而皇之地进入了诉讼程序,究竟是立案庭的错误,还是法律允许这样做?是否法律默许了立案庭在某些情况下可能犯下的错误,并允许审判案件的法官予以纠正?

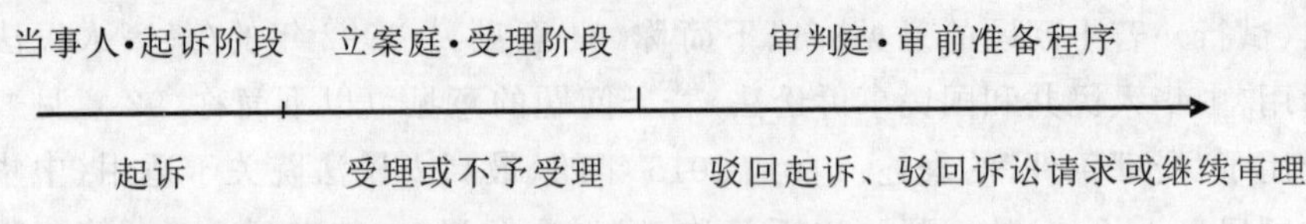

图1　不予受理与驳回起诉的诉讼阶段差异和作出主体差异

2.法院受理案件是否允许自由裁量

追本溯源,1982年《民事诉讼法(试行)》关于驳回起诉的规定只有一处,即第122条第1款,“裁定适用于下列范围:(一)驳回起诉;……”。1982年《民事诉讼法(试行)》没有规定驳回起诉所适用的情况,但是赋予了驳回起诉裁定的合法性。《84意见》关于驳回起诉的规定有3处,分别是第10条、第36条、第40条。与本文主题较为密切的是第36条规定:“人民法院收到原告起诉状,经认真审查,认为不符合民诉法规定的受理条件的,通知原告不予受理并说明理由。原告仍坚持起诉的,可以立案受理,经进一步查明起诉确实不符合受理条件的,以书面裁定驳回起诉。”根据该条款,在原告起诉不符合起诉条件的情况下,立案庭法官要做的第一件事情是“释明”,即通知原告不予受理而且要说明理由。然后,在原告坚持起诉的情

---

① 例如,1986年第2期的《政治与法律》上发表了杨善明撰写的文章《驳回起诉与驳回诉讼请求的区别》,1992年第7期的《人民司法》上发表了林城、张文双、王福华撰写的文章《不予受理、驳回起诉与驳回诉讼请求》,1996年第5期的《法律适用》上发表了曹书瑜撰写的文章《实践中如何把握不予受理、驳回起诉与驳回诉讼请求》,1999年第2期的《法律适用》上发表了郑伟华撰写的文章《从驳回起诉和驳回诉讼请求的法律内涵看两者在具体适用中的差异》等。可以看出,关于驳回起诉的研究,多是驳回起诉与相关制度的比较分析,而且,鉴于驳回起诉与驳回诉讼请求在名称上的相似性、实质上的相异性,两者的比较往往是研究驳回起诉的研究思路。

况下,立案庭法官具有了“自由裁量权”,即可以立案受理。此处的规定很妙,当事人的坚持起诉可以赋予立案庭法官不死守起诉条件的自由裁量权,起诉条件从法定变成了酌定。同时,法官的释明义务在先,自由裁量在后,也就是说在原告起诉不符合起诉条件的情况下,法官要先向当事人释明,然后当事人坚持,法官才有了自由裁量权。可以看出,这个条款的规定对驳回起诉的合理性至关重要。也就是说,1982 年《民事诉讼法(试行)》赋予了驳回起诉的合法性,《84 意见》赋予了驳回起诉的合理性。

3.法院不再拥有受理案件自由裁量权后的驳回起诉

之后,1991 年、2007 年、2012 年、2017 年的《民事诉讼法》关于驳回起诉的裁定没有发生变化,因此驳回起诉的合法性毋庸置疑。但是,《92 意见》第 139 条规定:“起诉不符合受理条件的,人民法院应当裁定不予受理。立案后发现起诉不符合受理条件的,裁定驳回起诉。不予受理的裁定书由负责审查立案的审判员、书记员署名;驳回起诉的裁定书由负责审理该案的审判员、书记员署名。”因此,起诉的积极和消极条件并不再是可以由法院裁量处理的事项,而是受理的必要前提条件。[①]既然起诉条件是受理的必要前提条件,那么立案庭将不符合起诉条件的案件予以受理明显就是一个错误。这时,法条中不仅默认了这个错误的存在,还规定“立案后发现起诉不符合受理条件的,裁定驳回起诉”,非常突兀,给人一种默认错误一定会发生、于是交给后人来纠正的感觉。这时,笔者很想弄明白,在司法实践中,究竟哪些情况下会发生立案庭法官先是受理了,但是后来审判庭法官又会驳回起诉的情况,并期待能找寻一些规律。民事案件类型有很多,笔者暂时选取离婚诉讼中的“不予受理”抑或“驳回起诉”予以分析。

二、离婚诉讼中“不予受理”抑或“驳回起诉”的文本与数据分析

(一)离婚诉讼中“不予受理”抑或“驳回起诉”的法律规范文本分析

当事人向人民法院起诉,是基于诉权。从诉权的角度讲,同一案件在立案前后都可能面临诉权的阻滞,这种阻滞在立案前以裁定不予受理的形式表现,在立案后则以驳回起诉的形式表现。[②] 因此,不予受理或驳回起诉,都是能够阻滞诉权的裁定形式。在离婚纠纷中,当事人向法院起诉,追求的是与实体相关的判决,希望通过法院的强制执行力,实现自己的权利。法院经过事实和法律的认定,向当事人下达的是一份判决书,判决书中的说理部分,向当事人解释清楚裁判的依据和理由,让当事人做到心服口服。因此,判决书,似乎是当事人追求的、法院回应的一个“关键”。但是,在《民事诉讼法》第 124 条第 7 项和《民诉法解释》第 208 条第 3 款适用的情况下,法院会以不予受理或驳回起诉的裁定形式,使诉权受到阻滞,从而使当事人的离婚诉请不能进入实体审理阶段,这无疑将对当事人产生实体意义的影响。现将相关法律规定分述如下。

---

① 任重:《改革开放 40 年:民事审判程序的变迁》,载《河北法学》2018 年 12 月。

② 张秋喜:《论民事诉讼中立审分立原则对驳回起诉的影响》,载《前沿》2011 年第 18 期。

1.离婚诉讼中的不予受理裁定

首先,依据《民事诉讼法》第124条第7项的规定,法院判决不准离婚和调解和好的离婚案件,判决、调解维持收养关系的案件,没有新情况、新理由,原告在6个月内又起诉的,裁定不予受理。从法的历史看,《民事诉讼法》第124条系全面继承1991年《民事诉讼法》第111条而来,并非2012年《民事诉讼法》第二次修正时新设的条文。

其次,依据《民诉法解释》第214条第2款的规定,原告撤诉或者按撤诉处理的离婚案件,没有新情况、新理由,6个月内又起诉的,比照《民事诉讼法》第124条第7项的规定不予受理。需要注意的是,根据《民诉法解释》第214条第1款的规定,原告撤诉或者人民法院按撤诉处理后,原告以同一诉讼请求再次起诉的,人民法院应予受理。因此,虽然都是发生在原告撤诉或者人民法院按撤诉处理后的情况下,离婚诉讼案件存在没有新情况、新理由,6个月内又起诉情况下的不予受理,是针对离婚诉讼的特殊规定。①

2.离婚诉讼中的驳回起诉裁定

《民事诉讼法》第154条第1款第3项规定了驳回起诉的裁定,但没有规定驳回起诉的适用情形。依据《民诉法解释》第208条第3款的规定,法院立案后发现不符合起诉条件或者属于《民事诉讼法》第124条规定情形的,裁定驳回起诉。《民诉法解释》第208条是从《92意见》第139条修改而来的。根据《92意见》第139条的规定,立案后发现起诉不符合受理条件的,裁定驳回起诉。之所以会发生条款的内容修改,是因为为了充分保障当事人行使诉权,2015年4月1日,中央全面深化改革领导小组第十一次会议审议通过了《关于人民法院推行立案登记制改革的意见》(以下简称《立案登记制意见》),自2015年5月1日起正式在全国法院系统推行立案登记制改革。立案登记制的关键是法院仅对当事人的起诉进行形式审查,而不进行实质审查,但是,在起诉条件和实体判决条件没有进行清晰划分的条件下,立案登记制中形式审查的判断标准仍是《民事诉讼法》第119条的规定,对案件的原告、被告、诉讼请求、主管和管辖进行审查。因此,《民诉法解释》第208条第1款、第2款规定了立案登记制的相关内容,该条第3款规定不符合起诉条件或者属于《民事诉讼法》第124条规定情形的,裁定驳回起诉。

(二)离婚诉讼裁定类型的案例检索数据解析

判决不准离婚和调解和好的,或者原告撤诉或者按撤诉处理的离婚案件,没有新情况、新理由,原告在6个月内又起诉的,法院裁定不予受理。2015年5月1日开始实施立案登记制改革,立案工作从立案审查转变为立案登记。在立案登记制出台前后,判决不准离婚和调解和好,或者原告撤诉(或者按撤诉处理)的离婚案件,没有新情况、新理由,原告在6个月内又起诉的,法院是否严格按照法律的规定裁定不予受理呢?"不予受理"和"驳回起诉"两种裁定类型在离婚诉讼中的运用情

① 沈德永主编:《最高人民法院民事诉讼法司法解释理解与使用》(上),人民法院出版社2015年版,第566~567页。

形如何?《民事诉讼法》第124条第7项规定在立案制度改革前后是否有所不同?带着上述问题,笔者以威科先行法律信息库为检索库进行案例检索。

1.立案登记制前后《民事诉讼法》第124条第7项的裁定形式

以威科先行法律信息库为检索库,以"《中华人民共和国民事诉讼法》第124条第7项"为检索项,进行裁判文书检索,检索到的裁判文书共671个,其中,2018年27个,2017年97个,2016年220个,2015年218个,2014年91个,2001至2013年15个。鉴于《立案登记制意见》于2015年5月1日生效,所以,本文对案例的整理与比较工作,以2015年5月1日为时间节点,分别统计2015年5月1日之前和之后的案例。

经检索,立案登记制实施前(2015年5月1日之前)检索到的案例为151个。其中,1个案例与离婚无关,2个是二审程序,7个是判决书,予以排除,剩下141个作为研究样本。可以看出,在立案登记制出台之前,法院适用《民事诉讼法》第124条第7项作出的裁定书的类型中,有140个驳回起诉裁定,1个不予受理裁定。

经检索,立案登记制实施后(2015年5月1日之后)检索到的案由为离婚案件的案例为505个。其中,5个是二审程序,6个是判决书,予以排除,剩下494个作为研究样本。鉴于样本数量较多,采取1、5、10、15——的抽样方式,得到99个抽样样本,进行抽样分析。可以看出,在立案登记制出台之后,法院适用《民事诉讼法》第124条第7项作出的裁定书的类型中,有98个驳回起诉裁定,1个不予受理裁定。

2.立案登记制前后《民诉法解释》第214条第2款的裁定形式

以威科先行法律信息库为检索库,以"《最高人民法院关于适用〈中华人民共和国民事诉讼法〉的解释》第214条第2款"为检索项,进行裁判文书检索,检索到的裁判文书共320个,其中,2015年137个,2016年116个,2017年48个,2018年19个。在初次检索的情况下,无法区分不同案由的案例,因此,笔者将320个案例下载之后,进行梳理,其中,案由为离婚案件的案例为283个。鉴于《立案登记制意见》于2015年5月1日生效,所以,本文对案例的整理与比较工作,以2015年5月1日为时间节点,分别统计2015年5月1日之前和之后的案例。

经检索,立案登记制实施前(2015年5月1日之前)检索到的案由为离婚案件的案例为20个。[①] 可以看出,在立案登记制出台之前,法院适用《民诉法解释》第214条第2款作出的裁定书的类型全部是驳回起诉。

经检索,立案登记制实施后(2015年5月1日之后)检索到的案由为离婚案件的案例为263个。其中,二审程序的案例为6个,予以排除,剩下257个案例作为研究样本。其中,下列7个裁定即甘肃省白银市白银区人民法院(2016)甘0402民初第1396号《民事裁定书》、甘肃省白银市白银区人民法院(2016)甘0402民初字

---

① 《民诉法司法解释》2015年1月30日公布,2015年2月4日实施,因此到2015年5月1日立案登记制改革开始时,该司法解释施行的时间相对较短,案件数量有限。

422号《民事裁定书》、山东省邹城市人民法院(2015)邹民初字第3012号《民事裁定书》、黑龙江省克山县人民法院(2015)克民初字第528号《民事裁定书》、重庆市南川区人民法院(2016)渝0119民初3019号《民事裁定书》、(2016)渝0119民初3041号《民事裁定书》、(2016)渝0119民初2035号《民事裁定书》均为撤诉裁定，虽然在裁定书中均提到了《民诉法解释》第214条第2款，但不属于撤诉后又起诉情况下所作出的裁定书，反而是在裁定书中向当事人履行释明义务——即向当事人解释"没有新情况、新理由，原告在六个月内又起诉的，不予受理"的规定。现以黑龙江省克山县人民法院(2015)克民初字第528号《民事裁定书》举例说明。

黑龙江省克山县人民法院

民事裁定书

(2015)克民初字第528号

原告吴某某，住克山县。

被告孙某某，住克山县。

本院在审理原告吴某某与被告孙某某离婚纠纷一案中，原告吴某某于2015年8月28日向本院提出撤诉申请。

本院认为，原告的撤诉申请符合法律规定。依照《中华人民共和国民事诉讼法》第一百四十五条、最高人民法院关于适用《中华人民共和国民事诉讼法》的解释，第二百一十四条第二款的规定，裁定如下：

一、准予原告吴某某撤诉；

二、原告吴某某撤诉后，没有新情况、新理由，六个月内又起诉离婚本院不予受理；

三、案件受理费300.00元，减半收取150.00元，由原告吴某某负担。

本裁定书送达后即发生法律效力。

此外，在剩余的250个样本中，法院均是适用《民诉法解释》第214条第2款作出了民事裁定书，其中，不予受理裁定书9个，驳回诉讼请求裁定书1个，驳回起诉裁定书240个。需要说明的是，云南省昆明市西山区人民法院(2016)云0112民初2818号《民事裁定书》裁定驳回原告张某的诉讼请求，违背了"判决驳回诉讼请求"的制度要求，存在裁判文书的种类错误。就不予受理和驳回起诉的裁定书进行比较，会发现驳回起诉裁定书占到两者之和中的96.4%，不予受理裁定书仅占到两者之和中3.6%的比例，两者之间的比例差别巨大。

三、离婚诉讼中大量适用驳回起诉的探讨和总结

通过上文对相关裁判文书的统计分析，可以看出，在立案登记制出台之前，法院适用《民事诉讼法》第124条第7项作出的裁定书的类型已经是驳回起诉，而不是说，在立案登记制改革后，法院适用《民事诉讼法》第124条第7项作出的裁定书的类型才从不予受理变更为驳回起诉。而且，法院适用《民诉法解释》第214条第2

款也呈现出相似的情况。

1.“新情况和新理由”是属于实体问题还是程序问题

究其原因,《民事诉讼法》第 124 条第 7 项中、《民诉法解释》第 214 条第 2 款中关于“新情况、新事由”的判断是属于实体问题,还是程序问题呢?根据诉讼法理论,新情况、新事由应该属于实体问题。但是,同时,裁定书是就程序问题作出的,那么,裁定依据中的“新情况、新事由”是否会在性质判断上发生变化呢?这里,笔者想坚持本文的实证研究范式,继续研究司法实务界的观点。仅从检索的裁定书中,可以发现裁定书对“新情况、新事由”的具体内容撰写要么是不写(仅是一笔带过本案中没有新情况、新事由)、[①]要么是简单说明,[②]因此,从笔者检索到的裁定文书中,很难直接看出法官对“新情况、新事由”的判断标准。

为了解决该问题,同时,为了了解“静态”裁判文书之外的“动态”审判实践,笔者到天津市红桥区人民法院进行走访调研。[③] 经与法院家事审判庭法官、法院研究室法官进行座谈,[④]发现在实践中,“新情况、新事由”的判断标准主要有两个,第一是该情况、事由是否达到婚姻破裂的标准,第二是该情况、事由是否具有紧迫性。两个标准有时能同时达到,但也有时会满足其中一个。这时,事由的紧迫性是判断是否是“新情况、新事由”的核心所在。例如,法官给我们讲了这样一个案例,在法院判决不准离婚和调解和好的离婚案件后,男方立刻着手转卖家中房产,并向房地产管理部门申请房产的变更登记。女方为防止财产损失,向法院申请异议登记。根据《物权法》第 19 条第 2 款的规定,女方在进行异议登记之日起 15 日内不起诉,异议登记失效。因此,男方向房地产管理部门申请房产的变更登记的行为就构成离婚案件的“新情况、新事由”。另外,法官们还提到关于“新情况、新事由”的判断,在受理之后,由审判法官在审前准备程序中通过当事人提交的证据加以判断。综上所述,可以看出,法官对“新情况、新事由”的性质判断仍为实体问题,并且,需要通过当事人举证的方式来证明“新情况、新事由”是否存在。但是,现有的裁定书中

---

① 例如,江苏省江阴市人民法院作出的(2018)苏 0281 民初 2914 号裁定书中指出:“原告张某与被告葛某离婚纠纷,本院曾于 2017 年 7 月 27 日判决不准离婚,原告张某误以为判决后已满六个月,符合再次起诉条件,故于 2018 年 2 月 24 日向本院起诉要求离婚。现查明该判决书的生效日期为 2017 年 11 月 19 日。张某属判决生效未满六个月的情况下再次向本院起诉,且没有新情况、新理由。”

② 对“新情况、新事由”的描写,二审裁定书总的来说要比一审裁定书更为清晰些,例如:广东省韶关市中级人民法院作出(2017)粤 02 民终 751 号裁定书中指出:“陈某曾于 2017 年 3 月 14 日向一审法院提起离婚诉讼,由于上诉人未在规定期限内交纳诉讼费,同月 27 日,一审法院作出(2017)粤 0204 民初 480 号民事裁定书,裁定按陈某撤回起诉处理,陈某当天收到此民事裁定书,第二天即 28 日再次以相同的诉讼请求、事实和理由向一审法院提起诉讼。一审法院认为陈某在没有新的情况、新理由,六个月内又起诉,裁定不予受理并无不当,本院予以支持。”

③ 天津市红桥区人民法院家事审判庭作为天津市首家家事审判庭,于 2016 年 3 月挂牌,2016 年 6 月,被最高人民法院确定为全国家事审判方式和工作机制改革试点法院。

④ 访问时间为 2018 年 8 月 20 日,采访对象为家事审判庭陈庭长和研究室南主任,两位均为入额法官。

没有表现出法官们在判断“新情况、新事由”时的过程和依据。

2.《民事诉讼法》第124条第7项中“不予受理”是否应改为“驳回起诉”?

通过对裁判文书的检索,会发现立案登记制前后,法院依据《民事诉讼法》第124条第7项、《民诉法解释》第214条第2款作出的裁定书的类型没有发生大的变化,几乎都是驳回起诉的裁定书。通过文本检索后,笔者陷入一种沉思:《民事诉讼法》第124条第7项的规定是否已经和司法实践严重脱节?是否应将《民事诉讼法》第124条第7项修改为:“判决不准离婚和调解和好的离婚案件,判决、调解维持收养关系的案件,没有新情况、新理由,原告在六个月内又起诉的,裁定驳回起诉。”同时相应地修改《民诉法解释》第214条第2款规定的裁定类型,将“不予受理”改为“驳回起诉”?

笔者在天津红桥区人民法院走访调研期间,去立案庭进行了走访调研工作。由于立案登记制的推行,不予受理裁定形式的使用较改革前已大大减少。笔者进一步问了立案庭在2017年、2018年(至访谈日8月20日)作出的不予受理裁定案件数量,发现该法院2017年作出不予受理裁定书的案件在20件左右,2018年(至访谈日8月20日止)作出不予受理裁定书的案件在10件左右。该法院近两年的民商事案件受理量年均在6000件左右,不予受理案件的数量相对于受理的案件数量而言,其比例仅为0.3%。当然,在实践中也会发生这样的情况,即立案庭法官通过释明工作,告知当事人案件属于不予受理的情况后,当事人选择了不立案的形式,因此,法院并没有出具不予受理裁定书。总的来说,立案登记制改革的推行,已使不予受理裁定形式的使用在数量上大大减少了。

况且,通过本文的实证分析发现,即使在立案登记制改革推行以前,在适用《民事诉讼法》第124条第7项、《民诉法解释》第214条第2款时,九成以上的裁判文书已经采用驳回起诉的裁定形式,而不是条文规定的不予受理。这说明,法官们对“新情况、新理由”的理解趋向一致,即“新情况、新理由”是实体问题,该问题应该交由业务庭法官来完成,而不可由立案庭法官来“越俎”。

从诉权的角度讲,同一案件在立案前后都可能面临诉权的阻滞,这种阻滞在立案前以裁定不予受理的形式表现,在立案后则以驳回起诉的形式表现。虽然两种裁定均产生阻滞诉权的作用,但是时间节点的不同,决定了其法律后果也会有很大的不同。因此,综合两种裁定形式的属性差异、立案庭和审判庭业务上的分工、“新情况、新理由”属于实体问题的认知等因素,符合《民事诉讼法》第124条第7项规定情形的,其裁定形式应为驳回起诉而不是不予受理,相应地,《民诉法解释》第214条第2款规定的裁定类型,也应为驳回起诉而不是不予受理。

四、驳回起诉的合理性究竟是依据起诉条件还是诉讼要件进行判断

根据上文的分析,《民事诉讼法》第124条第7项中、《民诉法解释》第214条第2款中关于“新情况、新事由”的判断其实质仍是属于实体问题。通过对裁判文书的检索,会发现法院依据《民事诉讼法》第124条第7项、《民诉法解释》第214条第

2 款作出的裁定书的类型几乎都是驳回起诉的裁定书。结合上面两点,在“新情况、新事由”的判断是属于实体问题的情况下,法院作出的驳回起诉的裁定书,其合理性究竟是依据起诉条件还是诉讼要件(即实体判决要件)来进行判断的呢?

首先,1991 年、2007 年、2012 年、2017 年的《民事诉讼法》关于起诉条件的规定没有发生变化,我国多位学者曾对起诉条件的高阶性发出过批评的声音[①]。2014 年,十八届中央委员会第四次全体会议通过《中共中央关于全面推进依法治国若干重大问题的决定》,其中规定“改革法院案件受理制度,变立案审查制为立案登记制,对人民法院依法应该受理的案件,做到有案必立、有诉必理,保障当事人诉权”。该条款明确提出了法院案件受理制度与当事人诉权保障之间的密切关系,并提出建立立案登记制,意义重大。之后,2015 年最高人民法院出台《立案登记制意见》,再次重申“坚持有案必立、有诉必理”。立案登记制作为我国近些年内一项重大的司法改革制度,得到法院系统的强力推广[②]。虽然,《立案登记制意见》关于起诉条件的规定与《民事诉讼法》保持一致,但立案登记制的“形式审查性”强化了法院在受理阶段对起诉条件进行形式审查。而受理阶段之后发生的驳回起诉,更多体现的是实体审查。虽然我国《民事诉讼法》现阶段尚未将起诉条件中的实体要素分离出去,但是结合驳回起诉中的实体审查特征,将驳回起诉的合理性判定依据界定为诉讼要件,将为我国民事诉讼未来区分起诉条件与实体判决要件提供制度的一致性。

其次,从诉讼阶段的功能性上分析,受理阶段的功能是判断案件是否能够进入法院审理,不予受理发生在受理阶段、判断依据是起诉条件。然而,审前准备程序的功能是为后面的审理程序做准备的,驳回起诉发生在审前准备程序,那么,其功能更多的是判断案件是否能够进入后面的审理程序。我们既然承认诉讼程序中不同诉讼阶段的不同功能,那么,我们就不能认为发生在不同诉讼阶段的不同制度都是依据同一个条件进行判断的。目前对驳回起诉的合理性认识是在立案庭错误受理的情况下、审判庭依据起诉条件作出的纠正。但是,如果我们站在区分起诉条件与实体判决条件的立场下,我们是否可以说:立案庭在受理阶段依据起诉条件所作

---

① 例如,张卫平教授曾在《法学研究》上发表《起诉条件与实体判决要件》一文,指出“现行民事诉讼法关于起诉条件的设置标准过高,实质是将实体判决要件等同于起诉条件以及诉讼开始的条件”。占善刚、赵钢教授曾在《诉讼法论丛》上发表《再论民事诉讼的起诉条件及其适用——以〈民事诉讼法〉之修订为背景》一文,指出:“我国现行《民事诉讼法》虽然已对起诉之积极条件作出了正面规定,但基于诉讼法理,以上诸项积极条件中因部分杂糅了诉的实体保护要素而并非纯为诉的成立条件,故其尚难说是完全合理的。”曹云吉老师曾在《北方法学》上发表《民事诉讼正当当事人判断标准的建构——兼谈起诉条件的“双重高阶化”》,指出:“《民事诉讼法》第 119 条不仅将诉讼要件置于起诉条件之中,同时‘直接利害关系人=实体权利义务人=正当当事人’的公式抬高了正当当事人的判断标准,进而导致了‘双重高阶化’。”

② 例如,《人民法院报》自 2014 年起刊登了大量以立案登记制为题的文章,并推出《立案登记制改革系列谈》,由国内多位知名学者解读立案登记制出台的重大意义并对立案登记制的适用范围等进行解读。

出的受理裁定是正确的,但是案件不符合诉讼要件,所以,案件不适合进入后面的审理阶段,需要在审前准备程序中被驳回起诉,从而退出民事诉讼程序。

综上所述,在现阶段承认起诉条件高阶性、而不区分起诉条件和实体判决条件的情况下,驳回起诉的合理性只能是对错误受理的一个纠正,其合理性依据只能是与起诉条件相同,而不能依据一个新的条件(诉讼要件),但这不仅违背了立案登记制的司法改革初衷,更违背了不同诉讼阶段应有不同功能的判断。如何解决现有的悖论?或者说,如何理论现在的拧巴状态?笔者认为,应在承认起诉条件和实体判决条件存在差异的前提下,将驳回起诉的合理性依据建立在诉讼要件是否满足的基础上。

五、结语

本文探讨了驳回起诉的合理性缺失,并结合离婚诉讼中不予受理抑或驳回起诉的立法与实践,说明驳回起诉在司法实践中广泛应用的状况。合理性存疑与广泛适用是一对矛盾,至少有一点儿"先天不足"的感觉。而我们要进行"先天不足后天补",就必须先准确把脉,找出驳回起诉合理性存疑的原因。本文回顾了驳回起诉的合理性的立法起源,但也发现在《92 意见》出台后驳回起诉合理性存疑的现状。

以离婚诉讼为例,在立案登记制下,法院受理案件仅进行形式审查而非实体审查(这也是立案登记制与立案审查制的区别所在),所以,在《民事诉讼法》第 124 条第 7 项规定的情形下,不适用不予受理应该是更好的选择。此时,是否在《民事诉讼法》第 124 条第 7 项规定的情形下就应该适用驳回起诉呢?

从作出主体上来看,《民事诉讼法》第 124 条第 7 项规定情形适用驳回起诉是没有问题的,审判庭的法官既解决程序事项也解决实体事项。而且,司法实践中也多是由审判庭法官作出驳回起诉的裁定。但是,这里又存在一个疑问了——根据前文的分析,驳回起诉的适用前提是应该作出而没有作出不予受理裁定,从性质上说更类似于一种补救或者纠正,那么,如果在《民事诉讼法》第 124 条第 7 项规定的情形下就不适用不予受理,那又哪儿来的驳回起诉呢?民事诉讼阶段在时间维度上是步步推进的,不予受理与驳回起诉也是有着时间的先后顺序的,一个很少作出"不予受理"裁定形式的案件类型,竟然大量以"驳回起诉"的裁定形式结案,这让我感到迷惑,甚至有一种在时间黑洞里漫游的感觉,这是本文写作的起点,也是写这篇文章的初衷。

《84 意见》赋予了法院"释明义务在先,自由裁量在后"的案件受理形式,该规定可以说是驳回起诉合理性的有力支撑,但是,目前该条款已经没有了,也没有新的条款支持驳回起诉制度的合理性,这无疑是让人感到遗憾的。

如何在当代重新建立驳回起诉的合理性?每个人都有自己的思考,也许最后的立法会以集大成的方式出现。就笔者而言,笔者此时头脑中反复想起的是张卫平教授于 2004 年在《法学研究》上发表的一篇论文《起诉条件与实体判决要件》。笔者虽然多次阅读该论文,但是仍然觉得自己理解尚浅。但无疑,区分起诉条件与实体判决要件,是重新建构驳回起诉制度的一个很好的着眼点所在。

最后,本文的研究基于威科先行法律信息库的案例检索结果,并结合到天津市红桥区人民法院的实地调研结果。鉴于实际审判案例与上网的案例在范围和数量上是有区别的,以及实地调研法院虽然很具代表性,但仍不能涵盖全部情况,因此,虽然本文在选样时,尽量遵循统计学上的抽样方法选取样本,但本文的研究范围仍不能代表我国法院在适用《民事诉讼法》第 124 条第 7 项、《民诉法解释》第 214 条第 2 款时的全部情况。抬头望望天,低头看看路,发现我国驳回起诉的现状和问题,这是我们对其进行取舍、改革的基础。

论一般破产主义下我国参与分配制度的功能定位

■范志勇*

摘　要　我国的参与分配制度在弥补有限破产主义之不足、代行破产职能的立法与司法实践中，逐步丧失独立的功能价值。在一般破产主义的破产立法趋势下，为构建我国参与分配制度存在的合法性基础，有必要回归执行法理中，将参与分配定位为解决金钱债权终局执行竞合的重要方法，在执行机关穷尽执行手段所掌控的被执行人财产无法满足申请执行人债权诉求的情况下，由已取得执行依据的债权人平等分配执行财产。得以适用参与分配程序的债务人可涵盖自然人、法人与其他组织等所有民事主体类型。由主体的认知规律所决定，参与分配成为个别执行与破产之间的过渡形态，参与分配功能的实现有赖于其与破产程序的妥当衔接，在二者对立的基础上达致整体法律体系的和谐。

关键词：参与分配　功能定位　一般破产主义　执行法　执行竞合

一、作为准破产程序的我国参与分配制度

我国的参与分配制度不是立法智慧的产物，而是司法实践探索的成果，此集中体现于参与分配的功能定位中，而参与分配的程序启动条件、适用主体范围、分配顺位等程序设计中存在的诸多内部龃龉，以及其与破产制度交叉产生的外部抵牾，均与我国参与分配制度缺乏明晰、独立的功能定位密切相关，唯有探析出参与分配制度妥当的价值取向，方能以此为前提全面建构合理的参与分配法律规范体系。①

我国参与分配制度规范并未见诸民事诉讼法律之中，1992 年公布的最高人民法院《关于适用〈中华人民共和国民事诉讼法〉若干问题的意见》（以下简称《民诉法适用意见》）首次确立了该制度。② 伴随着参与分配制度的适用，其后的多部司法解释，如 1998 年的最高人民法院《关于人民法院执行工作若干问题的规定（试行）》

---

* 范志勇，北京交通大学法学院讲师。

① 刘保玉：《参与分配制度研究》，载江必新、贺荣主编：《强制执行法的起草与论证（三）》，中国法制出版社 2014 年版，第 376 页。

② 《民诉法适用意见》第 297 条规定："被执行人为公民或者其他组织，在执行程序开始后，被执行人的其他已经取得执行依据的或者已经起诉的债权人发现被执行人的财产不能清偿所有债权的，可以向人民法院申请参与分配。"

(以下简称《执行规定》)①以专章,以及2015年施行的最高人民法院《关于适用〈中华人民共和国民事诉讼法〉的解释》(以下简称《民诉法解释》)②对参与分配制度不断予以修正和完善。在不同的司法解释对参与分配制度的功能定位作出的各异的界定中,我们可以梳理出一条主线,《民诉法适用意见》《执行规定》《民诉法解释》均将主要适用参与分配制度的被执行人范围明确规定为公民或其他组织等不具备破产能力的民事主体,其与《中华人民共和国企业破产法》(以下简称《企业破产法》)所针对的企业法人的主体类型在一定程度上实现了互补,然而,我国参与分配制度规范对得以分配的财产范畴与程序启动原因的规定晦暗不明,从《执行规定》第90条来看,被执行人除执行财产外,"无其他财产可供执行或其他财产不足以清偿全部债务"成为债权人申请参与分配的重要事由,其与企业债务人财产无法满足全部对外债权的清偿诉求的破产原因出现了重合,《民诉法解释》第508条仍使用了"被执行人的财产不能清偿所有债权"的容易与企业破产程序混淆的表述。《执行规定》第96条③更是将参与分配程序扩张准用于已产生破产原因的企业法人之上。在参与分配司法实践中,"债务人的所有财产不足以清偿债务"的标准难以判断,执行法院对债务人隐形财产的掌控力度有限,由此也影响了参与分配制度的适用效果。

在含糊的司法解释规则的指引与实践中企业破产程序启动难的背景下,参与分配制度更多地发挥出"小破产"的功能。而近年来,随着全国开展清理"僵尸企业"、供给侧结构性改革、优化营商环境等一系列经济政策,我国破产法治迎来了重要的发展契机,通过出台专项司法解释的方式不断完善企业破产法律规范、统一破产司法裁判标准、探索破产"府院联动"机制解决由破产衍生的社会问题等多项针对性的举措,破产法的制度价值逐渐为社会所关注,破产法的法治化、市场化实施过程中遭遇的难题被逐一化解,个人破产立法也进入了立法者的视野中,我国破产立法贯彻一般破产主义的理念可期。在我国破产法繁荣生长的同时,代行破产职能以实现数个债权人公平有序受偿目标的参与分配制度迎来了生存危机。

申言之,从我国立法文义的角度分析,在有限破产主义下,不具备破产能力

---

① 《执行规定》第90条规定:"被执行人为公民或其他组织,其全部或主要财产已被一个人民法院因执行确定金钱给付的生效法律文书而查封、扣押或冻结,无其他财产可供执行或其他财产不足清偿全部债务的,在被执行的财产被执行完毕前,对该被执行人已经取得金钱债权执行依据的其他债权人可以申请对被执行人的财产参与分配。"

② 《民诉法解释》第508条规定:"被执行人为公民或者其他组织,在执行程序开始后,被执行人的其他已经取得执行依据的债权人发现被执行人的财产不能清偿所有债权的,可以向人民法院申请参与分配。对人民法院查封、扣押、冻结的财产有优先权、担保物权的债权人,可以直接申请参与分配,主张优先受偿权。"

③ 《执行规定》第96条规定:"被执行人为企业法人,未经清理或清算而撤销、注销或歇业,其财产不足清偿全部债务的,应当参照本规定90条至95条的规定,对各债权人的债权按比例清偿。"

的民事主体的债务清偿能力无法满足全部债权人的债权清偿诉求,倘若容忍多名债权人依据一般执行程序采取“执行竞赛”的方式追求自身债权的实现,在经济实力、法治意识、行动力等多方面存在相对弱势的债权人必然面临着与强势债权人竞争失败的结果,最终将于债务人对外债权债务关系上整体出现有失公平的局面。我国参与分配的制度目标在于满足不具备破产能力的债务人的债权人公平受偿的需求,即弥补有限破产主义之不足,其反映出参与分配作为“小破产程序”或者拟制破产程序的功能定位的立法本意,在制度存续的时空维度上具有临时性与替补性,立法者并非赋予参与分配以独立意义。我国的参与分配制度天然地具有历史局限性,在一般破产主义的立法时代潮流下,必然陷入存废的尴尬境地。如若无法找寻其得以牢固筑基的自立的功能价值,我国的参与分配规范体系将迷失于破产法大举扩张的发展征程中,而为现代我国法律体系所抛弃。笔者对此将上溯至参与分配的上位体系——执行法理中进行研析,揭示参与分配功能定位的执行法内涵,以正本清源,为在一般破产主义的立法潮流下的我国参与分配建立合法性基础。

二、参与分配与破产程序的功能界分与程序衔接

参与分配制度的功能定位应当面向执行法体系进行探索,如此方能确立参与分配制度的存在意义,使其在法律体系中寻找到恰当的位置,进而设置合理、可行的参与分配制度规则。经过与破产制度的功能比较,在我国企业破产法律适用逐步完善、一般破产主义正在稳步推进的立法与学理背景下,参与分配制度仍是解决金钱执行终局竞合的一种有效方式,其作用的发挥需要其与破产制度进行功能界分与有效衔接,在对立中达致整体法律体系的和谐状态。

(一)参与分配与破产的范畴辨析

我国立法与实践中的参与分配虽然与破产程序的制度构架出现了重叠,但二者有着本质的区别,归结起来,主要涉及以下方面:

第一,参与分配的财产基础为执行机关穷尽执行手段获取的被执行人财产,破产分配的对象则为破产管理人在法院的指导与债权人会议的监督下管控的债务人财产。在调查与控制等财产查索能力方面,涵盖参与分配的执行程序较破产程序具有明显的优势,我国破产法所赋予破产管理人的法律定位与职权体系仍然有待明晰与扩展,国家公权力机关对破产管理人角色的认知与行权的尊重与配合尚有待完善。破产管理人在获得国家权力保障方面的弱势并未减弱其在扩大债务人财产价值层面的贡献与光彩,此中的秘诀在于管理人依据破产法所专享的针对破产危险期内的偏颇清偿等行为所行使的破产撤销权、主张破产无效权以及针对双方均未履行完毕合同的挑拣履行权等执行机关在执行程序中无比艳羡却不具备的权利。在破产法不断完善的背景下,破产管理人的特殊法律地位逐步被社会所广泛认可,个案破产程序的债务人财产范围将普遍广于执行机关所掌控的被执行人财产。

第二,参与分配与破产程序中虽然均存在多名债权人,但参与分配面对的是取

得执行依据的债权人的诉求，即被执行程序评价的申请执行人的执行请求；破产程序则服务于债务人对外债权债务关系中的全体债权人，包括向破产管理人申报债权的债权已到期与未到期的债权人，而不以是否获得执行依据为前提要件。破产程序并针对债权人申报的债权设置了专门的管理人审查、债权人会议核查的流程，债权人对此持有异议的，可向受理破产申请的法院提起债权确认之诉，这与执行债权以法院裁判的司法路径取得执行依据的方式不同。总体来看，破产程序中集体受偿的债权人范围更为广泛。同时，法院受理破产裁定的作出、破产债权申报以及破产财产拍卖处置等破产流程均以向社会公开的方式进行，而立足于执行法理的参与分配程序具有隐蔽性，缺乏公示的分配方式，不利于其他债权人获知信息并积极申请到已启动的执行程序中参与分配。①

第三，破产程序的启动具有排斥执行程序的效力，根据我国《企业破产法》第19条的规定，法院作出受理破产申请的裁定后，附加于债务人财产之上的保全措施应当解除，一切执行程序均应当中止。居于执行法体系之内的参与分配程序，也无法与破产程序并存于同一债务人名下，二者具有择一适用的抵牾样态。因此，有学者认为参与分配适用于企业法人，其将会产生易“受伤”、易“夭折”的后果，进而造成程序浪费的问题，这成为参与分配制度的致命伤。② 不可否认，破产程序的启动会引发既定的法律关系格局的变动，有时甚至造成破坏性的影响，此效力是由破产法律制度本身作为解决债权债务关系的终极方式带来的必要的“代价”，维持现有格局将会延续债务人清偿债务困境的僵局，债权人、债务人以及其他利害关系人都将继续在沉重的债权债务关系“枷锁”中“沉沦”而无法解脱，市场交易法律关系始终处于“漂泊”的不安定状态中。破产法在一定程度上改变了其他相关法律制度规范的效力，并不意味着对被改变者价值的否定，而仅仅是在破产的特定情境下的“意外”变化。正如我们不能因破产程序的启动中止了执行程序就拒绝承认执行制度的价值，参与分配与破产程序的衔接不会造成司法资源的浪费，参与分配程序的成果可为破产程序所吸收，况且参与分配引致破产程序的形式本身具有启迪裁判者、当事人对债务人的实际债务清偿能力的认知的作用，以此交换参与分配的程序成本并非不经济。

第四，参与分配作为具体的执行程序类型遵循执行法的原理与基本原则，执行程序不具有豁免被执行人所负担的无法以强制执行方式清偿债务的效力，即便多名申请执行人参与分配完毕执行机关所掌控的执行财产，参与分配程序仅作停止处理，一旦被执行人被债权人获知出现可供执行分配的财产，执行机关有权针对该财产随时启动个别执行或参与分配程序。譬如我国《执行规定》第95条规定：“被执行人的财产分配给各债权人后，被执行人对其剩余债务应当继续清偿。债权人发现被执行人有其他财产的，人民法院可以根据债权人的申请继续依法执行。”我国企业破产清算程序终结后，破产管理人将依法注销企业债务人的民事主体资格，

---

① 葛行军、刘文涛：《关于执行财产分配的立法思考》，载《法学研究》2001年第2期。

② 吴晓静：《现行参与分配制度根本缺陷与改进建议》，载《法律适用》2008年第1期。

债务人尚未在破产程序中清偿的对外债务将得到实质性免除,而我国《企业破产法》更是明文规定了破产重整、破产和解程序的豁免债务人未清偿债务的法律效力。[①]

(二)作为解决金钱债权终局执行竞合路径的参与分配制度

参与分配与破产的范畴界限分明,但我国的参与分配制度长期代行破产程序的职能,实质上将破产的公平有序偿债的功能强加于执行程序中完成,参与分配的功能定位出现了错位的严重问题。多数国家严格区分参与分配与破产的功能定位,[②]参与分配的宗旨,首先在于使各申请执行的债权人能够利用同一执行程序就同一债务人的执行财产获得清偿,即处理多项金钱债权的执行竞合,以节省执行时间和执行费用,其次才涉及各债权人之间平等受偿的问题。

"执行竞合是指在民事执行程序中,债务人应当履行多项给付义务,且这些给付义务之间既相互排斥又有重合,执行机关必须先确定债务人的给付顺序,才能确保民事执行程序顺利进行的一种现象。"[③]执行竞合范畴中涵盖了参与分配,譬如有学者认为"所谓参与分配,是指在实现金钱债权的执行中,民事执行机关依债权人的申请对债务人的财产实施执行后,他债权人请求就执行已得的金额受偿,以实现自己的债权的一种执行法律制度"[④]。参与分配本身表明了执行竞合的存在,其又是解决执行竞合的工具。这是参与分配的固有的基础价值,而配合有限破产主义下破产法的实施,解决市场主体的债权公平清偿的需求则是立法者强加于参与分配的附属价值,参与分配的独立的功能定位不应再于其被叠加的价值中进行无意义的研讨,而应回归执行法体系中予以探究。进一步而言,执行竞合可以划分为终局执行竞合、保全执行竞合,以及终局执行与保全执行之间的竞合。同时结合执行依据所载债权性质的标准,执行竞合又可以分为金钱债权竞合与非金钱债权竞合。由于多名债权人在参与分配程序中须就执行财产所得金额按比例公平受偿,仅当执行依据以金钱给付为内容时,才有参与分配制度适用的可能,因此,参与分配面对的是多项金钱债权的终局执行竞合。[⑤]

通过在同一执行程序中依据执行法理解决多项金钱债权执行竞合问题,是回

---

① 我国《企业破产法》第 94 条规定:"按照重整计划减免的债务,自重整计划执行完毕时起,债务人不再承担清偿责任。"该法第 106 条规定:"按照和解协议减免的债务,自和解协议执行完毕时起,债务人不再承担清偿责任。"

② 如我国台湾地区的"强制执行法"将"参与分配"一节的规定置于第二章"关于金钱请求权之执行"中,将参与分配作为解决金钱执行竞合的一种手段。根据该法"参与分配"一节的规定,多名取得执行依据的债权人参与分配的债务人财产的基础为"强制执行所得之金额",第 38 条明确规定:"参与分配之债权人,除依法优先受偿者外,应按其债权额数平均分配。"因此,我国台湾地区的参与分配制度的法律定位并未逾越执行法的功能架构,而与破产程序的制度价值予以明晰地界分。

③ 肖建国主编:《民事执行法》,中国人民大学出版社 2014 年版,第 311 页。

④ 谭秋桂:《民事执行法学》,北京大学出版社 2010 年版,第 252 页。

⑤ 丁亮华:《强制执行的规范解释:在实体法与程序法之间》,中国法制出版社 2011 年版,第 118 页。

归执行法体系的参与分配制度的应然定位。由于在执行程序的限制下,执行机关穷尽一切执行手段所能掌控的被执行人的执行财产无法满足多名申请执行人的诉求,不对执行财产面向所有申请执行人进行有机概括执行式的参与分配不足以公平地保障申请执行人的债权受偿权益,以个别执行的规则解决执行程序中的概括执行的难题将会造成执行偏颇清偿债权的非正义的结果。而参与分配程序突破了叠加的多项个别执行程序的局限,发挥出整体优于各部分相加的效率优势。因此,参与分配回归执行法的功能定位兼具执行效率与程序公平的价值要求,该定位在我国参与分配立法的完善进程中也有所展现,如 2004 年我国的《参与分配征求意见稿》将参与分配制度作为解决金钱债权终局执行竞合的纯粹的执行方式,其第 1 条规定:“被执行人因金钱请求权而被查封、扣押、冻结的财产变价处理过程中,被执行人的其他金钱债权人可以申请参加此执行程序,就被执行人被查封、扣押、冻结的财产主张受偿分配的执行活动。”

(三)参与分配与破产法律制度的程序衔接

执行竞合并不一定关联着由执行程序的时间顺序决定债权受偿顺位的结果,执行程序的“先到先得”原则仅仅为解决执行竞合问题的一种朴素的、“不作为”的方式。隶属于程序法体系的强制执行制度,在其对效率价值的强调中,公平理念不应成为牺牲品,在根本意义上,执行效率是实现法治正义的工具。不论场合,“一刀切”式地选择时间优先、受偿优先的解决执行竞合的方案有违法治公平的本质目标。不同于个别执行,参与分配和破产具有概括执行的特点,所不同的是,参与分配未超出执行法的边界,仍应贯彻执行法的基本原则,而破产则另行构建一套完整的法律制度体系,不再受到执行法理的拘束。概括执行往往与平等主义分配原则相挂钩,因为优先主义分配原则只会导致个别执行的简单堆砌的结果,而非概括执行的有机整合的效果,笔者将于后文中就参与分配顺位的适用原则予以详述。基于概括执行的共性,回归执行法定位的参与分配也难免与破产程序产生交集,为避免破产法未来贯彻一般破产主义立法原则的情形下,参与分配发生程序浪费,抑或作为执行程序的参与分配继续消解破产制度的实践价值,在明晰二者分野的同时,参与分配与破产需要进行有效的程序衔接。

首先,作为执行竞合解决方案之一的参与分配的存在意义仍然有赖于结合破产的制度价值来进行认定。详言之,破产案件的裁判者对债务人财产不足以清偿债权事实的认知有时并非能够一蹴而就地实现,尤其在债务人并未直接进入破产程序而是由债权人先行尝试执行救济的情况下,其往往存在一个逐步认识的过程,此项历程可以被大致区分为债务人的执行财产难以满足全部申请执行人的债权主张与债务人的财产无法清偿全部债权两个前时间相互衔接的阶段,前者为执行法官在执行环节能够观察到的现象,但显然裁判者对后者的审视更为彻底,呈现出债务人的债权债务法律关系的终极形态,但无论是债务人财产范围的界定,抑或是债权诉求的收集,裁判者对后者的认定均超越了执行程序的有效射程,而非执行制度所能涵盖的对象。综观诸项部门法规范,唯有破产法律制度具备达致此终结状态的能力,破产管理人在破产法院的指导下,全面接管债务人财产与营业事务,通过破产管理人依法履职，实现债务人财产价值的最大化，同时，破产债权申报、审核以及破产债权确认诉讼等多项制度，使得债务人的债权诉请得以集中，进而，破产程序为一体化解决债务人的债权债务关系提供了可能与便利。参与分配在协助破产裁判者识别破产原因的过程中，也证成了自我价值的正当性。

其次，参与分配制度的实施，并不会影响破产制度的适用，也不会带来不公平的结果，因为二者可以进行有效的衔接，以实现法际正义。在参与分配过程中，当执行机构发现债务人丧失债务清偿能力，出现资不抵债(即在其所有的资产意义上)等破产原因的，应当依职权通过执行转破产程序，终结执行意义上的参与分配程序。倘若执行机关仅发现企业债务人存在丧失债务清偿能力等破产原因嫌疑的，则应当按照执行转破产的基本规范与法理，采取当事人主义的程序转换模式，即由执行机关首先践行向参与分配的债权人与债务人予以释明破产原因出现的信息与向破产程序转换的要求，争取债权人或者债务人同意程序的转换，以终止参与分配程序，参与分配阶段所取得的执行成果相应一并交付破产管理人，但此时当事人明确表示拒绝的，执行机关在无确切的证据证明债务人出现了破产原因的情况下，则无权进行程序的转换。之所以称为破产“嫌疑”，是因为作为执行法体系一分子的参与分配制度，不具备破产制度中债权申报、破产管理人追回债务人财产、破产无效、破产撤销权等旨在发现全部破产债权与债务人财产的制度，参与分配制度的执行法定位，既是其价值所在，也构成了其在债务人财产与债权认定方面的局限性，由此，在参与分配过程中，相关主体往往只能在主观上认识到债务人出现丧失债务清偿能力的嫌疑，只有经过破产程序的严格认定后，才能够确定破产原因是否产生。由于我国自然人破产立法规范的暂时缺失，参与分配转自然人破产程序存在客观不能，自然人债务人财产的参与分配仅仅关注执行财产的分配，不宜代行自然人破产制度的功能。

三、参与分配回归执行法理定位的内涵

作为处理执行竞合问题的特殊执行程序的参与分配，有着与破产制度严格区分的特定内涵：参与分配的财产基础为执行机关能够通过执行程序所掌控的执行财产；得以适用参与分配程序的债务人可涵盖自然人、法人与其他组织等所有民事主体类型，具备参与分配资格的债权人须以取得执行依据为前提；平等分配主义更适宜作为确立参与分配的债权顺位的基本原则。

(一)面向执行法体系建构的参与分配发生原因

可参与分配的财产局限于执行机关掌控的执行财产，而非破产法所面对的债务人的所有财产。执行机构收集的执行财产具有暂时性、部分性、阶段性，与破产管理人在破产法院的指导下所发现的债务人财产的终极性、全面性形成了鲜明的对比，这也是由参与分配的执行法定位所决定的，执行法的体系价值也导致了参与分配较破产程序在清理债务人的债权债务关系方面的局限性。因此，执行财产不足以清偿所有适格执行债权人的债权请求，而非破产债务人财产不足以清偿所有债权人的请求，包括债权尚未到期、未取得执行依据债权人，甚至税务机关等公法

层面的债权人等，是参与分配的发生原因不同于破产制度之处。由此，参与分配制度是解决被执行人的财产不足以清偿申请执行人所主张债权的情形下金钱债权执行竞合问题的执行措施，可以使数个实现金钱债权的执行适用同一执行程序，有利于节约执行成本，符合程序正义。参与分配制度旨在实现全体适格债权人尽可能公平有序地受偿，更好地调谐执行中形式公平与实质公平的关系，化解参与分配中的利益冲突，维护社会稳定。

(二)适用参与分配的民事主体类型

我国《企业破产法》采取的是有限破产主义立法例并有其自身的特点，尽管目前我国法学界和实务界就我国破产立法应当采取一般破产主义已达成基本共识，笔者也对此表示认同，但一般破产主义与有限破产主义的抉择系破产立法的完善目标必须解决的前提问题，而非强制执行立法工作的内容，得以适用我国参与分配制度的债务人范围的设定须立足于我国现行的有限破产主义的立法格局，并对未来的一般破产主义立法趋势进行展望。在执行转破产程序的制度框架下，隶属于执行程序的参与分配也得以实现与破产程序之间的单向转换式衔接，以此为前提，企业法人、其他组织以及自然人应当一并作为参与分配制度的适用对象，结合参与分配适用条件，当被执行人(债务人)被执行机构掌控的执行财产不足以清偿获得执行依据的执行债权时，所有执行债权人可申请参与分配。

容易产生争议的是，我国目前适用有限破产主义，立法并未赋予自然人破产能力，在自然人丧失债务清偿能力的情况下，实践中借助民事执行中的参与分配制度来满足自然人破产立法规范尚未建构的实践需求。从参与分配制度的适用来看，其补充自然人破产立法阙如的效果并不理想。我国当前参与分配涉足自然人实质破产领域的弊端在于：第一，其造成了同样丧失债务清偿能力的不同的债务人主体适用不同的法律规则的局面，造成了事实上的不公平。无论何类型的民事主体，在丧失债务清偿能力的情境下，最为妥适的处理机制唯有破产制度，参与分配的执行程序定位决定其无法担当此重任，对于出现破产原因的自然人债务清理机制的空白，只能等待自然人破产立法的完成，而不属于参与分配制度的调整范围。第二，参与分配制度的负载过重，参与分配制度不仅要承担债务人尚存债务清偿能力时，追求个别正义的价值，同时亦被要求承载自然人债务人出现破产原因时，追求一般正义的价值，致使参与分配制度的功能定位混乱。第三，容易导致重复立法，倘若维持现状，参与分配的规则设置必然要借鉴、移植破产法的部分内容，待自然人破产立法出台后，参与分配制度又需要进行全面修改，剔除其中存在的破产法规范的印迹，徒增法律适用的混乱。为避免参与分配长期作为破产制度的替代品，影响破产制度功能发挥的问题，即使在我国自然人破产法律制度尚未建立的情况下，参与分配制度也不宜再代行自然人破产制度的功能，自然人与法人、其他组织适用统一的参与分配规则。在我国自然人破产法律制度规范缺失的现状下，司法实践可以通过积极探索司法外的多元化的个人债务清理机制来应对自然人债务危机的难题，并可为我国自然人破产立法积累经验。

具有参与分配的资格的债权人须以取得执行依据为要件。参与分配作为一种执行程序,不承担实体性法律关系的审查职能,不具有破产程序中的破产管理人在法院的指导下审查破产债权的制度功能,我国的执行机关也没有能力与权限对债权债务关系进行实质性的裁决,倘若允许未取得执行依据的债权人即便是已经起诉的债权人参与分配,则会在客观上纵容虚假诉讼、串通性虚假债权等欺诈分配现象。由此也可以看出,较参与分配,破产程序无疑在防范、纠正债务人逃废债、债权人伪造债权等不诚信偿债、索债行为方面具有制度优势。当然,作为参与分配主体的取得执行依据的债权人所享有的为无担保的普通民事债权,“享有优先权、担保物权的债权人,既可以通过案外人异议的途径主张优先受偿,也可以通过‘参加’参与分配程序主张优先受偿,这些债权人不是参与分配的主体”[①]。

(三)参与分配的债权顺位应适用平等主义原则

关于参与分配中竞存的实体法上同等性质的债权分配顺位的适用原则,学理与立法例上存在着优先主义、平等主义与折中主义三种基本选项。优先主义指针对实体法上无特别清偿顺序对待的数个债权请求,依照个别执行的清偿顺序确定参与分配的债权顺位,先申请执行的债权人优先于后申请者受偿。此分配原则源于日耳曼法,后为德国、奥地利、英国、美国等立法所承继。[②] 所谓平等主义,是针对所有参与分配的债权人,不论其取得执行依据的时间先后,一律按照各债权人所享有的债权数额的比例平等受偿。此立法例肇始于罗马法,后为法国法、意大利法、日本法所采用。[③] 而“折中主义,亦称团体主义,认为债权人在一定期限内参与分配者,得依债权额比例,平均受偿,并对该期限以后参与分配的债权人有优先权”[④]。

优先主义立法例的实施往往以为执行债权设置拟制的担保物权的效力为前提。譬如德国执行法优先主义的理论基础是查封质权和强制抵押权,前者产生于债权人申请法院查封的债务人动产之上,后者针对法院执行的债务人所有的不动产,债权人可以申请在土地登记簿上进行担保抵押权的登记。查封质权与强制抵押权在执行程序中的优先受偿的法律地位,与债权人依民事行为而取得相关担保物权的地位相同。[⑤] 引担保入执行的规范选择,体现了实体法制度为程序法规则做注的立法思路。德国法上查封质权和强制抵押权发挥出担保物权的优先受偿效力,在德国破产立法中,其同样具有担保物权在破产程序中的别除权的效力,如根据德国《破产法》第 48 条、第 49 条的规定,查封质权和强制抵押权等的权利人在债务人破产时,享有别除权,即优先于无别除权或优先权的一般债权人受偿的权利。

---

① 肖建国主编:《民事执行法》,中国人民大学出版社 2014 年版,第 306 页。

② 丁亮华:《强制执行的规范解释:在实体法与程序法之间》,中国法制出版社 2011 年版,第 105 页。

③ 刘保玉:《参与分配制度研究》,载江必新、贺荣主编:《强制执行法的起草与论证(三)》,中国法制出版社 2014 年版,第 367 页。

④ 董少谋:《民事强制执行法学》,法律出版社 2016 年第 2 版,第 175 页。

⑤ 丁亮华:《强制执行的规范解释:在实体法与程序法之间》,中国法制出版社 2011 年版,第 105 页。

英美法系的享有担保物权保障的债权是指拥有某种担保权益的债权，担保权益范畴在其担保法律体系中具有举足轻重的地位，美国的州法律认可债权人对被执行扣押的财产享有司法担保权益，以与德国法类似的在执行程序中准用担保物权效力的方法来解释先申请执行债权的优先受偿力。[①] 而我国的担保物权法律适用严格，在民事执行领域并未类推适用的空间，参与分配债权的优先主义原则在我国立法体系中欠缺法理基础。团体主义中的分界期限存在确立的明确依据，兼采优先主义与平等主义的分配顺位难以实现。

参与分配顺位适用原则的主要争议在于优先主义与平等主义的立法抉择。“债务人财产，是其全体债权人所有债权的总担保，故原则上各债权人均得自债务人之财产获得债权之清偿。”[②]在执行财产足以满足多名取得执行依据的债权人诉请的场合下，受偿顺序不会影响不同债权人的债权受偿的实体利益，适用优先主义受偿原则不违背债务人财产为债权人的共同担保的原则，但在执行财产不足以覆盖申请执行债权的债权数额之时，后顺位债权将丧失全额受偿的机会，从而有悖于实质公平。且前已述及，参与分配具有概括执行的特征，与作为优先主义适用典型的个别执行不同，概括执行对于公平清偿目标的追求以平等分配为要件。甚言之，倘若不平等评价或按比例分配执行所得款项，则不可能存在参与分配制度。[③] 笔者主张回归执行程序定位的我国参与分配制度应当秉持平等主义的分配原则。

主张优先主义的学者的重要理由是保护为执行程序付出更多的勤奋债权人，但先申请执行的债权人较后申请执行者更为勤奋的判断，仅为前者取得启动执行程序的时间优势的必要条件之一，而非充分条件，“有些债权进入执行程序尚待其他条件的成就，如获得确权判决，得到支付令等，故一概以先申请执行者较为勤勉为由而否定债权平等极为不妥”[④]，且此必要条件是否必然成立不无疑问，懈怠申请执行的债权人得益于偶然因素的发生巧合，也有可能先为执行。综述之，以申请执行人的勤奋条件来证成参与分配法律规范应优先保障先申请执行者的结论，如同奠基于沙地之上的城堡般不可靠。而参与分配顺位的平等主义原则容易造成参与分配与破产的制度内容的重合，这也是一些学者反对平等分配的重要理由，但在程序启动原因、财产基础、主体范围等层面界分清楚二者的疆域之后，参与分配顺位的基本原则具备了灵活设置的自由，而无须再“观照”破产程序的财产分配原则。同时，较平等主义、优先主义分配原则无疑更具有效率优势，在一般执行程序中，效率价值的提升可直接促进分配正义的实现，但当债务人在执行程序的特定场域中丧失了债务清偿能力的情形下，再追求加快执行程序并非妥当的选择，反而会纵容多名债权人之间恶性的执行竞争，导致分配不公的结局。

另外，主张优先主义的某些学者认为，在平等主义的分配原则下，先取得执行

---

① 肖建国主编：《民事执行法》，中国人民大学出版社 2014 年版，第 303 页。

② 陈荣宗：《强制执行法》，台湾三民书局 2000 年版，第 263 页。

③ 谭秋桂：《民事执行法学》，北京大学出版社 2010 年版，第 252 页。

④ 葛行军、刘文涛：《关于执行财产分配的立法思考》，载《法学研究》2001 年第 2 期。

依据者为防止其他债权人分享执行财产，更具有申请债务人破产的利益动力，推动债务人更快地滑入破产的“深渊”。而平等主义的拥护者对此有不同的看法，执行优先、受偿优先的优先主义分配原则，极易造成债权人争相申请执行财产的“制度诱惑”，致使债务人自由处置的财产范围缩小，导致破产案件增多。① 关于主张优先主义或平等主义的两派学者就何者更易推动债务人进入破产程序的争论，在现代破产制度建立之后成为无意义的伪命题。市场经济运行与发展将不可避免地伴随着市场主体的破产现象，这是由自由竞争的市场规律所决定的，是现代化自反性的表现，遏制主体通过法治化、规范化的破产程序有序退出市场、获得重生的机会，将堵塞市场风险的疏通渠道，淤积的风险将成为社会不稳定因素爆发的重要隐患。“破产猛于虎”的时代早已被历史的行进车轮碾压，世界各国普遍构建了破产清算等主体退出制度与破产重整、破产和解等主体挽救制度相结合的多元化破产法律体系，及早促使出现债务偿还困难的市场主体进入破产程序往往意味着其事业重生的契机，即便其事业未能在破产重整程序中被成功挽救，但以破产清算的方式彻底终结过去的债权债务关系，债务人得以“轻装简从”地重新投入市场竞争之中，未尝不是一种全新的开始。

四、结　语

在破产立法中贯彻一般破产主义的理念，并不能泯灭参与分配的独立的制度价值。参与分配制度将在回归执行法的功能定位所带来的“终极关怀”下终止“流浪”生涯，真正获得“家园感”。由主体的认知规律所决定，参与分配必然成为个别执行与破产之间的过渡形态，参与分配功能的实现有赖于其与破产程序的妥当衔接。作为解决金钱债权终局执行竞合重要方法的参与分配制度，其核心是将无法满足申请执行人债权诉求的执行财产在已取得执行依据的债权人之间平等分配，执行机关穷尽一切执行手段所掌控的被执行人财产是参与分配的财产基础，自然人、法人、其他组织等所有民事主体类型均得成为参与分配程序的适格债务人。

① 葛行军、刘文涛：《关于执行财产分配的立法思考》，载《法学研究》2001 年第 2 期。

立法建议

我国民事非讼程序法建议稿

邵　明　李海尧

注:《我国民事非讼程序法建议稿》是教育部社科研究基金基地重大项目“我国民事非讼程序法理与立法研究”(15JJD820010)的成果。

项目成员有:邵明(项目主持人)、郝振江、赵蕾、张自合、任重、薛峰、李海尧。

目　录

第一编　总　则

【本编说明】

根据我国相关立法原理和立法惯例，根据非讼程序基本法理，参考借鉴其他国家合理规定，我们建议，我国民事非讼程序法采用总则和分则的结构。

我国民事非讼程序法总则具有普遍适用性，主要包括一般规定、通常审理程序、非讼执行程序和非讼涉外程序等内容。

一般规定包括本法适用范围、基本原则；审判组织、回避、管辖；诉讼参加人；期间、送达；保全；强制措施；诉讼费用、费用救助等事项。

第一章　立法目的、适用范围和基本原则

第一条【立法目的】

为保证人民法院公正、适时处理民事非讼事件，根据宪法，制定本法。

第二条【适用范围】

第一款　人民法院审理非讼事件，除其他法律另有规定外，适用本法的规定。本法没有规定的，适用《民事诉讼法》的有关规定。

第二款　前款所称非讼事件，包括本法规定的民事非讼事件、商事非讼事件和家事非讼事件以及其他法律规定适用非讼程序审理的事件。

第三款　强制执行非讼裁判，适用《民事诉讼法》第三编的规定。

第四款　涉外民事非讼程序，适用《民事诉讼法》第四编的规定。

【条文说明】

我国民事非讼程序法采广义，包括狭义的民事非讼事件、商事非讼事件和家事非讼事件三大类，不包括德国和日本非讼事件程序法中民商事争讼案件和家事争讼案件，并且是由法院处理的（广义的）民事非讼事件。

民事非讼事件是指对某项民事实体法律关系或者对法定民事法律事实不存在

纠纷的案件。非讼事件中不存在对立的双方当事人或者不存在明确的双方当事人对立的状态。

民事非讼程序与民事争讼程序因解决或处理的案件不同而具有不同的程序构造和适用相应的基本法理。非讼事件则应适用非讼程序原理(非讼法理),争讼案件应当适用争讼程序原理(争讼法理)。

在民事争讼程序中,诉讼参与性或者程序参与原则体现为对审性或者对审原则(或双方审理主义),是民事争讼程序首要的正当性原理(缺席审判是其法定例外)。民事争讼程序解决的是民事争讼案件,其实体争议性(民事争讼性)在制度上体现为对审原则,即保障双方当事人的程序参与权。

民事非讼程序解决的是非讼事件,因其不具有实体争议,参加程序的只有申请人一方,故不存在双方当事人的言词质证程序和言词辩论程序,对审原则也就没有适用的可能性和必要性。在民事非讼程序中,虽然不必遵循对审原则,但是也须遵行参与原则(即法官在作出裁判之前应当保障申请人对作为裁判基础的事实证据表达意见的机会)。

传统民事诉讼理论将职权主义、书面审理主义和不公开审理主义称为“非讼法理”,但是,这些主义或者原则在争讼程序中也有适用性,还将其称为“非讼法理”,在现代诉讼中已是不准确的了。

传统意义上的“非讼法理”,如职权干预主义和职权探知主义,在争讼程序中也有适用性,用来解决民事公益案件或者其他公益事项,比如婚姻纠纷案件、亲权纠纷案件等人事争讼案件,以及公害纠纷案件、消费权纠纷案件等现代民事公益案件。

非讼程序虽以职权主义、书面审理主义和不公开审理主义为主,但是,有关私益的非讼事件应当要求申请人提供事实和收集证据,必要时也可采用直接言词审判和公开审判。与非讼程序不同的是,在争讼程序中,违反对审、处分、公开审判等原则属严重程序违法,通常作为上诉或再审的法定理由。

第三条【转入争讼程序】

人民法院根据本法审理案件的过程中,发现本案属于民事权益争议的,应当裁定终结非讼程序并转入争讼程序,但是当事人不同意提起诉讼的除外。

【条文说明】

在非讼程序中,若出现民事权益责任纠纷,则应适用争讼程序,以满足纠纷解决的适当性和正当性要求。

在非讼程序中,若出现民事权益责任纠纷或者发现本案属于民事争讼案件,则应裁定终结非讼程序,适用争讼程序,以满足纠纷解决的适当性要求,并给予双方当事人充分的程序保障。

比如,在公示催告程序中,利害关系人申报合法的,则意味着申请人与申报人对该票据可能存在纠纷,应当裁定终结公示催告程序,适用争讼程序。

第四条【听审当事人和利害关系人】

第一款　对作为裁判基础的事实和证据，当事人和利害关系人有充分适时陈述意见的权利。

第二款　因此可能严重损害当事人和利害关系人的健康或者当事人和利害关系人明显无法表达意思时，可以不听审当事人和利害关系人。

第三款　当事人无正当理由未出席指定的听审期日时，可以不进行听审而终结程序。人民法院应当向当事人释明缺席的后果。

第四款　对人民法院剥夺或者限制陈述意见的权利，当事人和利害关系人有权当场提出异议。非讼裁判作出后，当事人和利害关系人可以提出异议和申请复议。

第五款　对人民法院没有剥夺或者没有限制陈述意见权利的事实，由人民法院负责提供证据证明。

【条文说明】

程序公正的基本内容是参与性，民事非讼程序最低限度的正当程序保障即保障当事人和利害关系人的"程序参与"。"程序参与"又称"获得听审机会原则"，简而言之，即"任何一方的诉词都要被听取"。此外，还应"允许当事人以适当的方式将答辩提交给法官"。

民事诉讼程序参与原则，从权利或者基本权的角度来说，也是当事人和利害关系人的程序参与权(属于程序基本权的范畴)。当事人等程序参与权属于古典的程序基本权，被称为"诉讼程序的大宪章"，大体上包括如下两类权利：诉讼知情权和诉讼听审权。

诉讼知情权(获得程序通知权)，是指当事人和利害关系人有权充分适时地知悉与自己相关诉讼的进行情况。此权要求法院承担告知的义务，保障此权的是送达制度。原则上，没有向当事人和利害关系人告知的资料不能作为裁判的基础。

诉讼听审权(听审请求权)，我国立法上称之为"陈述意见的权利"，其主要内容是：事实的主张权和证明权(包括收集提供证据权、证据保全申请权)；审理笔录阅读权和补正权、本案资料查阅权和复制权、异议权和复议权等。

非讼程序虽不遵循双方审理主义但也须遵行程序参与原则。在作出裁判之前，应当保障当事人和利害关系人对作为裁判基础的事实证据表达意见的机会。法院在审理非讼事件的过程中，若发现本案存在实体纠纷，则应裁定终结非讼程序，适用争讼程序，采行对审原则，维护双方当事人的程序参与权。

保障当事人和利害关系人程序参与权，一方面通过保障其以母语进行诉讼的权利、委托诉讼代理人的权利(包括获得律师帮助权)等来实现；另一方面对于法院非法限制或者剥夺程序参与权，当事人等应有相应的救济途径。

为充分保障诉讼知情权，送达以直接送达为原则，采取到达主义。人民法院非法限制或者剥夺诉讼知情权的情形主要是无效送达。人民法院应当按照法定期限和法定方式,就诉讼情况向本案当事人等作出送达,否则为无效送达,通常不能产生相应的或者预期的法律效果。对于无效送达,当事人等有权要求人民法院重新送达。

人民法院在作出裁判之前,应当保障当事人和利害关系人对作为裁判基础的事实和证据表达意见的权利。人民法院非法限制或者剥夺诉讼听审权属于严重违法行为。对此,当事人等有权提出异议,请求人民法院纠正,允许其再次行使诉讼听审权。

对于人民法院剥夺或者限制诉讼知情权,当事人和利害关系人有权当场提出异议。非讼裁判作出后,当事人和利害关系人有权向人民法院提出异议和申请复议,请求撤销或者变更原裁判。

对于人民法院非法限制或者剥夺程序参与权的事实,当事人和利害关系人往往无力举证,应由人民法院负责提供证据证明人民法院没有限制或者没有剥夺程序参与权的事实。按照我国的现行法,人民法院通常以"送达回证"等来证明送达合法,没有非法限制或者剥夺诉讼知情权;以"审理笔录"来证明程序合法,没有非法限制或者剥夺诉讼听审权。

当事人和利害关系人违反程序参与原则的情形主要是,违法行使程序参与权或者滥用程序参与权。通常情况下,对于诉讼知情权,不存在当事人和利害关系人违法行使或者滥用的问题;不过,当事人和利害关系人却有可能违法行使或者滥用诉讼听审权(属于民事诉讼诚实信用原则的范畴)。

比较而言,保护诉讼听审权是主要方面,规制诉讼听审权滥用不应阻碍程序基本权的合法行使,所以滥用诉讼听审权的构成要件理当严格,否则会不当阻碍当事人正常行使诉讼听审权。再者,当事人非法律专家,我国现行律师制度尚难以满足现实需求,所以不能严格要求当事人必须在准确理解法律和事实的基础上才能行使诉讼听审权。

因此,应当将当事人滥用诉讼听审权的主观构成要件应是"故意"。至于判断"故意"的标准,原则上采取客观标准,即以普通人的认识水平为判断标准;同时,也规定了一些例外情形而考虑主观情况,比如对法律专业人士和非法律专业人士,判断其是否有"故意"应有相应的不同。

当事人滥用诉讼听审权的客观构成要件是"行使了诉讼听审权"。我们认为,滥用民事诉权人或滥用非讼申请权人是否已经获得人民法院判决不应作为滥用民事诉权或非讼申请权的构成要件。

我们认为,对于当事人滥用诉讼听审权的规制,主要从以下几个方面统筹设计和采取措施:(1)人民法院应当裁定驳回滥用行为或者认定其无效。(2)行为人承担因此产生的诉讼费用。(3)作为妨害民事诉讼行为而给予罚款、拘留。(4)将严重滥用诉讼听审权作为严重失信行为纳入国家征信系统。

第五条【书面审理】

第一款　人民法院可以书面审查事实和证据。

第二款　为查明事实,人民法院可以口头询问当事人、当事人和利害关系人、证人和鉴定人，当事人、当事人和利害关系人、证人和鉴定人应当口头陈述或者口头作证。

第三款　询问应当制作笔录，并由被询问人签名或者盖章。询问前，人民法院可以责令被询问人签署保证书。

【条文说明】

非讼程序以书面审理主义为主。在非讼事件和非讼程序中，由于不存在纠纷，无对立的双方当事人而只有申请人一方，所以对审原则没有适用的可能性和必要性，不可能也无须法庭言词辩论，法官通常是对事实证据进行书面审查。既然以书面审理为主，就无须审理法官与裁判法官的一体化，即不以直接审判为原则。

当然，在非讼程序中，并不排除直接言词审理。为查明案情，法官也可以口头询问申请人或证人，申请人或证人也应口头陈述或口头作证。在非讼程序中，审理法官与裁判法官的一体化，也有利于及时裁判。

第六条【不公开审理】

第一款　人民法院可以不公开审理民事非讼事件。人民法院认为适当的，可以允许有关人员旁听。

第二款　为查明事实和正确裁判，人民法院可以裁定公开审理；当事人和利害关系人有权请求人民法院公开审理。

第三款　对人民法院不公开审理的裁定，当事人和利害关系人有权准用本法第三条第二款和第三款，提出异议和申请复议。

【条文说明】

一般来说，公开审理与言词审理紧密相关，而不公开审理与书面审理密切相连。在民事争讼程序中，“对席言词辩论”因其使用言词形式使其能够在公开场合进行，可见公开审判与对审审理和言词审理之间有着内在的关联性，由于非讼程序无须法庭言词辩论而多采用书面审理，所以对非讼事件原则上无须公开审理。

事实上，非讼程序无须利用公开审理就能够正确认定案件事实。当然，在审理非讼事件时，若适用公开审理更有助于查明事实、正确裁判，则由法官自由裁量是否公开审理；申请人认为公开审理有助于制约法官滥用职权的，也有权请求法院公开审理。

第七条【使用母语进行诉讼】

第一款　我国各民族自然人有权使用本民族语言、文字参加非讼程序。

第二款　在少数民族聚居或者多民族共同居住的地区，人民法院应当使用当地民族通用的语言、文字进行审理和发布法律文书。

第三款　人民法院应当对不通晓当地民族通用的语言、文字的程序参与人提供翻译，不收取费用。

【条文说明】

当事人及相关第三人"使用母语进行诉讼的权利",属于公民的基本权。

我国《民事诉讼法》第 11 条规定:"各民族公民都有用本民族语言、文字进行民事诉讼的权利。在少数民族聚居或者多民族共同居住的地区,法院应当用当地民族通用的语言、文字进行审理和发布法律文书;法院应当对不通晓当地民族通用的语言、文字的诉讼参与人提供翻译。"

因此,"人民法院依照民事诉讼法第十一条第三款规定提供当地民族通用语言、文字翻译的,不收取费用"(《国务院诉讼费用交纳办法》第 12 条第 2 款)。

第八条【检察监督】

第一款　人民检察院有权对人民法院审判民事非讼事件实行法律监督。对人民法院非讼裁判,根据本法相关规定,提出异议和申请复议。

第二款　在涉及公共利益的非讼事件中,根据本法和其他法律规定,有权向人民法院申请启动非讼程序的个人或者组织没有提出申请的,人民检察院应当建议有关机关和组织向人民法院提出申请;有关机关和组织没有向人民法院提出申请的,人民检察院可以向人民法院提出申请。

第三款　人民检察院参加非讼事件审理和执行,准用本法第四条的规定。人民法院应当将非讼事件审理期日适时通知人民检察院,检察官有权对案件事实和法律适用陈述意见。

【条文说明】

检察机关是由国家财政或全体纳税人支撑的,其性质是"国家"的检察机关,其职责是通过行使国家检察权来维护国家利益和社会利益。从现代法治的角度来说,维护公益及通过公益的维护来保护私人合法权益是国家检察机关宪法上的职责。

民事检察监督原则根据我国宪法有关检察机关功能、角色的规定,确定了检察机关在民事诉讼中监督者的地位。在我国现行宪政框架中,民事检察监督原则有其合理性,即对于实现民事诉讼公正和保护当事人合法权益确有其积极意义。

《民事诉讼法》第 14 条规定:"人民检察院有权对民事诉讼实行法律监督。"第 235 条规定:"人民检察院有权对民事执行活动实行法律监督。"检察院对法院处理监护侵害行为的工作依法实行法律监督[《未成年人保护法》第 105 条]。

《民事诉讼法》第 55 条第 2 款规定:"人民检察院在履行职责中发现破坏生态环境和资源保护、食品药品安全领域侵害众多消费者合法权益等损害社会公共利益的行为,在没有前款规定的机关和组织或者前款规定的机关和组织不提起诉讼的情况下,可以向人民法院提起诉讼;前款规定的机关或者组织提起诉讼的,人民检察院可以支持起诉。"

我们认为,为维护公共利益,人民检察院在非讼程序中除行使法律监督职权外,作为公共利益的代表者和维护者,有权参与非讼程序。在非讼程序的启动方面,人民检察院有权建议有关主体申请启动非讼程序,必要时也可作为申请人向人民法院申请启动程序，并在审理过程中陈述意见。

第九条【诚实信用原则】

第一款　人民法院应当遵循诚实信用原则，公正适时审判非讼事件。对于作为裁判基础的事实和证据，人民法院在作出裁判前，应当听取当事人和利害关系人的意见。

第二款　当事人和利害关系人、诉讼代理人和证人等诉讼参加人应当遵循诚实信用原则，行使诉讼权利和履行诉讼义务。

第三款　人民检察院应当遵循诚实信用原则，进行检查监督和参加非讼程序。

【条文说明】

在民事诉讼领域（包括争讼审判、非讼审判和强制执行）中，将诚实信用具体法律化并予遵行，是建成诚信社会的一个不可或缺的环节和步骤，也是国家治理和社会治理的有机内容。

《民事诉讼法》第13条第1款规定："民事诉讼应当遵循诚实信用原则。"民事诉讼诚实信用原则（诚信原则）大体上是指法院、检察院、当事人及证人等诉讼参与人诚实信用地实施诉讼行为。

第二章　审判组织、回避和管辖

第十条【审判组织】

第一款　重大、疑难的事件，由审判员组成合议庭审理。

第二款　其他事件由审判员一人独任审理。

第十一条【回避】

人民法院人员回避准用《民事诉讼法》第四十四条至第四十七条。

第十二条【管辖标准时】

人民法院以非讼事件申请时或者人民法院以职权开始非讼程序时为标准来确定管辖。

第十三条【管辖恒定】

在管辖标准时之后，作为管辖基础的情况发生变更时，不影响人民法院的管辖。

【条文说明】

管辖确定性原则是指法律应当明确规定管辖规则，禁止法院随便移送有管辖权的事件，减免法院之间相互推诿或者争抢管辖，不使当事人因管辖的任意和模糊而无法请求司法保护。

根据管辖确定性，以管辖恒定为原则，以非讼事件申请时或者人民法院以职权开始非讼程序时，对某个事件拥有管辖权的法院，不因此后确定管辖因素的变更（比如当事人住所地或者经常居住地发生变更等）而失去管辖权。

管辖恒定也存在一些例外。比如,出现受诉法院全体法官回避事由或者发生自然灾害致使受诉法院无法审判的,请求上级法院指定其他法院管辖(属于指定管辖的情形)。

第十四条【管辖法院】

第一款　非讼事件由基层人民法院管辖。

第二款　地域管辖人民法院按照本法分则来确定。

【条文说明】

按照我国的现行法,非讼事件由基层人民法院管辖。本章规定的是非讼事件管辖的一般规则,具体非讼事件的管辖法院在分则相应部分具体规定。

本法对非讼事件管辖未尽的规定,在不与非讼事件相冲突时,准用《民事诉讼法》及其相关司法解释的有关规定。

第十五条【共同管辖】

第一款　两个以上人民法院都有管辖权的非讼事件,当事人可以向其中一个人民法院提出申请。

第二款　当事人向两个以上有管辖权的人民法院提出申请的,由最先立案的人民法院管辖。为避免非讼事件审理迟延,最先立案的人民法院认为有必要的,可以依申请或者依职权将非讼事件移送给其他管辖人民法院。

第三款　先立案的人民法院不得将此案移送给其他有管辖权的人民法院。立案前发现其他有管辖权的人民法院已先立案的,不得重复立案。立案后发现其他有管辖权的人民法院已先立案的,裁定将事件移送给先立案的人民法院。

第十六条【移送管辖】

第一款　人民法院发现受理的事件不属于本院管辖的,应当移送有管辖权的人民法院,受移送的人民法院应当受理。

第二款　受移送的人民法院认为受移送的事件依照规定不属于本院管辖的,应当报请上级人民法院指定管辖,不得自行移送。

第三款　人民法院裁定移送前,应当保障当事人对移送管辖陈述意见的机会。

第十七条【指定管辖】

第一款　有管辖权的人民法院由于特殊原因不能行使管辖权的,由上级人民法院指定管辖。

第二款　人民法院之间因管辖权发生争议,由争议双方协商解决;协商解决不了的,报请它们的共同上级人民法院指定管辖。

第三款　管辖权争议解决前,争议双方人民法院应当中止审理。

第四款　指定管辖裁定作出前,下级人民法院对事件作出非讼裁判(终局裁判)的,上级人民法院应当在裁定指定管辖的同时,一并撤销下级人民法院的非讼裁判。

第十八条【补充管辖】

本法或其他法律没有规定管辖人民法院的民事非讼事件,依事件的性质,由当事人的住所地、财产所在地、履行地或行为地的人民法院管辖。

【条文说明】

补充管辖是非讼管辖的兜底条款,主要是针对新增非讼事件,非讼事件法没有明确规定管辖的情形。这也是避免“司法拒绝”。

第十九条【人民法院职权调查】

人民法院应当职权调查有无管辖权。

【条文说明】

“法院职权调查事项”无须当事人提出异议或者申请,法院就得主动依职权进行调查并作出处理。职权调查事项仅仅指明法院是调查主体,并不涉及作为法院裁判的基础资料(事实和证据)由谁来承担收集提供的责任。有关职权调查事项存否或者真伪的事实和证据,并非都得适用职权探知主义,须视具体事项或者具体情形(所含公益私益、实体程序因素的强弱等)来决定。

《联合国关于司法机关独立的基本原则》中要求:“司法机关对所有司法性质的问题享有管辖权,并应拥有权威就某一提交其裁决的问题按照法律是否属于其权力范围作出决定。”司法机关“对所有司法性质的问题享有管辖权”,属于司法权范围;拥有权威就“某一提交其裁决的问题按照法律是否属于其权力范围作出决定”,属于司法案件管辖权范围。

管辖权问题属于职权调查事项,无须待当事人提出抗辩(如管辖权异议),法院就应依职权加以调查,但是关于判断管辖权合法与否所依据的事实和证据,就专属管辖应采职权探知主义,就其他管辖应采辩论主义。

职权调查事项通常仅需自由证明。相对于严格证明,自由证明无须运用法定的证据种类或者无须遵循如严格证明那样的程序。在自由证明时,证据是否在法庭上出示,出示以后用什么方式调查,由法院自由裁量。自由证明虽无须运用法定的证据种类,但也不排斥运用法定的证据种类。自由证明无须遵循如严格证明那样的程序,是指自由证明不必遵循证据交换规则、双方当事人质证和辩论程序、直接言词原则等。

第三章　诉讼参加人

第二十条【当事人资格】

第一款　自然人、法人和非法人组织可以作为民事非讼程序的当事人,提起民事非讼事件申请。

第二款　法人由其法定代表人参加非讼程序。非法人组织由其主要负责人参加非讼程序。

第二十一条【诉讼行为能力】

第一款　完全民事行为能力人具有诉讼行为能力。

第二款　限制民事行为能力人没有诉讼行为能力。但是,根据民法相关规定,限制民事行为能力人对非讼事件申请事项被承认具有民事行为能力的，具有诉讼行为能力。

第三款 无民事行为能力人没有诉讼行为能力。

第二十二条【当事人诉讼权利】

第一款 当事人有权申请回避。

第二款 当事人有权及时获知相关非讼程序进行情况。

第三款 当事人有权主张事实、提供证据、阅读和补正审理笔录、查阅和复制本案资料。

第四款 当事人有权撤回申请。

第五款 当事人有权对人民法院裁判提出异议和申请复议。

第六款 当事人有权使用母语进行诉讼、有权委托诉讼代理人。

第二十三条【当事人诉讼义务】

第一款 当事人不得故意实施滥用权利、拖延诉讼、妨害证明等违背诚实信用原则的诉讼行为。

第二款 在人民法院证据调查和查明事实时，当事人应当作出必要的协助，应当完全且真实地陈述事实。

【条文说明】

本条是将当事人遵守诚实信用原则的义务具体化。根据诚实信用原则，当事人应当承担如下义务：禁止滥用权利、禁止拖延诉讼或者应当促进诉讼、禁止妨害证明、协助法院(包括禁反言和真实陈述)等。

由于保护诉讼权利是主要方面，规制诉讼权利滥用不应阻碍诉讼权利的合法行使，所以滥用诉讼权利的构成要件理当严格，所以我们将“故意”作为“滥用权利”的构成要件。我们认为，对于当事人滥用诉讼权利的规制，主要从以下几个方面统筹设计和采取措施：(1)人民法院应当裁定驳回滥用行为或者认定其无效。(2)行为人承担因此产生的诉讼费用。(3)作为妨害民事诉讼行为而给予罚款、拘留。(4)将严重滥用诉讼权利作为严重失信行为纳入国家征信系统。

1.在民事诉讼领域，禁反言主要是指同一当事人对同一案件事实的陈述应当前后一致，禁止前后矛盾，包括直接禁反言和间接禁反言。直接禁反言是指在同一案件中，禁止同一当事人对同一案件事实作出前后矛盾的陈述；不过，当事人可以以受诈欺、胁迫或者意思表示错误等正当理由，撤销前面陈述。

当事人的陈述与此前陈述不一致的，法院应当责令其说明正当理由，并结合当事人的诉讼能力、证据和案件具体情况进行审查认定[《最高人民法院关于民事诉讼证据的若干规定》(以下简称《证据规定》)第63条第2款]。间接禁反言要求在前后不同的案件中，提出同一案件事实的同一人应当作出一致的主张或者陈述。间接禁反言与判决的已决效力、争点效力没有本质区别，可从诚信原则中排除。

2.真实义务主要是指当事人(包括法定代理人)应当就案件事实作真实、完整的陈述(《证据规定》第 63 条第 1 款)。真实义务主要是消极地禁止当事人陈述其明知是虚假的事实,即当事人不得故意地作出不真实陈述或者对真实事实进行争执。民事诉讼当事人应当拥有"沉默权"。法谚云:"法律不强人所难。"要求当事人对己不利的事实作出完全的真实陈述实乃强人所难。

为追究当事人违背真实义务的行为,需要对当事人所作出的事实陈述是否背离其对该事实的主观性真实认识作出证明,这种证明往往难度较大且易招致诉讼迟延,不如直接证明案件事实是否真实,所以当事人的真实义务是一种比较薄弱的义务。因此,对当事人违背真实义务的行为,许多国家法律没有给予现实的制裁,即使施以制裁也有所限制,比如若当事人在宣誓或者具结后仍然虚假陈述,则应承担罚款等法律责任。

依据《最高人民法院关于适用〈中华人民共和国民事诉讼法〉的解释》(以下简称《证据规定》),法院认为有必要的,可以要求当事人本人到场,就案件的有关事实接受询问(第 64 条);法院应当在询问前责令当事人签署保证书并宣读保证书的内容(第 65 条);当事人无正当理由拒不到场、拒不签署或宣读保证书或者拒不接受询问的,法院应当综合案件情况,判断待证事实的真伪;待证事实无其他证据证明的,法院应当作出不利于该当事人的认定(第 66 条)

依据《解释》第 110 条和《证据规定》第 63 条的规定,当事人故意作虚假陈述妨碍法院审理的,法院应当根据情节,依照《民事诉讼法》第 111 条处罚。

3.不得妨害证明或者禁止证明妨碍。在诉讼前或者诉讼中,当事人、案外人故意或者重大过失地违反诚实信用原则,实施妨害证明的行为,《民事诉讼法》将其纳入妨害民事诉讼行为。

法谚云:"破坏证据者应承担不利于己的推定。"当事人妨害证明致使相关事实不能或者难以证明的,则推定该事实或者该证据不利于该当事人。

对妨害证明行为人处以罚款或者拘留等妨害民事诉讼的强制措施,并让其承担妨害证明所产生的诉讼费用;构成犯罪的则依法追究刑事责任。

4.诚实信用原则要求程序主体应当促进诉讼和查明事实,其中包括当事人和利害关系人的协助义务。协助义务与程序保障有着相同的出发点,根本目的都是为了保障事件公平、公正的审结,裁判所依据的事实真实、可靠。

此种协助义务的通常内容:(1)在法院证据调查和查明事实时,当事人和利害关系人应当作出必要的协助;(2)当事人和利害关系人应当完全且真实地陈述事实。

第二十四条【利害关系人参加诉讼】

第一款　应当接受非讼裁判的人,自非讼程序开始至结束时,有权参加非讼程序。

第二款　不接受非讼裁判,但是与非讼裁判结果有法律利害关系的人,自非讼程序开始至结束时,有权参加非讼程序。

第三款　当事人可以告知利害关系人有权参加非讼程序。利害关系人可以申请参加诉讼。对驳回参加申请的裁判,利害关系人可以提出即时异议。

第四款　当事人可以向人民法院申请利害关系人参加诉讼。当事人在申请书中直接列明利害关系人的,视为向人民法院申请利害关系人参加诉讼。对驳回参加申请的裁判,当事人可以提出即时异议。

第五款　人民法院可以通知利害关系人参加诉讼。

第六款　利害关系人参加非讼程序,可以实施当事人可以实施的诉讼行为。但是,撤销或者变更非讼事件的申请、撤销当事人对人民法院裁判的异议申请和复议申请除外。

【条文说明】

利害关系人包括必要利害关系人和任意利害关系人。应当接受非讼裁判的人,不接受非讼裁判但与非讼裁判结果有法律利害关系的人,自非讼程序开始至结束时,有权参加非讼程序。

利害关系人包括必要利害关系人和任意利害关系人。必要利害关系人虽非当事人但是人民法院必须通知其参加程序的主体,主要是指程序直接影响到其权利的人,包括形式关系人和实质关系人。形式关系人是指为保护实体利益参加程序的所有主体。实质利害关系人指实体法地位为已决裁判或者待决裁判所影响或者可能受其影响的主体。

任意利害关系人是指为了审理事件的需要,法院可以通知其参加程序的人。这类主体是否参加特别程序主要取决于法院的裁量,法院裁量的依据是这类主体的参与是否有利于推动程序的进行。比如,确认调解协议事件中的调解委员会。法院在必要时,可以通知其参加程序,一方面以更好地审查调解协议的合法性和真实性,另一方面也使调解委员会更好地了解调解协议的动态,及时地总结调解经验。当然,任意利害关系人由于同事件没有实体法律利害关系,所以不受确认裁判的拘束。

第二十五条【诉讼代理人】

第一款　关于诉讼代理人,准用《民事诉讼法》第五十七条至第六十二条。

第二款　法定代理人的过错等同于参加人的过错。法定代理权的消灭不经本人或者代理人通知人民法院,不发生效力。

第三款　委托代理人进行下述事项,必须有委托人的特别授权:

(一)撤销或者变更非讼事件的申请;

(二)对人民法院终局裁判的提出异议或复议;撤销前述的异议或复议。

第四款　在程序的任何阶段均可主张欠缺代理权。代理人非为律师时,人民法院应当依职权审查是否欠缺代理权。

第五款　对无代理权限的,人民法院裁定予以驳回,对该裁定不得提出异议。无代理权限的代理人在被驳回前实施的诉讼行为以及向该代理人进行的送达或通知,仍然有效。

第六款　代理人没有能力恰当地阐述案件情况与争议情况时,人民法院可以裁定禁止其继续代理,对该裁定不得提出异议。

第二十六条【辅佐人】

第一款 经人民法院许可，辅佐人与当事人和利害关系人及其诉讼代理人一起参加诉讼，辅助陈述。

第二款 辅佐人的陈述视为当事人和利害关系人的陈述，但是当事人和利害关系人及其诉讼代理人即时撤回或更正的除外。

【条文说明】

辅佐人是指经法院许可，偕同关系人本人或法定代理人或非讼代理人到场辅助为陈述者。鉴于大陆法系有关辅佐人制度的积极作用，此条作出如上规定。

由于辅佐人仅处于辅佐地位，与非讼代理人可以独立实施非讼行为有所不同，因此，辅佐人的陈述必须经在场的关系人本人或法定代理人或委托代理人认可才发生相应的效力。

对于辅佐人的资格问题，法律没有明文规定，只要具有相应的非讼能力和陈述能力，律师或非律师都可以作为辅佐人。

第四章 期间、送达、保全和强制措施

第二十七条【期间】

第一款 期间准用《民事诉讼法》第八十二条。

第二款 除有充足正当理由或者为法律允许情形外，法院不得将期日定在法定节假日。

第三款 期间中的法定节假日数应予扣除。

第四款 下列时间不计入审理期限：

（一）诉讼文书在途时间；

（二）处理当事人管辖异议的时间、处理人民法院管辖争议的时间；

（三）公告的期间；

（四）鉴定的期间；

（五）与诉讼有关财产的审计、评估或清理的期间；

（六）诉讼中止的期间。

第五款 当事人和利害关系人非因自身过错而未遵守法定期间的，可以申请顺延期限。人民法院没有告知申请顺延期限理由或者告知有瑕疵的，推定不存在过错。

第六款 当事人和利害关系人应当在障碍消除后十日内申请顺延期限，并应当疏明申请事由。对驳回申请的裁定，当事人和利害关系人可以提出即时异议。

第七款 人民法院同意期限顺延申请的，裁定补足耽误的期间。

第八款 当事人和利害关系人疏明存在正当理由的，可以申请人民法院延长指定期限。

【条文说明】

广义的期间包括期限和期日。法定期间是由民事诉讼法及其司法解释所规定的期限,多是不变期间属强行规范,比如宣告死亡的公告期间为3个月(《民事诉讼法》第185条)。不过,法律也会规定某些法定期间可以变更,比如人民法院适用特别程序审理的案件,应当在立案之日起30日内或者公告期满后30日内审结,有特殊情况需要延长的则由本院院长批准(《民事诉讼法》第180条)。意定期间,多由法院指定,比如法院指定申请书的补正期间。有些期间同时包含法定因素和意定因素,比如公示催告的期间由法院根据情况决定,但不得少于60日(《民事诉讼法》第219条)。

为保持期间计算的连续性,现行法规定不扣除期间中的法定节假日数。我们认为,应当扣除期间进行中的法定节假日数。比如,法定复议申请期是15日,若某次裁判复议申请期中包含了国庆或者春节长假,不予扣除则必然减少当事人申请复议的准备时间,不利于维护当事人的合法权益,也影响到当事人的休息权。因此,本条第3款规定:"期间中的法定节假日数应予扣除。"

关于法定不变期间的顺延(回复原状),当事人和利害关系人非因自身过错而未遵守法定期间的,可以申请顺延期限。针对《民事诉讼法》第83条规定的不足,本条作出如下特别规定:(1)法院没有告知申请顺延期限理由或者告知有瑕疵的,推定不存在过错。(2)当事人和利害关系人应当疏明申请事由。(3)对驳回申请的裁定,当事人和利害关系人可以提出即时异议。(4)法院同意期限顺延申请的,裁定补足耽误的期间。

第二十八条【送达】

第一款　送达诉讼文书准用《民事诉讼法》第八十四条至第九十二条。

第二款　已经送达的诉讼文书更正后,应当重新送达。

第三款　人民法院送达违反法定方式或法定期限的,受送达人有权要求人民法院重新送达。

【条文说明】

诉讼文书的送达具有重大的积极意义,既实践着正当程序原理,又能产生诉讼法或者实体法的效果。

根据正当程序原理或者程序参与原则,当事人享有诉讼知情权,法院应当依法将诉讼文书送达当事人,以保障其诉讼听审权,否则,法院处理案件的司法权是不完善的,其裁判将容易因受到攻击而被认定为违法。

在诸种送达方式中,直接送达为原则,其他方式为必要补充。原则上,送达采取受信主义(到达主义)而不采用简便的发信主义;以受送达人或者有权接受送达的其他人在送达回证上的签收日期,为送达日期。

法院违法送达(多属无效送达)的,受送达人有权要求重新送达,法院也应主动补正。比如,《民事诉讼法》第92条规定:公告送达的,自发出公告之日起,经过60日,即视为送达。若少于60日,该送达不生效。只有60日的公告期届满,才为合法送达。此种法定期间下限的规定,为强行规范,违背之则送达无效。

第二十九条【保全】

第一款 非讼程序保全,准用《民事诉讼法》第一百条至第一百零五条。

第二款 先前保全不能达到保全目的,就不足部分可以申请保全。

第三款 人民法院应该依职权开始有关未成年人权力和利益的保全程序,无须提供担保。

第四款 对保全事由适用疏明。

【条文说明】

非讼程序保全包括财产保全和行为保全(证据保全一般在证据制度部分规定)。

保全的事项具有紧急性,程序效率是首要的,按照比例原理,对保全理由应当采取自由证明(参见本稿第五十六条【条文说明】)和疏明,并应当及时采取保全措施。

以是否需要使法官心证达到确信为标准,将诉讼证明分为完全证明(狭义证明)与疏明(说明)。完全证明与疏明都是证实行为,但完全证明标准高于疏明标准。

我国规范性文件中往往使用“说明”,比如《民事诉讼法》第 45 条规定:“当事人提出回避申请,应当说明理由,……”第 65 条规定:“……当事人逾期提供证据的,人民法院应当责令其说明理由;拒不说明理由或者理由不成立的,人民法院根据不同情形可以不予采纳该证据,或者采纳该证据但予以训诫、罚款。”《民诉法解释》第 342 条第 2 款规定:“当事人推翻其在第一审程序中实施的诉讼行为时,人民法院应当责令其说明理由。理由不成立的,不予支持。”

我国台湾地区用的是“释明”。我国台湾地区“民事诉讼法”第 34 条:“声请法官回避,应举其原因,向法官所属法院为之。前项原因及前条第二项但书之事实,应自为声请之日起,于三日内释明之。被声请回避之法官,对于该声请得提出意见书。”我国台湾地区“非讼事件法”第 15 条规定:“民事诉讼法有关送达期日、期间、证据及释明方法之规定,于非讼事件准用之。”

完全证明是指让法官“确信”案件事实为真的证明。完全证明标准,在民事诉讼中通常表述为高度盖然性,在刑事诉讼中则是排除合理怀疑。疏明是指法官根据有限的证据可以“大致推断”案件事实为真(或者大体真实)的证明。

依据《民诉法解释》第 108 条,民事诉讼通常证明标准是高度可能性或者高度盖(概)然性。该条规定:“对负有举证证明责任的当事人提供的证据,人民法院经审查并结合相关事实,确信待证事实的存在具有高度可能性的,应当认定该事实存在……”

说明标准或者疏明标准是较大可能性或者优势盖(概)然性。《证据规定》第 86 条第 2 款规定:“与诉讼保全、回避等程序事项有关的事实,人民法院结合当事人的说明及相关证据,认为有关事实存在的可能性较大的,可以认定该事实存在。”

疏明所使用的证据多是能立即利用的(例如申请正在法庭上的人作证,提出现在所持有的文书等)。比如《德国家事事件及非讼事件程序法》第31条规定:“对事实主张应当疏明的人,可以使用一切证明手段,也允许使用代宣誓的保证。在疏明中,不允许无法即时进行的证据调查。”

《日本民事诉讼法》第188条规定:“疏明,应以能即时调查的证据进行。”《德国民事诉讼法》第294条规定:“(一)对于某种事实上的主张应该释明的人,可以使用一切证据方法,也准许用保证代替宣誓。(二)不能即时进行的证据调查,不得采用。”我国台湾地区“民事诉讼法”第284条规定:“释明事实上之主张者,得用可使法院信其主张为真实之一切证据。但依证据之性质不能实时调查者,不在此限。”

不过,疏明也不排斥运用法定的证据种类。当疏明缺乏证据时,有些国家的诉讼法规定:法院根据情况允许当事人以寄存保证金或者宣誓替代自由证明或者释明,若以后发现其所主张的事实是虚假的,则没收保证金或者处以罚款。比如,《德国家事事件及非讼事件程序法》第31条的规定。

疏明对象限于法律明文规定的事项,旨在防止法院随意降低证明标准。考虑到疏明的合理性,我国民事诉讼法将来应当规定疏明的适用对象,主要有:回避事由、期间迟误原因、第三者请求阅览法庭记录的条件(第三者与案件有法律利害关系)等程序问题;财产保全、行为保全和证据保全等需要及时处理的事项;证人拒绝作证的理由;辅助参加诉讼的理由;公示催告的理由等等。

第三十条【强制措施】

非讼程序强制措施,准用《民事诉讼法》第一百零九条至第一百一十七条。

第五章　非讼程序费用和费用救助

第三十一条【准用规定】

非讼程序费用和费用救助准用《民事诉讼法》第一百一十八条和《诉讼费用交纳办法》(国务院令第481号)关于诉讼费用和诉讼费用救助的相应规定。

第三十二条【免交申请费】

非讼事件免交申请费,但是本法和其他法律另有规定的除外。

第三十三条【申请费交纳和退回】

第一款　当事人在提出申请时或者在人民法院指定的期限内预交申请费。

第二款　当事人撤回申请的,减半负担申请费。

第三款　当事人逾期不交纳申请费又未获得诉讼费用救助的,在人民法院指定期限内仍未交纳的,裁定驳回申请。

第三十四条【其他费用的交纳】

第一款　诉讼中实际产生的费用,待实际发生后交纳。

第二款　当事人复制案件卷宗材料和法律文书应当按实际成本向人民法院交纳工本费。

第三款　证人、鉴定人、专家辅助人、翻译人员、理算人员等因诉讼而产生的交通费、住宿费、生活费和误工补贴等，由人民法院按照国家规定标准向当事人和利害关系人收取，转交前述人员。

第四款 诉讼中，因鉴定、勘验、公告、翻译、审计、评估、清算、拍卖、变卖、仓储、保管、运输等发生的实际费用，依法由受益的当事人和利害关系人直接支付给前述工作单位或者工作人员。

第三十五条【其过错而产生的诉讼费用】

第一款 当事人和利害关系人负担因下列过错行为所产生的诉讼费用：

（一）虚假诉讼的；

（二）虚假主张重要事实的；

（三）故意伪造、毁灭或者隐藏重要证据的；

（四）故意违反协助义务的；

（五）故意隐藏、转移、变卖或者毁损有关财产的；

（六）故意拖延诉讼的；

（七）拒不履行人民法院已经发生法律效力裁判的；

（八）其他过错行为所产生的诉讼费用。

第二款 其他主体负担因其过错行为所产生的诉讼费用。

第三十六条【交费凭证】

第一款 人民法院收取诉讼费用应当向当事人开具交费凭证。

第二款 当事人持交费凭证到指定代理银行交费。

第三十七条【诉讼费用负担决定】

第一款 人民法院应当对诉讼费用负担作出书面决定，并应当及时送达负担诉讼费用的人。

第二款 非讼终局裁判书应当载明诉讼费用的最终负担。

第三十八条【对诉讼费用负担决定的异议】

第一款 对人民法院诉讼费用负担的书面决定，当事人和利害关系人有异议的，应当自收到决定书之日起十日内，向作出决定的人民法院提出异议。

第二款 人民法院应当自收到异议之日起十日内，对异议作出决定。

第三十九条【强制执行】

当事人拒不交纳诉讼费用的，人民法院依职权强制执行。

第四十条【申请费用救助】

第一款 当事人因确有经济困难，应当在申请非讼事件时，向人民法院书面申请缓交、减交或者免交申请费。

第二款 当事人应当提供足以证明其确有经济困难的证明材料。

第四十一条【费用救助决定】

第一款 人民法院应当自收到申请书之日起十日内，作出是否同意申请的书面决定，并应当及时送达当事人。

第二款 当事人以司法救助或者法律援助的决定为依据，申请诉讼费用救助的，人民法院应当同意申请。

第三款　人民法院驳回申请的决定书中应当载明理由。

第四款　对人民法院驳回申请的决定，当事人在收到决定书之起十日内，可以提起即时异议。

第四十二条【骗取费用救助】

第一款　当事人骗取诉讼费用救助的，人民法院应当作出撤销诉讼费用救助的书面决定，并应当及时送达当事人。

第二款　对人民法院撤销诉讼费用救助的决定，当事人在收到决定书之起十日内，可以提起即时异议。

第三款　人民法院应当自收到异议之日起十日内，对异议作出决定。

第四款　当事人没有提出异议或者异议被驳回的，人民法院应当责令其补交诉讼费用。拒不补交的，强制执行，并可以按照妨害民事诉讼行为作出处罚。

第六章　通常审理程序

第一节　非讼程序的开始

第四十三条【申请条件】

第一款　提出非讼事件的申请，应当符合下列条件：

(一)申请人是与本案有直接利害关系或者根据法律规定可以提出申请的自然人、法人或者非法人组织；

(二)属于本法规定的适用范围；

(三)有具体的申请事项和申请事由；

(四)接受申请的人民法院有管辖权。

第二款　对同一申请事项，禁止重复申请，法律另有规定的除外。

第三款　对非讼事件的申请条件，法律另有规定的，适用其规定。

第四款　具有同一法律资格的多个申请人分别提出同一事件的，列为共同申请人。

第四十四条【申请方式】

第一款　申请人应当向人民法院递交申请书。申请人应当按照被申请人和利害关系人的人数提出申请书副本。

第二款　申请人书写困难的，可以口头申请，人民法院应当制作笔录，并由申请人签名或者盖章。

第三款　人民法院违反前款规定的，申请人可以提出异议。

第四十五条【申请书内容】

第一款　申请书应当载明下列事项：

(一)申请人和被申请人及其诉讼代理人的基本情况。

(二)具体的申请事项。

(三)申请事项所根据的事实。

(四)证据材料原件及其副本；有证人的，写明证人的联系方式和住所。

第二款　对申请书内容，法律另有规定的，适用其规定。

第四十六条【登记立案】

第一款　人民法院收到申请书之日，应当登记立案，并向申请人即时出具立案通知书。

第二款　立案通知书应当注明收到申请书的日期；申请财产保全、申请行为保全和申请证据保全的具体程序。

第三款　对人民法院没有当日登记立案的，或者对人民法院没有即时出具立案通知书的，申请人可以提出异议和申请复议。

第四十七条【申请书补正】

第一款　申请书出现下列情形之一的，人民法院应当一次性告知申请人补正的内容，指定适当期间，允许申请人补正：

(一)申请书缺少前款规定内容的；

(二)申请书记载的内容模糊或者错误的；

(三)申请书记载的内容相互冲突的；

(四)其他可以补正的情形。

第二款　对人民法院违反前款规定的，申请人可以提出异议和申请复议。

第四十八条【审查和受理】

第一款　人民法院自收到申请书或者自申请书补正之日起五日内，根据申请条件进行审查。

第二款　具备申请条件的，作出受理的裁定书，并送达申请人、被申请人、利害关系人及其诉讼代理人。

第三款　人民法院应当自裁定受理之日起五日内将申请书副本送达被申请人和利害关系人。

第四款　人民法院违反前款规定的，被申请人和利害关系人可以提出异议。

第四十九条【驳回申请】

第一款　出现下列情形之一的，人民法院裁定驳回申请：

(一)不具备申请条件的；

(二)申请人无正当理由在人民法院指定期限内没有补正申请书的；

(三)申请人无正当理由在人民法院指定期限内没有交纳申请费的。

第二款　对前款情形，人民法院应当制作裁定书。

第三款　裁定书应当记明驳回申请的理由、提出异议和申请复议的具体程序。

第四款　裁定书应当适时送达申请人、被申请人、利害关系人及其诉讼代理人。

第五款　对前款裁定，申请人可以提出异议和申请复议。

第六款　因管辖不合法而被驳回申请的，裁定书中应当告知申请人有管辖权的人民法院。

第五十条【变更和撤回申请】

第一款　人民法院登记立案后，申请人可以依法变更申请事项或者申请事由。

第二款　人民法院作出终局非讼裁判前，申请人可以撤回申请。

第五十一条【再次申请】

下列情形中,申请人再次申请的,人民法院应当受理:

(一)属于第四十九条第一款(一)情形,申请人再次申请符合申请条件的;

(二)属于第四十九条第一款(二)情形,申请人补正申请书的;

(三)属于第四十九条第一款(三)情形,申请人依法交纳申请费的;

(四)对首次撤回申请的事件,申请人再次申请的。

第二节 非讼程序的进行

第五十二条【送达和通知】

第一款 人民法院向当事人、利害关系人和检察院书面通知本案审理的时间和地点。

第二款 通知书应当记载当事人和利害关系人享有的诉讼权利和承担的诉讼义务。

第三款 审判组织组成人员确定后,应当在三日内书面通知当事人、利害关系人和检察院。通知书应当记载申请回避的事由和程序。

第五十三条【诉讼承继】

第一款 当事人因死亡、丧失资格或者其他事由无法继续进行非讼程序的,依据法律具有继续进行程序资格的人(称为诉讼承继人)申请或者人民法院依职权裁定变更当事人,继续诉讼。

第二款 诉讼承继人应当在当事人无法继续进行程序的事由发生之日起七日内提出承继申请。对驳回承继申请的裁判,诉讼承继人可以提起即时异议。

第三款 人民法院依职权裁定变更当事人后,诉讼承继人无正当理由不参加诉讼的,人民法院裁定按撤回申请处理。

第四款 当事人没有诉讼承继人的,人民法院裁定终结诉讼,但是法律另有规定的除外。

第五十四条【当事人亲自出庭】

第一款 人民法院对必须到庭才能查明案件基本事实的当事人,经两次传票传唤,无正当理由拒不到庭的,可以拘传。传票中应当记载拒不到庭的后果。

第二款 在拘传前,经批评教育仍拒不到庭的,可以拘传其到庭。拘传必须用拘传票,并直接送达被拘传人。

第三款 人民法院应当及时调查询问被拘传人,调查询问的时间不得超过8小时;情况复杂,依法可能采取拘留措施的,调查询问的时间不得超过24小时。

第五十五条【审理准备】

第一款 审理前,书记员应当查明当事人、利害关系人、检察院和其他诉讼参与人是否到庭,宣布法庭纪律。

第二款 审理时,由审判长核对当事人、利害关系人和检察院,宣布案由,宣布审判人员、书记员名单,告知当事人、利害关系人和检察院有关的诉讼权利义务,询问当事人、利害关系人和检察院是否提出回避申请。

第五十六条【人民法院诉讼程序指挥】

第一款　在非讼事件程序的审理期日，审判长指挥诉讼程序进行。

第二款　审判长可以允许发言，或者禁止不遵守该命令的人发言。

第三款　当事人、利害关系人和检察院对审判长在审理期日内就有关诉讼程序指挥的命令提出异议的，由人民法院对该异议进行裁判。

第四款　在当事人居住较远或有其他适当的理由时，当事人可以向人民法院提出申请，采用视听传输技术等方式审理案件，由人民法院决定是否准许。

第五十七条【事实证明】

第一款　非讼私益事件中，由当事人负责提供证据，人民法院根据申请人提供的证据查明事实，法律另有规定的除外。

第二款　非讼公益事件中，由人民法院负责提供证据查明事实，当事人和利害关系应当协助人民法院收集证据查明事实，法律另有规定的除外。

第三款　非讼事件可以采用书面审理。

第四款　非讼事件事实的存在具有高度可能性的，应当认定该事实存在。

【条文说明】

由于有些非讼事件包含公益因素(比如宣告死亡、认定自然人无民事行为能力和限制民事行为能力等)，并且处理非讼事件要求快捷和经济，所以非讼程序在原则上采取职权主义。

但是，也不排除必要时要求或鼓励申请人收集证据和提供事实，特别是有关私益的非讼事件(法院确认调解协议事件、法院实现担保物权事件、督促事件、公示催告事件等)，申请人应当主张事实和提供证据。

非讼事件中不存在纠纷，多数情况下案情比较简单，强调及时、经济地处理事件，所以非讼程序多是简易快捷的程序。比较而言，非讼程序更强调“简捷”，即更强调诉讼经济方面的程序保障，而争讼程序更强调“慎重”，即更强调诉讼公正方面的程序保障。

争讼案件(民事之诉)的实体要件事实应当适用“严格证明”，即应当利用法定的证据种类并且应当遵循法定的证明程序所进行的证明。“法定的证据种类”包括当事人的陈述、书证、物证、视听资料、电子数据、证人证言、鉴定意见和勘验笔录(《民事诉讼法》第63条)。严格证明程序(包含在争讼程序中)大致包括提供与交换证据(主要存在于审前准备阶段)；当事人质证与法官认定证据(存在于法庭调查阶段)；当事人辩论与法官采信事实(存在于法庭辩论阶段)。严格证明若未遵循公开审理、直接言词等原则，没有保障原告与被告平等对抗或者未经双方当事人质证与辩论程序(对审原则)，则构成上诉和再审的理由。

与严格证明不同，自由证明无须运用法定的证据种类或者无须遵循严格证明程序，侧重于证明的快捷性以避免诉讼迟延。自由证明时，证据是否在法庭上出示，出示以后用什么方式调查，往往由法院自由裁量。自由证明无须遵循如严格证明那样的程序，即自由证明无须遵循公开审理和直接言词等原则、证据交换规则、双方当事人质证与辩论程序等。自由证明虽无须运用法定的证据种类但也不排斥运用法定的证据种类，除证据证明外还有其独特的证明方式。因此，对严格证明的实体要件事实应当遵循“证据裁判原则”，证据裁判原则的例外包括自由证明事项等。

非讼程序的证明程序不同于争讼程序，不存在双方当事人质证或辩论程序，法官通常进行书面审查或者采用比较独特的证明方式。比如，宣告自然人死亡以公告方式确定自然人是否死亡的事实；督促程序以支付令异议方式进一步确定债权债务关系是否明确、合法；公示催告程序以公告和申报权利方式确定申请人对票据是否拥有权利。

总之，对争讼实体事实采用严格证明，保障双方当事人的质证权和辩论权，而对非讼实体事实采用自由证明，无须双方当事人之间的质证和辩论。

第五十八条【程序中止】

第一款　非讼审理程序中止，准用《民事诉讼法》第一百五十条。

第二款　裁定中止的原因消除后，人民法院应当裁定撤销程序中止裁定，送达当事人和利害关系人，告知继续诉讼。

第三款　裁定中止的原因消除后，人民法院没有适时裁定继续程序的，当事人和利害关系人可以提出异议。

第五十九条【审理期限】

第一款　人民法院适用非讼程序审理的事件，应当在立案之日起三十日内或者公告期满后三十日内审结。

第二款　有特殊情况需要延长的，由本院院长批准。

第六十条【审理记录】

第一款　审理记录准用《民事诉讼法》第一百四十七条和最高人民法院关于人民法院庭审录音录像的规定。

第二款　当事人和利害关系人根据《民事诉讼法》第四十九条第二款，可以查阅本案有关材料，并可以复制本案有关材料和法律文书。

第三节　非讼终局裁判

第六十一条【裁判基础】

第一款　在作出裁判时机成熟时，人民法院应当对非讼事件的申请，作出非讼终局裁判。

第二款　人民法院应当根据从全部程序内容中获得的自由心证作出裁判。

第三款　人民法院对形成裁判基础的事实和证据调查结果，应当事前听取当事人、利害关系人及其诉讼代理人的意见。

第六十二条【裁判内容】

人民法院非讼终局裁判应当载明下列事项：

(一)当事人、利害关系人及其诉讼代理人；

(二)裁判主文；

(三)事实根据和法律根据;

(四)告知对裁判的异议权和复议权。

第六十三条【裁判原本宣告送达】

第一款　人民法院应当对非讼终局裁判制作原本和正本。对人民法院没有制作原本和正本的,当事人和利害关系人可以提出异议和申请复议。

第二款　非讼终局裁判应当公开宣告。

第三款　非讼终局裁判当庭宣告的,应当在宣告后十日内送达当事人和利害关系人。定期宣告的,应当在宣告后立即送达。对人民法院没有依法送达非讼终局裁判的,当事人和利害关系人可以提出异议和申请复议。

第四款　宣告非讼终局裁判时,人民法院应当告知当事人和利害关系人,对裁判提出异议和申请复议的具体程序。

【条文说明】

法院民事非讼终局裁判应当具备成立要件和生效要件;否则,法院民事非讼终局裁判不成立(不是裁判)或者为无效(无效裁判)。

法院民事非讼终局裁判的成立要件有:(1)裁判应由法定的法院和法官作出;(2)应制作裁判原本和正本且应合法宣告和送达。

裁判的成立要件是裁判得以成立在形式上和程序上的要求。裁判的成立与否属于事实判断问题,其成立规则属于事实构成规则,这一事实构成规则解决的问题是某裁判是否已经真实存在。

不具备成立要件的“裁判”,则不是裁判(非裁判)。非裁判根本不能产生裁判的效力,包括不能终结非讼程序。当事人可以提出异议和申请复议,请求法院作出裁判原本和正本且应合法宣告和送达。

法院民事非讼终局裁判即便在程序上成立,形式上是裁判,但若不具备以下生效要件,则为无效:(1)裁判应是在具备申请条件的前提下作出的;(2)裁判具有裁判事项,即裁判主文部分应当对申请请求作出终局判定。

生效要件是裁判得以生效在实体内容上的要求,裁判具备生效要件的则产生法律效力。生效要件不具备的,法院本不该作出裁判。无效裁判是严重的裁判错误,自始不产生裁判的效力,但能终结非讼程序。

无效裁判虽不必经过撤销程序,但因其具有裁判形式而可能发生争议,所以可以通过异议程序予以撤销。至于裁判没有裁判事项的,可以补充裁判(详见本稿第66条)。

第六十四条【生效时间】

非讼终局裁判自向当事人送达之日起生效,法律另有规定的除外。

第六十五条【更正裁判】

第一款　非讼终局裁判有书写错误、计算错误以及类似明显错误的,人民法院可以依申请或者依职权随时作出更正的裁定。

第二款　对驳回更正申请的裁定,当事人和利害关系人可以提出异议。

第三款　更正裁定作出前，应当给予当事人和利害关系人听审的机会，可以接受当事人和利害关系人等提供的有关资料并听取有关陈述。

第四款　更正的裁定应当附记于被更正裁判原本和正本之上。

第五款　对更正的裁定，当事人和利害关系人可以提出异议和申请复议。

【条文说明】

根据《民事诉讼法》第154条的规定，法院裁定补正判决书中的笔误。“笔误”是指法律文书误写、误算，诉讼费用漏写、误算，以及其他笔误（《民诉法解释》第245条）。《法官行为规范》（法发〔2010〕54号）第54条规定：裁判文书宣告或者送达后发现文字差错，对一般文字差错或者病句，应当及时向当事人说明情况并收回裁判文书，以校对章补正或者重新制作裁判文书；对重要文字差错或者病句，能立即收回的当场及时收回并重新制作，无法立即收回的应当制作裁定予以补正。

法院裁定更正非讼终局裁判的要件有：(1)非讼终局裁判书中存在误写、误算及其他类似技术上或者形式上的错误，即裁判书所书写的文字或者数字等与审判法院的真正意思不一致，这种错误已是客观化了的事实；(2)这种错误是明显的或者显然的，即从裁判本身，明显地看出（一见即明）的错误。

当事人可以随时申请或者法院依职权随时裁定更正。更正的法院多为错误裁判的制作法院。由于从裁判本身就能够识别或者判断出裁判是否存在显然的错误，并且这样的错误即使是局外人也能够认识到，所以多允许未参与审判的法官也可以更正。复议法院也可以更正原裁判。

更正裁定作出前，应当给予当事人和利害关系人听审的机会，可以接受当事人和利害关系人等提供的有关资料并听取有关陈述。更正裁定与原裁判为一体，应附记于裁判原本和正本上，如正本已经送达而不能附记的，应当送达更正裁定正本。当事人和利害关系人对法院更正裁定，可以提出异议和申请复议。

第六十六条【补充裁判】

第一款　对当事人申请事项，全部或者部分被遗漏裁判的，人民法院可以依职权随时作出补充裁判。

第二款　当事人应当自非讼终局裁判送达之日起在十五日内，可以书面申请补充裁判。对驳回补充申请的裁定，当事人可以提出异议。

第三款　对补充裁判，当事人和利害关系人可以提出异议和申请复议。

【条文说明】

法院裁判遗漏了应予裁判的全部或者部分申请事项，为裁判脱漏（漏判），对此应当作出补充裁判（追加裁判）。裁判中遗漏了诉讼费用的负担的，应以裁定更正，并非裁判补充。裁判中遗漏了事实理由或者对事实理由未审酌判断的，构成违法裁判，为异议和复议的理由，不得为补充裁判。

当事人应当自非讼终局裁判送达之日起在15日内，可以书面申请补充裁判。法院负有不得非法拒绝审判的职责，对于法院受理的申请事项若有脱漏的仍应审判,所以法院应当依职权主动及时追加裁判。

当事人申请补充裁判,法院认为裁判并无脱漏而裁定驳回申请的,对此当事人可以提出异议。法院作出补充裁判前,对有关脱漏部分的事实证据,应当给予当事人和利害关系人听审的机会,并且可以接受当事人和利害关系人等提供的有关资料并听取有关陈述。

对补充裁判,当事人和利害关系人可以提出异议和申请复议。对补充裁判与原裁判,异议申请期和复议申请期分别计算。

第四节　撤销或者变更非讼裁判

第六十七条【初异议和裁判】

第一款　对人民法院违法裁判,当事人和利害关系人应当自裁判送达之日起十日内,向作出裁判的人民法院提出异议,请求撤销或者变更。

第二款　人民法院应当自收到异议之日起十日内作出裁判,应当指派本院其他法官处理异议。

第六十八条【复议和裁判】

第一款　当事人和利害关系人对初异议的裁判不服的,应当自收到裁判之日起十五日内,向上一级人民法院申请复议,请求撤销或者变更原裁判。

第二款　上一级人民法院应当自收到复议申请之日起十五日内作出裁判。

第三款　复议期间通常不停止非讼裁判的执行。但是,申请人提出合法保证,或者为避免更大损失的,法院可以裁定中止执行非讼裁判。

第六十九条【再异议和裁判】

第一款　人民法院自收到初异议之日起超过十日没有作出裁判的,当事人和利害关系人应当自裁判作出期限届满日起十五日内,可以向上一级人民法院申请对初异议作出裁判。

第二款　上一级人民法院应当自收到申请之日起十五日内作出裁判。

【条文说明】

由于非讼事件程序的非讼性和简捷性,对非讼终局裁判的救济程序或者纠正程序是申请异议和复议;并且非讼终局裁判通常没有既判力(法律另有规定的除外,比如支付令和除权判决等),人民法院根据当事人异议和复议作出是否变更或者撤销原非讼终局裁判,不适用上诉程序和再审程序。

第七十条【人民法院证明】

对人民法院没有实施违法行为或者人民法院裁判没有违法的事实,由人民法院负责提供证据证明。

【条文说明】

对人民法院没有实施违法行为或者人民法院裁判没有违法的事实,为什么由人民法院负责提供证据证明?其主要理由如下:对法院实施违法行为或者非讼裁判违法的证明，当事人和利害关系人很难收集到充足的证据；法院审理笔录和庭审音像资料可以作为法院是否依照法定程序进行审判的证据；借此有效制约法院以减免违法审判。

合法制作和保存审理笔录是法院的职责。如果人民法院没有制作或者遗失审理笔录则属法院失职，据此推定审判存在违法之处。根据我国《民事诉讼法》（第 147 条）和《最高人民法院关于人民法院庭审录音录像的若干规定》（法释〔2017〕5 号）等规定，书记员应当将审理的全部活动记入审理笔录，法院开庭审判案件的则应对庭审活动全程录音录像。当事人等诉讼参与人对审理笔录和庭审音像资料有异议权和补正权，并且审理笔录和庭审音像资料应由审判法官、书记员及当事人等诉讼参与人签名或者盖章，借此保障审理笔录和庭审音像资料的真实性。

依据《最高人民法院关于人民法院庭审录音录像的若干规定》，检察院、诉讼参与人认为庭审活动不规范或者违反法律规定的，法院应当结合庭审录音录像进行调查核实（第 14 条）；诉讼参与人、旁听人员违反法庭纪律或者有关法律规定，危害法庭安全、扰乱法庭秩序的，法院可以通过庭审录音录像进行调查核实，并将其作为追究法律责任的证据（第 13 条）。

第二编　民事非讼程序

【本编说明】

本编民事非讼事件取狭义，不包括商事非讼事件。我们认为，我国民事非讼程序法规定的民事非讼事件主要包括我国现行法规定的事件，比如宣告失踪事件、宣告死亡事件；认定自然人无民事行为能力事件、认定自然人限制民事行为能力事件；认定财产无主事件；司法确认调解协议事件；人民法院实现担保物权事件；督促事件。

至于国外民事非讼程序法规定的民事非讼事件，其中有些事件不宜规定在我国民事非讼程序法中由人民法院来处理，而是按照现行做法。一者现行做法符合处理机关的专业性要求并无不妥且已“习惯成自然”，二者没有必要再增加人民法院的负担。比如，作为国外古典非讼事件的登记，包括不动产物权登记、法人登记事件、夫妻财产登记事件。

本编仅就上述民事非讼事件特殊程序作出规定，没有规定的适用本法总则的相关规定。比如，人民法院收到申请书之日，有关登记立案、申请书补正、裁定受理、撤回申请、变更申请事项或者申请事由、提出异议和申请复议等，适用总则的相关规定。

第七章　宣告失踪事件、宣告死亡事件和失踪人财产代管事件

【本章说明】

宣告失踪是法律上推定下落不明的自然人还生存着，而宣告死亡是法律上推

定下落不明的自然人已经死亡。若确知自然人还生存或者已死亡，均不能宣告该自然人失踪或者死亡。

对于宣告失踪或者死亡的事件，《民法典》第 40 条至第 53 条规定了实体要件和实体后果，民事非讼程序法则规定了程序要件和具体程序。

《民事案件案由规定》规定了：申请宣告公民失踪；申请撤销宣告失踪；申请为失踪人财产指定、变更代管人；失踪人债务支付纠纷；申请宣告公民死亡；申请撤销宣告公民死亡；被撤销死亡宣告人请求返还财产纠纷等案由。

第一节　宣告失踪事件和宣告死亡事件

第七十一条【申请宣告失踪】

第一款　自然人下落不明满二年，利害关系人申请宣告其失踪的，向下落不明人住所地的人民法院提出。

第二款　自然人下落不明的时间从其失去音讯之日起计算。战争期间下落不明的，下落不明的时间自战争结束之日或者有关机关确定的下落不明之日起计算。

第三款　自然人的利害关系人包括：失踪自然人的配偶、父母、成年子女、成年兄弟姐妹、祖父母、外祖父母、成年孙子女、成年外孙子女等近亲属；其他与下落不明的自然人有民事权利义务关系的人。

第四款　申请书应当写明失踪的事实、时间和请求，并附有公安机关或者其他有关机关关于该自然人下落不明的书面证明。

第七十二条【申请宣告死亡】

第一款　自然人有下列情形之一的，利害关系人申请宣告其死亡的，向下落不明人住所地的人民法院提出：

(一)下落不明满四年；

(二)因意外事件，下落不明满二年。

第二款　因意外事件下落不明，经有关机关证明该自然人不可能生存的，申请宣告死亡不受二年时间的限制。

第三款　下落不明人没有利害关系人的，或者利害关系人不申请宣告死亡的，人民检察院可以申请宣告死亡。

第四款　对同一自然人，有的利害关系人申请宣告死亡，有的利害关系人申请宣告失踪，符合本法规定的宣告死亡条件的，人民法院应当宣告死亡。

第五款　人民法院判决宣告公民失踪后，利害关系人向人民法院申请宣告失踪人死亡，自失踪之日起满四年的，人民法院应当受理，宣告失踪的判决即是该公民失踪的证明，审理中仍应依照本法第七十四条规定进行公告。

第六款　申请书应当写明下落不明的事实、时间和请求，并附有公安机关或者其他有关机关关于该自然人下落不明的书面证明。

【条文说明】

若下落不明人没有利害关系人或者利害关系人不申请宣告死亡，将使宣告死亡制度的立法目的落空。为贯彻宣告死亡制度旨在结束有关下落不明人及其财产的法律关系长期不稳定的状态的立法目的和维护社会公益，检察官可为申请人。

第七十三条【共同申请】

符合法律规定的多个利害关系人提出宣告失踪、宣告死亡申请的，列为共同申请人。

第七十四条【不允许撤回申请】

人民法院受理宣告失踪、宣告死亡的申请后，作出裁判前，申请人撤回申请的，人民法院不准许，继续审理。

第七十五条【公告】

第一款　人民法院受理宣告失踪、宣告死亡的申请后，应当发出寻找下落不明人的公告。

第二款　公告应当记载下列内容：

（一）被申请人应当在规定期间内向受理人民法院申报其具体地址及其联系方式，否则，被申请人将被宣告失踪、宣告死亡；

（二）凡知悉被申请人生存现状的人，应当在公告期间内将其所知道的情况向受理人民法院报告。

第三款　宣告失踪的公告期间为三个月。

第四款　宣告死亡的公告期间为一年。因意外事件下落不明，经有关机关证明该自然人不可能生存的，宣告死亡的公告期间为三个月。

【条文说明】

与严格证明不同，“公告”是法律规定的证明宣告失踪或者死亡事件事实是否真实的方式。人民法院根据公告的结果作出裁判或者驳回申请。因此，发出寻找下落不明人的公告，是宣告自然人失踪或者死亡的必经程序。人民法院没有依法公告的，申请人有权提出异议。

第七十六条【非讼裁判】

第一款　公告期间届满，人民法院应当根据被宣告失踪、宣告死亡的事实是否得到确认，作出宣告失踪、宣告死亡的裁判或者驳回申请的裁定。

第二款　公告期间届满，下落不明人仍然下落不明的，申请宣告失踪的，裁判宣告该自然人失踪；申请宣告死亡的，裁判宣告该自然人死亡。

第三款　裁判中应当确定下落不明人的失踪日期或者死亡日期。裁判中未确定失踪日期或者死亡日期的，以裁判宣告之日为失踪日期或者死亡日期。

第四款　裁判书应当送达申请人，还应当在被宣告失踪人或者被宣告死亡人的住所地和人民法院所在地公告裁判书。

第七十七条【撤销裁定】

第一款　被宣告失踪、宣告死亡的自然人重新出现，本人或者利害关系人可以提出异议，请求人民法院作出新裁定，撤销原裁定。

第二款　对人民法院驳回异议的裁定，本人或者利害关系人可以向上一级人民法院申请复议。

第二节　失踪人财产代管事件

第七十八条【指定财产代管人】

第一款　人民法院可以根据宣告失踪、宣告死亡事件的申请人和其他利害关系的申请，清理下落不明人的财产，并指定审理期间的财产管理人。

第二款　公告期满后，人民法院裁定宣告失踪的，应当同时指定失踪人的财产代管人。

第七十九条【财产代管人】

第一款　失踪人的财产由其配偶、成年子女、父母或者其他愿意担任财产代管人的人代管。

第二款　代管有争议，没有前款规定的人，或者前款规定的人无代管能力的，由人民法院指定的人代管。

第三款　财产代管人应当妥善管理失踪人的财产，维护其财产权益。失踪人所欠税款、债务和应付的其他费用，由财产代管人从失踪人的财产中支付。财产代管人可以以自己的名义提起或者参加有关宣告失踪人及其财产的仲裁或者诉讼。

第四款　财产代管人因故意或者重大过失造成失踪人财产损失的，应当承担赔偿责任。

第八十条【变更财产代管人】

第一款　财产代管人不履行代管职责、侵害失踪人财产权益或者丧失代管能力的，失踪人的利害关系人可以向人民法院申请变更财产代管人。

第二款　财产代管人有正当理由的，应当向受理宣告失踪的人民法院申请变更财产代管人。

第三款　人民法院经审查，认为申请理由成立的，裁定撤销原财产代管人身份，同时另行指定财产代管人。

第四款　申请理由不成立的，裁定驳回申请。对此裁定，失踪人的利害关系人和财产代管人可以提出异议。

第五款　人民法院变更财产代管人的，变更后的财产代管人有权要求原财产代管人及时移交有关财产并报告财产代管情况。

第八十一条【撤销裁定】

第一款　失踪人重新出现，经本人或者利害关系人申请，人民法院撤销原裁判，同时撤销财产代管人的裁定。

第二款　失踪人重新出现，财产代管人可以申请人民法院撤销财产代管人的裁定。

第三款 财产代管人应当及时移交其代管财产并报告财产代管情况。

第八章 认定自然人无民事行为能力事件和限制民事行为能力事件

【本章说明】

认定自然人无民事行为能力，是指人民法院根据利害关系人的申请，通过法定程序确定并宣告因精神病或者其他疾病而全部丧失民事行为能力的自然人为无民事行为能力人。

认定自然人限制民事行为能力，是指人民法院根据利害关系人的申请，通过法定程序确定并宣告因精神病或者其他疾病而部分丧失民事行为能力的自然人为限制民事行为能力人。

《民事案件案由规定》中有申请宣告公民无民事行为能力、申请宣告公民限制民事行为能力、申请宣告公民恢复限制民事行为能力、申请宣告公民恢复完全民事行为能力等案由。

人民法院宣告自然人为无民事行为能力或者限制民事行为能力的人，应当为该自然人确定监护人，以保护该自然人及其利害关系人的合法权益。

第八十二条【申请】

第一款 对不能辨认自己行为的成年人或者不能完全辨认自己行为的成年人，其近亲属、其他利害关系人或者有关组织，可以向该成年人住所地的人民法院申请认定该成年人无民事行为能力或者限制民事行为能力。

第二款 前款有关组织包括：居民委员会、村民委员会、学校、医疗机构、妇女联合会、残疾人联合会、依法设立的老年人组织、民政部门等。

第三款 申请书应当写明该公民无民事行为能力或者限制民事行为能力的事实和证据。

【条文说明】

将《民事诉讼法》第187条移此，增加“以该自然人为被申请人”的规定，并根据《民法典》第24条的规定，将原文中有权提出申请的主体由“其近亲属或者其他利害关系人”改为“其他利害关系人或者有关组织”。

第一款规定的是实体要件，在受理阶段，人民法院主要根据申请书及申请人提供的证据来审查是否具备。精神病或者其他疾病是否真实存在，是否真正导致全部或者部分丧失民事行为能力，应待审理后才能确定。

第八十三条【诉讼中申请】

在诉讼中，当事人的利害关系人提出该当事人患有精神病，要求认定该当事人无民事行为能力或者限制民事行为能力的，应当向受诉人民法院提出申请，按照本章程序审理，原诉讼中止。

第八十四条【被申请人的代理人】

第一款 人民法院审理认定自然人无民事行为能力或者限制民事行为能力事件，应当由被申请的自然人的近亲属为代理人，但申请人除外。近亲属互相推诿的,由人民法院指定。

第二款　被申请人没有近亲属的,人民法院可以指定其他亲属为代理人。被申请人没有亲属的,人民法院可以指定经被申请人所在单位或者住所地的居民委员会、村民委员会同意,且愿意担任代理人的关系密切的朋友为代理人。

第三款　没有前两款规定的代理人的,由被申请人所在单位或者住所地的居民委员会、村民委员会或者民政部门担任代理人。

第四款　代理人可以是一个人,也可以是同一顺序中的两个人。该自然人健康情况许可的,还应当询问本人的意见。

第八十五条【审理和裁判】

第一款　人民法院应当审查申请人提供的事实和证据。

第二款　必要时应当对被请求认定为无民事行为能力或者限制民事行为能力的自然人进行鉴定。

第三款　人民法院认为被申请人没有丧失民事行为能力的,裁判驳回申请。

第四款　人民法院认为被申请人确实是无民事行为能力人或者限制民事行为能力的,裁判被申请人为无民事行为能力人或者限制民事行为能力人。

第八十六条【确定监护人】

第一款　认定自然人无民事行为能力或者限制民事行为能力的裁判作出后,该自然人的人身权利、财产权利及其他合法权益处于无人保护状态的,人民法院应当及时告知有关组织担任临时监护人。

第二款　根据《民法典》第二十八条、第三十条至第三十三条,为被认定为无民事行为能力或者限制民事行为能力的成年人确定监护人。

第三款　对监护人的确定有争议的,根据本法第一百五十六条至第一百六十条,申请人民法院指定监护人。

【条文说明】

人民法院作出裁判认定自然人为无民事行为能力或者限制民事行为能力的,应当为其确定监护人。

确定监护人程序不属于认定自然人为无民事行为能力或者限制民事行为能力程序,而是另一程序,即"确定监护权特别程序"。

第八十七条【撤销裁定】

人民法院根据被认定为无民事行为能力人或者限制民事行为能力人本人、利害关系人或者有关组织的申请,证实该自然人无民事行为能力或者限制民事行为能力的原因已经消除的,应当作出新裁定,撤销原裁定。

第九章　认定财产无主事件

【本章说明】

对权属不明的财产,除实体法上的取得时效等制度外,法律还设立认定财产无主程序,将其认定为无主财产,判归国家或者集体所有,以尽其用。

根据《民法典》第 314 条至第 318 条的规定，拾得遗失物，不知道其权利人的，应当送交公安等有关部门；有关部门收到遗失物，不知其权利人的，应当及时发布招领公告；自发布招领公告之日起 1 年内无人认领的，该遗失物归国家所有。第 319 条规定，拾得漂流物、发现埋藏物或者隐藏物的，参照拾得遗失物的有关规定，文物保护法等法律另有规定的则依照其规定。

认定财产无主是人民法院根据有关自然人、法人或者其他组织的申请，依照法定程序将某项权属不明的财产认定为无主财产，并将其判归国家或者集体所有。

第八十八条【申请】

第一款　申请认定财产无主，由自然人、法人或者非法人组织向财产所在地的人民法院提出。

第二款　申请书应当写明财产的种类、数量，以及要求认定财产无主的根据。

【条文说明】

某项有形财产的权利主体不明或者不存在的状态应持续一定期间。申请认定无主的财产应是有形财产，该财产的权利主体不明或者不存在的状态应持续一定期间（这一期间多由民事实体法规定）。

比如，埋藏物、遗失物、漂流物、所有人不明的失散饲养动物等所有人或者合法占有人无法确定的情形。法律规定属于国家或者集体所有的财物，不适用认定财产无主程序，比如根据《文物保护法》属于国家所有的文物，就不得适用认定财产无主程序。

第八十九条【公告和裁定】

第一款　人民法院受理申请后，经审查核实，应当发出财产认领公告。公告期为一年。

第二款　在公告期间，人民法院可根据财产的具体情况，指定专人看管，或者委托他人代管。

第三款　公告期间，该项财产权利人出现，或者获悉该项财产归属的，人民法院核实后，裁判驳回申请，并通知权利人来认领财产。

第四款　公告期满，无人认领财产的，人民法院裁判认定财产无主，收归国家或者集体所有。

第九十条【另行起诉】

公告期间，有人对该项财产提出请求的，人民法院应当裁定终结认定财产无主事件程序，告知申请人另行起诉。

第九十一条【撤销裁判】

第一款　人民法院裁判认定财产无主后，原财产所有人或者其继承人出现的，可以申请人民法院撤销认定财产无主的裁判。

第二款　人民法院经审查属实，并认为该权利人对财产提出的请求在诉讼时效期间内的，应当作出新裁判，撤销原裁判。

第三款　新裁判一宣告就生效，原财产所有人或者继承人等恢复财产所有权。

原财产存在的,应返还原财产;原财产无法返还的,应返还同类财产或者按照原财产的价值返还。

第十章 确认调解协议事件

【本章说明】

在现代法治社会,调解应当遵循如下两项基本原则:(1)基本合法原则。可否运用调解、调解的过程和结果,均应遵守法律强行规范,遵循公共利益和尊重他人合法权益,否则,调解协议无效。比如,不得通过调解来解决合同是否无效的争议;改变法定的归责原则或者违背婚姻自由原则所达成的调解协议是无效的。(2)基本自由与公平原则(自愿原则)。可否运用调解、调解的过程和结果,均应建立在纠纷双方主体自愿与公平的基础上,其间不得存在强迫、欺诈、显失公平或者重大误解等内容,否则,纠纷主体可以变更或者撤销调解协议。由于调解具有高度的自治性和非严格的规范性,所以对调解的合法和自由、公平的要求是最基本的。在法律效力上,合法原则高于自由原则。

调解协议(书)的法律效力首先是调解的性质决定了调解协议(书)是私文书,具有民事合同的性质和效力,不具有与法院判决(书)相同的性质和效力。调解的自治性和非严格规范性无从保证调解是否遵循合法原则,所以不应直接赋予调解协议(书)与法院判决(书)相同的效力。

基于尊重调解的成果和实现其解决纠纷的目的,法律规定相应的审查或者转化程序,将调解协议(书)制成特定法律文书而成为公文书,具有与法院判决(书)相同的既判力、执行力、形成力等。这些"转化程序"主要有:(1)民事诉讼中法院调解(法院调解程序与转化程序合二为一);(2)仲裁庭根据调解协议制成仲裁调解书或者仲裁裁决书;(3)请求法院适用司法确认调解协议程序;(4)债权人向法院申请根据调解协议制作支付令;(5)申请公证机构根据调解协议制作公证债权文书"转化程序"用来审查调解是否遵循合法原则和自愿原则。违反前者则无效,违反后者则可撤销。遵循合法原则和自愿原则的,则调解协议有效;或者遵循合法原则而违反自愿原则的,当事人不予撤销的,则调解协议有效。据此,法院根据调解协议制作调解书;仲裁庭根据调解协议作出裁决书;公证机构将调解协议制作为公证债权文书。法院调解书、仲裁裁决书和公证债权文书均为公文书。

第九十二条【申请】

第一款　对于现行相关法律和司法解释等允许的,经行政机关、人民调解组织、商事调解组织、行业调解组织或者其他具有调解职能的组织调解达成的调解协议(人民法院调解和仲裁调解除外),均可申请人民法院确认其效力。

第二款　申请司法确认调解协议,由协议双方当事人或其代理人依照人民调解法等法律,自调解协议生效之日起三十日内,共同向调解组织所在地的人民法院提出。

第三款　两个以上调解组织参与调解的,各调解组织所在地的人民法院均有管辖权。双方当事人可以共同向其中一个调解组织所在地的人民法院提出申请；双方当事人共同向两个以上调解组织所在地的人民法院提出申请的，由最先立案的人民法院管辖。

第四款　当事人申请司法确认调解协议，可以采用书面形式或者口头形式。当事人口头申请的，人民法院应当记入笔录，并由当事人签名、捺印或者盖章。

第五款　当事人申请司法确认调解协议，应当向人民法院提交调解协议、调解组织主持调解的证明，以及与调解协议相关的财产权利证明等材料，并提供双方当事人的身份、住所、联系方式等基本信息。当事人未提交上述材料的，人民法院应当要求当事人限期补交。

第九十三条【驳回申请】

第一款　有下列情形之一的，人民法院裁定驳回申请：

(一)不属于人民法院受理范围的；

(二)不属于收到申请的人民法院管辖的；

(三)申请确认婚姻关系、亲子关系、收养关系等身份关系无效、有效或者解除的；

(四)涉及适用其他特别程序、公示催告程序、破产程序审理的；

(五)调解协议内容涉及物权、知识产权确权的。

第二款　人民法院受理申请后，发现有上述情形的，应当裁定驳回申请。

第九十四条【审查】

第一款　人民法院受理申请后，审查相关情况时，应当通知双方当事人共同到场对事件进行核实。

第二款　人民法院经审查，认为当事人的陈述或者提供的证明材料不充分、不完备或者有疑义的，可以要求当事人限期补充陈述或者补充证明材料。必要时，人民法院可以向调解组织核实有关情况。

第三款　当事人无正当理由未按时到场或者未按时补充的，可以按撤回司法确认申请处理。

【条文说明】

虽然人民法院确认调解协议程序主要是非讼程序，采取自由证明程序，但是，根据程序参与原则，人民法院审查相关情况时，应当通知双方当事人共同到场对事件进行核实。

第九十五条【撤回申请】

在人民法院确认调解协议的裁定作出前，一方或者双方当事人撤回司法确认申请的，人民法院应当裁定准许。

第九十六条【裁定确认有效】

人民法院经审查，认为具备下列条件的，应当作出裁定，确认调解协议有效：

(一)当事人具有完全民事行为能力；

(二)不违反法律强制性规定或者公共利益；

(三)意思表示真实。

第九十七条【裁定确认无效】

人民法院经审查,认为存在以下情形之一的,应当作出裁定,确认调解协议无效:

(一)违反法律强制性规定的;

(二)损害国家利益或者社会公共利益的;

(三)违背公序良俗的;

(四)损害他人合法权益的;

(五)违反自愿原则的;

(六)内容不明确无法确认的;

(七)其他不能进行司法确认的情形。

第九十八条【撤销调解协议】

第一款　下列调解协议,当事人一方有权请求人民法院撤销:

(一)因重大误解订立的;

(二)在订立调解协议时显失公平的;

第二款　一方以欺诈、胁迫的手段或者乘人之危,使对方在违背真实意思的情况下订立的调解协议,受损害方有权请求人民法院撤销。

【条文说明】

既然调解协议在性质上属于民事合同,就应依照合同的合法性要件及其规定进行审理,即人民法院审查判断调解是否遵循基本合法、基本自由与公平原则。对此,具体阐释如下:

(1)调解协议符合合法原则和自愿原则的,人民法院应予确认。

(2)调解协议不符合合法原则的,则为无效(相当于合同的无效),人民法院不予确认。

(3)调解协议只违反自愿原则,受损害方没有撤销的,则原调解协议有效,人民法院应予确认;若撤销了调解协议,则人民法院无须确认。

第九十九条【调解协议被确认无效或者被撤销后的处理】

第一款　人民法院依法确认调解协议无效或者撤销调解协议的,当事人可以通过调解方式变更原调解协议或者达成新的调解协议,也可以申请仲裁或者提起诉讼。

第二款　调解协议被确认无效或者被撤销后,当事人以原纠纷起诉的,诉讼时效自调解协议被撤销或者被认定无效的判决生效之日起重新计算。

【条文说明】

根据《民事诉讼法》第195条第2款和《人民调解法》第33条第2款的规定,作出修改,拟定第1款,即增加“申请仲裁”。

依据《最高人民法院关于审理涉及人民调解协议的民事案件的若干规定》(法

释〔2002〕29号）第9条第3款的规定，拟定第2款。

第一百条【第三人撤销确认裁定】

第三人认为经人民法院确认的调解协议，损害其民事权益的，可以自知道或者应当知道其民事权益受到损害之日起六个月内，向作出确认裁定的人民法院提起诉讼，请求变更或者撤销调解协议的确认裁定。

【条文说明】

根据《民事诉讼法》第56条第3款和《最高人民法院关于人民调解协议司法确认程序的若干规定》（法释〔2011〕5号）第10条的规定，作出修改，拟定此条。

依据《民诉法解释》第374条第2款的规定，利害关系人有异议的，自知道或应当知道其民事权益受到侵害之日起6个月内提出。依据《民诉法解释》第297条，适用特别程序处理的事件，提起"第三人撤销之诉"的，法院驳回申请。

但是，我们认为，第三人认为经人民法院确认的调解协议，损害其民事权益的，往往与调解当事人存在实体争议，应当根据《民事诉讼法》第56条第3款的规定提起诉讼。

第一百零一条【申请执行】

人民法院依法确认调解协议有效，一方当事人拒绝履行或者未全部履行的，对方当事人可以向人民法院申请强制执行。

第十一章　实现担保物权事件

【本章说明】

人民法院实现担保物权程序主要是非讼程序，采取自由证明程序。适用该程序的条件是不存在民事权益争议，即对主债权债务、担保物权和担保物是否处分没有争议，当事人仅仅是因为担保物权必须通过公权力予以实现而提出申请。在比较法上，申请拍卖、变卖担保财产属于"非讼事件"的范畴，德国、日本和我国台湾地区等相关法律对此作出了明文规定。

第一百零二条【申请】

第一款　申请实现担保物权，由担保物权人以及其他有权请求实现担保物权的人根据《民法典》的有关规定，向担保财产所在地或者担保物权登记地的人民法院提出。

第二款　前款所称担保物权人，包括抵押权人、质权人、留置权人；其他有权请求实现担保物权的人，包括抵押人、出质人、财产被留置的债务人或者所有权人；建设工程承包人等。

第三款　同一债权的担保物有多个且所在地不同，申请人分别向有管辖权的人民法院申请实现担保物权的，人民法院应当依法受理。

第四款　实现票据、仓单、提单等有权利凭证的权利质权事件，可以由权利凭证持有人住所地人民法院管辖；无权利凭证的权利质权，由出质登记地人民法院管辖。

第五款　实现担保物权事件属于海事法院等专门人民法院管辖的，由专门人民法院管辖。

第六款　依照《民法典》第三百九十二条的规定，被担保的债权既有物的担保又有人的担保的，当事人对实现担保物权的顺序有约定的，债权人应当按照约定实现债权，实现担保物权的申请违反该约定的，人民法院裁定不予受理；没有约定或者约定不明的，人民法院应当受理。

第七款　同一财产上设立多个担保物权，登记在先的担保物权尚未实现的，不影响后顺位的担保物权人向人民法院申请实现担保物权。

第八款　申请实现担保物权，应当提交下列材料：

(一)申请书。申请书应当记明申请人、被申请人的姓名或者名称、联系方式等基本信息，具体的请求和事实、理由。

(二)证明担保物权存在的材料，包括主合同、担保合同、抵押登记证明或者他项权利证书，权利质权的权利凭证或者质权出质登记证明等。

(三)证明实现担保物权条件成就的材料。

(四)担保财产现状的说明。

(五)人民法院认为需要提交的其他材料。

【条文说明】

根据《民事诉讼法》第 196 条和《民诉法解释》第 361 条至第 367 条的规定，作出修改，拟定此条。

第一百零三条【申请费】

第一款　申请实现担保物权的，每件交纳一百元。

第二款　人民法院裁定拍卖、变卖担保财产的，申请费由债务人、担保人负担；人民法院裁定驳回申请的，申请费由申请人负担。

第三款　申请人另行起诉的，其已经交纳的申请费可以从事件受理费中扣除。

第四款　拍卖、变卖担保财产的裁定作出后，人民法院强制执行的，按照执行金额收取执行申请费。

第一百零四条【向被申请人送达和被申请人异议】

第一款　人民法院受理申请后，应当在五日内向被申请人送达申请书副本、异议权利告知书等文书。

第二款　被申请人有异议的，应当在收到人民法院通知后的五日内向人民法院提出，同时说明理由并提供相应的证据材料。

第一百零五条【审判组织】

第一款　实现担保物权事件可以由审判员一人独任审查。

第二款　担保财产标的额超过基层人民法院管辖范围的，应当组成合议庭进行审查。

第一百零六条【审查】

第一款　人民法院审查实现担保物权事件，可以询问申请人、被申请人、利害关系人。

第二款 人民法院应当就主合同的效力、期限、履行情况,担保物权是否有效设立、担保财产的范围、被担保的债权范围、被担保的债权是否已届清偿期等担保物权实现的条件,以及是否损害他人合法权益等内容进行审查。

第三款 被申请人或者利害关系人对申请提出异议的,应当一并审查。

【条文说明】

基于程序参与原则的考虑,人民法院在必要时可以通知申请人和被申请人同时到场,进行审理。人民法院审查主要是形式审查,即审查担保物权是否符合民法典等法律的规定,经审查符合法律规定的则裁定拍卖、变卖担保财产,亦即人民法院主要是根据申请人提供的证据来审查担保物权是否成立和担保物权实现条件是否成就。对此,具体阐释如下:

关于抵押权:(1)对于不动产抵押权,人民法院对不动产抵押权人提供的不动产权属证书仅作形式审查,只有其经过合法登记,并且担保物权实现条件成就的,就裁定拍卖或变卖抵押财产。(2)对于动产抵押权和浮动抵押权,因其不一定经过登记,所以人民法院应当通知抵押人或债务人到场,确认抵押合同的真实性。若对抵押权人的权利没有异议,则裁定拍卖或变卖抵押财产。若抵押人或债务人有证据证明抵押合同是虚假的,则裁定驳回抵押权人的申请。(3)对于法定抵押权,因其基于法律的规定而产生,不待登记即生效,故不具有公信力,因此,人民法院经询问发包人,发包人对法定抵押权的内容和效力没有异议的,则裁定拍卖或变卖抵押财产。(4)对于最高额抵押权,通常仅登记抵押的最高额,对实际发生的每笔债权额不作登记,所以人民法院裁定拍卖或变卖抵押财产前,应当询问抵押人,并确认抵押人对其所担保的债权没有异议。

关于质权:(1)对于动产质权,因其以质权人占有出质的动产(质押财产)为设立要件,所以人民法院应当审查质权人是否占有出质的动产。人民法院经询问出质人,出质人对动产质权的内容和效力没有异议的,则裁定拍卖或变卖质押财产。(2)对于权利质权,若是没有权利凭证的财产权利,人民法院应当审查其登记证书或通知书等相关材料;若是有权利凭证的财产权利,人民法院应当审查质权人是否占有其权利凭证。

关于留置权,其设立以债权人留置已经合法占有的债务人的动产(留置物)为要件,所以人民法院应当审查留置权人是否合法占有留置物。人民法院经询问债务人,债务人对留置权的内容和效力没有异议的,则裁定拍卖或变卖留置物。

第一百零七条【裁定】

人民法院审查后,按下列情形分别处理:

(一)当事人对实现担保物权无实质性争议且实现担保物权条件成就的,裁定准许拍卖、变卖担保财产;

(二)当事人对实现担保物权有部分实质性争议的,可以就无争议部分裁定准许拍卖、变卖担保财产;

(三)当事人对实现担保物权有实质性争议的,裁定驳回申请,并告知申请人向人民法院提起诉讼。

【条文说明】

当事人对实现担保物权有实质性争议的,比如当事人对主债权是否合法有效、担保物权是否成立及担保债权范围和数额、担保物权实现条件是否成就等存在争议的,不应继续按照非讼程序处理,应当裁定驳回申请,并告知申请人向人民法院提起诉讼,适用争讼程序解决。

裁定拍卖或变卖担保物的。当事人对实现担保物权无实质性争议且实现担保物权条件成就的,裁定准许拍卖、变卖担保财产;当事人对实现担保物权有部分实质性争议的,可以就无争议部分裁定准许拍卖、变卖担保财产。

第一百零八条【异议】

第一款　对拍卖或变卖担保物的裁定,当事人有异议的,应当自收到裁定之日起十五日内提出。

第二款　利害关系人有异议的,自知道或者应当知道其民事权益受到侵害之日起六个月内提出。

第一百零九条【申请执行】

当事人依据拍卖、变卖担保财产的裁定,可以向人民法院申请执行。

【条文说明】

拍卖或变卖担保物的裁定(或称准许实现担保物权裁定)为执行依据或执行名义,当事人据此在"申请执行时效期间"内可以向作出裁定的人民法院或者与其同级的被执行财产所在地人民法院申请执行。

第十二章　督促程序

【本章说明】

督促程序是以支付令简捷地督促债务人偿还债务的专门的非讼程序。督促程序的适用具有可选择性。督促程序的基本构成:(1)督促程序的开始阶段包括债权人申请、人民法院受理;(2)督促程序的续行阶段包括人民法院审理、人民法院发出支付令、债务人提出支付令异议;(3)督促程序的终结。

督促程序的目的是简捷地督促债务人偿还金钱债务以实现债权人的金钱债权。督促程序的目的决定了其性质。其主要性质如下:

(1)专门性。主要体现在:在督促程序的适用范围(仅为债权人请求给付金钱和有价证券的非讼事件);关于债务和送达的特殊要件(主要有债务已到履行期、债权人与债务人没有其他债务纠纷、支付令能够送达债务人)。

(2)非讼性。主要体现在:在督促程序中,仅有一方当事人即债权人,债务人并不参加审理;督促程序因债权人的申请并非起诉而开始;原则上不开庭审理,不可能也无须法庭辩论,人民法院依据债权人提供的事实、证据进行书面审理。

(3)简捷性。主要体现在:实行独任制;没有法庭辩论,采取自由证明,程序并不复杂;实行一审终审(若债务人对支付令提出合法异议,则督促程序终结;若债务人没有提出支付令异议或者异议被驳回,则支付令具有既判力和执行力)。

(4)适用的选择性,即督促程序的适用具有可选择性,亦即债权人对督促程序有选择适用的权利,即在同时符合督促程序法定的适用范围和适用条件时,债权人有权选择申请适用督促程序或者选择起诉适用争讼程序(即享有争讼程序和督促程序适用选择权)。

鉴于我国《民事诉讼法》第十七章对督促程序的相关内容作出了规定,《民诉法解释》又将其予以细化,本编只是将现有规定进行整合,对部分用语稍作修订,使之与本稿总则的内容相适应。

第一百一十条【申请】

第一款　债权人申请支付令,符合下列条件的,可以向债务人住所地的人民法院提出:

(一)请求给付金钱或者汇票、本票、支票、股票、债券、国库券、可转让的存款单等有价证券;

(二)请求给付的金钱或者有价证券已到期且数额确定,并写明了请求所根据的事实、证据;

(三)债权人没有对待给付义务;

(四)债务人在我国境内且未下落不明;

(五)支付令能够送达债务人;

(六)收到申请书的人民法院有管辖权;

(七)债权人未向人民法院申请诉前保全。

第二款　人民法院受理申请支付令事件,不受债权金额的限制。

【条文说明】

督促程序的适用范围具有专门性,即为请求债务人给付金钱、有价证券的事件。因支付拖欠的劳动报酬、工伤医疗费、经济补偿或者赔偿金达成调解协议,用人单位不履行的,劳动者可以持调解协议书申请支付令(《劳动法》第30条、《劳动调解仲裁法》第16条)。

法律限定督促程序的适用范围,是因为这类给付请求具有尽快清偿的可能性,并且由于主要采书面审理而不进行法庭辩论就可以发出支付命令,限定督促程序的适用范围也是考虑到维护公正的需要,以及支付令若有错误给债务人造成金钱损失的也易于获得充分补救。

对待给付是指债权人应待自己向债务人为给付后,债务人才有给付的义务,或者债权人与债务人应同时互为给付的情形。债权人与债务人若有其他债务纠纷,那么不仅两者之间的债权债务关系比较复杂,不易明确,多会发生争议,不宜通过督促程序解决,而且如果法院以支付令仅命令债务人向债权人为给付,却不考虑债务人对债权人也拥有债权,则有悖法律平等保护原则。

债权人向人民法院申请诉前保全的，应当在人民法院采取保全措施后30日内依法提起诉讼（或者申请仲裁），否则，人民法院解除保全（《民事诉讼法》第101条）。因此，申请支付令的条件包括债权人未向人民法院申请诉前保全。

第一百一十一条【申请费】

第一款　依法申请支付令的，比照财产案件受理费标准的三分之一交纳申请费。

第二款　债务人对督促程序未提出异议的，申请费由债务人负担。

第三款　债务人对督促程序提出异议致使督促程序终结的，申请费由申请人负担。

第四款　申请人另行起诉的，可以将申请费列入诉讼请求。

第一百一十二条【立案和受理】

第一款　法院收到申请书之日应当登记立案，并在收到申请书之日五内裁定是否受理。

第二款　不符合本法第一百一十条第一款条件的，裁定不予受理。对此裁定，债权人可以提出异议和申请复议。

第一百一十三条【审理和发出支付令】

第一款　人民法院受理申请后，由审判员一人进行审查。

第二款　审判员审查债权人提供的事实和证据。

第三款　为了查明案件事实，法官也可以口头或者言词的方式询问债权人和证人，债权人或者证人也应口头陈述或者口头作证。

第四款　债权债务关系不明确、不合法的，应当在受理之日起十五日内裁定驳回申请。对此裁定，债权人可以提出异议和申请复议。

第五款　债权债务关系明确、合法的，应当在受理之日起十五日内向债务人发出支付令。

第六款　支付令应当载明以下内容或者事项：债权人、债务人的基本情况；债务人应当给付的金钱、有价证券的种类、数量等；债务人清偿债务或者提出异议的期限；债务人在法定期间不提出异议的法律后果等。

第一百一十四条【送达支付令、清偿债务和书面异议】

第一款　人民法院应将支付令及时送达债权人。送达债务人后，人民法院还应通知债权人支付令送达债务人的日期。

第二款　人民法院应将支付令及时送达债务人，债务人拒绝接收的，人民法院可以留置送达。

第三款　债务人应当自收到支付令之日起十五日内，清偿债务，或者向受理支付令申请的人民法院提出书面异议。

第四款　人民法院作出终结督促程序或者驳回异议裁定前，债务人请求撤回异议的，应当裁定准许。债务人对撤回异议反悔的，人民法院不予支持。

【条文说明】

发出支付令的要件主要是债权债务关系明确和合法。所谓债权债务关系明确,是指给付金钱、有价证券的债务已到清偿期并数额确定且没有争议。

送达债务人后,人民法院还应通知债权人支付令送达债务人的日期,以便债权人决定申请执行。

支付令具有督促力,是指支付令具有督促债务人在法定期间内清偿债务或者提出异议的效力。督促力自债务人收到支付令之日始产生。债务人应当自收到支付令之日起 15 日内清偿债务,或者向人民法院提出书面异议。

支付令异议是指债务人就支付令所记载的债务,向发出支付令的人民法院书面提出不同意见,使支付令不发生既判力和执行力。

在督促程序中,人民法院仅根据债权人一方提出的事实和证据来发出支付令,法律允许债务人提出支付令异议,是在程序上平等保护债务人。

第一百一十五条【申请执行支付令】

债务人在本法第一百一十二条第三款规定的期间内不提出异议又不履行支付令的,债权人可以向人民法院申请执行。

【条文说明】

支付令执行力的产生是有条件的,即债务人自收到支付令之日起在 15 日内不提出书面异议或者异议被驳回,故支付令又称附条件的支付令。

第一百一十六条【支付令异议有效】

第一款　人民法院也应当在收到债务人支付令异议后五日内,书面审查支付令异议是否有效。

第二款　同时具备下列条件的,支付令异议有效:

(一)债务人应当在本法第一百一十二条第三款规定的期间内,提出异议;

(二)债务人应当对支付令提出书面异议;

(三)债务人应当向发出支付令的人民法院,提出异议;

(四)债务人应当对支付令所确定的债权债务提出异议;

(五)债务人应当提供支持其异议的事实和证据。

第三款　人民法院应当从形式上审查有无支持其异议的事实和证据。

第四款　人民法院认为具备前款条件的,应当裁定支付令异议有效并终结督促程序。

第五款　不具备前款条件之一的,人民法院裁定驳回支付令异议。对此裁定,债务人可以提出异议。

【条文说明】

人民法院应当在收到债权人支付令申请后 5 日内,进行书面审查以决定是否受理。那么,根据平等原则,人民法院也应当在收到债务人支付令异议后 5 日内,进行书面审查,并决定支付令异议是否有效。

我国民事诉讼法没有要求债务人提出异议应附实体理由(即支付令异议所依据的事实、证据和相应的实体法根据),仅应向人民法院作出反对支付令的书面意思表示即可。

债务人应以书面形式提出异议(口头异议无效)。这是因为支付令异议成立与否决定支付令能否产生既判力、执行力和督促程序是否终结等效力。

债务人应当针对支付令所确定的债权债务提出异议。债务人对债务本身没有异议,只对缺乏清偿能力、延缓清偿期限、变更清偿方式等提出异议的,不影响支付令效力。

人民法院无须审查支付令异议是否有实体理由,仅需审查支付令异议是否具备有效要件。人民法院认为具备有效要件的,则应裁定终结督促程序;认为不具备成立要件的,则应裁定驳回异议。对驳回异议的裁定,债务人可以提出异议。

由于债务人提出支付令异议无须附实体理由,支付令异议的成立要件也很容易具备,所以债务人可能随意或者恶意提出支付令异议,使支付令失效。其不利后果是,人民法院和债权人将前功尽弃,以至于阻碍督促程序的运用及优势的发挥。因此,我们主张,债务人应当提供支持其异议的事实和证据,否则裁定驳回异议。不过,人民法院应当从形式上审查"有无"支持其异议的事实和证据,而无须审查证据是否充分、事实是否真实。

第一百一十七条【不影响支付令效力的情形】

第一款　债务人在收到支付令后,未在法定期间提出书面异议,而向其他人民法院起诉的,不影响支付令的效力。

第二款　债权人基于同一债权债务关系,在同一支付令申请中向债务人提出多项支付请求,债务人仅就其中一项或者几项请求提出异议的,不影响其他各项请求的效力。

第三款　债权人基于同一债权债务关系,就可分之债向多个债务人提出支付请求,多个债务人中的一人或者几人提出异议的,不影响其他请求的效力。

第四款　对设有担保的债务的主债务人发出的支付令,对担保人没有拘束力。债权人就担保关系单独提起诉讼的,支付令自人民法院受理事件之日起失效。

第一百一十八条【支付令自行失效】

有下列情形之一的,人民法院应当裁定终结督促程序,已发出支付令的,支付令自行失效:

(一)人民法院受理支付令申请后,债权人就同一债权债务关系又提起诉讼的;

(二)人民法院发出支付令之日起三十日内无法送达债务人的;

(三)债务人收到支付令前,债权人撤回申请的。

第一百一十九条【撤销支付令】

第一款　第三人认为支付令损害其民事权益的,可以自知道或者应当知道其民事权益受到损害之日起六个月内,向发出支付令的人民法院提起诉讼,请求变更或者撤销调解协议的确认裁定。

第二款　人民法院院长发现本院已经发生法律效力的支付令确有错误，认为需要撤销的，应当提交本院审判委员会讨论决定后，裁定撤销支付令，驳回债权人的申请。

【条文说明】

关于未发生既判力的支付令，其救济途径是债务人提出支付令异议。支付令异议合法的，则支付令不发生既判力和执行力。

关于发生既判力的支付令，其纠正程序是人民法院裁定撤销支付令。

依据《民诉法解释》第 297 条的规定，适用督促程序处理的事件，提起第三人撤销之诉的，人民法院驳回申请。我们认为，第三人认为支付令损害其民事权益的，往往与支付令所确认的债权债务关系当事人存在实体争议，应当根据《民事诉讼法》第 56 条第 3 款提起诉讼。

在支付令强制执行过程中，也允许第三人提起执行异议之诉。支付令被强制执行后，第三人有权提起返还不当得利之诉或损害赔偿之诉。

第一百二十条【申请仲裁或者提起诉讼】

第一款　有下列情形之一的，债权人可以就原债权债务关系申请仲裁或者提起诉讼：

(一)因不具备申请条件，人民法院裁定驳回支付令申请的；

(二)人民法院裁定准许债权人撤回支付令申请的；

(三)支付令因在法定期间内无法送达债务人而失效的；

(四)支付令因其异议而失效的。

第二款　属于前款第(四)项情形的，债权人可以将支付令申请费列入诉讼请求；债务人败诉的，负担支付令申请费。

【条文说明】

第 1 款　规定的情形，原债权债务关系并未得到确定，债权人可以就原债权债务关系提起诉讼，保护债权。

对于第 1 款第(4)项情形，《民事诉讼法》第 217 条第 2 款的规定是“转入诉讼程序，但申请支付令的一方当事人不同意提起诉讼的除外”。对此，《民诉法解释》第 440 条和第 441 条作出了具体的规定。

根据以上规定，在督促程序终结时，可以把支付令的申请视为起诉，这样免除了当事人另行起诉的手续，可大大简化争讼程序。

另一种做法是，根据处分原则的精神，由当事人自己决定是否起诉，即对于原债权债务关系纠纷，当事人可以选择和解、调解、仲裁或者民事诉讼来解决。若将支付令的申请视为起诉，则有违当事人纠纷解决选择权。

第三编　商事非讼程序

【本编说明】

对商事和商法，在不同的国家和地区有不同的理解，所以商事非讼事件在不同的国家和地区有不同的范围。不过，通常商事非讼事件包括公司非讼事件、票据非讼事件、破产非讼事件和海商非讼事件等。

公司非讼事件是依公司法规定有人民法院处理的非讼事件，主要包括：公司登记、公司变更章程；公司合并、公司解散；选派或解任公司清算人；撤回股东业务执行权；股东申请检查公司财产；决定清算人报酬额；许可阅览公司相关书类；选任账簿资料保管者；选定临时管理人；股份有限公司特别清算；公司重整等。

本书将公司非讼事件限定为：撤销公司股东会或者股东大会、董事会决议事件；股东查阅、复制公司特定文件材料事件；请求人民法院要求公司提供查阅公司会计账簿事件；股东会、股东大会会议的司法召集事件；核定收购股权价格事件；公司强制解散事件和公司强制清算事件等。

按照我国现行公司法的规定，公司法中规定公司非讼事件（比如，《公司法》第 22 条第 2 款规定，撤销公司股东会或者股东大会、董事会的决议），至于公司非讼事件的具体程序由民事非讼事件法作出统一规定。至于请求人民法院指定清算人（《合伙企业法》第 86 条）、请求人民法院组成清算组（《农民专业合作社法》第 41 条）等非讼事件，准用民事非讼事件法中对公司非讼事件程序的相关规定。

票据非讼事件通常由《证券法》《票据法》等作出规定。对票据或者证券公示催告程序，以在民事非讼事件法中规定为宜。同时，督促程序适用支付金钱和有价证券的非讼事件，属于民商事非讼程序，我们将其安排在民事非讼程序编中。

破产非讼事件包括破产和解事件、破产重整事件、破产失权事件和破产复权事件等。海商非讼事件包括设立海事赔偿责任限制基金程序、债权登记与受偿程序、船舶优先权催告程序、海事督促程序、公示催告程序等。对于破产非讼事件程序和海商非讼事件程序，按照我国现行法的规定，由破产法和海事诉讼特别程序法作出具体的规定，民事非讼事件法不作规定。

至于信托非讼事件，根据《信托法》的规定，主要有：信托财产管理方法变更事件（第 21 条）、解任受托人事件（第 23 条）、许可辞任事件（第 38 条）、定处分意见事件（第 49 条）等，宜由《信托法》对相关程序作出规定（比如规定管辖人民法院），未尽程序规定准用民事非讼程序法的相应规定。

第十三章　股东查阅或者复制公司特定文件材料事件

【本章说明】

股东知情权的概念可以简单概括为股东对公司经营状况的知晓权利。具体而言股东知情权是指法律赋予股东通过查阅公司财务会计报告、会计账簿等有关公司经营、管理、决策的相关资料,实现了解公司的经营状况和监督公司高管人员活动的权利。其中,股东在查阅公司财务会计报告之外享有的账簿查阅权是知情权的主要内容。

我国《公司法》(2018 年修改)第 33 条规定了股东的知情权:股东有权查阅、复制公司章程、股东会会议记录、董事会会议决议、监事会会议决议和财务会计报告,并可以要求查阅公司会计账簿。公司拒绝提供查阅的,股东可以请求人民法院要求公司提供查阅。对股东向人民法院请求依法行使知情权的,我国目前将其作为诉讼案件处理。

但是,股东行使《公司法》规定的知情权,与公司之间并不涉及权利义务争议,在本质上并无争讼性,亦即不存在适用对审原则的基础。况且,人民法院审理此类事件,原则上是根据《公司法》及其司法解释的规定,确认股东行使知情权的条件是否具备,通过非讼程序的快捷审理更为高效,同时也足以保障审理结果的公正。

因此,我们将此类由股东向人民法院提出的查阅、复制公司特定文件材料的申请规定为非讼事件,适用非讼程序审理。

第一百二十一条【申请】

第一款　申请查阅或者复制公司特定文件材料,由股东依照公司法等法律,以公司为被申请人向公司住所地的人民法院提出。

第二款　申请人提出申请时不具有公司股东资格的,人民法院应当驳回申请。但申请人有初步证据疏明在持股期间其合法权益受到损害,请求依法查阅或者复制其持股期间的公司特定文件材料的除外。

第三款　申请人应当在申请书中写明申请查阅、复制的公司特定文件材料,并提交已向公司提出附目的说明的书面请求且自提出请求之日起已届满十五日的证据材料。

【条文说明】

本条第 1 款是关于股东查阅、复制公司特定文件材料事件的关系人和管辖的规定。本条第 2 款结合《公司法》第 33 条第 2 款对申请书和证据材料作出了规定。本条第 3 款是在《最高人民法院关于适用〈中华人民共和国公司法〉若干问题的规定(四)》(法释〔2017〕16 号)(以下简称《公司法解释四》)第 7 条第 2 款的基础上修订的。

法律为公司提供会计账簿规定了 15 天的期限,股东向人民法院申请时,应在其向公司提出书面查阅请求之日 15 天之后,申请人只要提出符合时间要求的书面申请即可符合形式证据要求,即证明公司已经收到查阅请求达 15 天,即已符合期限的形式证据,不宜要求申请人提供“公司拒绝提供查阅”或者“未作答复”的证据。如果在立案阶段申请人要证明其已履行了公司内部救济程序,这项要求应不适宜,因为公司的不作为的书面证据是难以获得的。是否履行内部救济程序并不应是审查的重点,公司的拒绝查阅是否有正当理由,是否有支持其理由的形式证据,才应是股东账簿查阅权事件的审查重心。

股东申请时应有明确具体的查阅事项，股东有权查阅的公司会计账簿包括记账凭证和原始凭证。由于股东在查阅会计账簿之前对公司内部的记账和会计处理状况可能一无所知，不能苛求股东在请求书中对查阅对象叙述的过于具体，只要股东在请求书中叙明其查阅账簿的具体理由和目的即可，不必叙明其查阅的具体对象。股东只要说明了其查阅会计账簿的具体目的、所查阅的内容与该目的具有何种直接关系，即符合形式审查的要求。

第一百二十二条【被申请人异议】

第一款　被申请人根据《公司法》第三十三条第二款规定的“不正当目的”，对申请人的申请提出异议的，应当提交存在下列情形之一的证据材料：

(一)股东自营或者为他人经营与公司主营业务有实质性竞争关系业务的，但公司章程另有规定或者全体股东另有约定的除外；

(二)股东为了向他人通报有关信息查阅公司会计账簿，可能损害公司合法利益的；

(三)股东在向公司提出查阅请求之日前的三年内，曾通过查阅公司会计账簿，向他人通报有关信息损害公司合法利益的；

(四)股东有不正当目的的其他情形。

第二款　被申请人以公司章程、股东之间的协议等为由提出异议的，人民法院不予支持。

【条文说明】

本条是在《公司法解释四》第8条和第9条的基础上修订的。

第一百二十三条【审理和裁定】

第一款　人民法院受理申请后，审查申请材料和异议材料，应当询问公司代表人等利害关系人的意见。

第二款　被申请人逾期未提出异议或者经审查认为被申请人的异议不成立的，裁定准许股东查阅或者复制公司特定文件材料，并写明查阅或者复制公司特定文件材料的时间、地点和特定文件材料的名录。

第三款　经审查申请人的申请不符合法律规定或者被申请人异议成立的，裁定驳回申请。对此裁定，申请人可以提出异议和申请复议。

【条文说明】

在股东账簿查阅权事件中，人民法院作出裁定前，应当询问利害关系人，主要是询问公司代表人的意见。如果公司没有在15天的法定期限内给予书面答复，人民法院应直接裁定准许股东的申请。

从《公司法》第33条的规定来看，公司认为股东有不正当目的拒绝查阅的，应承担相应的举证责任。因此，如果公司在15天期限内书面答复，称股东目的不正当可能损害公司合法利益而拒绝股东请求的，在非讼程序中公司应提供股东具有不正当理由的形式证据,使法官形成疏明的心证。人民法院对于股东行使知情权的目的正当性只进行形式审查,公司如果不能提供股东有不正当目的的形式证据,法官仍应裁定许可。除非公司提起确认无权查阅之诉,方可中止非讼事件的进行,等待争讼事件的处理结果。

对于可以认为股东目的不正当的事由是股东权保护自己之外的其他一切目的,包括但不限于窃取商业秘密、不正当竞争、股东违反竞业禁止义务等,具体是否有不正当的目的,委由法官自由裁量。

在股东知情权案件中,被告公司以原告股东出资瑕疵为由抗辩的,应不影响人民法院作出许可裁定。股东知情权是股东的固有权,未经股东同意,不得以章程或者股东会决议予以剥夺或限制,因此,在审理中,公司若提出章程关于股东不得查阅公司文件的规定为抗辩,不影响人民法院裁定的作出。

第一百二十四条【执行裁定】

第一款　申请人依据人民法院生效裁定查阅公司文件材料的,在其在场的情况下,可以由会计师、律师等依法或者依据执业行为规范负有保密义务的中介机构执业人员辅助进行。

第二款　公司未履行生效裁定的,申请人可以向人民法院申请强制执行。

【条文说明】

人民法院关于股东账簿查阅事件的裁定的主要效力是执行力。人民法院裁定一经作出即具有执行力,当事人可以抗告,但是抗告不停止执行。在执行时,股东既可由本人为之,也可以委托律师、注册会计师协助行使公司会计账簿查阅权。

由于人民法院在股东账簿查阅非讼事件不处理关系人之间的实质争议,即对于股东是否有正当目的不进行实质审查,其裁定中的判断也不具有既判力,因此,如果股东的请求因为公司有合理证据表明其有非正当目的而不获准许,则股东可以另行起诉要求查阅,如果股东的请求获得准许,则公司可以另行起诉,以股东具非正当目的而无权查阅,但均无碍于人民法院裁定的执行力。

申请人依据人民法院生效裁定查阅公司文件材料的,在其在场的情况下,可以由会计师、律师等依法或者依据执业行为规范负有保密义务的中介机构执业人员辅助进行。公司未履行生效裁定的,申请人可以向人民法院申请强制执行。

第十四章　召集股东会、股东大会会议事件

【本章说明】

股东会和股东大会会议的司法召集事件是司法裁判权介入公司内外事务的一类事件。股东会召集权是公司法赋予股东的一项救济性权利。

我国《公司法》第 40 条和第 101 条分别规定了符合法定条件的有限责任公司股东和股份有限公司的股东,在相关主体不履行职务时,有权自行召集和主持股东会、股东大会会议。

但是,该规定过于原则化,对股东在行使权利的过程中遭遇阻碍该如何救济,缺乏基本规定;同时,如果其他股东对召集股东会有异议或者通过的决议不被公司认可,势必引发纠纷,在实践中只能通过争讼程序,例如就某股东自行召集的股东会通过决议的效力提起无效或撤销之诉等方式予以解决,这显然是一种效率低下且十分不经济的处理方式。

比较而言,非讼程序与保障股东的股东会召集权高度契合:一方面,司法的提前介入,既能有效保障股东权利,又能防止股东滥用权利造成对公司利益的损害,从而有效避免了后续纠纷的发生;另一方面,非讼程序的快捷性和灵活性,更有助于实现《公司法》以上规定的目的,即保障少数股东的权利和尽快缓解公司治理的不正常状况。

因此,本稿将股东向人民法院申请召集股东会、股东大会会议的申请规定为非讼事件,适用非讼程序审理。

第一百二十五条【申请】

申请召集股东会、股东大会会议,由代表十分之一以上表决权的有限责任公司股东、连续九十日以上单独或者合计持有百分之十以上股份的股份有限公司股东,依照公司法等法律,以公司为被申请人向公司住所地的人民法院提出。

【条文说明】

本条根据《公司法》第40条和第101条的规定,明确了股东会、股东大会会议的司法召集事件的当事人和管辖。

第一百二十六条【公司或其他股东异议】

第一款　人民法院受理申请后,应当在五日内向被申请人送达申请书副本、异议权利告知书等文书。

第二款　被申请人或者公司其他股东有异议的,应当以书面形式向人民法院提出。

【条文说明】

本条是关于人民法院受理申请后其他利害关系人对申请提出异议的规定。本稿总则部分规定,对申请人提出申请事项,被申请人(公司)或者利害关系人(其他股东)有权及时获知并提出异议,本条据此作出了具体规定。

第一百二十七条【审查和裁定】

第一款　人民法院受理申请后,经审查,符合法律规定的,裁定准许召集,还应当写明股东会、股东大会会议的召开时间、地点和审议的事项,并将裁定及时送达被申请公司的董事长或者执行董事。

第二款　不符合法律规定的,裁定驳回申请。对此裁定,申请人可以提出异议和申请复议。

【条文说明】

本条根据《公司法》第 41 条和第 102 条的规定，对此类事件的审查和裁定作出了规定。

第十五章　核定收购股权价格事件

【本章说明】

我国《公司法》第 74 条规定，在法定情形出现时，有限责任公司股东对股东会特定决议投反对票的，可以请求公司按照合理的价格收购其股权。该规定是考虑到在兼具资合性和人合性的有限责任公司，股东一般不得随意退出，当出现特定情况损及中小股东或者少数股东的合法权益时，应当提供其退出公司的途径。因此，该条规定了异议股东股权收购请求权。

为保障其合理退出公司，该条第 1 款明确了异议股东可以行使该权利的法定情形，第 2 款明确了其在与公司协议不成时，可以向人民法院申请司法救济。对此，该规定在表述上使用了“提起诉讼”，实践中也是按照争讼程序予以审理的。如果异议股东与公司之间就前者是否享有股权收购请求权有争议，适用争讼程序来解决纠纷并无不当，但如果二者对异议股东享有该权利且法定条件成就无争议，仅是就“合理的价格”这一纯粹的事实问题无法达成协议的，适用争讼程序则存在明显的程序错位。因此，将异议股东向人民法院提出核定收购股权价格的申请规定为非讼事件并适用非讼程序审理，是保障其法定权利最终实现的最为经济和便捷的做法。

还需要说明的是，尽管《公司法》第 142 条第 1 款第 4 项赋予了股份有限公司的异议股东以股权收购请求权，但考虑到股份有限公司的股价可以参考股东大会决议通过时证券交易市场实际成交价格来确定，异议股东与公司之间通常不会因股权价格无法达成一致。换言之，仅封闭性更强的有限责任公司的异议股东行使股权收购请求权时，存在司法介入来核定股权价格的必要。因此，本章所规定的核定收购股权价格事件限于有限责任公司的异议股东有权提出申请。

第一百二十八条【申请】

第一款　申请核定收购股权价格，由有限责任公司的股东依据公司法等法律，自股东会决议通过之日起九十日内，以公司为被申请人向公司住所地的人民法院提出。

第二款　申请人应当提交以下证据材料：

(一)申请人是被申请公司的股东；

(二)申请人对申请所涉的股东会决议投反对票；

(三)存在《公司法》第七十四条第一款规定的情形之一；

(四)申请人在申请所涉的股东会决议通过之日起六十日内已经与被申请人进行协商，但未能就股权收购价格协商一致。

【条文说明】

本条是根据我国《公司法》第74条，对核定收购股权价格事件的当事人、申请期限、管辖人民法院、证据材料等条件作出了规定。

第一百二十九条【驳回申请】

申请人就核定收购股权价格以外的事项提出申请的，人民法院裁定不予受理，并告知其可以提起民事诉讼。

【条文说明】

核定收购股权价格事件，仅是以司法介入的方式确定收购股权的合理价格，除此之外的申请事项不宜通过非讼程序解决，故作此规定。

第一百三十条【股权收购价格的核定】

第一款　核定股权的收购价格时，人民法院应当询问申请人和被申请人的意见。

第二款　申请人和被申请人能够对股权收购价格协商一致的，人民法院可以按照该价格作出裁定。

第三款　申请人和被申请人不能达成一致的，人民法院应当依职权或者依申请，裁定由专业机构对股东会决议通过时的公司资产进行评估后核定。

第四款　因进行资产评估产生的费用，由申请人和被申请人共同承担。

第五款　进行资产评估的时间不计入审限。

【条文说明】

人民法院核定股权的收购价格前，应斟酌公司资产及营业状况为依据，并应讯问公司负责人及申请人等意见，以供参酌。关于股票价格的确定，如果是上市公司，应参考股东会决议之时证券交易市场实际成交价格核定。如果是非上市公司，人民法院可以依职权或应申请决定对股东会决议时的公司净资产进行评估鉴定。

核定股权的收购价格时，人民法院应当询问申请人和被申请人的意见，双方能够对股权收购价格协商一致的，人民法院可以按照该价格作出裁定；双方不能达成一致的，人民法院应当依职权或者依申请，决定由专业机构对股东会决议通过时的公司资产进行评估后核定。因进行资产评估产生的费用，由申请人和被申请人共同承担。进行资产评估的时间不计入审限。

对于股权收购价格的核定，人民法院应当询问关系人的意见，当双方能够就收购价格达成一致时，原则上按照该价格作出裁定即可，例外情形是该价格明显不合理并可能有损其他股东的权益，人民法院则不应按照该价格作出裁定，故对此情形本条使用“可以”之表述。而当双方不能就价格达成一致意见时，人民法院则应当依职权或者依当事人申请，决定对公司资产进行评估后核定股价。由于资产评估专业性强，须由专门机构进行，而且资产评估可能花费较大且耗时较长，因而规定评估费用由申请人和被申请人共同承担，且评估耗时不计入审限。

第一百三十一条【审理和裁定】

人民法院受理申请后，经审查，符合法律规定的，应当在裁定中写明股权收购的价格；认为不符合规定的，裁定驳回申请。

第十六章　强制解散公司事件

【本章说明】

我国《公司法》第182条规定："公司经营管理发生严重困难，继续存续会使股东利益受到重大损失，通过其他途径不能解决的，持有公司全部股东表决权百分之十以上的股东，可以请求人民法院解散公司。"这是我国对公司强制解散（或称公司司法解散）的规定。

从该条文来看，符合条件的股东可以在法定情形下（公司经营管理发生严重困难，继续存续会使股东利益受到重大损失）"请求"人民法院解散公司，这就引发了关于公司强制解散的性质之争，其究竟属于诉讼案件还是非讼事件。由于公司的强制解散将直接导致公司人格的消灭，其影响至关重大，需谨慎处理。考虑到公司的强制解散涉及对立的股东和公司，存在适用对审原则的基础，更为重要的是，立法对公司的强制解散事由仅作出了概括性规定，在司法实践中非常依赖人民法院的裁量，审理难度较大。

对此，《最高人民法院关于适用〈中华人民共和国公司法〉若干问题的规定（二）》（法释〔2008〕6号）（以下简称《公司法解释二》）将之作为"解散公司诉讼"纳入争讼程序审理。但与此同时，该解释将公司强制解散事由进行了具体列举，使之成为受理此类案件的形式审查依据，同时也作为裁判公司是否解散时实体审查的标准。在此背景下，人民法院对是否发生《公司法》规定的强制解散事由的审查就趋于形式化，亦即只需审查判断具体事由是否出现。在此背景下，非讼程序相较争讼程序所具备的快捷性和灵活性等制度特点和优势，能够在强制解散公司事件中得以充分体现。因而本稿将之规定为非讼事件。

第一百三十二条【申请】

第一款　申请解散公司，由单独或者合计持有公司全部股东表决权百分之十以上的股东依照公司法等法律，以公司为被申请人向公司住所地的人民法院提出。

第二款　申请人应当提交申请书和《公司法》第一百八十二条规定的公司强制解散事由出现的证据材料。

【条文说明】

本条是根据《公司法》第812条和《公司法解释二》第1条，对公司强制解散事件的关系人、管辖和证据材料等申请条件的规定。

第一百三十三条【驳回申请】

申请人以知情权、利润分配请求权等权益受到损害，或者公司亏损、财产不足以偿还全部债务，以及公司被吊销企业法人营业执照未进行清算等为由，申请解散公司的，人民法院予以驳回。

【条文说明】

本条是在《公司法解释二》第1条第2款的基础上修订的，将“股东”改为“申请人”，将“提起解散公司诉讼”改为“申请解散公司”。

第一百三十四条【公司强制解散和强制清算的分离】

第一款　申请人提出解散公司申请，同时又申请人民法院对公司进行清算的，人民法院驳回清算申请。

第二款　人民法院可以告知申请人，在人民法院裁定解散公司后，依据公司法有关规定，自行组织清算或者另行申请人民法院对公司进行清算。

【条文说明】

本条是在《公司法解释二》第2条的基础上修订的。

虽然按照本稿的规定，公司强制解散事件和公司强制清算事件都适用非讼程序审理，但是本稿仍保留《公司法解释二》第2条的规定，因为在强制解散公司事件的裁定作出前，公司解散的事实并未实际发生，并且即便人民法院裁定公司解散后，按照《公司法》第183条的规定，尚需由公司依法自行清算，只有在公司逾期不成立清算组进行清算时，方可由相关主体申请强制清算。

第一百三十五条【利害关系人参加程序】

申请人提出解散公司申请应当告知其他股东，或者由人民法院通知其他股东参加程序。其他股东或者利害关系人申请参加程序的，人民法院应予准许。

【条文说明】

本条是在《公司法解释二》第4条第3款的基础上修订的。

公司的强制解散事关重大，其不仅关涉申请人和被申请解散的公司的利益，还关乎公司其他股东、公司债权人和其他利害关系人的利益。因此，有必要为与该申请有关的利害关系人参加程序提供法律依据。《公司法解释二》第4条第3款将其他利害关系人作为共同原告或者第三人，本稿在此予以变通，使之可与总则部分的规定相适应。

第一百三十六条【审理和裁定】

第一款　人民法院受理申请后，应当组成合议庭进行审查。经审查，认定申请人已经穷尽公司内部救济手段，并存在以下情形之一的，裁定解散公司：

(一)公司持续两年以上无法召开股东会或者股东大会，公司经营管理发生严重困难的；

(二)股东表决时无法达到法定或者公司章程规定的比例，持续两年以上不能作出有效的股东会或者股东大会决议，公司经营管理发生严重困难的；

(三)公司董事长期冲突，且无法通过股东会或者股东大会解决，公司经营管理发生严重困难的；

(四)经营管理发生其他严重困难，公司继续存续会使股东利益受到重大损失的情形。

第二款　人民法院经审查，认为强制解散公司的法定事由不存在的，应当裁定驳回申请。

第一百三十七条【裁定的生效】

第一款　人民法院作出裁定后，关系人明示放弃异议，或者没有根据本法第六十七条、第六十八条提出异议或者申请复议的，该裁定发生法律效力。

第二款　驳回申请的裁定生效后，申请人或者其他股东又以同一事实和理由提出解散公司申请的，人民法院予以驳回。

【条文说明】

非讼终局裁判原则上一经送达当事人即发生法律效力，但是本条的规定是其例外。此类事件的裁定关系到法人人格是否消灭，尤其是裁定解散时，对公司的影响是毁灭性的。出于慎重考虑，此类事件的裁定应当在关系人明示放弃声明不服的权利或者法定异议期间和复议期间经过，方才生效。

本条第二款是在《公司法解释二》第6条第2款的基础上修订的。

第一百三十八条【和解】

第一款　人民法院审理公司强制解散事件，应当积极促成关系人和解。

第二款　关系人协商由公司或者股东收购股份，或者以减资等方式使公司存续，并达成和解协议的，经审查，不违反法律、行政法规强制性规定的，人民法院可以裁定终结程序。

第三款　关系人不能协商一致的，人民法院应当及时作出裁定。

【条文说明】

本条是参照《公司法解释二》第5条对审理公司强制解散事件适用和解的规定。虽然申请人和被申请人处于对立状态，但双方就申请所涉的程序标的（是否解散公司）享有处分权，而依循公司法上的自治原则，如果双方协商由公司或者股东收购股份，或者以减资等方式使公司存续，人民法院应尊重双方的意愿。

第十七章　公司强制清算事件

【本章说明】

我国《公司法》第183条规定，公司依法解散的，应当在解散事由出现之日起15日内成立清算组，开始清算。逾期不成立清算组进行清算的，债权人可以申请人民法院指定有关人员组成清算组进行清算。

从立法目的来看，该规定是为了在公司清算程序推进不顺畅时，以司法介入的方式推动清算程序的进行。对此中涉及的清算人不能选任、清算人不适格又无法解任、清算人可否就清算申请展期、财务报表财产目录是否需要报备等事项，鲜有实体权利争议，且对时效性要求很高，需要赋予法官较大的自由裁量权，因而非讼程序的司法介入方式最为适宜。

《公司法解释二》和《最高人民法院关于审理公司强制清算案件工作座谈会纪要》(法发〔2009〕52号)(以下简称《强制清算纪要》)中的具体规定,也表明公司强制清算适用非讼程序处理。因此,本稿将此类请求人民法院对公司进行清算的申请规定为非讼事件,并将《公司法》和相关司法解释的规定予以整合和修订。

第一百三十九条【申请】

第一款　申请公司强制清算,由债权人、股东和其他利害关系人以公司为被申请人向公司住所地的人民法院提出。

第二款　申请人应当提交申请书,载明申请人、被申请人的基本情况和申请的事实和理由。

第三款　申请人提交申请书的同时应当提交以下证据材料:

(一)被申请人已经发生法定解散事由;

(二)申请人对被申请人享有债权或者股权;

(三)公司在解散事由出现之日起十五日内未成立清算组进行清算,或者虽然成立清算组但在三十日内未开始清算,以及违法清算可能严重损害债权人或者股东利益的证据材料。

【条文说明】

本条是根据《公司法》第183条、《公司法解释二》第7条和《强制清算纪要》第2条、第5条修订的。

关于适格申请人的确定。域外立法中规定能够申请人民法院选任清算人的主体通常范围较广,债权人、股东、公司董事、职工及其他表明正当理由的人均可请求。我国《公司法》第182条仅规定债权人可以申请强制清算,但股东与公司清算的利害关系更甚于债权人,也应当可以申请强制清算。局限于立法的规定,《公司法解释二》将债权人未提起清算申请,作为公司股东提起强制清算申请的前提条件,但"债权人未提起清算申请"缺乏形式证据证明,而且法律并没有对债权人申请作出期限限制,因此,此条件是一虚置的条件,实际上将股东置于与债权人同样的适格申请人地位,《强制清算纪要》并没有强调股东申请的特别证据要求,即为明证。不过,监事基于其职责,也可以考虑将其作为适格申请人。

关于申请人资格的实质争议,《强制清算纪要》第13条的规定实际上是要求债权人和股东在申请时要提供证明其债权人和股东身份的真实性、合法性,这些证据仅限于公文书。这一规定着实苛刻,不符合非讼程序形式审查的原则。只要债权人和股东能够提供有公司签章的私文书,即足以证明其债权人和股东的身份,公司有异议的,可以由公司另提确认之诉,但不能因为公司的异议即对申请人的申请不予受理,反而要求申请人提起确认之诉。

在公司清算事件中,重要的是启动程序,并进而由人民法院指定清算人开始清算工作,至于程序由谁启动,是一个非常次要的问题,人民法院不应将这一问题当作强制清算的重点,应设置宽松的启动条件,为提高我国已解散公司、被吊销执照的公司的清算比例创造条件,而不是设置障碍。

关于清算程序启动。非讼程序的启动，向来力求简易便捷，以言词或以书面申请为原则，例外才要求采用书面方式。形式审查是整个非讼程序审理的特点，在程序启动阶段自然也不应进行实质审查。

《公司法解释二》第7条对于股东和债权人申请强制清算设定了三项条件，即公司解散逾期不成立清算组进行清算的，或者虽然成立清算组但故意拖延清算的，或者违法清算可能严重损害债权人或者股东利益的，《强制清算纪要》要求申请人应当向人民法院提交公司故意拖延清算，或者存在其他违法清算行为可能严重损害其利益的相应证据材料。但是，对于没有参与清算的债权人和股东来说，拿出能实质证明这两种情况的证据是非常困难的。

我们认为，简单地用时间作为证据最具操作性，以第1项原因申请的为15日，以后两项为理由的，可以由司法解释设定稍长一点的期限，比如30日等，没有必要要求申请人提供难以获得的实质证据来启动公司解散本应经过的清算程序。

第一百四十条【审理和裁定】

第一款　人民法院经审查，存在以下情形之一的，裁定启动清算程序，并应当及时指定有关人员组成清算组进行清算：

（一）公司解散逾期不成立清算组进行清算的；

（二）虽然成立清算组但故意拖延清算的；

（三）违法清算可能严重损害债权人或者股东利益的。

第二款　不存在上述情形的，裁定驳回申请。对此裁定，申请人可以提出异议和申请复议。

【条文说明】

本条是根据《强制清算纪要》第6条和《公司法解释二》第7条修订的。

作为非讼程序的公司强制清算事件并无复杂的事实和法律问题，人民法院的主要作用在于监督，包括指定清算人，对各方认可的清算方案的确认等，并不需要复杂的法律判断和事实判断，独任法官足以应付此类事项。域外非讼程序逐渐将非讼事件交由非法官处理，即反映了非讼程序的特点。《强制清算纪要》要求公司强制清算事件应当组成合议庭进行审理，实无必要，反映出政策制定者对合议庭的依赖和对独任法官的不信任，但实务上体现出的实质的独任制将导致这种“合议”有名无实。

第一百四十一条【清算组成员】

第一款　人民法院组织清算的，可以从下列人员或者机构中指定清算组成员：

（一）公司股东、董事、监事、高级管理人员；

（二）依法设立的律师事务所、会计师事务所、破产清算事务所等社会中介机构；

（三）依法设立的律师事务所、会计师事务所、破产清算事务所等社会中介机构中具备相关专业知识并取得执业资格的人员。

第二款　人民法院指定的清算组成员有下列情形之一的，人民法院可以根据债权人、股东和其他利害关系人的申请，或者依职权更换清算组成员：

（一）有违反法律或者行政法规的行为；

（二）丧失执业能力或者民事行为能力；

（三）有严重损害公司或者债权人利益的行为。

第一百四十二条【确认清算方案】

第一款　人民法院组织清算的，清算方案应当由清算组报人民法院确认。未经确认的清算方案，清算组不得执行。

第二款　执行未经确认的清算方案给公司或者债权人造成损失，公司、股东或者债权人主张清算组成员承担赔偿责任的，人民法院告知其另行提起民事诉讼。

第一百四十三条【清算期限及延长】

第一款　人民法院组织清算的，清算组应当自成立之日起六个月内清算完毕。

第二款　因特殊情况无法在六个月内完成清算的，清算组应当向人民法院申请延长。

第一百四十四条【确定债务清偿方案和程序终结】

第一款　人民法院指定的清算组在清理公司财产、编制资产负债表和财产清单时，发现公司财产不足清偿债务的，可以与债权人协商制作有关债务清偿方案。

第二款　债务清偿方案经全体债权人确认且不损害其他利害关系人利益的，人民法院可依清算组的申请裁定予以认可。清算组依据该清偿方案清偿债务后，应当向人民法院申请裁定终结清算程序。

第三款　债权人对债务清偿方案不予确认或者人民法院不予认可的，清算组应当依法向人民法院申请宣告破产。

【条文说明】

本稿第 141 条至第 144 条分别是根据《公司法解释二》第 8 条、第 9 条、第 15 条至第 17 条修订的。

第十八章　公示催告程序

【本章说明】

公示催告程序是一种简捷的非讼程序，专门解决可以背书转让的票据等被盗、遗失或者灭失后公示催告及除权问题。对票据的公示催告，实体事项由票据法、公司法等实体法作出规定，程序事项则由民事诉讼法或者民事非讼程序法规定。

公示催告程序因具备程序的独特性和独立性，大陆法系非讼立法通常将其独立成编（节）。考虑到公示催告程序适用于可以背书转让的票据、股票、提单，本稿将此纳入商事非讼程序编中。

公示催告程序由法院适用，是遗失票据的最后持有人的一种专门的司法救济途径。申请公示催告无须以票据挂失为前提。其他机关比如公安机关以公示方法催告失主申报权利的，并非本章公示催告程序，并不阻碍遗失票据的最后持有人申请公示催告程序。

公示催告程序的非讼性主要体现在:(1)适用要件之一是不知道有无利害关系人或者谁是利害关系人,即没有或者没有明确的对方当事人,此程序中只有申请人;(2)此程序因票据最后持有人的申请而开始;(3)原则上不开庭审理,不可能也无须法庭辩论,人民法院依据申请人提供的事实、证据,进行书面审理。

公示催告程序包括两个阶段:(1)公示催告阶段。(2)作出除权裁判阶段。公示催告是作出除权裁判所必经的前置阶段。但是,公示催告后不必然作出除权裁判。有以下情形之一的,不作出除权裁判:(1)无人申报权利或者申报无效时,申请人没有依法申请人民法院作出除权裁判;(2)申报权利合法有效,人民法院裁定终结公示催告程序。

第一百四十五条【申请】

第一款　可以背书转让的票据的最后持有人,因票据被盗、遗失或者灭失,可以向票据支付地的人民法院申请公示催告。

第二款　依照法律规定可以申请公示催告的记名股票、提单等其他票证,适用本章规定。

第三款　票据持有人是指票据被盗、遗失或者灭失前的最后持有人。

第四款　申请书应当载明以下事项:申请人的基本情况;请求事项;票面金额、发票人、持票人、背书人等票据主要内容;据被盗、遗失或者灭失的时间、地点、经过以及证据等。

第五款　申请公示催告的,每件交纳申请费一百元,由申请人负担。

【条文说明】

本条是在《民事诉讼法》第218条和《民诉法解释》第444条的基础上,关于申请条件的规定。

公示催告程序的立法目的是为票据、股票、提单等的最后持有人(失票人)提供一种便捷的司法救济途径。可以背书转让的票据等被盗、遗失或者灭失以及法定的其他事由,并且由于以上事由使得票据等是否被人持有或者被谁持有不明确(利害关系人不明)。只是利害关系人的住所地不明确的,可采用公告送达,不得适用公示催告程序。利害关系人明确的,不得适用公示催告程序,而应以争讼程序解决。

第一百四十六条【受理】

第一款　人民法院收到公示催告的申请后,应当立即审查,并结合票据存根、丧失票据的复印件、出票人关于签发票据的证明、申请人合法取得票据的证明、银行挂失止付通知书、报案证明等证据,决定是否受理。

第二款　人民法院经审查认为符合申请条件的,应当及时告知申请人,同时通知支付人停止支付,并在决定受理之日起三日内发布公告。

第三款　人民法院经审查认为不符合申请条件的,在收到申请之日起七日内裁定驳回申请。对此裁定,债权人可以提起异议和申请复议。

第一百四十七条【通知止付】

第一款　支付人收到人民法院停止支付的通知,应当停止支付,至公示催告程序终结。公示催告期间,转让票据权利的行为无效。

第二款　人民法院通知支付人停止支付,应当符合有关财产保全的规定。

第三款　支付人收到停止支付通知后拒不止付的,人民法院可以根据《民事诉讼法》第一百一十一条或者第一百一十四条采取强制措施;除权判决生效后,支付人仍应承担付款义务;申请人因此遭受损害的,支付人应当赔偿损害。

【条文说明】

票据等被盗、遗失或者灭失以后,为防止非法持有人向支付人请求支付,法律规定人民法院应当及时通知支付人止付。

第一百四十八条【发布公告】

第一款　公告应当写明下列内容:

(一)公示催告申请人的姓名或者名称;

(二)票据的种类、号码、票面金额、出票人、背书人、持票人、付款期限等事项以及其他可以申请公示催告的权利凭证的种类、号码、权利范围、权利人、义务人、行权日期等事项;

(三)申报权利的期间;

(四)在公示催告期间转让票据等权利凭证,利害关系人不申报的法律后果。

第二款　公告应当在有关报纸或者其他媒体上刊登,并于同日公布于人民法院公告栏内。人民法院所在地有证券交易所的,还应当同日在该交易所公布。

第三款　公告期间,国内票据自公告发布之日起六十日;涉外票据可根据具体情况适当延长,最长不得超过九十日。

第一百四十九条【撤回申请】

第一款　公示催告申请人撤回申请的,应当在发布公告前提出。

第二款　公示催告申请人在公告期间申请撤回的,人民法院可以径行裁定终结公示催告程序。

第一百五十条【申报权利】

第一款　丧失票据的实际持有人是利害关系人,应当在公告期间,向受理公示催告申请的人民法院申报票据权利。申报书只需说明票据权利的主要内容和申报的意旨。

第二款　人民法院收到利害关系人的申报后,应当通知其向人民法院出示票据,并通知公示催告申请人在指定期间内查验该票据。

第三款　公示催告申请人申请公示催告的票据与利害关系人出示的票据不一致的,人民法院裁定驳回利害关系人的申报。对此裁定,利害关系人可以提出异议。

第四款　公示催告申请人申请公示催告的票据与利害关系人出示的票据一致的,裁定终结公示催告程序,并通知申请人和支付人。

第五款　根据前款，公示催告申请人或者申报人向人民法院提起诉讼，因票据权利纠纷提起的，由票据支付地或者被告住所地人民法院管辖；因非票据权利纠纷提起的，由被告住所地人民法院管辖。

第六款　在申报期届满后、除权判决作出之前，利害关系人申报权利的，适用本条第二款至第五款规定处理。

【条文说明】

法律规定以公告和申报权利的方式来查明公示催告申请人的申请事由是否真实，并以此来保护利害关系人的合法权益。正因为利害关系人依法拥有申报权利的机会或者途径，所以《民诉法解释》第 297 条中规定：适用公示催告程序处理的事件，利害关系人提起"第三人撤销之诉"的，法院不予受理。

利害关系人合法申报权利，应当具备以下条件：

(1)申报人是利害关系人。利害关系人是指已丧失的票据等的实际持有人。根据票据法的一般原理，持票人即是权利人。

(2)以书面形式申报权利，同时应向人民法院提交所持有的票据等。申报书只需说明票据权利的主要内容和申报的意旨即可。利害关系人申报权利是为了阻止法院作出除权判决，并非确认所申报的权利是否合法，所以申报不必附事实和证据。

(3)利害关系人在公示催告期间向人民法院申报。申报权利的期间并非不变期间，有正当理由的则可延长。申报权利的期间也非除斥期间，所以在申报期间届满后、除权判决作出前申报权利的，视为合法申报。

(4)向受理公示催告申请的人民法院申报权利。向申请人或者其他人民法院申报均不产生效力。

利害关系人申报符合条件，并且申请公示催告的票据与利害关系人出示的票据一致的，则意味着申请人与申报人对该票据可能存在争议，所以人民法院应当裁定终结公示催告程序(通知申请人和支付人)，更不得作出除权判决。此际，申请人或者申报人可以向人民法院起诉。

第一百五十一条【除权判决】

第一款　在申报权利的期间无人申报权利，或者申报被驳回的，公示催告申请人应当自公告期间届满之日起一个月内，申请法院作出宣告票据无效的判决。

第二款　公告期间未满前或与公告同时申请法院作出宣告票据无效判决的，申请合法有效的。

第三款　逾期不申请判决的，终结公示催告程序。裁定终结公示催告程序的，应当通知申请人和支付人。

第四款　人民法院应当组成合议庭来审理是否具备作出除权判决的申请要件。

第五款　人民法院经审理，认为不具备作出除权判决的申请要件的，应当裁定驳回申请。对此裁定，公示催告申请人可以提出异议。

第六款　人民法院经审理，认为具备作出除权判决的申请要件的，应当作出除权判决。

第七款　除权判决应当公告，并通知支付人。除权判决的公告方式同于公示催告的公告方式。

第八款　自判决公告之日起，公示催告申请人有权根据除权判决向付款人请求付款。付款人拒绝付款的，公示催告申请人可以申请强制执行。

【条文说明】

除权判决是指无人申报权利或者申报被驳回的，根据公示催告申请人的申请，人民法院作出该票据或者其他事项不再具有法律效力的裁判。

除权判决自公告之日起具有除权力（除去公示催告票据的法律效力，利害关系人不拥有该票据上的权利），公示催告申请人依据除权判决享有该票据上的权利，可以请求付款人付款。

第一百五十二条【撤销除权判决之诉】

第一款　利害关系人因正当理由不能在判决前向人民法院申报的，自知道或者应当知道判决公告之日起一年内，可以向作出除权判决的人民法院提起诉讼。

第二款　前款规定的正当理由包括：

（一）因发生意外事件或者不可抗力致使利害关系人无法知道公告事实的；

（二）利害关系人因被限制人身自由而无法知道公告事实，或者虽然知道公告事实，但无法自己或者委托他人代为申报权利的；

（三）不属于法定申请公示催告情形的；

（四）未予公告或者未按法定方式公告的；

（五）其他导致利害关系人在判决作出前未能向人民法院申报权利的客观事由。

第三款　利害关系人请求人民法院撤销除权判决的，应当将申请人列为被告。

第四款　人民法院应当另行组成合议庭，适用普通程序审理。经过法庭辩论后，人民法院认为利害关系人的诉讼请求有理由的，应当作出判决撤销除权判决。撤销除权判决的判决应当公告，公告方式与除权判决公告相同。

第五款　自撤销除权判决的判决公告之日起，利害关系人恢复对该票据的权利，支付人有权请求公示催告申请人除权判决申请人返还已向其支付的款项。

【条文说明】

对于除权判决不得提起上诉和申请再审，利害关系人若因除权判决而受有不利益的，只能通过提起撤销除权判决之诉来保护自己的合法权益。因此，撤销除权判决之诉，是指丧失票据的利害关系人根据正当理由请求人民法院撤销除权判决的诉讼。

提起撤销除权判决之诉启动的是公示催告程序以外的程序，是普通程序（属争讼程序）。除权判决属于非讼裁判，其撤销理由与再审理由不同，所以不能通过再审程序来撤销。立法上对撤销除权判决之诉规定了专门程序。

第四编 家事非讼程序

【本编说明】

本章根据是否包含家事法律关系争议内容的标准，讨论我国家事非讼事件的具体类型及其程序原理规则。

依据《最高人民法院关于开展家事审判方式和工作机制改革试点工作的意见》（法〔2016〕128号），“家事案件”是指确定身份关系的案件及基于身份关系而产生的家庭纠纷。就此而言，“家事案件”仅指家事争讼案件。

在我国，家事案件主要规定在我国《民法典》第一编第二章第二节“监护”、第五编“婚姻家庭”和第六编“继承”中，其主要类型有婚姻案件、亲属之间的监护案件、亲子案件、抚养案件、赡养案件、扶养案件、收养案件和继承案件等。

我国实践惯常做法，即依据《民事案件案由规定》和《最高人民法院关于开展家事审判方式和工作机制改革试点工作的意见》，以下家事案件在我国是作为争讼案件审判的：(1)婚姻纠纷案件，其具体案由有离婚纠纷、婚姻无效纠纷、撤销婚姻纠纷、同居关系纠纷等。此外，还有探望权纠纷。(2)监护权纠纷案件，具体案由是监护权纠纷。(3)亲子纠纷案件，包括确认亲子关系纠纷、否认亲子关系纠纷。(4)抚养纠纷案件，具体案由有抚养费纠纷、变更抚养关系纠纷等。(5)赡养纠纷案件，具体案由有赡养费纠纷、变更赡养关系纠纷等。(6)扶养纠纷案件，具体案由有扶养费纠纷、变更扶养关系纠纷等。(7)收养纠纷案件，具体案由有确认收养关系纠纷、解除收养关系纠纷等。(8)继承纠纷案件，具体案由有法定继承纠纷、遗嘱继承纠纷、遗赠纠纷、遗赠扶养协议纠纷等。

从比较法上，上述许多案件是作为非讼事件处理的。在国外存在“诉讼非讼化”的做法，在家事案件方面，基于公益维护和快速处理的考虑，将诸多家事争讼案件作为非讼事件对待，适用非讼程序，遵循法院职权主义；同时，考虑到毕竟存在实质争议，又适用双方审理原则或者对审原则等争讼原理。

我们同意我国现行规定和实务做法。我们认为，家事纠纷案件应当适用争讼程序采行，遵循双方审理原则，平等保护双方当事人的程序参与权，如此才符合正当程序保障原理；若适用非讼程序，则不以双方审理为原则，即不以平等保护双方当事人程序参与权为原则，必然违背正当程序保障原理，此为重大程序违法。

至于家事案件因包含公益而当然适用法院职权主义。在传统民事诉讼理论和制度中，将法院职权主义作为非讼法理，主张不适用于民事争讼案件。事实上，法院职权主义在争讼程序中也有适用性，用来解决民事公益案件或者其他公益事项，比如婚姻纠纷案件、公害纠纷案件、消费权纠纷案件等现代民事公益案件。同时，非讼事件并非均为公益事件，比如确认调解协议事件、实现担保物权事件、督促事件和公示催告事件等则为私益事件，应当适用当事人主义。

那么，我国由法院处理的家事非讼事件主要有：监护事件；遗产管理事件（包括遗产管理人事件、遗产分割事件等);(反家庭暴力中的)家事人身安全保护令事件。需要特别说明的是,在家事非讼事件中,有关未成年人的,应当加强保护。根据未成年子女最大利益保护原则,有关未成年人的家事非讼事件及其程序有必要作出特别讨论和明确规定。由于一些家事非讼事件包含了未成年人事件,所以我们将未成年人家事非讼程序融入相关家事非讼程序。

至于外国法中的其他家事非讼事件,在我国则由其他相应职能机构而不由法院处理。比如,子女姓名变更事件可由公安机关(户籍部门)处理。再如,对遗嘱文书的验证可由公证机关或者鉴定组织处理。

第十九章　家事非讼程序通则

第一百五十三条【职权主义】

第一款　家事非讼事件受理中,申请人实体请求不足以保护公共利益的,或者当事人对实体权益的处分有损公共利益的,法院应当不受当事人实体请求或者对实体权益处分的制约,作出裁判或者采取执行措施。

第二款　法院有权调查当事人或者利害关系人没有主张的实体事实;法院有权收集并采用当事人没有提供的证据;对当事人或者利害关系人没有争议的事实,法院应当调查其真伪以决定是否采用。

第三款　人民法院根据当事人或者利害关系人没有主张的实体事实或者没有提供的证据作出裁判时,应当向当事人或者利害关系人作出全面说明,并且应当充分听取当事人或者利害关系人的意见。

第四款　法院违反本条第三款规定的,当事人或者利害关系人可以根据本法第四条,提出异议和申请复议。

第五款　法院违反职权干预主义和职权探知主义作出错误裁判的,申请人和利害关系人可以提出异议和申请复议。

第六款　法院违反职权干预主义和职权探知主义作出错误裁判的,检察机关应当进行检察监督,可以提出异议和申请复议。

【条文说明】

家事非讼事件包括监护事件、探望事件、确定遗产管理人事件、遗产分割事件、家事人身安全保护令事件等,关涉自然人的基本法律身份及婚姻家庭关系的稳定,或者涉及未成年人的保护问题,所以在许多国家和地区被作为公益案件。为维护公共利益,家事非讼事件采用职权干预主义、(法院)职权探知主义而不适用(当事人)处分主义、(当事人)辩论主义。作为国家机关,法院的基本职责是通过诉讼保护合法私益和公共利益,“维护公益”也是其存在的基础。

在民事诉讼中,必须解决以下三类事项:(1)当事人的民事实体请求或者民事权益主张。比如,诉讼标的和诉讼请求、申请认定财产无主、债权人执行请求等。(2)民事实体要件事实或者直接事实和证据。要件事实或者直接事实用来直接支持或者直接推翻实体请求或者权益主张。根据证据裁判原则,要件事实或者直接事实应当运用证据来证明。(3)诉讼程序事项。前两类事项在诉讼程序中解决。

“当事人的民事实体请求”“要件事实和证据”“诉讼程序事项”构成民事诉讼法律关系的客体,即诉讼权利和诉讼义务所指向的对象,据此界分当事人主义和法院职权主义。解决这三类事项的基本方式和基本规范构成“民事诉讼基本模式”,大体分为两类:(1)当事人主义诉讼模式,即前述三类事项由当事人决定或者处分,相应地包括三个方面的内容:(当事人)处分主义、(当事人)辩论主义和当事人进行主义;(2)(法院)职权主义诉讼模式,即前述三类事项由法院依职权主动决定或者裁量,相应地也包括三个方面的内容:(法院)职权干预主义、(法院)职权探知主义和(法院)职权进行主义。

民事诉讼当事人处分主义(又称处分权主义、处分原则)的根据是私权自治原则,其主要内涵是在民事私益案件中,当事人有权合法处分其民事权益,法院应当在当事人民事实体请求范围内作出裁判或者采取执行措施。

在民事公益案件中,当事人对实体权益的处分权受到限制而采行职权干预主义,即为维护公益,在当事人实体请求不足以保护公益或者当事人对实体权益的处分有损公益的情形中,法院应当不受制于当事人对实体权益的处分,作出裁判或者采取执行措施。

在当事人处分民事权益的逻辑“延长线”上,辩论主义实际上是当事人有权处分判决资料(要件事实和证据资料),即意味着在程序上尊重当事人间接处分民事权益的自由。辩论主义(当事人提出主义)的基本内涵是当事人对判决资料的处分,即主张事实和提供证据是当事人的权利或者责任,当事人无争议的实体要件事实应为判决的根据。

职权探知主义(职权调查主义)的基本内涵是法院依职权主动调查当事人没有主张的要件事实或者直接事实并作为裁判资料;法院依职权主动收集或者采用当事人没有提供的证据;当事人没有争议的事实没有免证的效力,法院应当调查其真伪以决定是否采用。

有种观点是适用职权探知主义违背正当程序保障原理,理由是法院依职权调查收集的事实和证据无须听取当事人的意见。我们认为,前述观点不成立,理由不符合法律逻辑。根据正当程序保障原理或者程序参与原则,凡是作为裁判根据的事实和证据,不管是当事人还是法院等收集或者提供的,都应当听取当事人意见(在争讼程序中体现为法庭调查和法庭辩论)后,才能作为裁判的根据。当然,为避免先入为主所产生的偏见,收集事实证据的人员不应是本案的审判法官,而应是法院的其他公务人员。

为有效维护公共利益,在民事公益诉讼中有关职权干预主义和职权探知主义的诉讼规范应为强行规范。因此,对于法院违反职权干预主义和职权探知主义作出错误裁判,申请人和利害关系人可以提出异议和申请复议。同时,检察机关应当进行检察监督,可以提出异议和申请复议。

第一百五十四条【未成年子女最大利益保护原则】

第一款　家事非讼程序遵循未成年子女最大利益保护原则。

第二款　人民法院应当将未成年人对有关自身利益的真实意愿作为裁判根据。

第三款　人民法院处理有关未成年人事件的，可以通知人民检察院参加审理和执行，应当将非讼终局裁判通知人民检察院。

第四款　法院违反本项原则作出错误裁判的，未成年子女的监护人可以提出异议和申请复议。

第五款　法院违反本项原则作出错误裁判的，人民检察院应当提出异议和申请复议。

【条文说明】

儿童最大利益原则在家事非讼程序的具体实现。《联合国儿童权利公约》中明确要求："关于儿童的一切行动，不论是由公私社会福利机构、法院、行政当局或立法机构执行，均应以儿童的最大利益为一种首要考虑。"抚养儿童、照管儿童是包括父母在内的全社会的共同责任，各责任主体要相互扶助、相互补充，齐心合力确保未成年人最大利益的实现。

现代人权理念完全肯认，就主体地位而言，儿童是独立的人、是完整的人。但从现实来讲，儿童又是典型的依赖性群体，儿童身心发育欠成熟的状态使得其权益尤其是生存权较之成人面临更多的危机和风险。正是为了实现儿童作为独立主体、完整主体所享有的权益，国家有义务向儿童提供其成长所需要的一切资源和必要的倾斜保护。"在做任何决定时，我们都需要关注儿童独特的脆弱性，也就是说，要由成年人在法律上和经济上为儿童负责。"

儿童最大利益原则对未成年人家事程序的总体要求。儿童最大利益原则的确立为儿童权利保护提供了纲领性的规定，也为各国立法、司法和行政指明了方向。我国是《联合国儿童权利公约》的缔约国，理应践行儿童最大利益原则的要求，在立法、司法等各领域维护好儿童的利益。

我国《民法典》确立了最有利于儿童的原则。比如，《民法典》第 31 条第 2 款规定："居民委员会、村民委员会、民政部门或者人民法院应当尊重被监护人的真实意愿，按照最有利于被监护人的原则在依法具有监护资格的人中指定监护人。"第 35 条第 1 款规定："监护人应当按照最有利于被监护人的原则履行监护职责。"根据第 36 条第 1 款的规定，人民法院应当按照最有利于被监护人的原则指定监护人。

在民事程序领域，我们亦应将儿童最大利益原则作为最高指针，从儿童独特特点出发，为儿童量身定制一套适合儿童特点的程序，并指导法院裁判。不过，儿童最大利益原则作为一项概括性原则，必然存在理解和适用不同的情形，这就要求各国基于自己的国情、现实以及法律传统等作出不同的解释并予以贯彻。唯有如此，才能使之真正成为"普遍的权利"。就未成年人家事程序来说，因为其中涉及子女权利、父母义务、国家责任等诸多关系，因此在贯彻未成年人利益最大化原则时，要把握以下几个方面的总体要求：

(1)在涉及未成年人的家事纠纷中，不能将未成年人作为家庭或者父母的附属，而要将未成年人作为独立的法律个体看待，充分尊重其权利主体地位，并在强调其独立性的基础上，从其根本利益、长远利益出发分析和解决问题，实现儿童的最大利益。

(2)国家要切实承担起儿童最终监护人的责任，当父母履行义务不当或不能有效代表未成年人利益时，国家要适度干预。对此，要设置相应的国家监护程序，司法机关也要充分发挥职权主义的能动性，承担起对未成年人的保护职责。

(3)要保障儿童的程序参与权，通过建构符合未成年人特点的有效程序，顺畅未成年人利益表达渠道。法官应充分探询未成年人对涉及自身利益的抚养、监护、探望等事宜的真实意愿并将其作为裁判的依据之一。

第一百五十五条【社会观护员】

第一款　人民法院可以从未成年人保护机构或者研究机构中，聘请工作人员作为社会观护员，对未成年人的意愿、心理、情感状况、学习状态等事项，向法院提供科学和真实的报告。

第二款　对社会观护员报告，应当充分听取未成年人及其监护人或者其他亲属、老师等相关人员的意见。

第三款　社会观护员应当保护未成年人及其相关人员的隐私。

第四款　人民法院按照相关规定向社会观护员支付报酬和误工损失等合理费用。费用由国库支出。

第五款　社会观护员提供违背科学或者虚假报告的，按照《民事诉讼法》第一百一十一条和第一百一十五条处理。

【条文说明】

就未成年人家事案件来说，为处理好未成年人有关问题，需要深入了解纠纷产生的深层次原因，了解当事人尤其是儿童的心理，这显然无法靠法官单独完成。从域外部分国家和地区的经验和做法看，在法官之外，大都还设置其他人员协助法官进行事实调查。

在日本，家事法院调查官调查制度对加强法院的职权探知、协助法官进行事实调查起到了举足轻重的作用。而且，家事调查官的调查事项多半是涉及未成年子女事项的内容。为了实现儿童的利益，家事调查官往往根据儿童特定的年龄、生理状况和精神状况等灵活采用不同的调查方法，展开切实有效的调查。针对子女监护人(亲权人)的指定以及财产的分配问题等相关内容，家事调查官都要进行调查。此外，在家庭法院或法院审判长认为必要时，家事调查官还要就案件事实、当事人的性格、生活状况、家庭情况等进行调查。调查官在调查结束后，应当通过书面或口头的形式向法院报告调查结果，并可以附加自己的意见，以供法院调停或裁判时参考援用。

依据1975年《澳大利亚家庭法》，澳大利亚家事法院调查官的职责主要由顾问行使，他们根据案件需要，向法庭提交涉及本案家庭成员间关系的“家事报告”，以帮助法官对子女监护和探视问题作出裁决。顾问一般是在某一社会领域中有某种专长的人。美国许多州的家事法院设立了 counselor,通常翻译为顾问,其职责也是对家事案件进行一定调查并出具报告,帮助法官进行裁判。此外,法院外的有关儿童保护机构、各种福利机构以及社会工作者也承担了家事法院的大量调查工作。

还有些国家没有专门的调查人员辅助法官,而是由法官根据需要自己调查或委托任何有资格的人进行调查。比如《法国民法典》第 287-2 条规定:在确定行使亲权与探视方式或将子女交由第三人照管的任何最终或临时决定作出之前,法官得委派任何有资格的人进行社会调查。《法国民事诉讼法》第 1087 条、第 1079 条也规定:如家事法官认为其掌握的材料不充分,得命令进行《法国民法典》第 287-2 条所规定的社会调查,甚至依职权命令之。

我国目前立法对此尚没有规定,实践中有的法院运用社会观护员在维护未成年人权益方面发挥了重要作用。社会观护员制度是为了全面保护未成年人的合法权益,保障未成年人的身心健康成长而设的,主要是指在涉及未成年人权益的案件中,由人民法院聘请“社会观护员”在庭前进行相关社会调查并提交调查报告供法官参考,开庭前、开庭后进行调解,判后跟踪执行情况。从社会观护员的从事人员来看,主要为社区工作者、妇联工作人员,以及专业社会组织人员等。目前,不少法院都在涉未成年人家事案件中采用了社会观护员制度,维护未成年人权益。

家事纠纷牵涉大量的家庭问题和情感纠葛,必须依赖大量的客观信息帮助法官作出判断,这明显超出了法院的调查范围,在这种背景下,引入社会力量参与,就显得尤为重要。就我国社会观护员制度所起到的作用看,与国外部分国家和地区法院的家事调查官等人员所起到的作用基本类似,在一定程度上起到了保护未成年人权益、尊重未成年人意愿的作用,值得充分肯定。在此建议:

立法应明确社会观护员制度并将维护未成年子女利益作为首要目的,确保尊重儿童意愿、倾听儿童心声、实现儿童利益。在涉及未成年人抚养费、抚养权、探望权等纠纷中,法院应邀请社会观护员参与,就涉及未成年子女事宜进行相关调查了解,尤其要真实探寻未成年子女的意愿、心理、情感状况、学习状态等事项,提出报告以帮助法官厘清事实。为确保当事人之听审请求权和公正裁判请求权,社会观护员的报告应该在法庭上出示,法院应给予当事人或利害关系人陈述意见和辩论的机会。社会观护员除法律另有规定外,就调查所知晓之事项,应当保守秘密,以保护未成年人或利害关系人的隐私。

对于社会观护员的性质,从域外部分国家和地区立法来看,家事调查机构或人员有的是法院内部工作人员,比如日本等;有的则为法院外部人员,比如法国等。就我国而言,社会观护员未来应该属于法院内部工作人员还是外部人员,这一性质需要厘清。

我们认为,考虑我国国情,让当事人更乐于接受调查的结果,应该定性为法院外的第三方机构比较合适。为了更大范围地发挥社会观护员制度的功能,法院可将更多热心儿童保护事业的人士纳入社会观护队伍。同时可以培育和发现相关社会组织,以政府购买服务的方式进行运作,引入竞争机制,促进相关社会组织成长发育,辅助法院进行相关家事调查。

第一百五十六条【家事争讼案件与非讼事件的合并】

人民法院在解决家事纠纷的程序中,可以合并处理相关家事非讼事件。

第二十章　监护事件和探望事件

第一节　申请指定监护人事件

第一百五十七条【被监护人】

被监护人是指未成年人、无民事行为能力的成年人和限制民事行为能力的成年人。

【条文说明】

根据《民法典》第27条和第28条的规定,被监护人包括两类:(1)未成年人;(2)无民事行为能力的成年人和限制民事行为能力的成年人。

第一百五十八条【申请】

第一款　被监护人的近亲属对监护人的确定有争议的,由被监护人住所地的居民委员会、村民委员会或者民政部门指定监护人,被监护人的近亲属对指定不服的,可以向人民法院申请指定监护人;被监护人的近亲属也可以直接向人民法院申请指定监护人。

第二款　被监护人的近亲属应当向被监护人住所地的人民法院提出书面申请。

第三款　被监护人的多个近亲属申请指定监护人的列为共同申请人。

第四款　申请书应当写明如下事项:申请人和其他诉讼参加人及其诉讼代理人的基本信息、请求事项及其事由。

第五款　人民法院受理申请后,作出裁判前,申请人撤回申请的,人民法院不准许,继续审理。

【条文说明】

根据《民法典》的相关规定,确定监护人的方式,主要有:

(1)遗嘱指定监护人,即被监护人的父母担任监护人的,可以通过遗嘱指定监护人(第29条)。

(2)协议确定监护人,即依法具有监护资格的人之间可以协议确定监护人。协议确定监护人应当尊重被监护人的真实意愿(第30条)。

(3)指定监护人,即对监护人的确定有争议的,由被监护人住所地的居民委员会、村民委员会或者民政部门指定监护人,或者向人民法院申请指定监护人(第31条)。

(4)公职监护人,即没有依法具有监护资格的人的,监护人由民政部门担任,也可以由具备履行监护职责条件的被监护人住所地的居民委员会、村民委员会担任(第32条)。

(5)意定监护人,即具有完全民事行为能力的成年人,可以与其近亲属、其他愿意担任监护人的个人或者组织事先协商,以书面形式确定自己的监护人,在自己丧失或者部分丧失民事行为能力时,由该监护人履行监护职责(第33条)。

属于法院处理的非讼事件,仅指上述第(3)种方式中的向法院申请指定监护人事件。

第一百五十九条【审理】

第一款　人民法院应当根据本法第一百五十三条,进行审理并作出裁定。

第二款　人民法院应当征询被监护人近亲属的意见,应当征询社会观护员的意见,应当征询被监护人住所地的居民委员会、村民委员会或者民政部门的意见。

第三款　人民法院应当充分尊重被监护人的真实意愿。

第四款　申请人在审理期日不到法院参加审理的,法院正常审理。

第一百六十条【临时监护人】

在人民法院指定监护人前,被监护人的人身权利、财产权利以及其他合法权益处于无人保护状态的,由被监护人住所地的居民委员会、村民委员会、法律规定的有关组织或者民政部门担任临时监护人。

第一百六十一条【裁定】

第一款　人民法院根据《民法典》第二十七条或者第二十八条,指定监护人。

第二款　人民法院确信被监护人住所地的居民委员会、村民委员会或者民政部门指定并无不当的,裁定驳回异议;指定不当的,裁定撤销指定,另行指定监护人。

第三款　裁定书应当送达申请人、监护人和被监护人住所地的居民委员会、村民委员会或者民政部门。

第四款　对人民法院裁定,申请人、监护人和被监护人住所地的居民委员会、村民委员会或者民政部门可以提出异议和申请复议。

第二节　申请撤销监护人资格事件

第一百六十二条【申请】

第一款　根据《民法典》第三十六条的规定,监护人有侵害被监护人合法权益行为的,有关个人或者组织应当向人民法院申请撤销监护人资格。

第二款　前款有关个人、组织包括:其他依法具有监护资格的人,居民委员会、村民委员会、学校、医疗机构、妇女联合会、残疾人联合会、未成年人保护组织、依法设立的老年人组织、民政部门等。

第三款　前款有关个人和民政部门以外的组织未及时向人民法院申请撤销监护人资格的,民政部门应当向人民法院申请。

第四款　监护人因侵害被监护人合法权益行为被提起公诉的,检察院应当书面告知未成年人及其临时监护人有权依法申请撤销监护人资格。有关单位和人员没有提起申请的,检察院应当书面建议当地民政部门或者未成年人救助保护机构向法院申请撤销监护人资格。

第五款　申请撤销监护人资格事件,由未成年人住所地、监护人住所地或者侵害行为地的人民法院管辖。

第六款　申请人应当提交包含如下相关证据:未成年人基本情况、监护存在问题、监护人悔过情况、监护人接受教育辅导情况、未成年人身心健康状况以及未成年人意愿等内容的调查评估报告等。

第七款　申请人向公安机关、检察院申请出具相关案件证明材料的,公安机关、检察院应当提供证明案件事实的基本材料或者书面说明。

第一百六十三条【审理和裁定】

第一款　法院全面审查调查评估报告等证据材料,听取被申请人、有表达能力的未成年人以及村(居)民委员会、学校、邻居等的意见。

第二款　人民法院确信存在《民法典》第三十六条规定情形之一的,裁定撤销监护人资格,并根据《民法典》第二十七条或者第二十八条,重新指定监护人。

第三款　人民法院裁定不撤销监护人资格的,可以根据需要走访未成年人及其家庭,也可以向当地民政部门、辖区公安派出所、村(居)民委员会、共青团、妇联、未成年人所在学校、监护人所在单位等发出司法建议,加强对未成年人的保护和对监护人的监督指导。

第一百六十四条【临时监护人】

在人民法院重新指定监护人前,根据本法第一百五十九条,为被监护人指定临时监护人。

第一百六十五条【申请人身保护和纳入社会救助】

第一款　撤销监护人资格诉讼终结后六个月内,未成年人及其现任监护人可以向法院申请人身安全保护令。

第二款　民政部门应当根据有关规定,将符合条件的受监护侵害的未成年人纳入社会救助和相关保障范围。

第一百六十六条【检察监督】

人民检察院根据本法第八条第一款,对人民法院审判撤销监护人资格事件,依法实行法律监督。

第三节　申请恢复监护人资格事件

第一百六十七条【申请】

第一款　根据《民法典》第三十八条,被监护人的父母或者子女被人民法院撤销监护人资格后,除对被监护人实施故意犯罪的外,确有悔改表现的,可以向作出撤销监护人资格裁定的人民法院申请恢复监护人资格。

第二款　被监护人的父母或者子女自其监护人资格被撤销之日起三个月至一年内,可以向法院书面申请恢复监护人资格,并应当提交相关证据。法院应当将前述内容书面告知被监护人和监护人。

第一百六十八条【审理】

法院审理申请恢复监护人资格事件,按照申请撤销监护人资格事件的审理程序进行。

第一百六十九条【裁定】

第一款　人民法院应当在尊重被监护人真实意愿的前提下，确信申请人有悔改表现并且适宜担任监护人的，裁定恢复其监护人资格，人民法院指定的监护人资格同时终止。

第二款　申请人除对被监护人实施故意犯罪的外，有下列情形之一，一般不得裁定恢复其监护人资格：

（一）性侵害、出卖未成年人的；

（二）虐待、遗弃未成年人六个月以上，多次遗弃未成年人，并且造成重伤以上严重后果的；

（三）因监护侵害行为被判处五年有期徒刑以上刑罚的。

第四节　终止监护事件

第一百七十条【终止监护理由】

被监护人已经成年或者恢复民事行为能力的，人民法院依职权或者依申请裁定监护终止。

第一百七十一条【申请】

第一款　前条申请人包括被监护人、指定监护人。

第二款　申请人应当在申请书中写明提出申请依据的事实，并提交相应的证据材料。

第三款　申请书应当送达被监护人及其具有监护资格的近亲属和被监护人住所地的居民委员会、村民委员会或者民政部门。

第一百七十二条【审理】

人民法院按照申请指定监护人事件程序审理。

第一百七十三条【裁定】

第一款　人民法院确信符合本法第一百六十八条规定理由的，裁定监护终止。

第二款　人民法院确信不符合本法第一百六十八条规定理由的，裁定驳回申请，申请人可以提出异议。

第三款　人民法院确信被监护人仍需要监护的，应当根据《民法典》第二十七条或者第二十八条另行指定监护人。

第五节　探望子女事件

【本节说明】

根据《民法典》第 1086 条的规定，离婚后，不直接抚养子女的父或者母，有探望子女的权利，另一方有协助的义务；有关行使探望权利的方式、时间，当事人协议不成的，由人民法院判决；父或者母探望子女，不利于子女身心健康的，由人民法院依法中止探望；中止的事由消失后，应当恢复探望。

有关探望权纠纷，即有关行使探望权利的方式、时间，当事人协议不成的，可以提起诉讼，适用争讼程序，由人民法院判决。事实上，行使探望权利的方式、时间会直接影响子女的身心健康，所以应当给予慎重对待，适用争讼程序。因此，在探望事件中，属于非讼事件的则为中止探望事件和恢复探望事件。

第一百七十四条【申请中止探望】

第一款　根据《民法典》第一千零八十六条第三款的规定，父或者母探望子女，不利于子女身心健康的，由人民法院依法中止探望。

第二款　直接抚养子女的父或母、其他有监护资格的个人和组织，可以向子女住所地的人民法院申请中止探望。

第三款　申请书应当写明提出申请依据的事实和被申请人的基本信息。

第一百七十五条【审理】

第一款　人民法院应当依职权查明父或母在行使探望权的过程中是否存在不利于子女身心健康的情形。

第二款　人民法院应当征询子女的真实意愿，应当询问被申请人的意见，并允许被申请人提出反证。

第一百七十六条【裁定】

第一款　人民法院确信存在中止探望权事由的，作出被申请人中止探望的裁定；对此裁定，被申请人可以提出异议。

第二款　人民法院确信不存在中止探望事由的，裁定驳回申请；对此裁定，申请人可以提出异议。

第一百七十七条【申请恢复探望】

中止探望的事由消失后，被中止探望的人可以向作出中止探望裁定的法院申请撤销原裁定，恢复探望。

第一百七十八条【审理和裁定】

第一款　人民法院按照中止探望事件程序审理。

第二款　人民法院确信中止探望的事由消失的，应当作出恢复探望的裁定；对此裁定，直接抚养子女的人可以提出异议。

第三款　人民法院确信中止探望事由仍然存在的，应当作出驳回申请的裁定；对此裁定，被中止探望的人可以提出异议。

第二十一章　家事人身安全保护令事件

【本章说明】

本章根据《反家庭暴力法》的相关规定，将《最高人民法院关于依法处理监护人侵害未成年人权益行为若干问题的意见》（法发〔2014〕24号）、《最高人民法院关于人身安全保护令案件相关程序问题的批复》（法释〔2016〕15号）的有关内容，根据非讼程序原理，进行整合和修订，独立成章。

法院发出人身安全保护令实际上属于行为保全或者临时救济的范畴。人身安全保护令事件包括两类型事件：(1)人身安全保护令申请审查事件（类型代字为“民保令”），其结案方式有作出人身安全保护令、驳回人身安全保护令申请、准予撤回申请、按撤回申请处理和裁定终结；(2)人身安全保护令变更事件（类型代字为“民保更),其变更申请事项包括撤销、变更或者延长人身安全保护令。

需要说明的是,本稿未保留《反家庭暴力法》第31条关于不服裁定的救济的规定。该条原文为:“申请人对驳回申请不服或者被申请人对人身安全保护令不服的,可以自裁定生效之日起五日内向作出裁定的人民法院申请复议一次。人民法院依法作出人身安全保护令的,复议期间不停止人身安全保护令的执行。”之所以未予保留,原因在于以下两个方面:

(1)相较于该条规定,本稿总则部分关于对裁定不服的救济的规定更为周全。该条将复议期间规定为裁定生效之日起5日内,且将申请复议的人民法院规定为作出原裁定的人民法院,虽意在强调审理此类事件的紧迫性和时效性,但相较于本稿总则部分关于关系人提出异议、申请复议的规定,申请复议期间更短且由作出原裁定的人民法院进行复议,难以充分保障申请人合法权益。

(2)该条规定中复议期间不停止人身安全保护令的执行的规定,与本稿总则部分的内容重复,在此可以省去。因此,人身安全保护令事件的当事人对裁定不服的,可以按照本稿总则的规定提出异议和申请复议。

第一百七十九条【法律适用】

有关人身安全保护令事件程序,本章没有规定的,适用本法第二十九条的规定。

第一百八十条【申请】

第一款　家庭成员遭受家庭暴力或者面临家庭暴力的现实危险的,可以向人民法院申请人身安全保护令。

第二款　家庭成员是无民事行为能力人、限制民事行为能力人,或者因受到强制、威吓等原因无法申请人身安全保护令的,其近亲属、公安机关、妇女联合会、居民委员会、村民委员会、救助管理机构可以提出申请。

第三款　撤销监护人资格诉讼终结后六个月内,未成年人及其现任监护人可以向法院申请人身安全保护裁定。

第四款　人民法院在审判和执行有关未成年人的事件时,发现未成年人需要人身安全保护的,依职权作出人身安全保护令。

第五款　申请人身安全保护令的,由申请人或者被申请人住所地或者居住地、侵害行为地或者家庭暴力发生地的人民法院管辖。

第六款　申请人身安全保护令应当以书面方式提出。书面申请确有困难的,或者情况紧急的,可以通过微信、短信、电话、视频、捎口信等便捷方式提出申请,由法院记入笔录。

第一百八十一条【审理】

第一款　人民法院受理申请后,应当在七十二小时内作出人身安全保护令或者驳回申请;情况紧急的,应当在二十四小时内作出。

第二款　人民法院可以根据公安机关出警记录、告诫书、伤情鉴定意见等证据,认定家庭暴力事实。

第三款　申请人和公安机关提供的证据不能疏明遭受家庭暴力的事实或者面

临家庭暴力现实危险的,法院应当依职权收集证据。

第四款　为查明事实,人民法院可以征询申请人和被申请人的意见,被申请人有权提出反证。

第一百八十二条【作出人身安全保护令】

第一款　人民法院相信存在申请人遭受被申请人家庭暴力的事实或者面临被申请人家庭暴力现实危险的,及时作出人身安全保护令。

第二款　人民法院裁定驳回人身安全保护令申请的,申请人可以根据本法第六十七条至第七十条的规定,提出异议和申请复议。

第三款　人民法院作出人身安全保护令的,被申请人可以根据本法第六十七条至第七十条的规定,提出异议和申请复议。

第一百八十三条【人身安全保护令的内容和有效期】

第一款　人身安全保护令可以包括下列措施中的一项或者多项:

(一)禁止被申请人实施家庭暴力或者侵害行为;

(二)禁止被申请人骚扰、跟踪、接触申请人及其相关近亲属(包括临时照料人);

(三)责令被申请人迁出申请人住所;

(四)保护申请人人身安全的其他措施。

第二款　人身安全保护令的有效期不超过六个月,自送达之日起生效。人身安全保护令失效前,人民法院可以根据申请人的申请撤销、变更或者延长。

第一百八十四条【人身安全保护令的送达和执行】

第一款　人民法院作出人身安全保护令后,当即送达被申请人、申请人及其监护人等相关人员和组织。

第二款　人身安全保护令由人民法院执行,公安机关以及居民委员会、村民委员会等应当协助执行。

第一百八十五条【违反人身安全保护令的法律后果】

第一款　被申请人违反人身安全保护令,构成犯罪的,依法追究刑事责任。

第二款　被申请人违反人身安全保护令,给申请人造成人身伤害和财产损失的,依法承担民事赔偿责任。

第三款　被申请人违反人身安全保护令,尚不构成犯罪的,人民法院应当给予训诫,可以根据情节轻重处以一千元以下罚款、十五日以下拘留。

第四款　公安机关以及居民委员会、村民委员会等没有协助执行的,根据《民事诉讼法》第一百一十四条作出处理。

第二十二章　指定遗产管理人事件和遗产分割事件

第一节　指定遗产管理人事件

【本节说明】

根据《民法典》第1145条的规定,继承开始后,遗嘱执行人为遗产管理人;没有遗嘱执行人的,继承人应当及时推选遗产管理人;继承人未推选的,由继承人共同担任遗产管理人;没有继承人或者继承人均放弃继承的,由被继承人生前住所地的民政部门或者村民委员会担任遗产管理人。

《民法典》第1146条规定:对遗产管理人的确定有争议的,利害关系人可以向人民法院申请指定遗产管理人。此为法院指定遗产管理人事件。

第一百八十六条【申请】

第一款　对遗产管理人的确定有争议的,遗产继承人和利害关系人可以向人民法院申请指定遗产管理人。

第二款　指定遗产管理人事件由被继承人死亡时住所地或者主要遗产所在地的人民法院管辖。

第三款　向人民法院申请指定遗产管理人,应当提交申请书。

第一百八十七条【审理和裁定】

第一款　法院受理申请后,应当在七日内,从《民法典》第一千一百四十五条规定的人员中指定遗产管理人,并将裁定送达申请人和其他利害关系人。

第二款　对法院指定不服的,申请人和其他利害关系人可以提出异议。

第二节　遗产分割事件

【本节说明】

遗产事件包括分割遗产、交归无人继承财产等事件。当事人向人民法院申请分割遗产的,属于本法规定的非讼事件。

交归无人继承财产不属于法院管辖的非讼事件。《民法典》第1160条规定:无人继承又无人受遗赠的遗产,归国家所有,用于公益事业;死者生前是集体所有制组织成员的,归所在集体所有制组织所有。

第一百八十八条【申请】

第一款　遗产分割的时间、办法和份额,由继承人协商确定;协商不成的,可以由人民调解委员会调解或者向人民法院提出申请。

第二款　由法院处理的遗产分割事件,由主要遗产所在地的人民法院管辖。

第三款　继承人向人民法院申请分割遗产事件,应当提供申请书。申请书应当写明如下事项:申请人和其他继承人的基本信息、请求事项及其事由。

第一百八十九条【审理和裁定】

第一款　法院受理申请后,应当在七日内,在征询继承人意见的基础上,根据《民法典》有关分割遗产的规定,作出分割遗产的裁定。

第二款　对前款裁定,继承人可以根据本法相关规定提出异议和申请复议。

附　则

第一百八十九条【施行日期】

本法自　　年　月　日起施行。

紫荆沙龙

第十二届紫荆民事诉讼青年沙龙实录

洪 刚 孙 露 石延源 王庆宇 杨 钢

主 题:案外人实体权利救济的比较研究
时 间:2020 年 11 月 7 日
地 点:南京师范大学芳菲楼报告厅

报告人:
谷佳杰 西南政法大学法学院
金 印 中国人民大学法学院

学界代表:
张卫平 清华大学法学院
肖建国 中国人民大学法学院
吴英姿 南京大学法学院
严仁群 南京大学法学院
蒲一苇 宁波大学法学院
霍海红 浙江大学法学院
林剑锋 中央财经大学法学院
陈杭平 清华大学法学院
刘加良 山东大学法学院
袁中华 中南财经政法大学法学院
刘哲玮 北京大学法学院
任 重 清华大学法学院
曲昇霞 扬州大学法学院

巢志雄　中山大学法学院
李静一　天津财经大学法学院
任　凡　南京审计大学法学院
吴　俊　苏州大学法学院
张兴美　吉林大学法学院
曹云吉　天津大学法学院
陈爱飞　中南财经政法大学法学院
罗恬漩　中山大学法学院
史明洲　中国政法大学法学院
陈衍桥　中山大学法学院
丁皖婧　中国劳动关系学院法学系
李　辉　浙江财经大学法学院
李广宇　福建工程学院法学院
李潇潇　北京师范大学法学院
卢　桂　中央民族大学法学院
马强伟　上海财经大学法学院
郑　涛　武汉大学法学院
魏沁怡　中国人民大学法学院
董昊霖　上海交通大学法学院
李　蔚　南京大学法学院
赵　龙　东南大学法学院
冉　博　东南大学法学院
邱饰雪　华东政法大学法学院

实务界代表：
水天庆　苏州市中级人民法院
彭云翔　无锡市滨湖区人民法院
陆亚东　南京市中级人民法院
杨晓峰　南京市玄武区人民法院
夏　雪　南京市玄武区人民法院

承办方代表：
李　浩　南京师范大学法学院
刘　敏　南京师范大学法学院
陈爱武　南京师范大学法学院
马　丁　南京师范大学法学院
潘　溪　南京师范大学法学院
徐歌旋　南京师范大学法学院

杨　鹏　南京师范大学法学院
王和平　南京师范大学法学院
许克军　南京师范大学法学院
王庆宇　南京师范大学法学院
张　海　南京师范大学法学院
杨　钢　南京师范大学法学院
乔　茹　南京师范大学法学院
洪　刚　南京师范大学法学院
耿宗程　南京师范大学法学院

开幕式

刘敏：尊敬的张卫平会长、李浩常务副会长，尊敬的各位专家、各位老师、各位来宾，大家上午好。欢迎大家来到东方最美丽的校园——南京师范大学，来参加第十二届紫荆民事诉讼青年沙龙。刚才说的“东方最美丽的校园”其实是我们的老校区随园校区，这里是新校区，也是非常美的。欢迎大家！紫荆民事诉讼青年沙龙是我国民事诉讼法学界青年学者参与的一个高层论坛、高端论坛。这个沙龙汇聚了我国民事诉讼法学界最优秀的青年学者。本届论坛有40多位来自理论界、实务界的民事诉讼法学的青年精英，来参加这样的一个高端论坛。本届论坛将围绕案外人的实体性救济展开研讨，将会有两位报告人作发言，另外由评议人展开评议。对大家的到来，再次表示欢迎。下面我们举行开幕式，首先由中国法学会民事诉讼法学研究会张卫平会长致辞，大家欢迎！

张卫平：各位代表，大家上午好！紫荆沙龙到本届已经是第十二届了。紫荆沙龙的创办宗旨就是聚焦基础理论研究，推进实践与理论的融合。重点或者说特色依旧是突出基础理论研究和讨论。从历届沙龙的反馈来看，紫荆沙龙的效果是好的。尤其是在引领中青年教师学术研究方面，应该说起到了很好的示范作用。历届沙龙选题都是以民事诉讼基础理论研究为核心，引发我们不断思考学术研究、基础理论与民事诉讼法律制度的运用、建构以及与司法现实的关系等问题。

我始终强调，学术研究或基础理论研究是一股引领的力量、批判的力量。引领社会、制度的发展，对现行制度的不足、缺陷予以批判。我们需要对原有的制度加以引领，按照理论研究所找出的规律和方向，朝应然的方向来引领。为什么理论研究要重视其应有的引领作用？对此，一个重要的前提是，要承认我国民事诉讼制度的建构缺乏理论指引，在制度方面虽然有所参照，但基本上没有理论的引导。我们过去是排斥既往的理论，不熟悉既往的理论，尤其是市场经济最贴近的、系统的民事诉讼理论。民事诉讼法律制度的建构和运行是有规律可循的，不论是外国，还是中国。理论研究和学术研究就是以探寻制度建构和运行背后的原理为已任。在法律层面的一些基本原理是既定的，这包括公法与私法、公权与私权、物权与债权、诉讼与非讼、审判与执行、事实认定与法律适用、实体与程序、裁定与判决，像这样一些基本的原理、特定概念的内涵是客观存在的。它们之间的界分虽然有时是模糊的,但仅仅是特殊情形,这也是由事物之间的复杂关系所决定的,但并不意味着事物之间不存在差异,否则就没有事物本身的存在。不同的事物有不同的属性和逻辑。例如,公法与私法,其原则和价值都有所不同,都有自己运行的逻辑。因此基于上述认识和事物的属性、逻辑,在民事诉讼方面、民事执行方面,我们就可以推导出来某一些原理和规则。

我国民事诉讼法律制度的建构,并不像日本那样全盘继受德国。我们基本上是从体感时代开始,制度的建构是零敲碎打的,是从问题出发,因此缺乏一定的体系性和整体性。这样一来,我们学术研究就有非常广阔的天地和空间,使我们有条件可以大胆地从应然的状态、事物的逻辑、规律来思考我们的制度应该如何建构。改革开放以来的经济社会发展已经表明,原有制度在当时的环境、条件、原有认识的基础之上,确实存在某些合理性,但是,它的不合理性因为社会的发展而愈发凸显了出来。

我们的学术研究应该怎么照顾制度发展,照顾制度的现实性或适应性以及应然状态的正当性,如何把握这两者的关系,是一个需要我们正确对待的问题。尤其是作为我们中青年学者来讲,我认为还是应当更强调和重视引领、批判和建构的,因为年轻学者更容易接受体系化的理论,更具有创新的观念,特别是在我国诉讼模式、诉讼体制尚处于转型的过程中(包括暂时的停滞或倒转),所以我们的研究更多的是一种立法论的视角。而立法论的视角则需要我们从制度上找到我们应该怎么来实施和进行制度建构。因为我们不大可能像一线法官那样,从具体案件当中去把握。我们要发挥我们所具有的外语和理论修养优势,发挥理论界超然于实务和部门利益的中立优势,借助总体知识构架提出一种应然的民事诉讼法治状态。这种应然的理论构想通过学界开放的竞争、磨合,并与实务经验、立法者观念的碰撞,最终可能成为有效的制度规范,从而推动民事诉讼法治的发展。这就是学术的力量。能否引领社会和制度的发展,在多大程度上引领,我们每一个学者都是有责任,也是有义务的。

故而,我们要关照、要认识、要揭示现实和现行制度存在的缘由,这是很重要的方面。但同时我们也要注意,现实条件是可以改变的,甚至我们可以说,理论研究和学术的力量就在于提出一种理想的状态来影响和改变我们的环境,这恰恰是理论研究的主动性和积极性所在。如果我们完全是将就环境、将就一个既存制度的话,可能我们永远都无法改变。我们原有的民事诉讼法律制度缺乏全面的发展环境,如果我们照应了这种环境,我们的制度是没办法发展的。在改革开放过程中,实际上,很多制度的建构都具有倒逼环境改造的功能,也是一定要倒逼环境朝着应然的状态发展。所以我们说,学术研究是一种推动社会发展的力量。我也要再次强调,我们做学术研究,主要还是要挖掘制度、法理背后的一些规律性的东西。

现在的学术研究,尤其是民事诉讼的研究可能并不是最好的时机。民事程序、程序法治的大势还远远没有到来,现在还依然是实体法发展的大势,我们只能搭上实体法大势,搭顺风车来发展我们自己。尽管条件和环境都不是最好的,我们还是要坚持下去。等待程序法治发展大势的到来。这里给大家推荐一部电影《教授与疯子》。我原来关注的是《血战钢锯岭》的导演吉布森,他在这部电影当中扮演教授,而且西恩·潘又是两届奥斯卡金像奖的男主,原来关注的是演员。再进一步看,就发现虽然它讲述的是一个爱情故事、道德的力量,但是基本的史实是编纂《牛津英语大词典》。《新华字典》应该是全球发行量最大的辞书,但是它只能满足一般的日常需要——扫盲的需要。尽管《新华字典》有些字我也不认识,但是我们需要《词源》《辞海》,需要像编纂《牛津英语大词典》那样的精神,看似几乎不可能完成的任务,以这样的精神进行学术研究,不是只满足于扫盲和科普,我们要朝更深的方向去挖掘。有一段时间曾有人主张我们的一流法学刊物,例如《中国法学》的文章也要能够让普通老百姓看得懂。我说这个方向是不妥当的,理论研究不是扫盲,不是普法,而是挖掘更深层的东西。我初看了两位报告人的报告,他们的研究是朝深度挖掘的,他们坚持了学术研究应有的方向和深度。正是由于我们过去的研究还处在较浅的层次,还有许多领域没有进行深入的学术研究,只是凭我们的感觉在发声和议论。在这个层面上,尤其对于学术研究而言,这也是一个最好的时代。

我们不一定能登上学术研究的"珠峰",但是一定要坚持教授编纂牛津大词典这种学术研究精神。我们应该逆流而上,最终改变程序法的小势,实现历史的变革,迎来中国程序法治的大势,相信你们能看到这一天的到来,谢谢!

刘敏:谢谢张会长!刚才张老师对我们紫荆民事诉讼青年沙龙提出了要求也指明了方向。下面我们有请李浩教授代表东道主致辞,大家欢迎!

李浩:各位与会代表、各位同学,大家上午好。紫荆沙龙是由民事诉讼法学青年学者为主体举办的一个沙龙。今年的沙龙是由我们南京师范大学法学院来承办,其实我们为承办紫荆沙龙已经申请多年了,今年终于能够如愿。

从民事诉讼法学的研究来看,总体的状况是大家关注诉讼程序的多,关注执行程序的少,诉讼程序的成果也多,但是执行程序成果相当少。除了像肖建国教授、谭秋桂教授等少数学者长期关注执行程序,硕果累累之外,大多数学者对执行关注的是相当少的。

从这个意义上来说,最近两期的紫荆沙龙开了一个好头,就是年轻学者把注意力从诉讼程序转向了执行程序。我记得去年扬州的紫荆沙龙讨论的也是案外人异议之诉这样的执行中的重要问题。今年的紫荆沙龙讨论的基本上是同样的主题。这个主题其实是非常重要的,从总体上说由于对执行程序的关注相对比较少,所以这恰恰是一座富矿。如果大家来挖掘的话,我想应该能够产生很多优秀成果。

就紫荆沙龙而言,因为它的主体是我们的年轻学者,所以这个沙龙比一些会议比如说相较于我们的大年会有一些非常好的特点。比如说大家都很年轻,思想很活跃,观点很犀利,讨论起来不仅观点之间的交锋非常的热烈,而且大家的发言往往也是妙趣横生的。总而言之,我觉得通过今天的论坛,我相信会在执行程序的研究方面留下很多的好的成果,我们会把整个大家的发言、讨论记录下来,发表在《民事程序法研究》这一刊物上。

11 月上旬应该是南京最好的季节。刚才刘敏教授讲了,南师大是东方最美丽的校园,实际上是指随园校区,但是仙林校区也有它的特点。首先它的面积大,2500多亩,其次这边空气好、环境好,山清水秀,所以希望大家能够在我们仙林校园多看看。最后就祝这次论坛获得圆满成功,谢谢大家!

刘敏:好,谢谢李浩老师。我们的开幕式就到这里了,下面的议程是与会代表合影,请各位老师移步世纪广场。

第一单元:报告与评论

肖建国:各位代表大家好,我们第一单元——报告和评议,现在开始。首先我想简单地介绍一下报告和评论的一些发言规则。我们报告和评议是有时间限制的,谷老师作为报告人,发言时间是20分钟。然后我们有3位评议人,每个人评议的时间是10分钟。在报告、发言和评议结束之前的两分钟,我们会有现场的会务人员摇铃提示,到会议发言时间到的时候,我们会继续摇铃,一直摇到你发言结束。(笑声)作为主持人,我的主要任务就是一个计时器,控制大家的发言时间,以便我们这个板块顺利结束。下面我们就首先请西南政法大学副教授谷佳杰老师做报告。谷老师在最高人民法院执行局刚刚锻炼了一年,全程参与民事强制执行法的起草工作,对于我们民事强制执行法的立法的相关背景和实践情况,包括理论界的一些争议都有非常深入的、全面的了解,我想他的发言一定能给我们带来很多新的启示,下面有请谷老师做报告,大家欢迎!

谷佳杰:尊敬的各位老师,我今天报告的一个主题是"案外人实体性执行救济制度的理论基础与制度前景"。最后的字数大概在2万字,因为篇幅较长,增加了各位的阅读难度。

首先我想谈谈本文写作的缘起思路。感谢肖建国老师刚刚的介绍,我有幸去年8月到今年8月在最高人民法院执行局担任挂职学者,在挂职的过程中不敢说是全程参与了民事强制执行法草案的起草,但确实是进行了一整年的高强度学习。在这一年的学习之中,我个人认为执行实践的一些突出问题以及执行系统内部的一些操作运作,对我的冲击非常大,所以在接到紫荆沙龙邀请的宝贵机会之时,我立刻就在思考是否可以通过挂职经历写作一篇文章。在我看来,在挂职最高人民法院执行局之前,执行程序的原理与规则在我们很多文献和著作中已经写得比较清晰了,但是经历实践之后,尤其是在参与民事强制执行法草案立法的过程中,我发现有很多的问题确实似乎有点杂乱无章,或者用袁中华老师的话说"一地鸡毛",难道这是强制执行法缺乏体系化的缘由吗?

我再追问强制执行法有没有一个所谓民事诉讼法或者民事审判程序法那样,存在一个大家形成共识的基础理论?我经过在最高人民法院一年的学习,尤其是极其难得的机会与当时从全国各地10个地方借调的执行一线人员深入交流之后,也是参与民事强制执行法草案立法的一年感受之后,我深刻地体会到了两句话:第一句话是,强制执行法是所有法律规范的终点,意味着它要承担所有前序顺位法律"埋下的坑",它需要背所有前序顺位法律的"锅";第二句话是,一个执行人员就是一部强制执行法,这个展示的是我们各地的执行实践,确实是情况复杂且规则适用混乱。基于这样的认识,在面临写作的选择之时,我犹豫于是采用一种宏观的方式来写作,还是选取一个具体的一个很小的制度层面来写作。所以就有了袁中华老师、任重老师、陈爱飞老师对文章的核心内容及标题的批评。这种批评是我预料到的,但是我还是想通过这样一种宏观的展示,来把我这一年的一些挂职感受,尝试着在写作的思路上逆向而行,不是一种流行的以小见大,而是一种以大见小的方式来给予展示。

在写作方法上,包括郑涛老师、李潇潇老师、李辉老师、李广宇老师、邱饰雪老师和冉博老师,都提到了我相关案例的列举或者数据说明的问题,以及实证研究的引入不规范的问题。这就是我想提出的另一个问题,我的写作思路到底是感性的经验还是一个理性的理论?执行中的案例,说实话很难在公开的一些信息中展示出来。因为执行的过程性与实践性决定了它大部分上网的文书都是没有任何参考意义的。那我的经验何来呢?因为在这一年的挂职期间,我被任命为法官助理,参与了 50 多起案件的办理,其间还被派去接访了一个星期,接待了来自全国各地的 30 多个上访人员。这也就可以解释吴俊老师和罗恬漩老师对我论文的质疑,为什么实践情况没有引注?为什么不针对性地解决提出的问题,我将在后面尽可能予以说明。

解释完写作思路之后正式开始报告,引言部分很简单,谈到了我国案外人实体性执行救济制度的一个模式,当然我个人把它界定为一种案外人执行异议前置加案外人执行异议之诉后置的双阶模式。吴俊老师和李潇潇老师对我的界定产生了一个疑惑。我很认同你们的观点,因为我国《民事诉讼法》第 227 条里面还包括了案外人申请再审的问题。而本文的写作是从德日与我国的比较来展开的,从案外人执行异议之诉的核心来论证。至于对于案外人申请再审和案外人执行异议之诉的关系,我建议各位下午向金印老师请教,因为他的论文主题就是这个问题。(笑声)对于这种双阶模式,从立法的规定来看,执行异议是一个为了提高执行效率的考虑,异议之诉是为了完善程序保障的考虑。从当时执行局参与立法的过程来看,是希望进行一定程度的折中。当然,对于这种模式,大部分学者认为应当废除案外人异议前置的规定。但同时也有一些学者持应当保留的立场,包括今天在座的水天庆法官,他的评议里面也提到了异议前置仍然有必要。而黄忠顺老师最近的一篇文献提出了另外一种观点,认为案外人既可以直接提起执行异议之诉,也可以自愿选择先提出执行异议的择一选择模式。

基于这样的争论,我们可以看到现行的规范缺乏一种体系化的考量,各地规则的适用情况依然是很混乱的。执行异议之诉的司法解释起草已经三年之久迟迟未出台,争议太大。而我们期待已久的民事强制执行法草案也还没有看到胜利的曙光。因此,我就产生了一个疑惑,那就是我们的民事强制执行法是否有一个基础理论的存在,对于这个理论的适用会不会对执行制度产生极大的影响?于是在论文正文部分,我对法理进行了一个审思。在我看来,长期以来,对于适用强制执行法理的探讨,基本发生在民事诉讼法学者之间,这可能会使得强制执行法的研究局限于民事诉讼法理之内来展开。但是,新近的理论已经越来越强调强制执行法的一种独立性。所以,论文从执行法律关系的层面和执行权的构造层面进行了一个反思。

一方面是在执行债权人跟执行债务人关系上,我认为他们之间是一种不平等的法律关系。另一方面在执行机构和执行债权人的关系上,我认为在理论上应当是一种申请的法律关系。这种申请的法律关系决定了它的公法属性极其突出,但是各位老师可以看到我画的图,我把执行机构的位置更偏向且放置于执行债权人之上,这一点是因为我认为执行机构在执行实践中的中立性是有所欠缺的,应该说它的天然使命就是实现执行债权人的权利。因此在执行机构跟执行债务人之间的关系上,我想可能会引发一个很大的争议。包括陆亚东法官反对我对于执行机构和执行债务人这种干涉关系界定为行政关系的观点,但陆亚东法官反驳我的观点是从行政关系侧重于论述执行机构与申请执行人的关系来展开的,而我论文中从来没有论述过执行债权人和执行机构之间是行政关系,以此予以回应。

从法理层次来看,我认为强制执行法是一个实体跟程序问题牵连的部分,诉讼规则跟非诉讼规则交替更迭,多种部门法风云际会的特殊领域。以前的研究只是从民事强制执行法的视角来看待问题,忽略了把"民事"两个字去除之后强制执行法的独立性问题。因为我在执行局挂职最大的感受之一就是他们还要负责行政非诉案件的执行,还要负责刑事涉财产案件的执行,这已经不是民事强制执行法或民事诉讼法的法理所能承受之重。

因此,我个人的观点,当然也必将遭到各位的强烈炮轰。强制执行法的法理,我个人认为要呈现出一种阶段化与类型化的特征。有老师对我的类型化提出了一个疑问,我的类型化就是根据它的民事、行政和刑事会有不同的一个法律适用。在执行权的构造层面,通说都认为执行权分为两种,一个是执行实施权,一个是执行裁决权。卢桂老师说我将执行实施权界定为行政权,执行裁决权界定为审判权的观点,这是一个共识或常理;而史明洲老师却说我这是一个少数观点。从两位老师的不同观点来看,该问题似乎并未形成共识。为什么我认为执行实施权是一个行政权?我给大家展示几张我挂职期间收集到的图片,这是我们将执行权界定为所谓的司法权可以解释的吗?这是执行启动现场,这是执行实施的一个现场,这是执行撬门的一个现场,(笑声)这是抗拒执行机构的工具,这恐怕已经是我们采用司法权说无法解释执行实施权的强制性和干涉性了。至于执行裁决权,毫无疑问都认为是一种裁决行为,但常有的理论观点都认为它应该界定为一种民事审判权或者采用非讼法理的体系。但如果你把执行实施权界定为一种行政权时,你会发现它的行政属性的救济难道不应当是一种行政内部救济的法理吗?我在请教行政法的学者时会发现,他们对于行政内部救济法理和非讼救济法理的关系长期忽略了。那么在这一点上,到底是行政法借鉴了民事诉讼法中的非讼法理,还是民事诉讼法的非讼救济借鉴了行政内部救济的法理呢?从这一点来看,强制执行法确实不仅仅是民事诉讼法一家之事。

最后在涉执行的审判权,所谓的执行法律诉讼、执行救济诉讼的问题。这个通说都认为是一种所谓的民事审判权的范畴。但是我想说的是，在涉执行的审判权或涉执行的诉讼之中，它已经不再是我们普通的民事诉讼。普通的民事诉讼是指双方当事人一种纯粹的以私益为起点的诉讼，然而在涉执行的一些诉讼之中，你会发现它的前提一定存在着一个公法上的执行行为，一定是公法行为引发的纠纷。这种救济区别于民事诉讼的私法救济，它的公法属性远远地超过了普通的民事诉讼的救济。相比较于这种将执行救济简单化的观点，我们会发现执行救济制度的一个建构已经不再是立法的条文或者司法解释的规定增加一点就可以解决的，相反它面临着很多实践和理论中的两难和悖论，为什么会这样呢？

第一个就是，经过比较法的考察，我发现在德国执行法之中，他们认为实体性救济可以提起第三人执行异议之诉，也就是案外人执行异议之诉。但是该诉讼的一些观点非常暧昧。一方面认为它的审理理由一定要包括对实体权利的判断，这也是任重老师一直在问我的问题，案外人执行异议之诉之中的权属判断是实体问题还是程序问题，案外人实体性执行救济的对象到底是什么。在德国，案外人执行异议之诉就是要排除或去除执行机关对特定标的物的执行，这是一种程序法上的效力。但是它的审理之中却又包含了所谓的实体权利判断，于是这种实体与程序的矛盾让这种制度始终处于程序与实体的两难困境和悖论之中。而在日本法上，它的独立价值更明显，通过一个制度设计来解决这种实体救济与程序救济难以区分的问题。一方面它在异议程序和强制执行程序之间架构了一个桥梁，那就是通过假处分，可以暂时性地停止执行程序，同时不影响案外人执行异议之诉的审理；另一方面它在学说上提出了命令之诉和救济之诉说，就是为了调和实体审判和程序效率的矛盾。

下一部分我的论义讨论了案外人实体性执行救济的一个运行逻辑。在这个逻辑上应该说遭到了各位更猛烈的炮火，那就是我提出了德日的执行程序的分散型和我国执行程序的概括式的构造不同。吴俊老师批评我概括式的构造界定不够精准，那么我也想请教吴俊老师，我应该用什么样的词来概括呢？(笑声)在这种分散型和概括型执行程序的不同之中，可以看到德日与我国在执行财产调查上的权限划分与作用分担之不同。于是，爆炸点出现了，至少有一半的在座老师对我的观点提出了严重的质疑。包括任重老师和范加庆老师，一个理论界和一个实务界的代表，都对我这个观点表示非常不赞同，认为执行财产调查上的权限跟作用分担真的如此的重要吗？真的会影响到执行机构和当事人权限的划分，以至于能够影响到案外人实体性执行救济的思路吗？

我的观点是：那必须是啊。在我看来，民事审判程序之中，如果抛开程序启动的当事人处分权，它的核心因素无非就是辩论主义，辩论主义在事实上对法院的约束，难道不是我们在执行程序中映射出来的当事人在财产调查指令上对于执行机构的约束吗？尽管昨天晚上，有一个男老师到我房间聊到晚上1点多，(笑声)反复质疑我的观点，逼着我反思了另外一个相关的问题。但我依然坚持我的观点，尽管在德日，它的执行机构对于财产的最终判断享有决定权，但是它始终是在当事人所划定的财产范围内展开的，难道这不是一个审判程序中，事实对法院权力的约束在执行中的映射吗？如果强制执行法的实体性救济是民事审判程序在执行程序阶段延续的话，那么案外人执行异议之诉是应当适用民事审判程序的法理。但是我们惊奇地发现，在我们的学者讨论和司法实践中，我们所谓的案外人执行异议之诉的民事诉讼法理的适用，实际上是名不符实的。在我看来这里又发生了一个法理上的问题，那就是在制度的规则上缺乏系统理论的支持。

首先就是在案外执行异议之诉的性质上，张卫平老师的一篇文章中已经明确指出，对于它的性质的探讨要考虑到诸多因素。但是在我看来，命令之诉说跟救济之诉说，实际上反而是阻碍了它应当回归我们民事诉讼基础理论的思想。在我看来，案外人执行异议之诉就应当被界定为一种程序法上的形成之诉。而在我们案外人执行异议之诉与确权诉讼的强制合并问题上，在去年咱们南师大的刊物上，吴英姿老师跟张永泉老师的一个论战给我们提供了一个全新的视角。但是在这种强制合并的问题上，我认为是不是太迁就于我们执行程序中的实用和解决问题的惯性导向，而忽略了我们执行救济制度的独立价值，以及我们民诉基础理论的一个指导。实际上关于这个实践的难题，我认为症结并不是在我们的执行法，而是在我国民事诉讼中第三人制度和既判力制度及其相对性原理混乱不清所造成的。

所以在制度后果方面，在论文中已经提到了，我总结了以下五个部分，当然郑涛老师等对我的概括合并项提出了不同的质疑。在制度前景方面，我认为由于我们没有办法采用德日的这种分散型的执行模式，以及赋予财产调查上当事人较重的权限，所以可能我国的案外人执行异议前置始终会有较强的正当性或者一定的实践操作空间。但是并不是说我们就应当这样做，所以我适当性地提出了强制执行程序虽然偏重程序运行的规则，但是其实现程序属于私法的属性，程序的外衣下裹挟的全都是实体构成。而这种构成在我们的执行阶段可能会把问题放得更大，所以应当切断"案外人执行异议前置＋案外人执行异议之诉后置"这种线性的双阶模式，同时把这种线性变成一个并行，而这种并行就是实现法理上的顺畅和功能上的分化，案外人执行异议直接的功能就是暂时性地制约执行实施权，而案外人执行异议之诉才是排除执行程序对执行标的执行的民事审判程序。

最后我在余论中谈到了三个问题，那就是强制执行法有基础理论吗？刚刚谈到了很多，这些问题可以有吗？首先第一个就是张卫平老师提到的，我们应当告别我们的体感时代。但是执行理论的体系欠缺，使得我们往往在一些问题中始终要从实践和理论的折中或者合用和合法之间徘徊。于是造成在民事强制执行法起草过程中，对于模式方案的选择会呈现出举步维艰的态势。所以中国强制执行法未来如何？向何处去？我个人的观点认为，如果秉持一种强制执行法有一种独立的基础理论，独立的法理，那么赋予执行权的独立的一种强制实施权，不同于行政、立法和司法的强制执行权，赋予案外人执行异议之诉一种命令或救济之诉说都可以自圆其说，因为这可以实现一个理论的一体化和体系化。但是，如果没有存在一个所谓的强制执行法的基础理论而只能依附于其他学科的基础理论之时，那就只能走一种所谓阶段性和类型化的一个思路。这是我写作本文最想表达的一个意思，但是在写作过程中可能因为逻辑上的问题造成了很多的误解。所以我个人认为，中国强制执行法还需要实践与理论的共同推进，在这个问题上没有人再是“案外人”，谢谢。

肖建国：好的，谢谢谷老师的报告，他非常守时，在铃声刚刚结束的时候，他就发言结束了。谷老师他在发言中对案外人执行救济制度作了一个系统的反思。他对于执行法律关系中的干涉关系，对于执行实施权的行政权的属性，这样的一种分析，包括他认为在分散型执行模式之下，财产调查不同方式和机制会对我们整个执行权限的划分产生一个深入的影响，进而对异议之诉的性质做了一个分析，他提出了一个并行的双阶模式的观点，提出要对于现有的案外人异议制度做出一个功能上的改造。观点确实很有新意，也跟我们过去的一些认识有很大的不同。

下面请我们三位评议人来进行评议，我们今天请到的评议人分别是来自中南财经政法大学的袁中华教授，吉林大学法学院的张兴美教授，还有我们深圳宝安区法院的林晓青法官。我们这三位评议人有两位是学界学者，有一位是实务界经验非常丰富的法官。现在先请袁中华教授进行评议，大家欢迎！

袁中华：非常荣幸，也非常忐忑来做这样一个评议。因为对于执行法，那么我一向的自我评价就是在门口晃来晃去，还没有入门，所以只能说一点外行话，谈一些不成熟的看法，仅供谷佳杰老师参考。如果有不当之处，那么还请大家多批评指正。

我首先谈的第一个感受就是谷佳杰老师这篇论文的立意、论证的角度都非常的好。这篇论文包括下午金印老师的那篇论文，都走出了我们传统比较法的研究思路。我们以往的很多研究都是，某个制度德国法做得很好，日本法做得也很好，然后中国法做得不好，我们需要照着去改。但是他们这两篇论文都是在试图探究制度背后的逻辑以及基本的理念。这样一个思维方式的转变是非常值得肯定的。谷佳杰老师这篇论文的选择是案外人执行异议和执行异议之诉作为他的研究主题。他选择了当事人主义和职权主义这样一个视角去切入，这两个主义应该是我们民事诉讼法领域最为核心的原则。选择这样一个视角，我觉得这就像张卫平老师说的，我们的学术研究要告别体感时代，我们需要去探究制度背后的更深层次的东西。所以，我觉得这篇论文在立意和写作的思路上是贯彻了张卫平老师的想法的。

接下来我说一下关于文章的论证。一直到现在为止，我刚才又大体翻了一遍，我感觉它还是很难说服我。这篇论文大体有两个命题，第一个德国法对于财产调查采用的是提出原则或者是辩论主义，那么由此决定了它采用案外人异议之诉；第二个命题大致就是说是职权主义导致不用异议之诉，用执行异议。

我们先说第一个命题。我在书面评议里面说了，这里面的逻辑我一直没理顺，这是两个不同领域的不同问题，那么他们怎么被勾连起来呢？除非你想说整个德国的执行法都贯彻了提出原则，所以我们需要去采用执行异议之诉。但是整个执行法都适用提出原则这个命题好像也很难成立。而且我们退一步讲，你即使认为德国法是采用提出原则，那么我觉得你可能也需要去关注一下德国法上的细节。因为辩论主义并不是意味着法官在整个诉讼中就处于中立、被动、消极的地位。我们去看民事诉讼中的辩论主义,那么法官在当事人的申请之下,他可以发出提出命令,要求当事人或者是案外人去提交书证、物证、电子证据等等,都是没有问题的。甚至是不经当事人的申请的,法官在一些情况之下,他甚至也可以依职权命令。虽然执行法我不懂,但是我提醒你关注一下,德国法上是不是也有类似的制度?因为你想象一下,如果完全靠当事人去提供财产的线索,你觉得这可能吗?即使他请了一个私家侦探,也不可能完全搞清楚对方的财产到底有哪些。所以这里面一定还是会有国家力量的干预。只不过这样一种干预,它可能是经过申请而启动,而不是说像我们一样主动启动。我觉得这才是法官司法权的本来含义,它是被动的,不是主动的,它需要依申请而启动。

第二个命题是说职权主义是否就导致执行异议。我觉得你还需要一些比较法上的细节来去论证。我本来是想拖一个意大利炮出来的,因为我们中南财经政法大学的意大利人特别多。(笑声)我当时特地找了一个意大利人,一个纯正的意大利人,在中南当老师的。我请教了一下,我很期待他告诉我说意大利执行法采用的是职权主义,但是很失望。他告诉我,意大利的执行法是明确的采用辩论主义的。他提醒我关注意大利民事诉讼法的第495条、第496条和第558条,所以我本来想从比较法上找一点孤例,去驳倒你这样一个命题。因为一个命题的驳倒只需要一个例子,一个全称肯定命题的反驳只需要一个反例就足够。但是,职权主义去导致我们采用执行异议制度这样一个命题,它的知识背景其实是来自中国的。而作为反驳很简单,我们现在对于财产的调查大体还是采用职权主义的,但是我们还是有执行异议之诉,你怎么解释呢?

我这里还提醒一点,你可能对于职权主义本身存在一些误解,职权主义或者职权探知主义或者叫纠问主义,它本身是有古典和现代之分的。在古典职权主义时代,比如说法国早期的司法时代,法官什么都干,和我们新民主主义革命时期的法官有一点点相似。但是,现代职权主义法官不是这样的,法官不能够包揽一切的权力。所以在现代职权主义之下,法官往往也是采用一种命令提出的方式,而不是亲自去到场去调查的方式。所以,我很难想象就是在这种现代职权主义模式之下,它就一定会导致执行异议吗?

对于中国法,我觉得你还需要去做进一步的反思,你用行政权加职权主义概括,可能还不够准确。我觉得对于中国法最根本的理解还是需要回到马锡五审判方式这样一个独具中国特色的问题。马锡五审判方式是一直影响到我们现在相当多的制度的,很多制度从骨子里讲它还是马锡五式的,只不过它可能披上了德国法或者是日本法的一些概念的皮。所以,如果不对马锡五审判方式去刨根问底,而采用行政权加职权主义去理解,这个方向错了。马锡五审判方式的时代压根就不知道职权主义,也压根不关注苏联法。

最后,如果你想建立起这样一个所谓的并行模式,那么你需要去从根本上反思和批判审执分离以及形式化原则。你需要去思考形式化原则建立在一系列配套制度之上,比如执行文制度,相应的公证制度,还有不停止执行原则这样一些内容。执行的形式化原则必然导致执行异议之诉,如果你不对它进行批判的话,你就没办法去建立起你所谓的并行制度。

好,就这样,谢谢。

肖建国:好的,谢谢袁老师。下面请张兴美老师做评议,大家欢迎!

张兴美:谢谢肖老师,谢谢谷老师的精彩报告,同时也要感谢主办方、承办方在非常时期积极的组织和周到的安排。评议不敢当,主要是向报告人和各位评议人学习。

《民事诉讼法》第227条,是颇受理论界和实务界关注的一条。特别是有关“执行异议”的去留问题,不乏观点之争。在此研究现状下,谷老师的这篇文章从两个方面给了我触动和启发。

一是在基础理论方面。谷老师这篇文章可以说细化了有关执行救济的法理研究,彰显了谷老师报告时所强调的“体系化”意识。例如,在执行法律关系方面,谷老师关注到了申请关系、委托关系、干预关系,并比较了这些关系之间的差异,以及和审判关系的不同。并在此基础之上,呈现了我国执行法律关系的特点。又例如,在执行权的构造方面,谷老师关注到了执行实施权、执行裁决权和执行审判权。并且试图通过行政法原理为我们国家案外人执行异议之诉前置执行异议提供解释路径。

在这些富有新意的提法之余,谷老师的文章也给读者造成了一些困惑。困惑之一,在基础理论部分,谷老师的这篇文章似乎是面向执行救济而言的,而非具体到题目所主张的实体性执行救济。尽管报告人主张本文要“以大见小”,但实际效果是“小”并未确立。那么就会产生问题,本文隐约地为去除执行异议前置化做了铺垫,但却没有夯实实体性执行救济的法理基础。所以,接下来需要谷老师明确回应的是,谷老师认为的实体性执行救济的法理基础究竟是什么?它的法律关系基础是什么?它的权利基础又是什么?

由第一个困惑,自然连锁产生第二个困惑。谷老师在文章当中主张要去除线性双阶,改为并行双阶。那么在并行双阶的制度前景语境之下,谷老师是如何认识案外人执行异议的定位的,是回归到程序性执行救济,还是仍然处于实体性执行救济?如果是回归到程序性实体救济,那么有关实体性执行救济的制度前景究竟是双阶的还是单阶的,即这篇文章结论的创新点体现在哪里?如果是实体性执行救济,可能需要谷老师在制度前景当中进一步来阐述这两个并行制度之间如何协调适用。

这篇文章给我的第二点启发是,谷老师引入了一个新的视角,以财产调查制度入手,解读我国执行救济构造的合理性。然而,财产调查制度是职权模式还是当事人模式,可能与程序的主体构造关系更为直接。我在评议当中截取了赵秀举老师的部分表述,来说明这一问题。“德国执行救济的程序构造也极为特殊,不仅执行异议之诉的当事人完全为民事主体,而且作为程序性救济的执行异议也被视为是债权人、债务人以及相关第三人之间的对抗程序,作为执行机构的执行员和法院及其所代表的国家并不拥有当事人地位。”“从本质上看,这种诉讼结构能够在德国乃至英国被普遍认可,其最根本的原因则在于这两个国家的执行法适用当事人处分原则。法律将启动执行程序的主动权赋予了债权人,他有权决定何时以及采取何种执行措施以便达到最佳的执行效果,执行机构也受债权人发出的具体指示的约束。”而财产调查制度与执行救济是采取线性双阶还是并行双阶之间是偶然的联系还是必然的联系,抑或是说能否把这个制度上升到本文所声称的“根本性的原因”,似乎需要再斟酌。而且这一新的视角的介入和本文“法理审思”部分是怎样的逻辑关联,目前文章并未体现,需要谷老师做进一步说明。

我在提交的评议当中所指出的第三个问题,即认为本文实证素材有限,有必要做适当的实例说明,谷老师在报告过程中对此给予了回应。然而,鉴于本文关注的是实践性较强的执行领域,本文的部分表述,例如,本文第 5 页:“我国的双阶模式在实践中导致一些案外人不满并造成案外人异议在有些地区落空。”以及谷老师有最高人民法院历练的经历,这都会使读者对本文实证素材的供给产生合理期待。所以,本文是否可以考虑作相应的技术处理,来满足读者的合理期待?

最后是一些形式问题。刚才听报告的时候,我身边的刘加良老师也指出了这个问题。例如,文章第 22 页,倒数第 5 行,有一个“首先”二字,然而我们却没有找到“其次”“最后”等表述。(笑声)由于谷老师最终提供的是修订稿,所以有关本文形式方面的意见,我们暂且保留。

以上是我有关谷佳杰老师一文的评论,谢谢大家。

肖建国:好的,谢谢张老师。

肖建国:好的,我们这个阶段的报告和评议就到此结束,本来我期待的评议是开炮,猛烈的攻击,但是看到我们各位评议人都彬彬有礼,说了很多好话,这好像跟我们过去紫荆沙龙风格不太一样。

我期待我们后面一单元的自由评议的炮火更加猛烈一些。感谢各位的参与,这个单元到此结束,谢谢大家!

第二单元:自由评议与回应

蒲一苇:各位老师好,现在开始第二单元的自由评议和讨论阶段。首先感谢会务组的安排,让我来主持这个环节。我感到压力很大,因为肖老师刚才说第一个阶段的评议表现得太和谐了,没有体现我们紫荆沙龙一贯的犀利作风。大家都知道紫荆沙龙历来都是与会者带着子弹和炮弹而来,报告人要经历严峻的考验,是要穿着防弹背心才能扛过去的。但前面大家大多从表扬入手,所以现在把这个煽风点火的任务抛给了我。我想,我们这个阶段的发言先定一个调,希望大家还是要秉持沙龙的一贯风格,表扬的话尽量少说或者不说,因为每一位自由评议人的发言只有 5 分钟时间,时间很紧张,大家好话少说一点,重复的问题也尽量避免,主要集中讨论问题。

另外,刚才也说了每个发言人的时间是 5 分钟,同样我们也请会务组的同学做提示,请大家自觉把握,这样我们有更多的与会者可以发言。作为主持人,我主要就是一个程序员,为大家把握一下发言的时间和节奏。

前面一个阶段的报告和评议,我觉得这个炮火温和,佳杰有责任,因为他在作报告的时候就开始发炮弹，先把一些书面评议回击了一番。完全是一种攻击性的防御，这种策略好像是典型的西政风格哈(笑声)。所以刚才就有老师跟我说，我的问题都已经被他回应过了，还怎么发炮弹啊？我们不要被佳杰给带偏了，还是要把自己评议里所提出来的主要问题提出来讨论一下。

我听了佳杰的报告，还有三位评议人的评议，并且看了大家提交的书面评议，大致梳理了一下关于这一部分报告的主要问题和争点，大家在评议和讨论的过程中可以重点围绕这些问题和争点展开。可能不全面，大家在发言中还可以进行补充和展开。第一，实体救济的法理基础到底是什么？第二，概括式的执行模式是不是必然导致救济程序和制度出现差异？第三，案外人执行异议与执行异议之诉相互之间的定位和关系如何确定？包括实体性的救济程序和程序性的救济程序之间怎么区分？第四，执行财产调查的权限划分和作用分担的问题，它对于执行的双阶模式也好，概括模式也好，产生什么样的影响？这个是大家问的比较多的问题。第五，执行异议之诉与确权诉讼是否应该合并？这个是相对比较小一点的问题。第六，是报告中的一个主要论点，即线行双阶转化为并行双阶的问题，这种模式转换的合理性和依据是什么，是并行双阶还是单阶式？这个也是评议中大家反馈比较多的问题。希望自由评议阶段的讨论，大家主要讨论相对集中一点，请大家踊跃进行发言。

刚才佳杰向我申请了一下，他还是要采取攻击式的防御方法，首先要对刚才三位评议人所做的评议做一个回应，那么我们也给他 5 分钟的时间。

谷佳杰：谢谢蒲老师，因为我个人认为中华老师、兴美老师、晓青老师，当然晓青老师除外，各位老师对我的批评是蛮狠的，但是可能大家还是觉得不过瘾。我个人认为刚才两位老师，中华老帅跟兴美老师提到我在论文中逻辑论证关联性上这样的一个写作思路确实是我存在的问题，“只缘身在此山中”，我自己没有意识到，后来大家评议确实发现那么多问题，论文的修改是一个大的工程，也特别难，我都概括承受。但是我只是承认我在逻辑写作思路上存在一定的瑕疵，并不收回我的观点与认识。尽管从观点来看，很多时候并非现在的一种通说。我个人认为，比如罗湉漩老师批评我观点暧昧、刘哲玮老师说我缺乏技术性层面可行性的论证、晓青老师说我左躲右闪、李辉老师说我论证略显单薄等等的批评，我都接受。但是我个人认为我的最后一部分的制度建构，实际上在论文整个的前面部分已经有或多或少的具体展开，这是我最后只是提供一个结论的原因所在。但是在配套制度上面，包括范加庆老师提出的案外人异议制约的质疑、李蔚老师提出的案外人暂时性提出制约执行实施权的动力何在等等，论文提出这种并行模式确实还需要进一步具体论证。此外，论文有一个前提是不言自明，或者是学界已经长期公认存在的，但是各位老师还猛烈的批评我回避这个问题，就是执行的形式化问题，我认为这是一个最基本的，大家都应该承认的一个东西。所以我在修改稿里面增加了几个部分。包括中华老师、陈衍桥老师都说我法理的论证不够，我个人觉得挺疑惑的。还有一个问题，我并不是说案外人实体性执行救济跟执行救济的完全不加区分，或者说它的模式完全是按照我们现有的规则论证而来的。毫无疑问，程序事项由程序性异议来解决，实体事项由诉讼审判来解决，这是一个最基本的常识和法理。这是我个人非常赞同的，但我想说的是有时候在实践中的程序跟实体的判断并非如此的泾渭分明，在这种情况之下如何给学界提供一定的理论供给，如何能够在制度上或者说在内在的原因上进行深层次的一个分析，为什么我们在学界呼吁了这么多年要求取消案外人利益前置的情况下，实践中对于案外人异议的实践惯性还是如此之大，论文意图分析在实践中为什么会如此的深层次原因。我非常赞同张卫平老师的观点，就是在理论上我们肯定是应当考虑制度的一体化和体系化的问题，这是我整个论文暗含的意思。任重老师、曹云吉老师私下跟我聊的时候批评我写得太隐晦，我的意思就是你要彻底的实现一种理论，就应当把它所有的配套制度都建立起来，否则的话在实践中肯定就会发生理论跟实践的冲突。所以我也谈到了为什么案外人执行异议之诉的构造是第三人制度和既判力相对性在我国不够完善所造成的，所以才会产生如此多的争议。这是我想进一步解释的一些地方。至于晓青老师谈到的一些问题的看法，首先在我看来，他是我见过的在执行实务中最偏向于理论和尊重理论界的执行法官，但是他也并不属于多数代表，尤其他本人在评议中也犯了一些民诉法最基本的常识性错误，比如对于案外人执行异议之诉的被告，他认为应当以被执行人作为被告，然后申请执行人作为第三人，从他的一些观点也可以看出我们的实践还是要进步啊，我就先回应这么多。

蒲一苇：谢谢佳杰，攻击性的防御特色还是很浓厚。我们看一下哪一位来主动地做第一个发言人。请要发言的举一下手。

吴俊：我来带个头。佳杰是我的师弟，有校友之情，不管放多狠的话都不会记恨于我。刚刚佳杰对三位评议人的回应，并不是在针对评议意见进行针对性的辩论，而是在宣告他负隅顽抗的态度。刚刚佳杰在回应中承认他的文章存在逻辑性的错误。我认为，存在逻辑性的错误是十分严重的问题。

谷佳杰：我说的是逻辑性的瑕疵。（笑声）

吴俊：瑕疵也是错误，并且我认为文章的问题不是瑕疵而就是错误。对此，我发表四点意见。

第一个问题是立论前提错误。佳杰的文章，旨趣是要研究强制执行的法理基础。文章的逻辑理路是从职权调查财产这一理论和实践出发，认为我们的强制执行就是职权主义的，然后认为强制执行中对财产的查、扣、冻以及处置带有很强的行政性，因此提出用执行异议来处理行政性的程序性的问题，其余的实体性问题用执行异议之诉来处理。他的逻辑理路，看似清晰，实际上是存在逻辑上的断裂的。刚刚袁中华老师已经提到了，职权调查财产与职权主义，是两个范畴，前者推导不出后者。因为，文章的立论前提存在错误。

第二个问题是执行异议的性质。我们现在的执行标的异议或者说通过执行异议这样一个程序来审查案外人提出的实体救济的问题，确实不是诉讼程序，但是它是非讼程序吗？是非讼法理吗？佳杰的报告直接就把我们带偏了。他的报告存在一个明显的逻辑跳跃。执行标的异议虽然不是诉讼程序，但是它有听证，去观察实务会发现它其实适用的是诉讼法理。执行标的异议与后面的执行标的异议之诉，他们两者之间的关系并不存在一个明显的串联,二者的关系就类似于劳动争议仲裁和劳动争议诉讼。执行异议之后,再去执行标的异议之诉,是一个全新的起诉,要全部重新组织证据材料,不去看前面的执行标的异议是如何审理、如何审查的。执行标的异议之诉并不是对执行标的异议裁定的审查。

第三个问题是刚刚蒲老师特别提到了谷佳杰在主报告中进行回应式攻击的时候,专门对我进行了反问,说不用"概括式"那用什么式?那么我觉得不管用什么式都不能用"概括式"来进行概括,"概括式"太概括了。进行理论提炼,你提出的理论要有一定的显示度和独特性,否则理论提炼就是没有意义的。

第四个问题要回到宏观上。谷老师一开始告诉我们,他是从宏观到微观,他是想通过执行标的异议的法理探讨来反思强制执行的法理,那么这里边可能又存在一个逻辑上的跳跃,难道我们强制执行的法理就是执行标的异议的法理吗?

我就抛砖引砖,请大家批评指正,谢谢。

蒲一苇:感谢吴俊老师。真的是抛砖抛得挺狠的,不愧是亲师弟。现在发言的风格有所改变了,开始呈现沙龙的特色了,希望后面的发言人继续这样的风格。

水天庆:大家好,我是来自苏州中院的水天庆,刚才谷老师说我们范老师是来自执行实施一线的一位法官,而我就是从执行实施转到执行裁判的,所以我就想从执行裁判这方面抛砖引玉,其实我在观点上是比较接受目前救济模式的设置的,首先我觉得从执行异议和执行异议之诉的区分来说,执行异议首先解决的是一个程序是否合法的问题,可以避免一部分案件直接进入实体性救济来影响对执行的效率。而且从执行异议的功能上来说,我觉得它是有实际的必要性的。通过执行异议的一个裁判结果,直接决定了一个执行异议之诉提起主体的不同,也就是说我们通常讲的原告,如果我们通过执行异议能够经过审查裁定中止执行的话,那么是否进入执行异议之诉,这样申请执行来选择,这个可能也是我跟林老师这个观点有一点出入的地方,因为林老师刚才讲到说申请执行人把申请书交了以后我就不管了,为什么无论会纳入这个诉讼当中来会承担巨额的诉讼费,但是其实这是有一个自行选择的一个问题。

还有一个从我们目前苏州地区执行裁判案件改发的情况来看,实际上来说这我们是从 2017 年开始建立执行裁判庭的,我们在三年的审理过程当中,始终发现有一个很大的问题,就是我们的执行裁判案件有一个重大的错因是在于一个救济途径告知的错误。从我们 2019 年的一个数据来看的话,我们在执行异议二审案件撤销原判,裁定驳回起诉的,超过我们改发案件的 40%,而复议案件当中发生的认为裁定要发回重新审查的,也占到了改发案件的 20%。那么从这个数据上可以看出,作为一个专业的审判人员,他对于《民事诉讼法》第 225 条和第 227 条的适用程序上错误屡屡发生,那么作为一个缺乏法学素养或者没有经过专业指导的一个利害关系人或者是当事人,怎么区分他是作为利害关系的,应该在第 225 条当中去主张他的救济还是一个程序性救济,还是说他应该作为案外人去做一个第 227 条的程序救济。今天讨论的议题是直接建立在说是案外人实体救济这个框架下,而对于前置过程当中如何进行区分,可能是我们实务当中要解决的一个重大的问题。

还有一个就是刚才我们范老师讲到,说当事人是平等还是一个委托关系,其实我也是认为是一个平等的关系。我刚才茶歇的时候还跟范老师交换了一下意见,我们的一个老法官是执行实施的,接到当事人电话说当当事人直接一句话说"某某法官我的钱什么时候拿到的",法官就会跟他说"又不是我欠你钱,你老是问我干什么?"。从这种朴素的对话当中我们就可以感觉到,实际上我们的执行法官并不是说接受当事人的委托去实现他的债权,而我们的主要职责是实现生效判决所确定的合法权益,申请执行人虽然基于生效的法律文书享有要求被执行人履行相应给付义务的权利,但是它并不能够限制被执行人在此之外的其他合法权益,所以我的个人观点是认为说平等原则不仅贯穿于民事审判程序,也在执行程序和执行裁判程序当中应当能够得到体现。

有一个例证,最高人民法院从今年年初就开始发布了一个关于善意文明执行的理念的司法文件,当中就提出我们在保障胜诉当事人合法权益的同时,应当最大限度地减少对被执行人权益的影响,实现一个法律效果和社会效果的统一。

基于这个认识的话,实际上我还有一个跳脱在案外人实体因素救济之外的想法,就是说我们在这个因素当中是不是也可以考虑说不仅仅是局限于对于特定的执行标的物,案外人究竟有没有享有一个排除强制执行民事权益这样的一个裁判的标准?被执行人是否也可以提出一些对于各方权益影响较小且方便执行的其他财产?如果案外人能够作出举证或者说被执行人作抗辩,确实存在其他财产的情况下,我们是否还有必要对于案外人所提出说有争议的财产继续采取评价或者强制执行措施。

另外补充一点,就是关于说谷老师在文中提到的关于异议之诉要不要和确权之诉强制合并审理的问题,实际上我是这么看的,是在最高人民法院异议复议若干问题规定出台之前,确实在实践当中因为缺乏明确的规定,被执行人为了处罚转移财产,在另案当中恶意或者是消极承认案外人的权利,这种情况是非常普遍的。但是在异议复议规定出台之后,其中第26条就另案生效法律文书能否排除执行,区分了不同情况进行处理,从这个条文规定本身来说,它没有禁止或者是否定另案诉讼,它仅仅是排除了另案诉讼对于本案执行异议审查和民事诉讼审理的一个约束力,这个是我的个人观点,供大家参考,不当之处请批评指正。

蒲一苇:感谢水法官的发言,他从实务的角度,对现行救济路径选择适用错误的问题,以及被执行人权益保障的问题,还有执行异议之诉与确权之诉的关系问题,提出了自己的看法。我们有请下一位老师发言。

曹云吉:各位老师好,我是天津大学的曹云吉,我请教几个问题,这几个问题可能是实务问题,也可能是理论问题,不一定针对谷老师的论文,原因很简单,因为我觉得他可能回答不了。他写的论文大家意见都很中肯,太浅了。所以我请教一下在座的德国法专家、日本法专家包括实务专家这么几个问题。第一个问题是佳杰老师在论文中一直用一个概念叫"职权探知",我个人认为应该改成"职权调查",我认为理论上"职权调查"与"职权探知"是两个概念,而且是很清楚分别的两个概念,我觉得不应该乱用。

另一个问题是我请教在座的德国法的老师，德国法的分散执行应该是说当事人申请确定执行某个东西，但是关于这个东西本身的产权问题，究竟是当事人的证明责任问题，还是法院的职权调查问题，它是一个什么样的程序？当事人在这个过程当中，他对产权界定的举证的责任到底有多重。

还有我觉得佳杰老师这个文章里边其实光说了分散执行，但后续的职权调查其实不是很明显，这是一个问题。第一个问题是如果在德国法上，我们假设是由法院职权调查财产的产权状况的话，我不调查有什么救济措施吗？我是职权的，但是我就是不干。从我们的法院实践来说，当然我这个判断可能是有问题的，我请教在座的各位实务的老师，我们是职权调查式的，但是是不是意味着我们不需要经过当事人的申请就直接可以来查他名下的财产，或者说如果当事人他申请了，但法院不调查，有没有什么样的救济手段？我觉得实践当中至少我个人听到的是，调查某项财产，可能还得让当事人申请。

第二就是刚才晓青老师提的问题，为什么案外人执行异议之诉的被告是债权人而不是债务人？我觉得他提的这个问题很有意思，也很有道理。如果在我们国家的现状下，包括佳杰老师说是职权调查式的，其实申请执行人也好、债务人也好，他介入的成分是比较低的，所以你直接告申请执行人，从理论上最高法院的司法解释释义说得很清楚，为什么要告申请执行人？因为他有申请执行的权利，案外人的诉讼请求是要阻止执行，正好形成诉讼请求上的对立。而为什么不是债务人，因为债务人没有申请执行权，所以你告他从诉权角度来讲是没有意义的。

但是从佳杰老师的论文来看的话，我觉得债权人和债权人如果都涉及不深的话，会不会把债务人列成被告可能更好，这样会把确认之诉和执行异议之诉相当于是两步合一步。直接把他当被告的时候是不是可以不确权了，可不可以有这样的一个制度设计？

第三个问题可能会涉及更大的一个问题，也是佳杰老师论文中他没提，也可能不太好提的一个问题，我只是请教一下。我们国家有没有可能在强制执行立法的过程当中实行分散执行，不实行概括执行制？我觉得分散执行在信息沟通上可能会减少成本。虽然我们的执行管辖法院是一审法院或与一审同级的财产所在地法院，但是你一旦确定法院之后，他就已经相当于专属了，而后通过委托执行或协助执行等等来解决相关问题，我们有没有可能直接通过分散执行的方式来解决这个问题。

第四个问题可能是个理论问题，也是我假想的一个问题，可能是不存在的问题。在分散执行的模式下和概括执行的模式下，当事人的申请执行权到底是几个？分散执行的时候，是不是针对任何一个我申请的标的都有一个申请执行权，还是说这是一个概括的申请执行权？提这个问题是因为我是觉得在后续申请的执行异议之诉当中，可能会牵扯到的诉的性质问题。如果说我们认可分散执行情况下，任何一个分散执行都有一个单独的申请执行权的话，我倒觉得执行异议之诉的性质不一定非得是利益说、给付说，可以有很多其他的解释，而我们如果说是概括式的只有一个申请执行权的话，所作的解释就有可能会不一样，只是个假想的问题，没有经过论证。谢谢各位！

蒲一苇：感谢曹云吉老师，他的发言提了好几个方面的问题，主要围绕执行财产的调查问题，执行异议的当事人问题展开。张老师要发言？

张卫平：我向大家做一点说明，刚才云吉谈到案外人异议之诉或第三人异议之诉应不应当把申请执行人作为被告，这里需要略作说明。案外人异议之诉的效果是阻止执行，案外人异议之诉的判决如果要阻止执行，必须将其判决的效力及于当事人，所以必须把债权人作为被告才能够在既判力上及于他。其他判决为什么不能阻止执行？这是因为其他判决和仲裁裁决对债权人没有既判力，所以它对于本案的执行无法予以阻止。云吉只是说要对抗申请人的执行权，更进一步讲要能够对抗执行权，还要求作出的判决对他有约束力，没有约束力就无法真正有效地对抗执行权。这是从既判力的角度来解释这个问题。但如果对既判力理论没有认识，当然也就不存在是不是应该把申请执行人作为被告的问题了。我在这一点上作上述说明，供大家参考。

蒲一苇：好的，感谢张老师，对云吉提出来的问题和争议作了很好的说明。我们看看下面是哪一位发言。

马强伟：各位老师好，我是上海财经大学的马强伟，很多老师可能不太认识我，因为我其实是从实体法转过来的，也是借此机会过来向各位老师学习的。谷老师这篇论文其实还是有一些小问题的，各位老师前面已经讲过了，就论文本身来说不再具体展开，我只是想就这个论文讨论的问题，引入一个实体法上的视角，或者说是我在学习执行法的时候经常想到的一个对比。刚刚林晓青法官讲到说执行法其实不应该放在民事诉讼法中，应该放在行政法里面。但其实我想说的是这是不是一个私法上的事情呢？或者说我们应该讲一个新的故事，说执行法到底在做什么事情？

在我看来执行法做的事情或者我们说它的第一目的应该是实现债权人的债权，这是一个私法的事件。在德国法上也可以看到这样的一个历史，研究民法要去研究罗马法，强制执行法其实也要重视历史发展。在德国民诉法的历史中也能明显看到，1877 年制定民诉法的时候德国立法者是把强制执行当作一个私人事件来处理的。我们从这个角度去理解我们今天的强制执行法，是有很多启示的。强制执行法在做的事情是什么？执行员在做什么事情？他只是在帮债权人去强制的实现他的债权，只不过我们今天的法律禁止私力实现自己的权利，由国家机关来垄断这样一个权力，由执行员去帮他实现债权。之后经过发展，公法的视角引入，认为说强制执行权是一个国家权力，不是一个私人事件，它不是由债权人委托执行员去做事的私人事件。这就带来一系列的变化，例如我们在执行时要考虑到对债务人的保护、某些物禁止扣押等以及我们今天讲的善意文明执行等等，都是在限制国家公权力行为，强制执行法就变得非常的复杂了，本来是简单的债权实现的程序，现在变成了要考虑到公法对执行行为的控制。我们看到执行机关在行为的时候，刚刚谷老师也展示的一些照片，这哪像是一个私人事件，明明就是国家权力对个人实施暴力。但从本质上来讲，直到今天它仍然应当是一个债权实现的程序。

以这个视角我们再来看一下谷老师论文的主题。在执行程序中,债权人去实现他的债权的时候,他的对象是什么?是债务人的责任财产。什么时候会牵扯到案外人呢?不会的,理想情况下只是执行债务人的财产,所以在债权人去找执行员实现债权的时候,他委托的内容是去找债务人的责任财产,案外人是什么时候加入进来的?是案外人说你执行的责任财产里面有一部分是我的东西或者你影响到了我的权利。但是,执行员在去做这个事情的时候,因为公法视角的引入,执行程序独立,形式化原则的影响,他是没办法去判断实体权利的,他仅仅通过我们民法中的外在表象去判断这个财产到底是谁的,他没办法判断实体权利到底是不是案外人的,所以和债务人对执行行为是否违法而提起的执行异议有很大的不同。只有非常少的极个别的例子会涉及案外人对于执行机关没有符合公法上的程序性的规定而提出异议。例如,如果执行员在查封动产的时候,动产上面标识显示这明显是案外人所有的,如图书上面有一个图书馆的印章。这个时候可以说有一个逻辑上不连贯,如果把形式原则贯彻到底,占有就认为是所有,执行员行为合法就可以执行,但这个例子出现了一个逻辑的断点,也可以认为形式化原则没有那么彻底的只看表象,此时执行机关也要负担查明财产的义务,要去查一下这个东西到底是不是债务人的,如果明显不是,那么就不能执行,否则行为违法,案外人是可以对执行机关程序违法提出异议的,这是一个非常特别的例子。从这个角度来说,执行异议只能是对执行行为是否程序违法的审查,案外人通常不会有对执行行为提出异议的需要,这和我们执行异议作为案外人主张实体救济的前置程序,差别很大。而实体救济问题,案外人的对手也只能是债权人,不会是依行政法的原理,对手是执行机关。

案外人到底有没有实体权利,只能通过诉讼去解决。其实如果完全贯彻私法的视角的话,就是债权人错误的拿了案外人的东西来清偿债务。在私法里面怎么解决呢?就是案外人要去提起一个以债权人为被告的不作为之诉。那么接下来就要请教金印老师案外人异议之诉这篇论文了。案外人异议之诉为了快速解决争议,它没有说我必须做一个确权,异议之诉中只要去审查你案外人有没有这样一个阻止执行的权利,有就可以判决你胜诉,宣告执行不合法。这个似乎也是受公法视角的影响,不再是一个私法中的不作为之诉。这个也是公法、私法视角混合之后问题变得复杂起来。

我们说强制执行有公法的色彩,强制执行权是一个国家公权力,但是强制执行这个程序本身最主要的目的仍然是去实现私权,强制执行的研究不应该缺失这样一个私法视角。以上,请各位老师指正,谢谢。

蒲一苇:感谢马老师,他主要是从公法和私法交融的角度来谈执行法的定位以及执行异议之诉的定位的。时间只有十几分钟了,最多还可以有三位评议人发表意见。报告人如果要回应的话,就只能安排两位发言人了,我们抓紧时间。我看到哲玮在举手,有请哲玮发言。

刘哲玮:各位老师针对谷佳杰博士的批评,意见还是比较集中的。虽然佳杰坚决捍卫自己的观点,但大家或许不是在一个层面上交流。在我看来,大多数的评议意见还是针对文章的行文逻辑论证的，而佳杰的回应是，逻辑上的这些问题确实存在，论证可以改进，但观点必须坚持。

我认为佳杰的报告中最值得强调的一点是展现了一个年轻的执行法学者建构理论的雄心。这一点我觉得非常可贵。近年来民事诉讼法学研究向规范研究转型的趋势很明显，我个人也非常支持。但不容忽视的问题是，在研究向具体技术性问题倾斜后，我们民事诉讼法学的基础理论其实是会被忽略的。因为大家都去做教义学的研究之后，基础理论的问题又由谁来追问呢？说实话，开始读佳杰的文章时我并不太理解，甚至认为一些部分是有些脱节的，例如前面的法理追思与后面的二阶救济，这其实是完全不同的两个命题。但听了佳杰刚才的报告，尤其是云吉提了问题后张老师的回应，促使我想就佳杰谈的第一部分执行法的法理简单说几句。

现在民事执行法的性质业已成为一个争议非常大的问题。已经有学者认为强制执行中具有强烈的行政法属性，刚才强伟又说还需要引入私法的视角。相较而言，民事诉讼法学在执行法上是不是已经没有意义了呢？民诉法学在执行法研究中又有什么贡献呢？我特别希望大家能够认真考虑刚才张老师的回应，民事诉讼的基础理论、判决效力问题、既判力的理论问题，在执行法上其实是具有特别重要的意义的。如果我们把这些民诉法的基础理论问题忽略了，我们自然就会得出执行法跟诉讼法是两件事的结论，执行法与诉讼法研究也就没有关系了。同样，民诉基础理论中的诉权理论在今天讨论的案外人实体执行救济问题上也是有特别大的意义的。到底是以异议的方式，还是以执行异议之诉的方式来提出的，本质上就是对诉权行使的限制与否。而刚才云吉提到的分散执行、概括执行到底是什么标的的问题，这不就是我们诉讼标的理论最核心的问题吗？如果我们真的放弃民诉法学的基础理论，那民事执行法研究再过两年就的确跟各位民诉学者没有关系了。

我个人是不相信执行法能够从民事诉讼法学研究中脱离出来的。如果我们全部都是技术性地去解决一个一个的执行难的问题，通过电子化等行政技术来解决这些问题，那么这甚至不是法学研究的维度了。实务中的问题当然是重要的，我也并不排斥引入民法、行政法这些跨学科的视野，但是我想强调的是，我们必须扬长避短，运用民事诉讼法学基础理论去建构执行法的理论底色，切不可以轻率的在执行法研究中，丢掉民事诉讼法学的视角。

蒲一苇：感谢刘哲玮老师的发言，他最主要的观点是应该回归到诉讼基础理论对执行法的影响和作用这一根本性的问题，同时绵里藏针地批评了佳杰。下面请史明洲老师发言。

史明洲：各位老师好，我是中国政法大学的史明洲，正好我前面几位老师对于文章和基础理论的关系提出了一些批判性的意见，我觉得我的发言可能在这个环节会更好一些。首先，关于民诉法研究和基础理论关系的问题，在判决程序上我是非常坚定的德日通说支持者，但是在执行程序上，我对现在的德日通说相对来说没有那么满意。那么，为什么对它不满意？这可能还要回到当代的德日强制执行法通说形成的历史背景。刚刚马强伟老师提到了一个非常关键的历史背景，回到1877年德意志帝国民事诉讼法形成的时间，立法者认为强制执行是一个私法事件。我个人现在正在写一篇关于既判力的论文,回到 1877 年,当时的既判力理论存在一个从实体法说向程序法说过渡的过程。尽管这种过渡是由一个非常仓促的政治决策引起的,但判决程序至少在 1877 年的时候已经在法律文本层面实现了公法转型。与此相对,1877 年的执行程序没有实现公法的转型,它有法国浪漫主义的私法逻辑在里面,那就导致现在德日理论通说是建立在 1877 年的私法事件说的法律文本下的,虽然德日强制执行法理论在后面实现了公法说的通说转型,但我们要知道公法说转型是建立在私法的土壤下的,这其实是不稳的。虽然 1877 年的德日的这套理论不好,但是我们要知道 1931 年的时候德国曾经出了一套民事诉讼法草案,其中关于执行法的这一部分,大家基本上是一片赞成,但是这部法律由于纳粹上台还没有被实施,而这套 1931 年草案和我们中国现在的"概括式"的中国实践是非常像的,中国的这一套理论并不是特别的奇怪。我们现在的模式和德国 1931 年的法律文本比较像,而现在的德日通说和德国 1877 年的法律文本比较像。现在德国的这套 1877 年的体系它没有回应特别是 20 世纪后半叶出现的一些财产状况变化。比如,现在中国为什么会出现这种依职权调查财产的形式,是因为很多财产当事人没法调查。1877 年的时候很多财产类型还没有出现,再加上私法的基底,导致德日要适应财产类型变化是非常困难的。相反,中国因为没有历史包袱,它的转型是比较方便的。总的来说,德日的执行法理论有两个缺陷:一是私法说向公法说转型不是很彻底,二是对新问题的回应不是很彻底。那么我们现在中国法要做研究的时候,一方面需要借鉴德日理论的先进经验,比方说在司法拍卖等分论问题上德日做得很好,但是在总论问题上德日理论对我们来说借鉴意义并没有很大;另一方面也要警惕中国司法实践中出现的一味迁就司法实践的做法。今天黄忠顺教授没有来,我很同意他的一个观点,即我们实践中要站在一个债权人为中心的这样一个视角,抵制把执行机关的利益掺杂进来。在前面的基础之上,关于佳杰老师的这个文章,虽然我同意他依托的背景,要在一个比较概括性的视角上来看强制执行,但是他从职权调查直接得出行政权属性的结论,我觉得有点仓促。另外如果是按照新双阶模式,案外人异议的用处仍然不是很大,因为我们现在的根本性问题是案外人异议和案外人异议之诉它的用处是重叠的,这个问题没有解决。如果是一个新双阶的构建,他脑海中的愿景是什么?可能由于篇幅原因没有展开,这是我对佳杰老师的文章的几点想法,谢谢大家。

蒲一苇:感谢史老师的梳理和回顾,为我们提供了可以借鉴的路径。现在时间只有两分钟了,佳杰,不好意思,你还回应吗?

谷佳杰:不回应,让其他老师说吧。

蒲一苇:不回应的话就有请肖老师发言。

肖建国:我来说两句,实在憋不住了。佳杰这篇文章我读了之后感觉就像看一个现代的美女穿的那种非常时尚的牛仔服装,上面有很多的洞洞。佳杰的论文确实提出了很多新的观点,但佳杰在理论论证方面,我别的不说,一个基本的理论前提,就出现了判断性的一个偏差。比如说,佳杰在理论基础方面强调,执行法律关系中的三面关系中执行机关和被执行人之间的干涉关系,他将其解释为执行实施权的行政法律关系，并且认为这种执行实施权类似于行政权。因此要按照行政权的一种制度途径来设计相应的程序。那么这样的一些判断在我看来应该是真的偏差太大了。刚才马老师提出来了，我都很赞同。执行三面法律关系与诉讼三个法律关系，具有相同的结构，是三角形的结构。在这样一种执行三面法律关系中，申请执行人与执行机关的关系，与诉讼法的关系中原告与法院关系是完全一样的。在这三面法律关系中，与申请执行人和被告、被执行人的关系，民事诉讼中原告、被告的关系是完全一样的，仅仅不同的地方就在于三面法律关系中，执行机关与被执行人不同于诉讼法律关系法院跟被告的关系，但是我们能不能把这种干涉关系从这三面关系中割裂开来孤立地看待呢？不能。如果你脱离开来看这个干涉关系，认为它等同于行政法律关系，认为这些实施权就是行政权，那就是一个错误的判断。为什么错误？行政法律关系、行政权是干什么呢？是为了公共管理和社会公共服务的需要来行使职权的行为，它是为了公共目的，执行是为了什么呢？执行最终出发点和归属都是为了实现执行名义中所载明的债权，这是个私权。行政法律关系一个线形关系，执行法律关系是三面关系。如果我们孤立地看干涉关系，整个强制执行法律有关执行措施、执行程序的规定，大部分都是以干涉关系为基础来建立起来的，但是强制执行法同样依托于三面关系，同时还兼顾执行机关和申请人、申请人和被执行人之间的关系。如果你脱离这样一种三面关系，来看待干涉关系的话，对整个强制执行法的理解就完全走向了另外一面。实际上在整个强制执行制度中，申请人向法院申请执行，包括执行实施中的查封、拍卖、分配行为，能看成是一个行政行为、行政法的关系吗？不能。我们任重老师翻译的赫尔维格的书《诉权与诉的可能性》谈到了什么？三个方面的诉权：第一，向法院起诉；第二，向法院申请执行；第三，向法院申请保全。申请执行是赫尔维格诉权理论中三个方面的一个方面，所以在法国强制执行法中，包括法国强制执行法理论中把申请执行理解为诉请执行，法国司法拍卖要求执行法官开庭拍卖，对强制程序完全按照诉讼程序，第二种诉讼程序来进行看待。所以过分地强调干涉关系，把它从三面关系割裂开来，那就不是民事强制执行法。所以谷佳杰老师这样的理论前提，包括后面很多事实上判断错误，包括财产调查，德日当事人的提出，其实德国包括欧盟的一些国家采取发现是由被执行人承担报告义务。报告财产是申请执行人提供财产的工具和手段，我国民诉法规定了申请人提供财产线索，也规定了被执行人报告义务，也规定了法院调查，只不过我们实务中更倾向于法院调查而已，不能说被执行人没有报告义务，这是个法定义务，不能违反，这只是我们实践操作的问题。在理论解释方面不能说我们中国完全是依职权。强制执行的处分权原则包括两项：第一，程序开始和结束，由当事人决定。第二，执行标的选择，由当事人决定。但是我国至少在强制执行处分原则中，我们具备了由当事人的决定执行程序开始，对吧？跟我们不告不理是一样的。在当事人启动执行程序之后，法院采取其他带有职权色彩的执行措施，你能说它就是一个彻底的职权主义吗？我们强制执行处分原则的最基本要素是具备的，在这个前提之下，我们启动了概括式执行，也只是在当事人启动执行程序之后的一个职权行为而已。基于此，将整个强制执行制度理解为职权主义，恐怕是存在偏差的。然后把这样一个结论作为判断我们现有的执行救济的一个标准的话，可能是有很大问题的。我在 2004 年第 5 期《现代法学》上，曾经专门对审执关系的基本原理进行了探讨，在我看来到现在为止，我对审执关系的阐述，应该来说被证明是成立的。你的论文中如果要用这个实体性救济的话，你不从强制性形式化原则入手来论证，前提就不存在。强制执行形式化原则是切分我们审判权和执行权的一道分水岭，它是一个标志，没有这样一个标志的话，怎么区分哪些是通过诉讼的方式来进行实体性救济，哪些是执行程序自身的违法行为救济？强制性执行形式化原则提供了非常好的解释方案。所以我建议你回头读一读施蒂尔纳的《德国强制执行法》，王洪亮教授翻译的，还有我们后面马强伟老师翻译的另外的一个简行本，其实对这个问题都已经有了非常好的回答。所以我建议佳杰老师还是好好的斟酌一下。你这个论文里面确实洞洞太多了，我就不再说了。谢谢大家！

蒲一苇：非常感谢肖老师的发言，让我们深刻领略了最后发出的炮弹往往是最重磅的，给了佳杰最痛的一击。虽然在座的还有不少人举手，但是我们已经超时了，不能再安排发言了，非常遗憾。作为主持人，我需要检讨，程序员的任务没有很好完成，但是肖老师和马丁老师交代我引爆雷管的作用应该是充分发挥了。这一单元弹飞如雨，我看佳杰也是汗流如雨了。自由评议环节到此结束。下面请严仁群老师对上午的研讨进行阶段总结。

第三单元：阶段总结

严仁群：尊敬的远道而来，还有近道来的老师们、尊敬的主办方的各位，还有我们尊敬的南京本地的其他学者，我很高兴来参加这样一个会议，我似乎是第一次参加我们的青年沙龙，我很受感染。这样一个报告，我个人认为内容还是很充实的，我幸亏昨天晚上读了一下这个报告，否则我今天都单纯听佳杰老师的口述的话，我大概是不太能领会的。即使昨天读了这个报告，也没有能够全部领会。我总体感觉是佳杰老师至少是提出了若干的新观点，无论是结论上还是论证的过程当中，都提出了若干的新观点，至于说这个观点是否能成立，或者说论证是否有力度，那是另外一回事，但是至少我觉得这种努力还是很值得赞赏和敬佩的。除此之外，作为读者看来，如果能把问题表述得更清楚一点的话，我们读的时候可能会更方便一些。

这个报告里既有大问题也有小问题，题目看起来不是太大，但是里面讨论的问题很大，而且有不少。那些大问题，实际上我个人认为每一个都是值得单独去好好讨论的，所以这样一个篇幅安排，或者说这样一个主题的安排，与它所包含的内容，可能相互之间有那么一点冲突。报告人的报告也很有激情，在做报告的时候（就）已经就一些不同意见作了回应，这可能与其他的一些会议形式有点不一样。在自由的评议环节，我个人感觉到还是有一些交锋的，虽然相对比较温和。实务的同志对于这样一个制度的实际状况做了一些说明，我刚才听到了李法官甚至给出了5%这样的数字，我很高兴，跟我的估计可能不会差太远，当然后来有另外一个法官好像是表示有点疑问，是吧？看来今天不仅有学者的交锋，还有法官之间的交锋。

今天的大问题很多，首先理论基础的追问就是一个大问号，然后后面有同志提到了强制执行法的属性问题，还有执行法律关系问题，执行权的属性问题，甚至还有诉权的问题。这些大问题在这里居然都呈现出来，这些已经超出我的想象了。当然也有(具体的)小问题，比如财产的调查问题。这篇报告中理论和实践的结合比较紧密。当然我对谷老师的报告感到有点遗憾的是，关于实证的表述似乎没有提供一些资料。注释应该不会那么太难给出，不需要羞羞答答。时间关系，我本来是想对诸位的观点尽可能做一个重述，但是显然做不到，那么利用这样一个机会，我提几点意见供大家参考，不仅供谷老师参考，也供各位来参考，有不当的地方请批评。第一，德日在这个问题上有没有差别？个人觉得没有差别，尤其是关于在案外人异议之诉的审理过程当中可不可以暂时停止强制执行，在这个问题上没有差别。据我的阅读和我对德国法的了解，可能是这样的。所以请诸位再去核实一下。第二，在德国法上，德国的执行员仍然是有查询权的，他是可以进入若干个数据库的，在这点上他们可能没有我们那么职权化，但是这方面的规范也是有的。我没有记错的话，大概 2009 年德国法在这方面是有改革的，并且有相关条文写进了执行法。第三，大家提到了案外人在提出异议之诉的同时能不能另诉(确权)的问题，这方面的讨论也超出了我的想象。为什么？因为我以往认为这是没有争议的，至少在德日是没有争议的，包括我国台湾地区，基本的共识应该是都不可以。我不知道为什么我们有这么严重的对立，大家也许没有去考虑德日在这一块为什么有这样的共识？这实际上又涉及今天的另外一个话题，就是强制执行法到底和民诉法有什么关系。在这个地方实际上是涉及了它们同样关注的问题，什么问题呢？就是说另诉的必要性问题，或者从诉讼要件的角度来说，就是权利保护的必要性问题，用另外一个词(表述)就是诉的利益问题。为什么？没有另诉的必要，也没有另诉的实效性。没有实际效果，为什么还要另诉？这不是诉权的问题，也没有诉权方面的障碍。如果说遵从这样一个诉讼要件的话，当事人另诉的话，法官说我审理一下，你有没有诉的利益？没有的话，就要驳回起诉，或者在德日可能有不同的做法，作诉讼判决。这和诉权没有矛盾。第四点可能相对(前三点)主观化一点，但是我觉得还是偏客观的，我刚刚关于前三点的叙述，我基本上尽量做一个叙述，而不是我个人观点的推荐。第四点是关于诉的合并问题：在一个案件当中有两个诉讼标的这样一个起诉方式有问题吗？或者说它在现行法律上有障碍吗？

我大概讲这么四个问题。我很高兴我们现在有越来越多的同志参与或深度介入强制执行法的讨论当中，随着我们的讨论越来越深入，更多的同志感觉到强行法不是我们想象的那么简单，包括民诉法也一样。我(常)和同学们说民诉法不是想象的那么简单，强制执行法也一样，对它了解得越多，对它就越有敬畏。最后一点建议是，我们可以把视野放得更开阔一点，不仅仅关注到大陆法系，也关注美国法，我觉得美国法在强制性程序中还是有可借鉴的地方，可参考的地方的。比方说在强制执行程序当中，照样可以用狭义诉讼程序里面的开示程序，这与财产调查相关。大家也可以想象一下，美国法难道不会同样面临着若干的(执行)纠纷吗？包括程序性纠纷和实体性纠纷，他们用什么样的程序来处理，同样是值得我们去考虑的。时间关系我大概说这么多。谢谢大家!

马丁:各位与会代表,上午的环节到此就圆满结束了!

第四单元:报告与评论

吴英姿:很高兴担任下午第一单元,也就是第四单元的主持人。我是第一次参加我们紫荆青年沙龙,非常喜欢这样的风格和氛围,这是真正的学术交流,有争论,又相互包容;有创新,也在争取达成共识;相互之间平等尊重,表面上的剑拔弩张,实际上的相亲相爱。所以我非常喜欢!这体现了我们民诉法学界年轻学者的风范。作为主持人,我的工作非常简单,就是一个程序的提示人,其他时间我就会专心的享受报告和评议。那么接下来我们就有请下午单元的主讲人,中国人民大学的金印老师,他报告的题目是《论执行案外人实体权利的二元救济体系》,大家欢迎!

金印:嘴上说自己不紧张,到关键时刻还是蛮紧张的。我其实也是逐渐和各位老师、各位同仁熟悉的,我自己对这个圈子其实是非常非常认同的,不然的话我也不会在德国的时候就转而学习民事诉讼法。我真的是觉得我们紫荆论坛迄今为止肯定还是独一无二的。并且今天上午最后肖老师的发言,恰恰反映了我们前辈的资深的学者,也不忌讳说实话。在这个时候该说什么还是说什么。就我今天讲的这个主题,我自己其实是比较幸运的。为什么?其实是中国的司法实践成就了这篇文章,大家可以看到我写的所有的案例都是源于真实的案例,并且主要是最高人民法院的案例。通过此我想说明的是,这是我们中国人自己的问题,需要我们中国人自己去解决,这也是我写这篇文章的初衷。

《民事诉讼法》第227条相关的制度,有三个研究维度,第一是起诉要件相关的问题,我和谷佳杰还是挺有缘分的,有一点心有灵犀,我们都写了起诉要件。比较法上的案外人异议之诉是普通程序,它没有特别的起诉要件,我们恰恰写了起诉要件的问题,而这个恰恰是中国法的特色。

第二个就是胜诉要件。胜诉要件是指哪些权利可以排除执行,哪些权利不属于被执行人的责任财产。这个问题的答案在每个国家其实可能都是不一样的。在德国可以排除执行的权利,在中国不一定,而在中国可能应该排除执行的,在德国可能完全不涉及这个情况。所以说到底哪些权利可以排除执行?这可能需要中国的实体法学界来回答,但是在执行领域中可能也有一些特别的考量,一些中国特色的考虑,但这个不是我们今天要回答的。

第三就是体系归入,今天上午张老师、严老师都提到,其实案外人异议之诉本身的性质到底是给付、确认还是形成之诉,都有争议。因为我们诉讼的性质总共就三种,但是对案外人异议之诉的理论阐述可能有八九种,这说明什么?这说明技术上的体系归入是比较复杂的。还有这类诉讼和其他诉讼的关系。其实这是三个主要的维度,我们今天解决的是第一个维度的问题。

功能地看,案外人异议之诉它解决什么问题?比如说甲作为原告,在借款之诉中对乙胜诉并申请执行,这时候丙跳出来说不好意思,甲执行的这个东西是我的。

它其实就是案外人对执行的对象(执行标的)主张排除执行的权利。我今天所有的讨论都限定在案外人对特定的执行标的主张足以排除执行的权利这一范围之内。

一个典型的情形,比如甲以所有权的人的身份起诉,胜诉了,法院说他是所有权人,现在要进行返还之诉的执行的时候,丙说我是所有权人,他要求排除执行,这是非金钱之债的典型例子。当然,金钱之债其实是最多的,例如甲因为借款胜诉后请求对乙强制执行,丙说执行法院选择的执行标的是我的,但是很多时候借款合同还会包含优先受偿权,比如法院判决认为银行基于抵押权对某个标的物享有优先受偿权,这个时候案外人提出银行享有优先受偿权的这个东西我是享有排除执行的权利的。这个时候这两类情形就产生了共同点,就是在执行开始之前,在判决中就指定了执行标的,这也就成为一个比较复杂的问题,也是我今天讨论的“与原判决、裁定有关”的情形。

我今天研究的不是丙作为案外人,他提出甲对乙根本不存在上述判决中的那些权利,债权本身就存在争议的问题。在界定清楚这个问题之后,我们就很容易知道我今天想研究什么,我研究的是某项特定财产是否可以排除强制执行,是否可以执行被执行人的某项财产,我不解决是否可以对债权人执行,是否可以执行债务人的所有财产的问题。我界定的研究范围是什么?就是《民事诉讼法》第227条第一句讲的,案外人对执行标的提出书面异议,也就是说案外人对执行标的提出一项实体权利,并且要求排除执行的时候,怎么办?中国的做法,也就是二元救济体系,“认为原判决、裁定错误”的,或者说“与原判决、裁定有关”的进行再审,而“认为原判决、裁定正确”的,或者说“与原判决、裁定无关”的走案外人异议之诉。我认为两种路径其实是可以合二为一的。我的主张是,只要案外人对执行标的提出书面异议的,也就是说案外人的主张足以排除执行的实体权利的,不论案外人是否认为原判决、裁定错误,亦不论案外人的诉讼标的是否与原判决、裁定有关,统一由案外人异议之诉来处理,这其实是本文的结论。

《民事诉讼法》第227条第二句是比较复杂的一个结构,但是如果我们细致地看,只能解释出这样的两个对应的关系。如果与原判决、裁定有关的话,就是认为原判决、裁定错误,如果与原判决、裁定无关的话,就不认为原判决、裁定有错误。从立法文义和体系来讲只能这样解释,那么有人质疑说是不是有这样的一个漏洞,我主张和原判决、裁定有关,但是我还是认为原判决、裁定正确,这原则上是违背法律的文义以及体系解释的。这样解释的一个想法就是达到虽“有关”但“认为正确”的结论,进而走案外人异议之诉这条道路。

这个时候,你就可以对“有关”进行稍微的解释,就能达到你的目的了,什么是“有关”?我跟任重老师有关,我们俩都男人;我跟任老师又无关,他是已经点点面面都是世界一流大学的人了,而我所在的大学只是整体挤进去了,对吧?我和任老师有关,我们俩都是从德国留学回来的;我们俩又无关,任老师是博士生导师、副教授,我是一个青椒、助理教授。所以说有关无关的范围可以很大,也可以很小,为什么一定要解释出一个漏洞、把“有关”解释得那么大呢?其实只要稍微限缩解释“有关”就可以达到目的。

在司法实践中，我们法院一般通过"与原判决、裁定有关"来解释"认为原判决、裁定错误"，立法者从一开始也是这么指引的。立法者在2007年制定法律时就认为实践中的利益、案外人的利益情况是很复杂的，有一种就是对生效判决裁定指向的权利标的有异议，什么叫对生效裁判指向的标的有异议，就是说原判决已经确定了将来可能要执行的标的，你对它有异议，当然是主张不同的权利，我完全认同原判决的看法，那就是没有异议，对不对？其实这也就是为什么最高人民法院后来采用这个客体同一论，客体同一性其实是对"有关"的一个解释，什么是有关？我文章中引用这个判决是反复地读了无数遍的，每次我去想什么是有关的时候，我们都会把这一句话好好地读，因为我的研究的一个思路是对中国的一手资料，也就是立法和判决反复阅读。最高人民法院认为的有关的范围包括案外人对权利主张所指向的民事权利义务关系，或者其诉讼请求所指向的标的物，与原判决确定的民事权利关系或其客体具有同一性，所以"有关"是非常宽泛的。只要你所主张的东西跟原判决有联系了，能够确定客体、对象是同一的，那就是有关，那就是最高人民法院裁判文书所说的确定的权利义务关系的特定的客体，也就是你认为原判决、裁定是错误的。

最高人民法院这样的解释在我看来已经对"有关"进行了最宽泛的解释，我们不能再解释出比最高人民法院所认为的更宽泛的"有关"的概念，这就是我当时最重要的一个理解。这样的一个做法，就是有人质疑说"有关"即使解释这么大，也不能说明实践中问题很严重，我们的案外人异议之诉有十几万件，而主张"有关"的案外人申请再审最多也就几千件。但是不能这么比较。用客体同一性来解释"有关"其范围就变得最大，那相应"无关"就变得最小，我说的是这样一个相对性的关系。

现在通过这样的一个"有关"的范围来确定哪些案件通过再审来处理，这是一种什么理念呢？我第二部分就是想解决这个问题，其实我这篇文章不是为了解决既判力的相对性问题，但是我为什么还是要将它提到这个高度呢？因为这其实是中国法的一个特殊的现象，判决效力在当事人之间是怎么样的，对外是怎么样的，我们是不清楚的。通过对"有关""无关"、案外人申请再审的讨论，其实我们可以对中国的判决的效力做一个注解，但是中国的法律到底应该怎么样？我其实就是要遵守中国法的整个体系，我自己的观点不重要。

以"有关"作为判断哪些案件通过再审处理的标准，其实是反映了这程序法对程实体法的依附，而这种依附体现在程序判定的正确性取决于实体权利的真实性，而这又和中国民事诉讼的结构、基本制度以及我们的基本原则相矛盾。既判力相对性要不要坚持？这不是我们说了算，也不是法官说了算，这是由中国民事诉讼法说了算的。中国民事诉讼法它相对性的结构必然决定了你不可能说我主张不同的权利，就是我在主张原判决错了。我是想说中国民事诉讼法它其实是不改变、不产生、不消灭实体权利的，而是对实体权利进行程序确定和判令。这是因为我们的诉讼结构就是这个样子的。而这种判决效力的相对性不是说实体法屈从于我们程序法，而是我们主动和实体法脱钩了。

我们为什么要走二元救济路径呢？立法是为了保护当事人。但是我在第三部分进行了讨论，在实践中是怎样的？让案外人通过再审进行救济，告诉他吃肉走左边，结果他去左边找肉吃的时候却没有肉，也就是说，案外人享有排除执行的实体权利，在再审中他却不能胜诉，为什么？因为在起诉要件上设定案外人可以申请再审，但是再审要撤销原判决，那就需要入乡随俗，遵从再审的胜诉要求。这个时候不意味着有排除执行的强制执行的权利，就能在再审中胜诉，再审做不到，也无法做到。这个体系矛盾是立法的问题还是司法的问题？立法的“有关”是很大的，司法又对“有关”作了一个最大范围的解释，不能单独地说是谁的问题，或许是二者共同的问题。

正是因为二元救济路径产生的问题，我自然的想法就是，将两种路径合二为一，法律和司法解释对“有关”进一步加以限定也难以解决所有的问题，两种路径就应该一体适用，只要案外人对执行标的主张排除执行的权利，就应该通过案外人异议之诉处理。

一元救济路径有什么好处呢？首先案外人异议之诉有没有能力解决有关的情形？它不但可以完全地解决有关的情形，而且比再审还更优。后面我再进行详细的阐述。这里还有一个问题就是为什么要让案外人通过再审救济呢？这是因为我们不允许出现所谓的矛盾判决。我认为从再审救济的局限性和案人之异议之诉的优点两个方面看都没有必要通过再审来对执行案外人进行救济。从历史来看，再审从来没有进入执行案外人救济的视野，也没有为再审留下空间，德国在 1916 年的司法发展报告中表明，案外人异议之诉本来只对执行标的确定时才有意义，没有执行一般的是不可能有案外人异议之诉的。

但是对原判决已经对执行标的进行确认的那种情形，德国的司法在 1916 年，也就是他们的民事诉讼法颁布 30 年之后，允许当事人在执行开始之前提起案外人异议之诉，这给了我们一个很大的启示，其实案外人异议之诉，案外人申请再审，以及第三人撤销之诉，对于案外人对执行标的主张排除执行的实体权利的情形，可以由案外人异议之诉一并处理。三国归晋比三足鼎立要好得多。

那么判决确有错误怎么办？这就是我刚才讲的非金钱之债的强制执行，丙主张所有权和甲在开始的诉讼中主张所有权不是一回事。一物只有一个所有权，他可以直接提起案外人异议之诉主张所有权。还有另外一种情形稍微复杂一点，就是最高人民法院的案例的情形，原判决确定了抵押权，但案外人主张抵押权不成立或无效，这种情形通过案外人异议之诉也是可以完全解决的，为什么？因为只要有排除执行的所有权，案外人的所有权优于抵押权，就可以排除强制执行。反之案外人即使主张甲对乙没有抵押权，而案外人没有排除执行的所有权，即使这个抵押权不存在，案外人也不可能胜诉。在认为判决有错误的情形，案外人异议之诉也是可以完全解决这个问题的，并且在本质上只要案外人主张排除执行的权利，原判决是否错误，对案外人来说是无关紧要的。

最后，在二元救济体系这个现行法项下，当前的司法应该怎么办？以前最高人民法院做了一个最宽泛的解释虽然也在文义之内，但是发生了问题，后来又进行了限缩，即权利相容的情形，属于与原判决无关，或者不认为原判决错误，以扩大案外人异议之诉的调整范围，但这种文义解释只是司法的能力范围之内的事，在这个问题上司法的真正贡献应该是什么？是要通过案外人异议之诉，看到中国的民事诉讼结构以及中国的民事诉讼法是认可并且以既判力的相对性为起点的，需要强调诉讼发生在相对的当事人之间，诉讼的结果只对他们发生约束力，第三人主张与原判决、裁定相冲突的权利时仍可以另案起诉，也就是案外人异议之诉。司法应该在法律适用层面尽可能少地通过案外人申请再审的路径救济案外人。如果一定要通过案外人申请再审进行救济，只要案外人享有排除执行的实体权利，就让案外人在再审中胜诉，案外人申请再审与案外人异议之诉应适用统一的胜诉要件。

我再总结一下我的结论，二元救济呈现了一种实践中的不公正性，法律讲求公平正义，而这其实是相同情况不同对待，即使"有关"和"无关"两者是不同的，但在案外人主张排除执行的权利的时候，他们就是相同的，二元救济它导致的问题在现实中就是有些实体权利没有得到救济，也造成司法资源浪费，因为必须在多个功能相同的诉讼救济路径之间反复选择，而想达到的最终的目的却是一致的，那就是只要案外人享有排除执行的实体权利，就应该让他胜诉。案外人异议之诉有能力处理与原判决有关，认为原判决错误的情形，并且我们的民事诉讼法不要求再审的强制介入，何不促成二元体系的一元化呢？谢谢大家！

吴英姿：谢谢金印老师非常精彩的发言。应当说他的问题意识、论证过程和结论都很有新意，有挑战性，也很有刺激性。我甚至有跟他对话的冲动。但我还是要克制一下。接下来由评议人进行评议，我相信一定会非常精彩。比如说第一位评议人巢志雄老师，我就领教过他的犀利。非常期待他真枪实弹的评议。有请巢志雄老师！

巢志雄：谢谢吴老帅。感谢金老师给我们做的精彩的汇报。我看了金老师的论文，让我非常震撼，感受到了逻辑的力量，论文有 30 多页，从论证的逻辑来看几乎是无懈可击的。但是我通过论文的阅读，认为从制度的历史、现状，从程序的规范，目前存在的问题以及制度的改造这些角度进行论证，最后得出案外人异议之诉吸收再审的结论，论证过程十分精彩，但却得出一个让我觉得很难接受的结论。

金老师案外人执行异议之诉来吸收申请再审观点这个结论在程序上会有些什么样的问题呢？那么从程序上来讲，执行异议之诉从程序上来吸收案外人申请再审，实际上对应到诉讼理论是用一个"诉"来吸收另一个"诉"，也就是"执行异议之诉"吸收"案外人申请再审之诉"，我们要看这样一个吸收，从诉的理论上是否可行？

首先看执行异议之诉的诉的构造。关于执行异议之诉的诉讼标的。案外人对于执行标的提出这样一个异议，他提出的执行异议之诉，它的审理对象就应该是案外人针对执行标的主张的权利，在司法实践当中通常是所有权、用益物权以及特殊的债权比如建筑工程的优先权。在执行异议诉讼当中，有两类诉讼标的，一是案外人主张的对物的权利，二是两个权利的优先性的问题。

那么再看案外人申请再审，案外人申请再审应该是包括三类诉讼标的。第一个是前案债权人和债务人之间的权利义务关系，既包括债权问题，也包括物权问题。第二类诉讼标的是案外人针对执行标的提出的权利，但是这个不仅仅是只对物之诉,还包括了对人之诉的情形,比如一房二卖,这涉及两个房屋买卖合同履行的问题,要对两个合同履行的状况、阶段进行实质性审查,所以从申请再审中案外人执行标的主张的权利内容来看,与执行异议之诉所主张的权利是不一样的,它的范围更广。在申请再审的案件中,必须对案外人与前案当中的债权债务关系也进行实体审查,不仅仅是物权上的争议。第三个诉讼标的就是前后两个权利的优先性,所以从诉的构造上来看,执行异议之诉与案外人申请再审之诉的诉讼标的、审理的对象存在比较大的差异,不仅是范围上的差异,还包括权利的性质,前者局限于物权的主张,而后者不仅包括物权,还包括一房二卖中两个债的履行问题。

以上是我讲的第一个问题。刚刚金老师花了很多时间在讲"有关"的含义,其实我也不是很赞同。"有关"不是说案外人提出了什么主张,认为前诉判决是不是有误,而是要看他的主张指向的诉讼标的是什么,然后再来识别适用哪种"诉"和诉讼程序。

关于第二个问题,我也检索了案外人执行异议之诉的数量,案外人执行异议在裁判文书库里面大概有 17 万例,但是案外人申请再审只有 1000 多例,数量悬殊是非常明显的,那么就在案外人申请再审这么少的案件数量情况下,能否得出案外人权利救济因为二元程序的设计而导致比较严重的障碍呢?

金老师论文中的案例与文章描述的司法实践中出现的问题,好像是不太能够匹配得上的,比如第 43 页、第 44 页和第 48 页的这三个案件是银行的金融债券案件,那么银行的金融债券对于案外人来说,是没有办法去对银行的债权以及银行因债权人衍生出来的抵押权提出任何权利主张的。那么在这种情况下,案外人申请再审也不现实。另外一个一房二卖的案件情形很特殊,案外人是在程序最后环节竭尽全力地去反击。当事人在选择程序的时候,他对自己的实际权利状况进行了评估,如果能够对前诉的生效判决的判项提出权利主张,案外人就可以申请再审。但是如果对前案的判决的诉讼标的没有办法去主张权利,自然就是提出案外人执行异议之诉,从这个角度来看,两者的功能不一样,为什么一定要提出一个谁吸收谁的问题。

这里还涉及执行程序中的繁简分流问题,我认为在执行阶段,多元化的制度,每个制度承担不同的功能,这样一种程序上的多元化是比较好的做法,没有必要非去做一体化的努力。根据不同的案件的情形,应当允许当事人去选择不同的程序,以便权利能够更快捷地得到实现。这是制度改革、改造的一个比较务实的价值取向。

最后讲一下金老师认为"二次分流""三分天下"导致诉累和负担,有相当一部分的裁定是用来解决程序选择性错误的问题,但实际上多元化的程序构造,必然会带来一些这种程序上的杂音是吧?我们不能因为有一小部分的当事人存在程序选择的错误问题,导致司法资源的耗费,就否定不同制度在功能区分设计上的合理性。以上一些观点与金老师探讨。

吴英姿:谢谢巢老师!他抓住了金老师的两个要害问题,一个什么是"与原生效裁判有关"?金老师以最高人民法院个别案例为对象进行讨论,能不能够对这个问题给出唯一的答案？另外一个是“一元化”的方案到底可行不可行？我相信两个焦点问题也是大家都很关注的。下面有请第二位评议人山东大学法学院的刘加良老师。

刘加良：谢谢各位。很高兴担任金印老师论文的评议人。这篇论文我上周读了两次，第一次是泛读，第二次是精读。第二次是周末到了办公室，上午下午读了五六个小时，边读边写。整体上来说还是论证比较用力，资料十分翔实，说服力较好。主张的观点就是要放弃救济体系二元化的制度设计，只保留案外人执行异议制度，这是金老师这篇论文核心的观点，我看今天他现场报告的时候又进一步提出“三国归晋”，即执行异议之诉吸收第三人撤销之诉。

我就金老师的论文也向会议提交了两页书面评议，主要分四点，觉得这四个方面还有改进的空间。

第一，对案外人申请再审和案外人执行异议之诉的实践样态应作更为充分的了解和力所能及的理解，若案件的双方当事人均为单一的公司法人，案件经历了基层法院一审、中级法院二审，案外人的再审申请将由作出生效裁判的中级法院受理审查，而案外人执行异议之诉则将由作为执行法院的基层法院立案审理、实行两审终审制；若案外人的请求均未得到支持，对案外人再审申请的审查周期通常会明显短于对案外人执行异议之诉的审理周期，案外人申请再审对执行程序的阻却时间通常更短。

那么近年来据我的了解，地方各级法院对申请再审案件普遍实行“谁审查，谁审理”的机制，再审请求经历审查和审理两个阶段都均获得支持的比例很低。执行程序以最大化实现申请执行人的执行债权为原则，其对捍卫生效裁判的权威件、稳定性和全面、及时、充分地实现执行根据具有天然的使命感，其对案外人的实体救济持警惕立场而非亲和态度，故法院更不欢迎案外人执行异议之诉。这与最高人民法院确立“客体同一性”理论之间的关联性似乎不大。把“再审迎来了高光时刻，案外人异议之诉则在低位徘徊”归因于司法实践以“客体同一性”理论为绝对通说，说服力似乎有所欠缺。我在群里边提交了意见以后志雄老师才提交，他提交了以后我就立马点开看，我发现他特别认真，他去搜案外人申请再审和执行异议之诉的数据。虽然刚才金印老师也回应了这个问题，但是我觉得这个数据能够在很大程度上说明问题，我们要正视这样的事实。

第二，论文以“与原判决、裁定有关或无关”为标准，把案外人申请再审和案外人执行异议之诉的分野看成“第一次分流”；在“与原判决、裁定有关”的前提下，把案外人申请再审和第三人撤销之诉的分野看成“第二次分流”，在我们论文集的第106页和第127页说在识别与原判决裁定有关的难题未能有效解决之前，这种对“第一次分流”和“第二次分流”的分析，难免带有浓厚的主观色彩。即使论文中所提出的一元化思路将来能变为立法事实，案外人执行异议之诉与第三人撤销之诉的界分难题也将继续存在。与其放大案外人申请再审在既有实践中所遇到的困境进而阐释对其予以舍弃的理由，不如正视案外人申请再审和案外人执行异议之诉的识别难题，从既有的典型案例出发，解析出二者的成立要件与胜诉要件，进而综合判断案外人申请再审遇到的困境是否已威胁到其存续以及只保留案外人执行异议之诉的一元化思路能否涵盖当下案外人申请再审所发挥的功能。我在这里明确观点,我对用执行异议之诉来吸收案外人申请再审,持比较保守的反对态度,至少我觉得在当下应该是这样的。

第三,就是论文从第128页到第129页,所列举的三组案例有助于直接明确案外人执行异议之诉的适用条件,但无法很好地说明最高人民法院已经借助案例对"客体同一性"理论予以限缩适用,也无法用以证明案外人申请再审在实践中的进退维谷。当"与原判决、裁定有关或无关"不易判断时,经由申请再审还是执行异议之诉来寻求后续的救济,案外人可以自主选择;倘若案外人没有明确提出"原判决、裁定错误"的主张,救济程序导入执行异议之诉即没有问题,相应的实践判断不会出现面上的问题。水天庆法官上午在发言的时候提出的数据,也大体印证了我之前了解的情况。目前案外人执行异议之诉,一审和二审法院发回或者是改判的这个比例还是比较高的,刚才我说的应该是到了40%,那么之所以改发的比例这么高,有一个非常重要的原因,也就是案外人他在一审的时候选择具体途径,二审法院认为是不当的,我在这个地方提供思路未必正确,我认为"要求法院在驳回案外人对执行标的之异议的裁定书中提示后续的救济途径"的方案也许是保留并改进二元化救济体系的妥当策略。

论文主张"案外人可在执行开始前起诉"(论文集第126页),这点是否为论文通篇没有使用"案外人执行异议之诉"这一法定术语的原因?上午佳杰他在作报告的时候我专门看了一下注释,他就比较注意用我们现在法条当中的术语叫"案外人执行异议之诉"。金老师用的是"案外人异议之诉",所以我就有了这个疑问,论文在涉及案外人执行异议之诉时用"实体权利"一词,而没用"足以排除强制执行的民事权益"一词,原因未作出说明,前者足以替代后者?使用前者的目的之一即主张和论证救济方式的一元化?这些问题若能在论文的开始部分作出说明,无疑会提高说理的针对性和周延性。

我就讲这么多,谢谢!

吴英姿:谢谢刘老师!他进一步深化了对金印老师的论文的观点和论据的思考,即论文的论据是否充分的问题。接下来第三位评议人是来自苏州市中级人民法院的水天庆法官,有请。

水天庆:佳杰的论文从二元救济体系的立法演进与司法适用入手,对于二元救济体系的本质及矛盾进行了深入分析,引经据典、旁求博考,其所提出的改造方案不仅契合当前司法实践的新发展,而且与《民事强制执行法草案》的立法趋势同步,令人豁然开朗、茅塞顿开。但是我有一个疑问,在早上听到我们谷佳杰老师的主题报告当中,在谈到案外人确认其民事权益的请求与执行异议之诉请求强制合并审理问题时认为,禁止另案诉讼或强制本案诉讼都违反了处分原则。早上我的发言当中也涉及这个问题,而下午金老师的观点认为对于案外人实体权利救济分流为另案再审与异议之诉不妥,应当将二元救济体系一元化。我不知道这是否意味着两位老师在诉讼合并与分立的问题上标准并不统一。当然这个可能是个玩笑话,说实话，我在第一次看到金老师报告中提到的二元救济体系中隐藏的“立法陷阱”，其实我的内心是崩溃的，因为我发现这个陷阱不仅很多案外人踩了，我自己也踩了很多次，而且正是基于最高人民法院的“客体同一性理论”踩得还特别理所当然。如果说金老师讲的立法确实存在的话，我可能会面临不少的改判案件，但是在完整的学习老师的报告之后，我又重新审视一下我自己在以往办案过程当中秉持的这种裁判理念，我发现这些问题确实是存在的。

我的第二个疑问是，在现有《民事诉讼法》第 227 条的框架下，案外人是否只能选择其中一个救济途径来实现自己排除执行的诉求？诚如金老师所言，我国法院并不接受既判力的相对性原则，在司法实践中严格禁止相互矛盾的生效裁判，故在案外人诉讼请求与原判有关时，就有可能导致前后两个诉的裁判结果相互矛盾，那么在处理后案之前就应当对前案是否正确作出明确和终局的评价。江苏法院在这个问题上以往均按照《江苏省高级人民法院关于执行异议及执行异议之诉案件审理指南(一)》的规范要求，在异议裁定救济途径的告知上直接根据案外人对执行标的提出的异议与原判决、裁定是否有关或实质上是否认为原判决、裁定错误，分别告知申请再审或提起异议之诉。但是在最高人民法院(2019)最高法执监 400 号执行裁定中认为，江苏高院在驳回案外人异议裁定中直接将救济方式限定为审判监督程序申请再审，超越了驳回案外人异议裁定的处理范围，属于适用法律不当，应予纠正。

结合金老师在报告中所引用的最高人民法院(2019)最高法民终 526、528、601、603、604、1744 号民事裁定，在王某诉华融公司等系列案中的观点，将案外人的主张一分为二，指令一审法院在案外人异议之诉之中对申请执行人和案外人的实体权利顺位进行审理，但不允许案外人在异议之诉中对原判决确认的抵押权本身提出质疑。我个人认为是否可以考虑充分尊重案外人的诉权，由其自行选择以何种方式寻求救济并承担相应的后果，既可以选择其中之一，亦可以同时选择？基于此，是否可以得出结论：在现有《民事诉讼法》第 227 条的框架之下，案外人可以直接选择异议之诉的救济方式，并请求人民法院在再审申请被驳回前以本案必须以另一案的审理结果为依据为由中止诉讼？

我的第三个疑问是对于案外人确实享有足以排除执行的实体权利的情况下判决案外人在再审中胜诉是否超出了再审的审理范围？《民事诉讼法》第 227 条第二句前半段案外人“认为原判决、裁定错误”是对于其主张的主观评价标准，仅仅赋予了案外人申请再审的权利，并未就是否符合《民事诉讼法》第 200 条规定的情形进行审查，能否裁定再审仍应由审判监督部门做进一步审查。而即使进入再审，也只能是对原判决、裁定存在的错误进行纠正，并不具备就案外人是否享有足以排除执行的实体权利进行评价的功能。所以我个人赞成以异议之诉来吸收再审，而非在再审当中去采取同样的胜诉标准吸收异议之诉。

还有最后一个疑问是关于分流的顺序和必要，金老师认为，“二次分流”形成的“三分天下”会徒增当事人的诉累和法院的裁判负担，个人认为依照《民事诉讼法》第 303 条的规定，对于分流的顺序，第一次分流应当是第三人撤销之诉与执行程序中案外人申请再审的界分；第二次分流才是以“无关”和“有关”为界。

第三人撤销之诉并不受生效的判决、裁定、调解书是否进入执行程序的影响。在实务中,并非所有的胜诉债权人在法律文书确定的履行期限届满后即向法院申请执行,只有在案外人提起执行异议被裁定驳回后,案外人再审与第三人撤销之诉才存在二者选其一的竞合关系,才会产生以“无关”和“有关”为界的第二次分流。而以“无关”和“有关”为界的第二次分流对于提高执行效率非常必要。案外人执行异议及执行异议之诉均衍生于执行程序,而执行程序遵循的原则是效率优先,兼顾公平。案外人申请再审并不当然中止执行,异议之诉审理期间依法不得对执行标的进行处分。同时,基于当前司法实践中存在大部分案外人的诉请并不能成立,甚至还有相当一部分案外人存在恶意滥用诉权企图阻却执行进程的现状,个人认为“二次分流、三分天下”是非常必要的。

这是我一些比较不成熟的理解和想法,班门弄斧,请金老师还有在座各位老师批评指正。谢谢!

吴英姿:谢谢水天庆法官!我觉得金老师的这篇文章的确是有进一步思考的必要性。比如说“与原生效裁判有关”,可能需要类型化分析。因为这种“有关”不一定是因为原裁判错误,还有可能是因为原生效裁判对案外人产生了某种影响,包括判决效力扩张、反射效等。再比如,再审程序和案外人异议之诉的功能定位是不一样的,两者的进行机制与处理方式也不一样,都具有独立的、不可替代的价值。所以在谈论能不能吸收的时候,要考虑到基本原理的问题。这是我的一点点想法。非常感谢报告人和三位评议人的工作和配合!下午第一单元顺利结束。谢谢大家!

第五单元:自由评议与回应

霍海红:大家好,接下来是自由评议时间,请各位老师踊跃发言,尤其是到目前为止还没有发言的老师们更要踊跃发言。那么现在就正式进入自由评议阶段,我们首先有请张卫平老师。(笑声)

张卫平:大家的笑声好像有点异样啊。(大家笑)我不评议也不发表意见,我通过聆听今天上午和下午评议人对两位报告人进行的评议,我觉得可能是由于我们所学的教科书不同,不同的老师在讲述民事诉讼法和强制执行法的时候,对概念的讲述、表述以及内涵的揭示可能都不尽相同,因此,我们在理解和认识某一些概念或者观点的时候,可能会出现偏差,而且这种差异是比较明显的,所以我想可能要明确一些问题,以有利于更深入的讨论。因此我以提出问题的方式,请大家在现场表一个态。第一个问题,案外人异议之诉是否定整个执行根据?还是仅仅否定执行根据的执行力?认为是否定执行根据的请举手。没有。认为仅仅是否定执行力的,请举手。有部分人,但不是全部,说明有的人还是持有保留态度的。第二个问题,再审提起以后,再审请求成立是否定整个判决还是只否定判决的一部分?同意否定整个判决的请举手。认为只否定一部分的请举手。有人认为再审申请成立的话,有可能再审判决并非与原判决完全不同,这就是最大的分歧。我希望大家去看一看德国、日本、韩国、法国和我国台湾地区关于案外人执行异议之诉的有关观点,然后我们再考虑我们的案外人异议之诉需要否定什么。我们再看一下大陆法系关于再审的讨论，如果再审请求成立是否定什么。在此基础上，今天若干有争议的问题也就会比较清楚了。谢谢！

霍海红：谢谢张老师，为我们作出了很多问题的澄清，避免我们自说自话，大家在不同的概念上去争论。那么下面哪一位要发言？有请我们的东道主王和平。

王和平：各位老师好，我是南师大法学院的诉讼法博士研究生，师从李浩老师，也在三法律师事务所从事律师工作。专业特长是办理行政诉讼，特别喜欢民商事诉讼。回过头来看，真正让我对诉讼法感兴趣的往往源于执行。在最高人民法院首批出现的执行异议之诉案件当中我办理了若干件。这次最高人民法院在公布执行异议之诉十大典型案例中我办了有两个。最高人民法院的公报在一段时间内陆续公布了涉及执行行为的异议、执行标的的异议，到底是针对执行依据的异议还是再审，甚至包括第三人撤销之诉的问题，甚至在有一期公报中陆续出现了到底是复议、诉讼还是再审的问题。

针对金老师的论文我从三个方面来谈。第一个方面，从题目上来讲，我个人认为案外人的实体救济应该是三个路径，第一个是再审，第二个是执行异议，执行异议又分为针对执行行为和执行标的的异议，第三个是第三人撤销之诉。所以就题目而言，与其讨论案外人申请救济的二元救济体系，不如去讨论三元救济体系之下是选择二还是一的问题。最高人民法院去年发布的《九民纪要》中涉及第三人撤销之诉和再审的问题，最高人民法院在论证和征求意见中，立法界、司法界，包括相关的学者提出意见，第三人撤销之诉和再审这两者之间到底是什么关系的问题。李浩老师前段时间也写了一篇相关的文章，第三人撤销之诉到底要不要？立法机关认为第三人撤销之诉是要的。但是从最高人民法院的这个会议纪要来看，认为两者分别具有不同的救济途径和功能，但是它们规定在不同的程序中，如果在执行过程中选择了再审就不能再去选择第三人撤销之诉，反之亦然。针对金老师所提的二元救济选择其一的观点，我不太认同。我认为执行异议之诉和再审，正如吴英姿老师所说的，二者分别具有不同的救济功能。那为什么会出现这个问题？

我第二个方面所说的是争点部分。刚才张老师提到的，实际上回到这个立法上面讲的"有关"的问题，我们中国的"有关"到底是限缩解释还是扩大解释，于是乎就产生了我们针对"有关"原有执行依据的既判力的问题。这种既判力是限于主文，限于判决理由，限于认定事实，甚至是争点效问题以及针对实体权利到底是可分还是不可分，或吸收的问题。所以这样才会出现在最高人民法院的执行异议和复议有关规定里面所提到部分复议、部分是诉讼、甚至用诉讼去吸收复议的方式。

第三个方面是针对金老师这个文章里面所提到的用一元吸收二元的观点，我认为可能至少在五个方面难以解决以下问题。其一，在审级问题上，执行可能往往是一审法院执行或者财产所在地执行，但是执行依据有可能是二审法院改判，那么如果说执行异议之诉由执行法院专属管辖，如何处理下级法院可能要去改变上级法院的裁判的问题。其二，关于诉讼费的问题实际上我们实务可能必须关注。尽管我们学界可能在讨论很多问题时言必称德日，但这些实践问题都是中国问题，还要有中国路径。很多执行异议之诉案件标的额很大,案件是按照标的额来收费的。但是如果是再审,就没有诉讼费用的问题。其三,执行异议之诉中的调解是受限的,再审过程中是有调解的。其四,关于既判力的问题,如果说再审过程中的相关当事人不能进入执行异议之诉那么如何对其诉权进行保障?上午张卫平老师提到,为什么债权人要成为当事人,债权人应该是执行异议之诉当然的当事人,这不仅是既判力的问题,还因为债权人申请执行,而案外人要质疑他,这就产生了诉的利益。至于债务人,将根据他对诉讼标的所持的意见来确定其在诉讼中的地位。其五,可能我们一直关注给付之诉中的执行问题,其实在很多时候比给付之诉杀伤力更大的是涉及消极确认之诉的问题,例如《建设工程司法解释》第 26 条涉及农民工工资的问题,如果发包方和承包方之间虚假诉讼,实际上它会对实际施工人的利益造成更大的伤害,这是异议之诉所无法解决的。谢谢大家!

霍海红:下面有请下一位评议人李潇潇老师。

李潇潇:各位老师好,我是来自北京师范大学法学院的李潇潇,对于金老师的文章阅读完之后呢,大概有三点的想法,想予以交流。

第一点是,在文章开篇之初,金老师提到说,在我们国家目前案外人的权利救济是三足鼎立的局面,这三足包括:一是第三人撤销之诉;二是执行标的执行异议之诉;三是在执行中申请再审,但是我的困惑是,我们国家目前对于案外人的实体权利救济真的是三足鼎立吗?好像不是三足鼎立吧,我觉得至少是四足鼎立,那么第四个是哪里来的?根据《民诉法解释》第 422 条的规定,必须共同进行诉讼的当事人如果因不能归责于自己的事由不能提起诉讼的,可以直接申请再审,他也是案外人,只不过是被遗漏的必要共同诉讼当事人,可是他只要被遗漏了,他就是案外人,此时,他可以直接申请再审这明显是一个区别于金老师提到的那三种救济,但它同样是案外人的权利救济方式。所以我的困惑就是,本文的标题是案外人的实体权利救济,但为什么完全不涉及《民诉法解释》第 422 条规定的被遗漏的必要共同诉讼人直接申请再审这一种权利救济途径,是金老师觉得它不重要吗?没有研究的价值吗?还是忽略了?

依据我的理解,我国案外人要去申请再审实际上可以划分为两种,第一种就是《民诉法解释》第 422 条规定的直接申请再审,第二种才是金老师在本文中研究的这种执行中先提执行异议,执行异议被驳回之后,如果他还不服,不服的原因和原生效裁判有关的,再去申请再审,实际上是包括这两种案外人再审的,可是本文在案外人实体权利救济命题之下,实际只讨论了一种,另外一种完全不涉及,可是我们感觉到两种制度有千丝万缕的联系,首先都是案外人的救济,其次都是启动再审。那么我的疑问是这四种之间是什么关系。文章的核心结论是执行异议之诉可以吸收案外人申请再审,那我就会有疑问,执行异议之诉能够吸收《民诉法解释》第 422 条规定的这种直接申请再审吗?我觉得似乎至少应当给读者以一个交代,或者我觉得至少要在文章开篇之初,告诉我们为什么本文完全不涉及《民诉法解释》第 422 条规定的这种案外人直接申请再审不用进入执行中的这类救济,我觉得将思路交代给读者会更加清楚一些,至少我会觉得文章的研究更加全面,内部的逻辑更加自洽。就我而言,这能够很大程度上解决我的困惑,文章的逻辑也更加严谨,也更加周延一些。

文章的核心观点认为执行异议之诉可以吸收案外人执行中的申请再审的情况,其实理由无非两点,第一点是执行异议之诉和案外人申请再审的功能是差不多的,案外人申请再审的功能可以被执行异议之诉全部吸收,但我觉得好像似乎也难以成立,案外人申请再审还有一个执行异议之诉所不具备的最大的功能,就是避免矛盾裁判。但可能这个矛盾裁判在金老师的视野下,基于既判力的相对性,并不是严格意义上的矛盾裁判,但它确实会实际地发生。比如最典型的例子,甲基于自己的所有权,去起诉乙要求乙来交付 A 这个标的物,法院判决乙在三日之内向甲交付,乙不履行,甲申请强制执行。在执行的过程中,案外人丙提出异议称这个执行标的物 A 是自己的,不可以执行。那么如果按照金老师的解释,现在他可以提执行异议之诉,如果他提起执行异议之诉,法院可能会作出判决,说这个 A 标的物就是丙的,可是前面的生效判决说的乙要向甲交付,可是执行异议之诉的判决结果是标的物是不能交付的,那么这个时候两个判决都生效了,应该按照哪个执行?还是要按照时间的先后顺序?这就产生了明显矛盾的裁判,即便基于既判力相对性,金老师觉得不是矛盾裁判,但至少似乎应当花篇幅告诉读者面对这种情况的时候应该如何解决,至少这个问题可能要予以回应。

第二点想法是,金老师在文中认为执行异议之诉比案外人申请再审的功能更加强大,如果申请再审,那么法院只能通过再审撤销原判决裁定中的相关判项,却没法撤销所有判项,那么申请执行人还可以依据案外人没撤销的判项要求法院对案外人享有实体权利的标的继续执行,文中也举了一个例子,比如原审判决被执行人应当向申请执行人偿还借款,同时确认申请执行人对登记在被执行人名下的某项不动产享有优先受偿权,案外人则对该项不动产主张可以排除执行的所有权,在这种情况下,案外人即使通过再审撤销了有关优先受偿权的判项,申请人也还可以根据被执行人应返还借款的这个判项,请求法院继续执行登记在被执行人名下但属于案外人的财产。因此他得出结论认为执行异议之诉的救济比案外人申请再审更加彻底,但是我觉得这个结论似乎不太成立,因为这个结论的前提似乎告诉我们,如果申请再审,他的请求只能要求撤销,但是其实在再审中不仅可以要求撤销还是可以要求改判的,在改判的情况下是不是可以对抗原来还没有被撤销的那个判项了呢?

最后一点是文章的核心结论认为应当实现执行异议之诉对案外人申请再审的吸收,可是我的疑问是,如果只保留执行异议之诉之后,执行异议这个前置程序还要保留吗?如果要保留的话,意味着案外人要进行实体权利救济,似乎只能等到案件进入执行程序中才能够进行,是不是已经为时太晚了?能不能在事先进行救济?依照金老师的观点,如果严格遵循既判力的相对性原则,很多案外人主张标的物所有权不用等案件进入执行程序,完全可以直接起诉,那么这时我的问题是,这个时候案外人直接起诉和执行中提起的执行异议之诉,功能有没有重复,有没有重叠,两者是什么关系?

这些问题都是我在读文章的过程中的困惑，我觉得是文章没有给我明确的答案的，也是我觉得文章可能需要进一步补充加强说理的地方。谢谢。

霍海红：谢谢李潇潇老师的评议。那么下面有请任重老师。

任重：感谢主持人。学习完金印老师的论文和今天的口头报告有很大的收获和感触。金印老师的这篇论文聚焦于《民事诉讼法》第227条的第二句，案外人对裁定不服，认为原判决、裁定有错误，依照审判监督程序处理；认为与原判决裁定无关的可以提起诉讼。这同时也是本文讨论的语境和前提。这个限定可以在很大程度上回应李潇潇老师提出的问题：此处的案外人申请再审并不是完整意义上的案外人申请再审，而是首先将《民事诉讼法》第200条与第227条一分为二的前提下，在第227条的框架内讨论案外人异议之诉对案外人申请再审的吸收问题，案外人申请再审在第227条以外的适用恐怕并不是金印老师这篇论文需要解决或者可能解决的问题。

金印老师对于中国法的梳理非常翔实而且富有价值，呼应了张卫平老师倡导的"告别体感时代"（张卫平：《告别"体感时代"》，载《民事程序法研究》第21辑）。案外人异议之诉从无到有，可以说在中国恰恰是一个逐渐告别体感时代的具体例证。1982年《民事诉讼法(试行)》第162条规定，如果案外人对执行标的提出异议的，执行人应当审查，无理由的驳回，有理由的报院长批准中止执行。1991年《民事诉讼法》第208条开始出现对审判监督程序的使用，但依旧是在前述操作程序之外，如果发现原判决裁定确有错误，按照审判监督程序处理。这也就意味着，根据1982年《民事诉讼法(试行)》和1991年《民事诉讼法》的规定，案外人想要排除强制执行，是不以审判监督程序作为前置程序的。

然而，到2007年民事诉讼法修订时，我们开始设置前置性的审判监督程序，其目的并不是为了保障案外人维护自己的实体权利，而是为了避免矛盾裁判。为了避免矛盾裁判，却要给当事人设置这么高的门槛，这有什么意义呢？这也是金印老师这篇文章给我们的重要启发。

除此之外，《民事强制执行法草案(征求意见稿)》第83条计划采取一元模式，我自己非常认同。通过阅读各位老师的文献可以发现，张卫平老师、李浩老师、肖建国老师和其他各位老师也基本认同上述做法，这是否会贬损金印老师这篇论文的创新性呢？我认为是不会的。因为今天我们的讨论也可以发现，我们虽然对一元模式不会有太大的争议，但是对于这背后的理由或者说法理根据，我们的争议是非常大的。例如我们可以进一步追问，案外人异议之诉是不是执行法基础理论的本体内容，今天上午谷佳杰老师也在讨论这个问题，执行的基础理论究竟是什么？我一直有一个想法，就是执行异议之诉本身不是执行程序，它是审判程序，那还要不要把它塞到执行基础理论中来解决呢？对此，《民诉法解释》第310条规定，人民法院审理执行异议之诉案件适用普通程序，那么还有没有必要在执行中再强调必须兼顾债权人的利益，要避免执行拖延，还是说我们应该完全按照审判程序的基础理论来讨论和构建案外人执行异议之诉？

在听了巢志雄老师、刘加良老师、水天庆法官的评议后，我也获得了很大的启发，即我们千万不要满足于一个概念表述，我们可能会觉得只要说出案外人异议之诉这个词就已经能充分表达了这项制度是什么，我们在谈到案外人申请再审时，我们似乎就已经了解它是什么了。巢老师一针见血地指出和强调，我们需要进一步去讨论案外人异议之诉和案外人申请再审的诉讼标的究竟是什么。我们所说的一个诉讼，它的诉讼标的是不是单一的，还是我们所说的这个概念，它的背后已经囊括了非常多的诉讼标的而为我们所不自知。

刚才水天庆法官也谈到，如果案外人只去申请再审的话，是不会自动停止强制执行的，也不会在此期间禁止处分执行标的物，这就说明仅仅是申请再审是不会自动产生对于执行力的阻却效果的。这也要求我们在《民事诉讼法》第 227 条语境下要讨论的执行异议之诉要做到最精细化或者说最小化，亦即我们讨论的执行异议之诉究竟是什么？它的诉讼标的是什么？它的法律后果是什么？它和案外人申请再审是不是一回事儿，它们的标的和法律后果有没有重合之处？如果没有重合，当然我们没有必要再进一步讨论；但如果有重合，是不是我们一不小心就在案外人申请再审的概念下，实质上已经塞进了一个案外人异议之诉的概念。

感谢各位老师，以上是我的一些学习心得体会，请各位老师批评指正。

霍海红：好，谢谢任重老师的评议。那么请金印老师回应。

金印：我就补充一句，昨天我们从南站到酒店的出租车是我打的，我和任重博士一起过来的，车费是我付的(笑声)。看来这个 100 块钱费用没白付。任重老师已经帮我回应了。好了，大家继续讨论。(笑声)

霍海红：下面有请中山大学的罗恬漩老师。

罗恬漩：各位老师大家下午好。谷老师的文章跟金老师的文章我是一起看的，看谷老师的文章的时候，我反复看了好久才看明白，但仍然存在很多疑义，可惜上午没有抢到机会；而下午金印老师的文章比较符合我的阅读习惯，虽然在有些小观点上不一定完全赞同，且已经有其他老师已经提出来了，我就不在这里赘述了。

这里只有一个小疑问，这个疑问也是困扰了我很长时间，且有部分针对这篇文章的问题，很可能是基于此产生的，即关于这篇文章的一些研究方法的问题。比如说金印老师在这篇文章当中通过对司法案例的观察，提出一个客体一元论，然后以此来批判了一个二元救济体系这么一个逻辑，虽然他强调此前写作中是不带任何偏见的观察，但读者阅读这篇文章时却可能有不同的感受：认为他的司法观察可能不可避免地先入为主，即先形成了自己的观点，而使得这个观察有可能片面化。这导致的结果就是很多老师在写评议的时候，包括今天下午的其他老师发言的时候，金老师论文的部分观点成为靶子。作者的观察、作者的评价、作者选取的论证素材以及读者的阅读获得之间可能存在传递上的隔阂，我自己在写论文的时候，也是不可避免地存在着这个问题，但是怎么去解决这个问题，我自己也没有一个特别好的解决办法给金印老师一个参考，但是我认为如果金印老师在修改文章的过程当中，能把这个问题回应好的话，可能会使这篇文章的说服力更强一些，这个就是我的一点看法。

霍海红：谢谢罗老师。下面有请武汉大学的郑涛老师。

郑涛:各位老师大家下午好。我对于执行救济这一块确实没有太多的研究,所以从整体上来讲不可能讲得有多么的深入,或者说不可能比金老师所写的更深入,可以看出金老师的这篇文章确实下了很大的功夫,总体上文章的逻辑一环扣一环,这是我觉得感触特别深的一点,在逻辑脉络上特别的清晰,但是其实这样环环相扣的这样一种写作策略,我觉得也有可能会存在一些问题,如果某一环节出现了一些问题,可能就会产生阅读上的一些分裂感,或者说是一种先入为主的想当然的假设之后,在逻辑上完成了很圆满的构建,但是在实际上可能还是有一些问题的。比如在第一部分当中,金老师把《民事诉讼法》第227条关于二元体系中对于认为原判决裁定错误与原判决裁定无关的梳理中,将认为原判决裁定错误等同于与原判决裁定有关逻辑上还是有些问题的。最高人民法院的案例公报也仅仅是认为"如案外人权利主张所指向的民事权利义务关系或者其诉讼请求所指向的标的物,与原判决、裁定确定的民事权利义务关系或者该权利义务关系的客体具有同一性,则其属于原判决、裁定错误的一种情形",并未将其归类为"与原判决、裁定有关",这是否是作者的一种过度解读?金老师在讲解的时候已经对这个问题回应了,但是我还是不能很明确的理解这一块内容,因为与原判决裁定有关不一定是认为原判决裁定错误,所以这里怎么去理解,我觉得还是有待商榷的。

金老师认为最高人民法院秉持的是一种"客体同一性"的理论,这可能是金老师的一种总结,而且是通过案例当中的这样一种发掘,然后总结出来的这样一种规律性或者一种现象,但是金老师也在最后提到了最高人民法院可能在改变这样一种策略,那么是不是最高人民法院一开始就设定了这样一种同一性的这种认定标准,然后慢慢地改变,还是最高人民法院其实一开始并没有设定这样一种标准,只是在不同的案例当中可能有这样一种倾向性,是不是从这个案例或者说案例的不同审理的年份就可以发现这样一种改变了,我觉得论证逻辑的严谨性还是可以再有待商榷的。延伸一点来说,我们法学包括民事诉讼法的研究中,近年来越来越多的在文章的写作中去引用各种这样的案例,因为我们裁判文书网的使用特别方便,在社会学领域可能对于个案的研究,经常是一个深度描写的状态,而我们法学领域的案例如果只放一个案例的案例号而读者不知道案例的实际内容,往往可能很大程度上有一种牵强附会在里面,对于案例,不同的人有不同的解读,那么这时案例的丰富性和代表性可能会产生一定的冲突,在案例的引用过程中,是不是可以稍微对案情的具体内容有一个简单的介绍,或者说对它的核心根据有一个简单的介绍,然后对其他相似的案例进行一个类似方式的引用,这样说理可能更好一点。主要是一些细节性问题的感想,今天也确实学习收获了很多,谢谢大家。

霍海红:谢谢郑老师的发言。下面请史明洲老师发言。

史明洲:不好意思,我上午发了言,我再简单补充一分钟。首先听完刚才的评议以后,我可能需要撤回很多评议中提到的内容。金印老师的论文,我特别喜欢,反反复复读了三遍,但说实话没有读明白,刚刚听完任重老师的回应以后,我明白了(笑声),所以还是任重老师的水平比我高得多。我觉得按照任重老师的思路,这篇文章的脉络就会很清楚,至少在我认为会清楚很多。就像任老师所说,这个制度最开始是用完全审判监督处理的，或者说再审是硬性插入了执行实体救济这个问题里。按照任重老师的思路，这个制度从最开始完全通过再审来解决，然后再审的地位逐渐消失，从主要变成次要，再到在新的强制执行法草案中消亡这么一个过程，有一条清晰的主线。但是，这篇文章为了论证二元体系，把论述重点放在了案外人异议之诉，没有放在再审，就导致大家的注意力就转移到了案外人异议之诉，论述就没有那么清晰了。同样还是这些内容，如果换一个思路，我想我会撤销掉很多书面评议的内容。谢谢大家。

霍海红：谢谢史明洲老师。下面有请刘哲玮老师。

刘哲玮：下午大家可能都比较疲劳，其实金印老师文章的核心观点大家都非常清楚，就是用执行异议之诉来对案外人予以救济，排斥再审途径。刚才吴英姿老师提到了一个很重要的方法就是进行类型化的案例讨论。我提一个建议来活跃一下气氛，不妨大家可以举一些例子，以案例的形式，问一问金印，按照你的观点，像这样的案例，执行异议之诉能够吸引再审吗？（笑声）刚才潇潇其实就提了这样一个问题，矛盾判决不用再审撤案，如何处理两个并行判决。同时，我建议也给金印一些回应的时间，如果金印能够把这些例子都接住，说明他的立论就是逻辑自洽的，反之，那自然说明文章还有修改的空间，这是我的建议，供大家参考。

金印：哲玮老师的意思就是提一个具体的案子，可以通过申请再审来解决，来保护案外人可以排除执行的权利，但是没办法通过案外人异议之诉来解决。从当事人的保护角度来讲，而不是撤销原判决的问题。例如原判决认为甲是所有权人，后来的判决又认为乙是所有权人这类问题不是我所要讨论的范围，如果要讨论这样的问题，说明大家讨论的起点就存在冲突，对吧？甲诉乙称是所有权人并胜诉了，丙后来起诉甲、乙说我才是真正的所有权人，对一个实体权利作两次不同的所有权人的判定，且实体权利义务关系并没有在前诉之后发生变化，如果是这样的话，这个基础前提就产生了根本的矛盾。那就是从中国法上来讲，我们应不应该接受，或者能不能接受，还是必须排除这类判决？这不是强调我主张什么，我主张什么不重要，没有立场是我最大的立场，我的立场是中国民事诉讼法应该追求什么立场也不是中国的最高人民法院决定的，也不是我们认不认可的问题，而是我们的民事诉讼法应该追求怎样的立场。我为什么写第二部分，案外人救济的本质是什么？就是在实体上主张的一个不同的权利，就是认为原告你有错，具有统一性。客体同一性理论是通过反复阅读最高人民法院的公告案例得出的，并且这个案例迄今为止都是最高人民法院的通说，有人说最高人民法院后来的观点变了，那是后来最高人民法院改变了立场，但是这并不代表最高人民法院铁板一块地完全改变了所有的立场，进而有了新的立场。即使最高人民法院改变立场，其他各级所有的法院还在支持这个观点，水法官刚才不也说现在还在这么用，这个时候不是说，我们现在不就是限缩了“有关”的问题？但是我的想法是“有关”这一类案件也适用案外人异议之诉来处理，我后来所讲的矛盾判决的两个类型，那都是矛盾判决，在我看来，从内在的角度来讲，通过案外人异议之诉来解决是没有问题的。

现在唯一的问题就是说从外在来讲，不是从包括刚才任重老师说的保护当事人的角度出发，而是从避免矛盾判决的角度出发，也可以完全保护案外人的权益。如果大家认为我的观点不成立，那就要说一个例子让我觉得我的观点确实难以成立。至于类型化问题，我已经说了很多种情况对吧？包括权利相关但是不冲突的情形，对不对？还有人说法律本身有漏洞，那么我们解释漏洞为了什么？还是要把这个漏洞给填补上，我的意思就是说我可以通过法律解释，把你所谓的漏洞填补上，那就没有漏洞了。这个问题不是在谈我想怎么解决，我认为应该所有东西放在一起，不是这么回事儿，我现在是从中国的体制来讲，目前应该是什么？我现在特别期待大家找一个例子给我，说明我所提出的案外人异议的观点之诉解决不了案外人权利的保护问题。那我只能说你厉害，我投降，是不是？我来限缩我的论文，这不就够了吗？我们的目的不正在于此吗？

肖建国：我来举个例子（笑声，掌声）。金老师进行类型化区分的时候，限定为非金钱债权和金钱债权执行中指向特定物的执行——抵押物是吧？你的结论是以这两种类型作为前提的，比如说在你所提出的"三国归晋"或者是二元合一这样的结论，前提一定是生效的法律文书、执行依据所指向的某一个标的物，这样的一个执行依据的执行，才会涉及你的结论，因此就会出现遗漏性情形，在最大量的金钱债权执行中，在没有抵押担保的情况之下，在判决书中没有指向抵押物的优先受偿权的时候，你的结论就没有适用空间，或者你的结论就没法适用了。

金印：这时候就与我讨论的问题无关了。

肖建国：你先听我说，你这样一种结论，它的有效性按照你这个前提条件的限定，它必须限定在一个非常窄的范围之内，这是第一。

第二，按照你限定的情形，第一种一般金钱债权我们就不说了。第二种是在金钱债权中，银行作为抵押权人，它申请法院执行，要求债务人还欠款 1000 万，以抵押物优先受偿。在这样的一个案件中，案外人提出排除执行异议是没有任何意义的，你研究了半天，其实咱们最高人民法院 2016 年执行异议复议司法解释早已经把这种情况做了一个排除性的规定。如果申请执行人对执行标的物享有担保物权等优先受偿权，案外人对标的的执行主张排除执行的异议和异议之诉是不能得到支持的，除非法律另有规定。但从目前来看，在这样的情况之下，你所举的第二种类型的例子，它的意义就不大了，因为已经被我们法律给屏蔽掉了。用你说的异议之诉也没有意义，这个异议之诉是肯定不能成功的，是注定要败诉的，这是第二点。

第三点，如果甲和乙手拉手作虚假诉讼的话，虚构债权债务关系。在这个时候按照《民事诉讼法》第 112 条的规定，甲和乙之间恶意串通，企图通过诉讼、调解的方式侵害他人合法权益，法院在诉讼过程中如果发现，就会驳回其诉讼请求，并根据情节予以罚款、拘留，构成犯罪的依法追究刑事责任，对吧？但诉讼中没有发现，已经作出一个基于虚假诉讼的判决，这个判决是一个虚构的债权债务关系，它与合同法中的当事人之间的串通，通过这样一种行为来虚构债务转移财产，导致责任财产不当减少，通过这种方式来逃避债务是具有相似性的。那么在我们民法中是通过债权人撤销权来加以解决的。而在我们民事诉讼法中，对这种情形，我们所给的救济途径就是第三人撤销之诉。在这种特定情况之下，第三人撤销之诉是不可能被你所谓的异议之诉来加以吸收的。所以我总的意见就是金老师你这个研究结论,它的有效性被限制在一个非常非常窄的范围之内,它对于解决实际问题的话可能没有太大的作用,尤其是第二类案件类型,这种情况之下用异议之诉来进行救济实际上无济于事,因为案外人是不可能有任何的救济途径的,假如债权债务关系是虚构的情形,在这种情况之下,用一个异议之诉,是无法来获得应有的救济的,因为,《执行异议复议司法解释》第 26 条、第 27 条已经排除了通过异议之诉来加以实现阻止执行的可能性。

这样来看,你的结论可能最后就只限于非金钱债权执行中的占有,交付特定物的执行,它的意义可能就不是特别大了,所以我觉得你理论上的建构逻辑当然非常的严谨,但是它在促进学术价值方面,如果你这个结论的适用有一定的普遍性,或者说是普遍适用的,这样一种学术研究的结论就有更高的价值。这是我所感到特别疑惑的。

还有一点我就是想提示你一下,我们在《民事诉讼法》270 条中,用的是"与原判决、裁定无关",没有用"与原判决、裁定有关"的表述,"有关"这个词应该是金老师自己通过学理解释写出来的,立法用的是"原判决裁定有错误",那么"与原判决、裁定无关"这个法律用语的来源背景我给您介绍一下。在最高人民法院参与 2007 年的民事诉讼法和 1991 年民事诉讼法的修改的时候,最高人民法院提出的建议就是"不属于原判决、裁定指定交付的标的物的",要向人民法院提起异议之讼。但是立法机关认为说你这样一种表述太拗口了,老百姓也看不懂,他们就认为需要简化处理,就叫"与原判决裁定无关",所以这用日常生活用语来替换本来是一个非常严谨的法律概念。这就是我们《民事诉讼法》第 227 条表述背后的来源,所以实际上第 227 条案外人申请再审所规制的就是原判决、裁定、调解书所确定要求给付的标的物,如果不属于这种情况,那么就要通过异议之诉处理,这是第 227 条这两种分流的背景情况,想跟金老师做一个说明。

金印:肖老师观点的可能是必须回应的,这个回应是基于学术辩论,不是对权威的挑战。首先肖老师讲的第三个案子,就不是我论文的范围,我今天讲了很多,在开头花了那么多的时间讲,说我这篇文章解决什么问题,解决的是案外人对某个执行标的主张排除执行的权利。现在肖老师讲的是虚假诉讼,我讲一个最简单的例子,甲是被执行人,他不想把自己仅有的 100 万存款给他的债权人,他就和自己的亲戚制造了一个虚假的诉讼,说他欠了自己亲戚 100 万。这时,甲同时欠两个人 100 万,每个人最多就分 50 万对不对?对这种候虚假诉讼当前的制度是用第三人撤销之诉处理。问题就在于如果甲的债权人这个时候说甲和他亲戚之间的债权是假的,而不是说这 100 万归自己,这就不是一回事儿。这个时候债权人说的是甲的亲戚不能对甲强制执行,而不是说甲的亲戚不能申请执行这 100 万,那么什么时候是我研究的范围?我说不好意思谷老师,你这个权利真不真我不管,假不假我也不管,我是说这 100 万是我存在他那的保证金,我给他 100 万,是因为我想做"小金库",我放到他那了,这才是我文章的研究范围。所以说肖老师第三个例子根本不构成我的研究范围,对我的结论不造成任何冲击。我的结论没有任何保留,只要案外人主张排除执行的实体权利,案外人异议之诉没有任何适用不能的情况,它的保护是没有漏洞的。

肖老师讲的第二个案子,肖老师讲的是什么?肖老师讲的是胜诉要件的问题,即当两个实体权利,案外人主张的实体权利和原判决判处的实体权利不相互冲突、矛盾,而是有顺位的时候,怎么办?肖老师说我说的那种情况按照最高人民法院的司法解释,即使提出权利主张,你也得不到胜诉,因为这个权利法律不保护,但是他解决的一般性的问题是当两个实体权利不冲突但是有排位的时候,案外人申请再审解决不了这个问题,但是案外人异议之诉可以解决,因为它就是来排序的。这个制度的设立就是说你们对执行标的都有不同的权利,这没问题,我们来谈一谈,你案外人可以排除执行就胜诉,排除不了就继续强制执行。

我举一个中国法上有明确规定的例子,那就是《合同法》第 286 条承包人的优先受偿权和抵押权的关系。对于一个建筑物承包人的优先受偿权在法律上是优于抵押权的。但是银行就起诉说我要实现抵押权,但法院不知道工程工人的工程款有没有付,法院肯定会说银行对这个标的物享有优先受偿权。执行的时候承包商跳出来了,说不好意思,开发商的钱还没付,我有优先受偿权。法律、原判决已经确定了银行有优先受偿权,这个时候,案外人主张工程款优先受偿权并不排除抵押权,但是它在法律中被优先。这个时候你通过案外人申请再审,你解决不了,你得撤销原判决吧,原判决说了开发商有抵押权,抵押权要件是成立的合法有效的,你只能说作为承包人有更优先的权利,所以还是可以排除执行,但是却没法撤销原判决。所以为什么我能提出这个结论,就是只要案外人对执行标的,无论是金钱债权还是非金钱债权,无论执行标的在原判决中有没有被固定化,案外人异议之诉都可以无漏洞地保护,为什么?因为这个制度是说什么呢?只要你有排除执行的实体权利,你就胜诉,这个制度设计就是这样的。至于肖老师说的立法当年是怎么做的,恰恰证明我对立法的梳理是对的,为什么?这个问题 1998 年最高人民法院作的执行工作规定第 72 条、第 73 条就说明,只要是原判决指定交付的特定物,其实这个就是"有关",而最高人民法院后来的"客体同一性"也就是这样的,只要是对原判决确定的标的物主张权利的,就是"有关",就是认为原判决错误,这就是最大范围的"有关"了。以及到后来再限缩,包括到后来再进一步限缩。其实到现在我还没有听到一个例子是案外人异议之诉是解决不了的。

肖建国:我再继续回应一下(笑声,掌声)。金老师刚才讲了,假如说申请执行人对标的物,比如说不动产享有抵押权,在执行过程中,建筑工程款债权人来主张权利,这种情况之下,法院如果对主合同债务、债权存在,包括债权人对标的物享有抵押权的判决如果不属于存在错误的情况之下,当然应当按照《民事诉讼法》第 227 条异议之诉的程序处理,这没有任何问题。

金印:但是它是原判决确定的特定物,就是老师刚才说的"有关"。

肖建国:不太合适,案外人只是主张说自己有建筑工程款优先权,他没有说判决债权人对标的物享有抵押权有错误,而是说他享有更优先实现债权的权利,仅此而已。这样一种优先债权,按照我们现行的法律规定也应当最多通过案外人异议之诉程序处理。

金印：但是法院长期是通过案外人申请再审来处理的。

肖建国：那是法院的做法，但是按照现行法律规定应该通过案外人异议之诉程序处理是不会有任何疑问的。

金印：对，所以说老师还是没有找出一个必须通过案外人申请再审来处理的例子。

肖建国：不，你听我说完（笑声），这是原判决没有错的情形，应当按《民事诉讼法》第227条处理，但是它不能排除执行。理由是什么呢？你这是一个优先受偿的权利，只是在价款分配的时候，你分配顺位优先而已，不能排除执行。

如果债权人和债务人虚构债权债务关系，并且办理所谓的抵押登记，这种情况之下可能会构成双方相互串通，侵害第三人合法权益的情形。这个时候案外人他究竟该怎么救济，用异议之诉能不能解决？

金印：可以，完全可以解决。为什么？当事人虚假的东西法院不能认定为真的，只要允许案外人提起异议之诉，并且在案外人异议之诉中查清案外人有没有真实的权利，有，那就排除执行了，没有，那就不能排除执行了。除非老师说当事人说的虚假诉讼约束于案外人，判决效力是否给予案外人，如果说及于案外人，那逻辑上案外人只能申请再审。所以这恰恰是我所反对的，虚假诉讼的结果，恰恰是不能约束案外人的，案外人可以提起异议之诉，在诉讼中决定到底谁有权利，而不是因为虚假诉讼就导致案外人的权利不能得到保护，在异议之诉中把案外人的实体权利查清即可，如果案外人有实体权利，那就排除执行。

肖建国：那就不是解释论而是立法论。就是要把《民事诉讼法》第56条第3款连根拔掉了。

金印：没错，在案外人主张实体权利的时候，案外人申请再审的适用范围由案外人异议之诉吸收。

肖建国：那这就不是法教义学的内容了。

金印：我的很多观点就是针对《民事诉讼法》第227条的立法在实践中产生的漏洞、矛盾来反思的。

霍海红：感谢肖老师和金老师的评议和回应，由于我们的时间有限，建议大家在私下进一步交流，那么下面有请林剑锋老师来作阶段总结。

第六单元：阶段总结

林剑锋：首先感谢主办方的邀请和安排！

与上午相比，下午的会议相对平静，本来都感觉昏昏欲睡了（笑声），但最后评议的火爆一下子让大家清醒了许多。以此收尾也给了我们这个阶段最好的结果。与此同时我也在感慨：原来报告人也可以主动引起炮火！

作为会议的阶段总结，我总感觉任务特别繁重，因为总结不仅是对会议主要内容全面的梳理与归纳，同时对于各位发言人内容的准确理解，同样是一个全方位的挑战，所以我下午一直在记笔记。关于这个阶段的会议内容，我总结如下，可能也不一定全面。

首先，对于金印老师的论文，大家有两个基本的肯定性认同。第一，文章从历史沿革角度对中国法案外人二元救济制度形成与发展，进行了一个系统的梳理，这种梳理是比较全面的。第二，大家一致认为论文的论证思路是清晰严谨的(笑声)，我也不知道是真的假的，反正大家都这么说了，当然，有些人可能是出于一种礼貌性的表态，也有些人可能是因为被支付了打车费(笑声)。

其次，是关于论文有争议的方面。第一，是在研究方法方面的争议。报告人金印老师认为，论文对最高人民法院的判决充分收集，并以此作为一个写作的基础，是论文的一个亮点。对于此，不少参会者认为，哪怕是最高人民法院的案例，其典型性以及由此导致的说明方法是否妥当，依然是存疑的。

第二，是关于文章立论方面的争议。这也是这个阶段最主要的争议。我感觉这方面的争议产生的原因可能来自报告人和评议者在以下两个维度的立场差异。一个可能是解释论和立法论立场的不同。尽管论文的着眼点是《民事诉讼法》第227条的解释问题，但报告人本意是想基于立法论角度进行重构。由此导致不少与会者产生不同的意见。如果基于解释论或者基于现有实务的立场，则将导致许多理解与报告人切入视角产生差异。例如，在二元救济体系中，前面这一元究竟能否被后面一元吸收？这个争议很大程度上体现了上述立场的差异。第二个则是理论视角和实务立场的差异。在这个环节，不少批判性意见多是从实践层面来展开讨论的。例如，审级问题和诉讼费用的问题，但是，我觉得作为学术探讨而言，可能更多需要回归法理技术层面探讨。因此，如果仅限缩在法理技术层面探讨相关问题，那么不论是与谈人，还是后续自由发言阶段提出问题的学者，我感觉大家可能希望有这么几个问题提醒作者关注并做深入思考。

1.关于案外人申请再审和案外人异议之诉这二元制度的认知共识达成的问题。现行法第227条所承载的这两种制度在功能上是否一样呢？无论从现有中国法的立场出发，还是从比较法的视野来看，正如之前张老师提问所涉及的，若从裁判效力的立场这个角度去切入进行分析的话，我们可以发现实际上这两个诉讼的诉讼对象，应该是不一样的。前者实际上涉及的是废除或者全面废除的确定裁判的既判力的问题，而后者涉及的是，在执行程序当中，基于实体权利义务原因排除或阻却对某一个执行标的物的执行问题。特别需要注意的是，案外人异议之诉的目的并非全面否定执行根据的执行力，只是阻却对案外人所主张的标的物实施执行，但执行根据执行力依然是存在的。

2.究竟是“二元归一”“三国归晋”，还是仅仅保留案外人异议之诉而取消其他与既判力相对性原则相冲突的案外人申请再审制度的问题。尽管对于既判力相对性问题，从理论界到实务界依然存在争议，但就我们但现行实体规则而言并非不认可这项原则，比如《民诉法解释》第247条就是一个典型的认可既判力相对性原则的制度体现，论文中也有应用。从报告内容来看，我理解金印老师是赞同既判力相对性这个基本法理的。案外人申请再审是在没有既判力观念的特殊历史时期，出于保障案外人执行程序中利益这种单纯动机而产生的异化性制度。2012年确立的第三人撤销制度，同样是为了简单应对虚假诉讼这一社会问题，而未经诉讼法原理严格检讨的产物。基于不同功能、不同制度定位的三种制度，究竟能否被案外人异议之诉所吸收？这是一个需要深入研究的课题。

3.就解释论的视角来看，以案外人异议之诉吸收案外人申请再审可能面临的难题。《民事诉讼法》第 227 条所包含的两个制度在适用对象上究竟有哪些？各自可以进行怎么样的类型化梳理？后者制度适用能否完全覆盖前者的适用对象？毫无疑问，是不行的。既然如此，那么对于后者不能覆盖的这一部分情况应该通过什么来进行规制呢？从解释的立场来讲的话，制度层面怎么去弥补？基于我本人的理解，报告人希望再造一个与现行的案外人异议之诉、日本执行异议之诉制度相比更大的一个制度。此种意义上的案外人异议之诉就跟我们现在一般所认知的，仅仅排除对特定执行标的物执行的制度功能完全不一样了。在此，需要特别提示报告人，是否应当考虑执行程序应有的外观主义和执行程序的效率性问题。在执行阶段设置需要承载如此巨大功能的制度，执行的效率性及其他的执行法规则如何得以协调和体现？这些都是需要报告人深入思考的问题。

以上就是我个人对本环节讨论做的一个简短的总结。整体而言，最后这一个环节应该起到“出出汗”和“红红脸”的效果，也达到了“治治病”的会议预期。

谢谢大家！

闭幕式

马丁：非常感谢林老师的精彩总结。进行至此，我们这个会议就到了最后一个环节，就是闭幕式。我们作为承办方本来与主办方的任重老师、蒲老师、哲玮老师聊起议程安排的时候有个设想，我们准备设置一个环节，请资深的专家老师发表一下意见。可能是蒲一苇老师吧，还给它起了一个俏皮的名字，叫作“前浪有话说”。后来我说名字有点太好玩了，是不是改成“前辈寄语”？但是在和各位前辈老师沟通这个事的时候，各位老师都婉拒了，觉得这是一个青年人的难得的舞台，希望更多的时间、更多的曝光机会留给青年人，所以我们就恭敬不如从命吧。闭幕式环节就不安排各位资深老师再进行发言了。

任老师哪里走？任老师回来。(笑声)我们会议安排了任老师作为主办方代表作一个发言，然后我们作为承办方，也感谢一下各位代表。

任重：首先，我想再次感谢南京师范大学和李浩老师、刘敏老师、陈爱武老师对紫荆沙龙的信任和支持，感谢张卫平老师、肖建国老师、严仁群老师、吴英姿老师等各位前辈老师对紫荆沙龙的无私帮助和对年轻人的全力扶持提携。我们今年的紫荆沙龙是第 12 届，在南京师范大学特别是在李浩老师和刘敏老师、陈爱武老师的全力支持之下，各位参会人能够在疫情过后这样一个特殊的时间再次齐聚一堂，在美丽的南京师范大学继续召开紫荆沙龙，我代表各位与会代表再次感谢南京师范大学和各位前辈老师的帮助和支持。按照马丁老师的指示，我勉为其难，在此代表蒲一苇老师和刘哲玮老师表达主办方对承办方潘溪老师、马丁老师及其学生团队辛苦组织筹备的衷心感谢，同时也想借此机会向在座的各位刚刚开始参与紫荆沙龙的青年新锐学者简要的介绍紫荆沙龙。

紫荆沙龙于 2014 年 6 月 22 号创办，首届沙龙在国际关系学院举行，许可老师作了第一次报告，主题是“从诉讼法视角论共同危险行为之构成要件与免责事由”，这也决定了紫荆沙龙创办之初就重点关注民事诉讼基础理论，重视实体法与程序法的交叉研究，包括强制执行法等非常具有交叉特点的理论问题。之所以选择在 2014 年的夏至举行紫荆沙龙，是希望紫荆沙龙能够不忘初心，一直坚持和延续下去。今年南京师范大学紫荆沙龙已经是第 12 届了。对于中国人来说，12 是比较特殊的数字，我们的计年法其实是 12 进制的，所以我们由衷地感谢各位前辈老师，无私地付出很多时间在这里听年轻人的学术想法和观点碰撞，很多想法现在看起来一定是不成熟的，是不断地在发展和完善当中的。在我看来，紫荆沙龙经历 12 届的锤炼和洗礼形成了自己的特点或者说特色。

第一个特点是重视民事诉讼法条。哲玮老师刚刚编辑出版了一本《民诉小全书》，在后记中指出重视民诉法条的民事诉讼法教义学时代已经初现端倪。从第一届开始，许可老师和评议人其实就紧扣《侵权责任法》第 10 条，之后每一届紫荆沙龙我们都有一个或若干个核心法条。在此我也想由衷地感谢金印老师和谷佳杰老师。今天两位报告人紧扣住《民事诉讼法》第 227 条，谷老师的主题是执行异议，金印老师的主题是执行异议之诉，这确实特别不容易。经过 12 届沙龙之后，我们对讨论过的民事诉讼法条有了全面深入的了解，但还有进一步改进的空间，特别是像李浩老师、肖建国老师、刘敏老师经常提出来的一些法条、司法解释，我自己之前甚至都没有仔细看过，这也强迫我们年轻人不断地去挖掘本土规范资源，特别是了解规范背后的历史以及其他重要因素。

第二个特点是重视基础理论。在历届紫荆沙龙围绕核心法条的报告和研讨中，有一些高频词不断出现，例如诉权、诉讼标的、法律关系、既判力、证明责任。我想这也是谷佳杰老师论文的高远立意，谷老师希望能够在执行法当中相应地构建出来执行权、执行请求权、执行法律关系以及执行形式化原则等等。当然，这些基础理论在我国的建立依旧有一个漫长的过程，一个重要原因是上述理论在我国执行法中缺少核心规范根据。例如既判力的相对性原则，究竟法官在实务中是否认可，学者能否认可中国的既判力相对性，这确实存在较大的争议，这就引出了金印老师报告内容的核心部分，即如何理解《民事诉讼法》第 227 条的核心标准“与原判决、裁定无关”。

第三个特点是关照实务。在李浩老师和刘敏老师的建议之下，我们特别邀请了多位优秀法官代表，比如天庆法官、晓青法官，我们今天也都有比较多的交流。我们惊喜地发现，之前我们可能和法官很难有效沟通，例如我们说了很多，法官觉得你说的什么我不太明白；法官说了很多诉求或者提了很多“客户需求”，我们又觉得很难去回应更不要说满足了。随着民事诉讼青年研究者越来越关注实践，我们新一代法官也越来越关注理论之后，我们今天不仅能够有效交流，而且富有成效。我相信在第十三届紫荆沙龙和今后其他活动中，理论与实务的有效交流互动将成为新常态。

第四个特点是重视基本共识的形成。今天我们虽然对很多问题的讨论是相当热烈的,但无论是从问题的选题以及问题的阐述,还是从研讨方法和基本问题认识方面,我感觉经过7年12届紫荆沙龙的不断交流,我们之间的基本共识越来越多了,但这也可能出现研讨甚至辩论不像以前那么激烈了。这也和紫荆沙龙成员的年龄越来越大有很大的关系。以我自己为例,第一届紫荆沙龙时我29岁,今天第十二届沙龙我已经35岁了。哲玮老师和谷老师开玩笑说,我们都已经变成中年人了。今后紫荆沙龙会不会越来越没有“激情”,或者越来越像大型学术会议,甚至与紫荆沙龙的初衷背道而驰呢?从今天肖建国老师和金印老师为代表的平等和热烈的讨论来看,紫荆沙龙坚持了初衷,同时又因为更年轻的新锐研究力量的加入而更进一步。第十二届紫荆沙龙注定是具有特殊历史意义的一次紫荆沙龙。最后,我想再次感谢各位前辈老师的全力支持和无私帮助,感谢南京师范大学的热情承办,感谢各位参会老师的积极参与。期待在各位老师的支持下,紫荆沙龙能坚持以平等和实质讨论为特色,以规范研究为导向,实质推动民事诉讼立法、司法和理论研究向前发展。

马丁:非常感谢任老师。刚才差点让任老师开溜掉,我们就不能听到这么精彩的对于紫荆沙龙的介绍,包括它的初衷、它的历史、它的未来。我们的紫荆青年沙龙肯定只能算是幼年阶段,它未来的发展还有需要大家助力的地方,任老师也提出了很好的建议。

这次主题是执行法,应该说执行法这个领域我们民诉学界同仁的关注相对还是比较少的,关注的时间比较晚,起点也有限,所以暴露出来很多的问题。今天在会场上也有很多的争议,我的感觉是谷老师和金老师虽然他们纵贯“谷金”,但是应该说他们陷入了人民战争的汪洋大海之中,有的老师用板砖拍,有的老师用的是刺刀,还有用手枪、机枪的,还有像肖老师这样的用核武器(笑声),如果用比较正式的说法就是非常的精彩、非常的激烈,如果用我个人经常用的通俗表达来说就是很热闹,特别是我作为这次会议的幕后服务人员,“看热闹的不怕事儿大”,听得很爽、感觉很精彩。

今年有这样一个特殊的背景,为什么放在这个时候开会呢?本来我们承办的会议当初跟张老师和李老师汇报过,是放在上半年的。非常不幸的是,我们全人类包括我们中华民族都遭受了疫情的冲击,这也让我想到了我们怎么来用我们传统的智慧对抗疫情肆虐,其中很重要的就是要鼓舞人心,比如说放鞭炮、贴红字等等。应该说今天谷老师和金老师扛住了炮火,而且噼里啪啦火星四溅,这个我觉得是一个好兆头,预示着不但我们全国人民,还有我们的民诉学界的同仁也能够经得起疫情的考验,我们的未来可期。

接下来要作为承办方的代表,代表李浩老师、刘敏老师、陈爱武老师、潘溪老师,代表会务组的同学们,感谢一下与会的各位代表。

首先要感谢的是两位报告人,两位报告人不辞辛苦写出几十页的文章,也阅读了各位评议人的报告,做了非常好的回应。不论是报告人守垒还是评议人攻垒,这次应该说都相当的充分，进行了肉搏战，反复在一个阵地上拉锯，感觉到身临其境，像看动作大片一样。

另外也非常感谢各位评议人，这次无论提交的评议的数量还是质量都是有目共睹的。特别要感谢谷老师邀请的几位实务界的专家，因为你们的发言，让我们从不同的角度思考问题，给我们的启发完全是另外一个维度的。未来如果有可能的话，也希望有更多实务界的老师、实务界的同仁参与到讨论中来。无论是民事诉讼问题，还是强制执行的问题，还是证据法的问题，都不可能永远保持一个理论问题的样态，还是要直面生活。

接下来要特别感谢担任主持人、担任总结人的各位资深嘉宾。各位都是陪着我们开会的，我特别问过他们要不要发言，老师们都婉拒了，应该说为我们的会议作出了很大的牺牲。

最后还要感谢办会的各位非常可爱的同学们，这个会议前后十几天工作的强度还是非常大的，应该说非常的辛苦。总体而言，为了不占用大家的时间，我就差不多说到这里。有些代表已经返程了，有些代表可能在会后来不及吃饭就要返程，祝各位返程的代表一路上顺利。还有一点时间的老师，我们有几桌简餐来酬谢各位老师、各位代表。现在眼看着到年底了，希望我们来年再相聚，再相聚时大家仍然是青年、仍然是少年。

再次感谢各位代表，第十二届紫荆民事诉讼青年沙龙圆满结束。谢谢大家！

域外法眼

通过法律费用保险资助民事诉讼的德国经验*

[德]彼得·哥特瓦尔德　著**　曹志勋　译***

摘　要　法律费用保险在德国相当流行,40%的德国家庭都投保这一险种。人们通过该保险规避诉讼外法律咨询意见和民事诉讼所产生的经济负担。不过,并不存在类似于健康险的全面保险。保险公司只是提议覆盖可以经保险统计计算的特定风险。当上述风险发生时,如果被保险人(通过其律师)能够表明其请求或答辩有充分的胜诉希望以及索赔费用并非故意为之,保险公司有义务确认对费用的偿付。这一确认是逐步完成的,先针对诉讼外的咨询意见,然后是针对一审诉讼程序及其他。就交通风险、消费者和雇员的法律费用保险最为常见,也相对廉价,而对自由职业者和企业的法律费用保险则是高风险和昂贵的,因此在实践中不再存在。综上所述,就个人生活中可能发生的法律事务费用而言,法律费用保险是规避该风险的重要预防性手段,但是其并非万能的灵丹妙药。

关键词:民事诉讼　法律费用保险　诉讼费用　法律咨询意见　充分的胜诉希望

---

* Peter Gottwald, *Funding Civil litigation Through Legal Expenses Insurance in Germany*, in: Rabeea Assy and Andrew Higgins (eds.), Principles, Procedure, and Justice: Essays in Honour of Adrian Zuckerman, Oxford: Oxford University Press, 2020, pp. 199-207. 译文摘要为作者提供的草稿中的内容,关键词由译者所加。另外,由于本文在正式发表时对作者工作稿做了一定程度、不一定完全对应本来意思的文字修改,考虑到作者是在描述德国法状况,在翻译中也适当对照参考了作者工作稿和所引用的德文引注,力求准确反映德国法状况。

** 彼得·哥特瓦尔德(Peter Gottwald)为德国雷根斯堡大学民法、程序法和国际私法荣休教授,曾任国际诉讼法学会主席。

*** 译者曹志勋为北京大学法学院助理教授,法学博士。笔者感谢郑怡硕律师、马骁同学的修改建议和孙隆德、石小琦同学出色的研究助理。

一、导言

众所周知,阿德里安·朱克曼是民事诉讼法学的大师。他出色的教科书使得此前被认为仅是"实践与程序"的民事诉讼法,如今更应当被理解为"实践的原则"①。在牛津教书的同时,他也接待了来自全球各地的访问学者。对包括我在内的许多人来说,他是极好的对话者和慷慨的东道主。为了致谢这段美好时光,我想探讨一个他也长期感兴趣的主题。多年以来,阿德里安都忧心于英国法院系统中阻碍司法救济的经济负担。② 在满世界找寻更满意的解决方案时,他认为英国立法者可以效仿德国的律师诉讼代理固定费制和法律费用保险。由于《杰克逊报告》未能真正解决上述经济障碍,这一困难也将在任何形式下的英国脱欧结果中继续存在。我想在本文中介绍德国法律费用保险,并且分析其对于德国民事诉讼资助的重要性。

二、就法律费用的保险

法律费用保险是一种个人保险,其目的在于规避必须支付的诉讼外法律咨询费用和/或诉讼费用的风险。与意外保险、责任保险或者健康保险相似,这种法律费用保险针对保单范围内可能产生的费用③,并采取月付或者年付的方式。在实施《欧盟理事会第 87/344/EEC 号指令》第 3 条和随后的《欧洲议会和欧盟理事会第 138/2009/EC 号指令》(偿付能力指令 II)的过程中,德国立法者选择了可以同时提供法律费用保险和其他种类保险的模式。不过,此时应当由独立的索赔处理公司就法律费用保单所覆盖的内容理赔。④ 选择这一方式的理由是,就此可以透明并清晰地确定处理保险事件的责任人并避免利益冲突。与健康保险、机动车责任保险和火灾险的强制投保要求不同,人们可以自行决定,是否希望就自己可能卷入(某种类型的)法律纠纷的风险投保。

作为实现正义/法律救济可能性大讨论的一部分,德国也曾于约 40 年前讨论过是否将法律责任保险强制化。⑤ 然而,这一设想并未被接受。人们担心,这种保

---

① Cf. A Zuckerman, *On Civil Procedure Principles of Practice*, (3rd edn, Sweet & Maxwell 2013).

② See A Zuckerman, "Justice in Crisis", in *Civil Justice in Crisis* (OUP 1999) 3, 7 seqq.

③ *G* Hillmer-Möbius, in H-P Schwintowski and C Brömmelmeyer, *Praxiskommentar zum Versicherungsvertragsrecht* (3rd edn ZAP 2017) Vorbem zu §§ 125-29 VVG n 8; C Armbrüster, in E Prölss/A Martin, *VVG* (30th edn, CH Beck 2018) Vorbem zu §§ 125-29 VVG n 2.

④ A Bruns, in E Bruck and H Möller, *VVG*, Vol. 5 *Rechtsschutzversicherung* (9th edn de Gruyter 2019) § 126 VVG n 3; E Schmitt in W Harbauer, *Rechtsschutzversicherung* (9th edn CH Beck 2018) Einl n 34.

⑤ Cf. F Baur, *Armenrecht und Rechtsschutzversicherung*, JZ 1972, 75.

险可能在寻求法律救济没有经济障碍的情况下，被滥用于资助那些无谓的诉讼程序。此外，一些方案也涉及由福利国家为弱势群体支付保费的主张。与此相比，资助法律援助计划看起来成本明显更低。①

在德国，法律费用保险起源于就交通事故民刑纠纷产生法律费用承保的保险，后来逐步发展出其他领域的法律费用保险。长期以来，法律费用保单都仅采用保险人一方提供的格式条款。在欧盟于 1987 年 6 月 22 日通过了《欧盟理事会第 87/344/EEC 号指令》后，这一情况发生了变化。该指令要求各成员国就法律费用保险的基本要素作出规定，②其在德国通过《保险合同法》(Versicherungsvertragsgesetz)得以实施。在 2007 年该法修改后，如今对应的规则是《保险合同法》第 125 条至第 129 条。

如今，在德国大约有 50 家保险公司提供法律费用保险。这一市场看起来是高度竞争但又饱和且停滞的。有观点认为，大约 40%的德国家庭投保了一份或多份法律费用保险。③ 在近年来所有寻求诉讼外法律咨询意见或者成为诉讼当事人的人中(这只占德国总人口中很少一部分)，有 35%的人通过保险方式支付了相关费用。④ 在 2015 年，保险公司从这种保险中获得了 36 亿欧元的保费收入。在 2016 年，保险公司就保险风险共计支付了 28 亿欧元，其中 19 亿欧元为律师费。另有观点认为，保险偿付占到了德国律师事务所总收入的 20%左右。⑤

许多年前，司法系统中总有观点认为，法律责任保险应当为法院案件压力的日益增长负责。⑥ 许多法官觉得，为了吸引更多客户，法律费用保险公司资助那些缺乏法律依据的案件。但是，一项 1981 年完成的调查则指出，法律费用保险的投保人并未比其他当事人具有更高的败诉风险。⑦ 区别有无法律费用保险的情形，这

---

① Cf. S Möbius, *Das Prinzip der Rechtsschutzgleichheit im Recht der Prozesskostenhilfe* (Mohr Siebeck 2014) 339 et seq. 根据 1980 年的法律援助计划，国家仅向被委托的律师支付较低的费率(《律师报酬法》第 45 条、第 48 条和第 49 条)。

② O J 1987 L 185/77.

③ E Schmitt, in W Harbauer, *Rechtsschutzversicherung* (9th edn, CH Beck 2018) Einl Rn. 16; K Schneider, *Rechtsschutzversicherung für Anfänger* (CH Beck 2011) n 3.

④ C Hommerich and M Kilian, *Rechtsschutzversicherung und Anwaltschaft* (Dt Anwaitverlag 2010) 153.

⑤ U Eberhardt, *Rechtsschutzversicherung im Wandel*, VersR 2013, 802 (就 2006 年的情况); R Obarowski, *Münchener Kommentar VVG* (2nd edn, CH Beck 2017) § 125 n. 10 (就 2004 年的情况); H Buschbell, in H Buschbell and M Hering, *Handbuch Rechtsschutzversicherung* (6th edn, Dt Anwaltverlag 2015) § 4 n 15.

⑥ 不过，自 2002 年以来，被提起的案件数量下降了 25%。(cf. P Gottwald, *Ein fast perfektes System*, *Festschrift für Wolfgang Krüger*, [(CH Beck 2017) 375].

⑦ E Schmitt in W Harbauer, *Rechtsschutzversicherung* (9th edn, CH Beck 2018) Einl Rn. 132. 这一结果也被其他研究所确认。*Hommerich/Kilian*(N 9), pp. 65 ff.不过，德国联邦司法部随后于 1993 年进行的研究则指出，与其他当事人相比，被保险人更执着地坚持其请求的案件多出约 10%。(cf. E Schmitt, in W Harbauer above).

项研究比较了达成诉讼外和解的案件数量、法院促成和解的比率以及上诉率。无论如何，执业律师都指出，由于市场处于停滞状态，近年来法律费用保险公司都会更仔细地审查是否承保。保险公司的审查内容包括申请是否有足够的胜诉希望和产生费用是否与寻求结果严重不成比例(《2010 年法律保障险一般条款》[①]第 3a 条第 1 款第 a 项和第 b 项)。

由于投保法律费用保险并非当事人的义务，合同各方通常而言可以依照合同自由原则约定保险条款。但是，保险公司提供的格式合同必须符合一般法对格式条款的限制，不得不当地损害被保险人利益(《民法典》第 307 条)。至于比如保险公司仅在当事人此前通过调解或者其他诉讼外纠纷解决方式解决纠纷的尝试失败后，才会支付民事诉讼费用，或者比如保险公司有权任命调解人，则都是可以规定的保险条款。[②]

在许多保险领域中，并非只有投保人才能成为被保险人。在为家庭投保的交通事故险中，保单也可以涵盖投保人的配偶/伴侣和子女(《2010 年法律保障险一般条款》第 21 条第 11 款)。保险合同也可以针对车辆，任何在事故发生时驾驶该车辆的人都可以成为被保险人(《2010 年法律保障险一般条款》第 22 条)。与此相似，"个人"投保的法律费用保险合同也可以覆盖投保人的配偶/伴侣和子女(《2010 年法律保障险一般条款》第 23 条第 1 款和第 2 款)，上述理解也适用于那些保护家庭成员的个人和职业利益的保险合同(《2010 年法律保障险一般条款》第 25 条第 1 款和第 2 款)。

三、法律费用保险公司和律师的关系

保险公司不得自行提供法律咨询意见。在《2017 年法律服务法》中，除了其第 6 条至第 8 条设置的少量例外，律师以外的主体被禁止提供法律服务。同时，该法第 4 条也规定，当某主体负有的其他义务与由其提供法律服务无法并存时，比如存在利益冲突时，就禁止其提供法律服务。由于律师具有为其委托人追求最佳结果的义务，而这种义务有可能导致更高的花费，这就与保险公司尽可能降低法律费用的利益相冲突。[③] 因此，保险公司不得通过其雇员提供法律咨询意见，[④]而必须与自由职业的律师合作。

根据《保险合同法》第 127 条第 1 款的规定，被保险人可以自由选择其诉讼代

---

① 【译者注：这里涉及的 2010 年《法律保障险一般条款》(Allgemeine Bedingungen für die Rechtsschutzversicherung)于 2012 年曾在结构上被调整为模块式(不同类型保险的合同条款均按照共同的顺序逐项展开，按照右侧边码的缩写可以分别归入各自的合同范本)，目前的最新版本为 2019 年版。但是应当考虑到无论哪个版本均由保险公司选择使用，格式合同在实践中的更新是一个渐进的过程。因此，并非最新的版本才是最好和最普遍被接受的。】

② BGH VersR 2016，1113；D Böhm and M Fries，*Streitbeilegungstarife in der Rechtsschutzversicherung*，VersR 2016，1092.

③ H Buschbell，in Buschbell and Hering (n 10) § 1 n 6.

④ ECJ，C-442/12，ECLI:EU:C:2013:717—*Jan Sneller v DAS Nederland*＝NJW 2014，373.

理律师。保险人不得限制上述自由，使被保险人受到不利影响(《保险合同法》第129条)。在多数案件中，被保险人将首先联系其自行选任的律师，该律师随后会告知保险公司，因而并不存在上述保险人限制被保险人自由的情形。但是，如果被保险人直接联系保险公司，保险人只能向被保险人推荐律师。保险人通常将推荐其合作律师。[①] 此时，被保险人则有权选择联系并委托保险人推荐的律师或者另选他人。

有人可能认为，由于无论如何，保险公司都将就相同服务向受聘律师支付报酬，所以保险公司不会关心被保险人如何选择。但是在实践中，在保险公司和被推荐律师之间达成所谓的“效率协议”(efficiency agreement)的情况十分常见。[②] 在这种“效率协议”下，保险人就某一领域的案件只会推荐该律师，而律师则同意以较低的费率代理案件。这一协议并不会影响法律服务的标准和品质，其基础在于律师可以对诉讼外法律服务自主定价。最终，双方都能从该协议中获益：被保险公司经常推荐的律师将获得更多的案件，并且比未获推荐时获得更多的收入，而保险公司则节省了费用。[③]

如果被保险人联系并选择委托上述与保险公司达成协议价的律师，情况当然就变得简单了。但是如果被保险人对该律师不满意，则仍可以选择其他律师。《保险合同法》第127条第1款保证了这一自由。保险公司必须接受被保险人的选择，但是可以限缩其对法律费用的理赔范围。德国联邦最高法院指出，在设有可变免赔额的保险合同中，当客户不选择保险公司推荐的律师时，保险公司可以设定较高的免赔额。[④]

由于市场中存在高度竞争，一些保险公司如今为了吸引客户也提供额外服务，比如提供在线法律咨询意见[⑤]，有时甚至在那些保险合同中并不覆盖的法律领域也是如此。如上所述，由于保险公司不得提供法律咨询意见，该意见将由为其服务的自由职业律师提供。[⑥] 基于相同的理由，在适宜的案件中，一些法律费用保险公司也会为调解支付费用。[⑦] 此外，还一些保险公司也向客户提供相关法院裁判一览表。由于该清单仅仅包含一般的法律信息，而不是就客户的具体案件提供的法律意见，这种做法是合法的。

---

① 就选择律师的标准，参见 U Eberhardt (n 10), VersR 2013, 802, 806 ff.

② Cf. Hommerich and Kilian (n 9), p. 111 ff.

③ 因为在法院诉讼中的律师费被法律明确固定，因此这种协议仅对诉讼外的法律服务有效。

④ Federal Court of Justice (4.12.2013, IV ZR 215/12), VersR 2014, 98.(译者注：对下一次保险事故设定较高的免赔额)

⑤ Cf. Eberhardt (n 10), VersR 2013, 802, 805.

⑥ H Buschbell, in Buschbell and Hering (n 10), § 1 N 9.

⑦ Cf. Eberhardt (n 10), VersR 2013, 802, 811 ff; D Wendt, *Leistungspflichten des Rechtsschutzversicherers nach § 125 VVG*, VersR 2014, 420, 424 ff.

四、就特定风险的保险

法律费用保险并不是全面覆盖的，而仅包括特定类型的索赔。[①] 根据《2010年法律保障险一般条款》第2条的规定，保险的投保范围涵盖了损害赔偿金请求、劳动合同关系案件、住宅或不动产案件、合同或物权案件[②]、在法院进行的税务案件、社会保障案件、交通方面的行政案件、公务员违纪案件、交通轻罪和其他过失轻罪的刑事辩护[③]、行政违法案件、就家事或继承事务寻求诉讼外的法律意见[④]以及刑事诉讼中的受害人的诉讼代理。

在实践中，投保法律费用保险的主要是以消费者为代表的个人客户。但是，上述被纳入投保范围的案件也可能涉及商业风险。根据《2010年法律保障险一般条款》第24条的规定，自由职业者、合伙、公司、其他商事组织和登记社团也可以被法律费用保险覆盖。但是，由于上述组织的法律风险过高，自1984年以来，保险公司不再提供任何针对商事企业的法律服务保险。[⑤]

就可以从法律费用保险中排除的事项，《2010年法律保障险一般条款》第3条作出的列举很长且重要。其中包括了无法经保险统计计算的风险，比如战争、地震、暴乱或者核事故导致的后果。同时，涉及规划或者房屋建造的案件（包括相关的税法问题，《2010年法律保障险一般条款》第3条第1款第d项和第3条第2款第i项）以及依据公司法、商法、竞争法和知识产权法提起的案件（《2010年法律保障险一般条款》第3条第2款第c项、第d项、第e项）也被直接排除。对保险来说，上述案件的法律服务费用十分昂贵且风险过高。

向消费者提供的格式合同的目的在于满足普通人的实际需要。通常来说，保险公司提供四种类型的基础合同，其承保内容是人身风险、职业风险、交通事故风险和住宅及不动产风险。[⑥] 通过支付备选的附加项，消费者通常也可以扩展上述基础保障。最终消费者可能获得"一揽子全面保障"。

以个人为单位，承保人身风险的保单月费率为9.26欧元到35欧元不等。以家庭为单位，则其费率通常将比以个人为单位高出20%。就单个车辆投保的交通事故保险的年费率为每车78.9欧元，家庭范围内的所有车辆则是109.3欧元。这一定价结果、定价背后保险费率的确定以及整个保险系统均建立在诉讼中的固定

---

① Cf. H Plote, *Anwalt und Rechtsschutzversicherung* (Beck 2000) n 18.

② Cf. OLG Nürnberg VersR 2016, 1371（关于贷款购置房屋的私人租约产生的问题）.

③ 没有任何保险承保故意犯罪的情形。如果被告人首先被控以过失犯罪，但最终判定为故意犯罪，则应当向保险公司返还已经支付的保险赔偿金。

④ 《2010年法律保障险一般条款》第3条第2款第g项在该领域中明确排除其他任何案件。

⑤ R Obarowski, in RM Beckmann and A Matusche-Beckmann, *Versicherungsrechts-Handbuch* (3rd edn, CH Beck 2015) § 37 Rechtsschutzversicherung n 133.

⑥ Schneider (n 8) n 40.

费用安排的基础之上。[①]

五、保险的前提条件

法律费用保险必须在出险前完成。[②] 在多数情况下，保险自首期保险费支付时生效(《2010 年法律保障险一般条款》第 7 条)。但是，多数保险公司也在此之外设置了三到六个月不等的一般等待期。对于特别风险，一些保险公司甚至要求长达三年的等待期。[③]

如果在等待期经过之后才出险，保险公司应当支付法律咨询意见的费用和必要时在法院诉讼的费用。[④] 但是，保险公司有权审查保险索赔是否确实产生于保险事故。保险公司如今会更加审慎地审查请求与事故之间的联系。进而，《2010 年法律保障险一般条款》第 3a 条第 2 款第 1 项规定，保险人可以拒绝偿付。其一，在第四部分列举的各类特定风险的有关案件(损害赔偿金请求、劳动合同关系案件、住宅或不动产案件、合同或物权案件、在法院进行的税务案件、社会保障案件、交通方面的行政案件)中，若没有充分的胜诉希望；其二，如果诉讼的提起是恶意的[⑤]，即索赔包含的费用与诉讼请求显著不成比例。保险人就上述例外规则是否适用享有裁量权。

如果保险人由于胜诉前景不充分或者不成比例拒绝理赔，投保人有权挑战这一决定。当地律师协会的主席将委任一名至少有五年实践经验的律师，通过其专家意见解决此类纠纷。该律师将就上述例外规则是否适用出具意见，该意见对保险人和投保人均具有约束力(《2010 年法律保障险一般条款》第 3a 条第 4 款)。[⑥]

六、“预防性”法律咨询意见和“暂保单”程序

只有当事人事实上违反了合同或者实施了侵权行为的情形，其相关法律费用才被法律费用保险覆盖。否则，并不存在任何可以保险的“损失”。[⑦] 而在事实上

---

① Cf. B Hess and R Hübner, “Germany”, in C Hodges, S Vogenauer and M Tulibacka, *The Costs and Funding of Civil Litigation* (Hart 2010) 349, 359.

② 详细情况，参见 J Cornelius-Winkler, *Kausalität und Rechtsschutzfall*, VersR 2015, 1476.

③ 比如，ARAG 公司就在涉及婚姻诉讼时设置了较长的等候期，在学习位置的分配案件中也如是。

④ Cf. D Wendt (n 22), VersR 2014, 420.

⑤ B Richter, in T Langheid and M Wandt, *Münchener Kommentar zum VVG* (2nd ed. CH Beck 2017), § 128 n 26; cf also LG Detmold VersR 2016, 1493.(请求交付新的“清洁”柴油车)

⑥ E Schmitt, in W Harbauer, *Rechtsschutzversicherung* (9th edn. CH Beck 2018) § 3a ARB 2010 N 36. 但是参见 LG Detmold VersR 2016, 1493.

⑦ Cf. Markus Schaltke, *BGH-Leitsätze zum Rechtsschutzfall und ihre Auswirkungen auf die Praxis*, VersR 2016, 373.

没有不当行为时，法律费用保险并不覆盖当事人寻求预防性法律咨询意见的费用。①

在多数案件中，被寻求法律咨询意见的律师将告知保险人这一情况。同时，为了确认其咨询意见被保单覆盖，律师在接受当事人委托前将要求保险人出具"暂保单"。② 保险人将审查案件，并且决定是否出具暂保单。保险人出具的暂保单对其有约束力。即使在出具暂保单时并未承诺其支付费用义务，保险人也必须理赔。③

七、法律费用保险覆盖的费用

当保险人已经发出暂保单后，其就有义务在保单的范围内理赔。

在大多数案件中，保险公司的客户是消费者。此时，律师提供的初步口头咨询意见最多将花费 190 欧元，而书面的法律意见最多花费 250 欧元(《律师报酬法》第 34 条第 1 款第 1 句)。如果客户要求更详细的法律咨询意见或者律师需要与对方联系，律师应当与客户签订费用协议(《律师报酬法》第 3a 条第 1 款和第 34 条第 1 款第 1 句)。如果没有上述协议，律师则按照《民法典》的规则要求支付固定费率(《律师报酬法》第 34 条第 1 款第 2 句)。在法律没有规定特定数额时，需要支付的是通常报酬(《民法典》第 612 条第 2 款)，其固定费率为 1.3～1.5 个计费单位。至于通常报酬的具体数额取决于诉讼标的额，后者依照《律师报酬法》第 13 条所附的费率表确定。④ 比如，假设诉讼标的额是 10000 欧元，则费率区间为 725.4 欧元至 837 欧元。在特别复杂或十分耗时的案件中，律师可以索取更高的费用。至于保险公司是完全还是部分覆盖上述费用，则取决于保险合同和保险人所出具的暂保单的内容。

根据是否设置免赔额(及免赔额的多少)，保险公司确定了不同的保险费率。免赔额最常见的形式是为每次保险事件设置固定的数额(通常是 150 欧元或 250 欧元)。在部分保单中，免赔额或保险费的数额则根据被保险人卷入的保险事故的数量而有所区别。当仅涉及初步的口头咨询意见时，一些保险人则不向被保险人主张免赔额。

如果保险案件进入诉讼程序，法院和双方当事人的法律费用均由法律直接规定。律师在接受委托时赚取 1.3 个计费单位，并在参与法院的口头辩论或者在法院外与对方当事人协商时赚取 1.2 个计费单位。如果案件以和解方式结案，律师将赚取额外的 1 个计费单位(《律师报酬法》附录 1——报酬索引第 3100 号、第

---

① Cf. Plote (n 23) n 136.

② Cf. G Terriucio, *Einholung der Deckungszusage durch den Rechtsanwalt*, AnwBl 2017, 44 (仅在委托人的特别告知下单独计酬).

③ OLG Düsseldorf VersR 2016, 1051.

④ 此前就法院外咨询意见(0.5 到 2.5 个计费单位)的参考费率被废止，但是仍然适用于对法院外咨询意见"通常报酬"的计算。

3104 号、第 1003 号)。[①] 为了提起法院诉讼程序,原告需要预付 3 个计费单位(《法院费用法》第 6 条第 1 款第 1 句结合费用索引第 1210 号)。因此,对于诉讼标的额为 10000 欧元的纠纷而言,当被保险人一方败诉时,保险人需要支付 723 欧元的诉讼费用[②]和 3367.70 欧元的律师费[③]。

八、结论

在德国,法律费用保险是普通民众保护自己(及其家庭)免于承担起诉或被诉费用的重要手段。保险人支付必要的预付费用,当诉讼程序结束时被保险人败诉的情况下,保险人则支付全部费用。与保险相比,法律援助的主要劣势在于,其并不阻止胜诉的对方当事人向败诉方索取费用。[④]

保险公司既提供专门覆盖交通事故或职业问题等领域的特别保单,又提供覆盖个人生活方方面面的普通保单。40%的德国人都投保了法律费用保险,这表明他们认为,这种保险是对抗涉诉经济负担的有效保障。这种预防性手段并不昂贵,但是对于个人生活的通常风险而言,则是唯一选择(对建筑和土地案件来说则仍有其他可能)。如今,法律费用保险已将所有商业纠纷排除在外。因此,除了为车辆和驾驶员投保的交通保险外,即使是中小型企业,也无法就法律费用风险投保。

---

① Cf. G Wagner, "Litigation costs recovery—tariffs and hourly fees in Germany", in P Gottwald, *Litigation in England and Germany* (Gieseking 2010) 149, 156 et seq.

② 此外,还可能涉及向专家证人或为其他服务支付的客观费用。

③ 这里并未将对原告律师于法庭外提供咨询意见的报酬考虑在内。

④ Cf. B Hess and R Hübner, "Germany", in C Hodges, S Vogenauer, and M Tulibacka, *The Costs and Funding of Civil Litigation* (Hart 2010) 349, 358.【译者注:德国的司法救助只代付被救助人一方的费用,被救助人在败诉时仍然面临支付对方费用的经济风险。但是考虑到批准司法救助时已经考虑到胜诉可能性,这一风险已经被显著降低了。】